João Carlos Almeida
Rosana Manzini
Marcial Maçaneiro
(Organizadores)

# As janelas do Vaticano II

## A Igreja em diálogo com o mundo

EDITORA
SANTUÁRIO

DIREÇÃO EDITORIAL:
Pe. Marcelo C. Araújo

DIAGRAMAÇÃO:
Junior dos Santos

COORDENAÇÃO EDITORIAL:
Ana Lúcia de Castro Leite

CAPA:
Mauricio Pereira

COPIDESQUE:
Leila Cristina Dinis Fernandes

FOTO:
Pe. Julian Cassali

REVISÃO:
Ana Lúcia de Castro Leite
Benedita Cristina G. N. da Silva
Leila Cristina Dinis Fernandes

## Dados Internacionais de Catalogação na Publicação (CIP)
### (Câmara Brasileira do Livro, SP, Brasil)

As Janelas do Vaticano II: a Igreja em diálogo com o mundo / [organizadores] João Carlos Almeida, Rosana Manzini, Marcial Maçaneiro. – Aparecida, SP: Editora Santuário, 2013.

Vários autores.
ISBN 978-85-369-0284-5

1. Concílio Vaticano (2.: 1962-1965) 2. Documentos oficiais 3. Evangelização 4. Igreja Católica – História – Século 20 I. Almeida, João Carlos. II. Manzini, Rosana. III. Maçaneiro, Marcial.

12-14080                                                                               CDD-262.52

### Índices para catálogo sistemático:

1. Concílio Vaticano II: História 262.52

3ª reimpressão

Todos os direitos reservados à **EDITORA SANTUÁRIO** – 2013

Composição, CTcP, impressão e acabamento:
**EDITORA SANTUÁRIO** - Rua Pe. Claro Monteiro, 342
12570-000 – Aparecida-SP – Tel. (12) 3104-2000

*Após João XXIII anunciar oficialmente o Vaticano II, em 1959,
alguém questionou por que convocar um Concílio Ecumênico.
O papa pensou, sorriu, calmamente
abriu as janelas de seu gabinete e disse:
– "Eis aqui: é por isto!"*

*Das janelas do Vaticano II, abertas para o mundo inteiro, a Igreja dirige os olhos de sua mente para algumas categorias de pessoas: para os pobres, para os necessitados, para os aflitos, para os que são oprimidos pela fome e pela dor, para os encarcerados; nosso olhar se volta, portanto, em particular para aquela parcela da humanidade que sofre e chora, porque sabe que estas pessoas lhe pertencem por direito evangélico e experimenta imensa felicidade ao repetir as mesmas palavras do Senhor: "Vinde a mim, vós todos" (Mt 11,28).*

Paulo VI
29.9.1963

# Sumário

**Siglas e abreviaturas**..................................................................11
**Apresentação**..............................................................................13
   *Dom Odilo Pedro Scherer*
**Prefácio**........................................................................................17
   *Dom Raymundo Damasceno Assis*
**Introdução**..................................................................................23

**1. Janelas abertas – *Dois discursos históricos***..................27
   *Discurso de João XXIII na abertura do Concílio Vaticano II*
   *Discurso de Paulo VI na continuação do Concílio Vaticano II*

**2. Antecedentes e evento histórico**......................................63
   *Ney de Souza*

**3. Recepção do Vaticano II na América Latina**................83
   *José Ulisses Leva*

**4. A Igreja, povo de Deus em comunhão**
   ***Lumen Gentium* 1-59**..........................................................101
   *Osmar Cavaca*

**5. Maria na vida da Igreja: graça e esperança**
   ***Lumen Gentium* 60-69**........................................................137
   *Kuniharu Iwashita*

**6. A revelação de Deus na história e nas escrituras**
   ***Dei Verbum* 1-13**..................................................................155
   *Cézar Teixeira*

7. A revelação divina no Antigo e Novo Testamentos
*Dei Verbum* 14-20 ................................................................. 179
*Gilvan Leite de Araujo*

8. A Sagrada Escritura na vida da Igreja – *Dei Verbum* 21-26 ... 195
*Mauro Negro*

9. Igreja em diálogo com o mundo moderno
*Gaudium et Spes* ....................................................................... 211
*Rosana Manzini*

10. A reforma litúrgica – *Sacrosanctum Concilium I* ................. 241
*Valeriano dos Santos Costa*

11. Implementação da reforma litúrgica no Brasil
*Sacrosanctum Concilium II* ...................................................... 255
*Márcio Leitão*

12. A unidade dos cristãos: princípios e frutos
*Unitatis Redintegratio I* ............................................................ 281
*José Bizon*

13. O caminho ecumênico: teologia e percursos
*Unitatis Redintegratio II* ........................................................... 301
*Marcial Maçaneiro*

14. As igrejas orientais católicas – *Orientalium Ecclesiarum* ..... 329
*Marcial Maçaneiro*

15. Da missão ao povo para o povo em missão – *Ad Gentes* ....... 353
*Sérgio Conrado*

16. Os bispos na Igreja: sentinelas da comunhão
*Christus Dominus* ..................................................................... 369
*Edson Chagas Pacondes*

17. Identidade e missão dos presbíteros
*Presbyterorum Ordinis* .............................................................. 383
*Cícero Alves de França*

18. Vida religiosa: carisma, profecia e serviço
*Perfectae Caritatis* ..................................................................... 405
*Moacir Francisco Pedrini*

19. A formação sacerdotal: desafio do tempo presente
*Optatam Totius* ...................................................................... 427
Dalton Sebastião Brandão

20. Os leigos e leigas na Igreja e no mundo
*Apostolicam Actuositatem* ...................................................... 443
Eduardo Dalabeneta

21. Os meios de comunicação social e a evangelização
*Inter Mirifica* .......................................................................... 463
Tarcísio Justino Loro

22. A educação cristã: valores, sujeitos e caminhos
*Gravissimum Educationis* ....................................................... 479
João Carlos Almeida

23. A liberdade religiosa: um direito humano
*Dignitatis Humanae* .............................................................. 493
Edelcio Ottaviani

24. As religiões e a salvação em Cristo – *Nostra Aetate* ............... 527
Marcial Maçaneiro

25. Púlpitos pré e pós-conciliares: um testemunho ..................... 553
José Fernandes de Oliveira

# Siglas e Abreviaturas

## Documentos do Concílio Vaticano II

| | |
|---|---|
| AA | Decreto *Apostolicam Actuositatem* |
| AG | Decreto *Ad Gentes* |
| CD | Decreto *Christus Dominus* |
| DH | Declaração *Dignitatis Humanae* |
| DV | Constituição Dogmática *Dei Verbum* |
| GE | Decreto *Gravissimum Educationis* |
| GS | Constituição Pastoral *Gaudium et Spes* |
| IM | Decreto *Inter Mirifica* |
| LG | Constituição Dogmática *Lumen Gentium* |
| NA | Declaração *Nostrae Aetate* |
| OE | Decreto *Orientalium Ecclesiarum* |
| OT | Decreto *Optatam Totius* |
| PC | Decreto *Perfectae Caritatis* |
| PO | Decreto *Presbyterorum Ordinis* |
| SC | Constituição *Sacrosanctum Concilium* |
| UR | Decreto *Unitatis Redintegratio* |

## Outras Siglas e Abreviaturas

| | |
|---|---|
| AAS | Acta Apostolicae Sedis |
| AT | Antigo Testamento |
| BAC | Biblioteca de Autores Cristianos |
| CCEO | *Codex Canonum Ecclesiarum Orientalium* (Código de Cânones das Igrejas Orientais) |

| | |
|---|---|
| CELAM | Conselho Episcopal Latino-Americano |
| CNBB | Conferência Nacional dos Bispos do Brasil |
| CTI | Comissão Teológica Internacional |
| DA | Documento Diálogo e Anúncio |
| DAp | Documento de Aparecida |
| DF | Diretrizes para a Formação dos Presbíteros, CNBB |
| DI | Declaração *Dominus Iesus* |
| DSI | Doutrina Social da Igreja |
| EN | *Evangelii Nuntiandi*, exortação apostólica sobre a evangelização no mundo contemporâneo |
| MCS | Meios de Comunicação Social |
| NMI | *Novo Millennio Ineunte*, carta apostólica |
| NT | Novo Testamento |
| OL | *Orientale Lumen*, carta apostólica |
| PDV | *Pastores Dabo Vobis*, exortação apostólica pós-dinodal |
| REB | Revista Eclesiástica Brasileira |
| RMa | *Redemptoris Mater*, carta encíclica sobre a bem-aventurada virgem Maria na vida da Igreja que está a caminho |
| SCa | *Sacramentum Caritatis*, exortação apostólica |
| SE | Sagrada Escritura |
| Trad | Tradução |
| UUS | *Ut Unum Sint*, encíclica |
| VC | *Vita Consecrata*, exortação apostólica pós-sinodal |
| VD | *Verbum Domini*, exortação apostólica pós-sinodal |

# Apresentação

### Dom Odilo Pedro, Cardeal Scherer
### Arcebispo Metropolitano de São Paulo

O Concílio Ecumênico Vaticano II, aberto em 1962 pelo Beato João XXIII, continuado e concluído em 1965, no pontificado de Paulo VI, foi uma imensa graça de Deus para a Igreja de Cristo, que se pôs a escutar a voz do Espírito Santo e se posicionou, de forma nova, diante do mundo e dos tempos mudados. Permanecendo ela mesma, a Igreja quis dar um impulso novo a sua presença no mundo e ao exercício da missão recebida de Cristo. O papa João XXIII teria dito, abrindo as janelas de sua sala de trabalho, que era necessário deixar entrar um ar novo na Igreja...

A comemoração dos 50 anos do Concílio suscitou várias iniciativas e reflexões na Igreja do Brasil e do mundo inteiro; de fato, é importante que nos demos conta do extraordinário significado, ainda atual, das grandes intuições e apelos do Concílio para a vida e a missão da Igreja! Este momento também é propício para avaliar os frutos já produzidos nos 50 anos, que se seguiram à realização do Concílio, e para louvar a Deus pelo caminho já andado, que nem sempre foi fácil.

Como é fácil compreender, no período pós-conciliar também apareceram tensões internas na vida da Igreja, motivadas por interpretações divergentes sobre o mesmo Concílio; mas isso não impediu que a Igreja avançasse na aplicação das orientações conciliares, sem perder seu rumo, firme e unida em torno do Sucessor de Pedro e do Episcopado em comunhão com ele.

Esta obra, que tenho a honra de apresentar ao leitor, é fruto de uma iniciativa louvável e do trabalho conjunto de dois centros de estudos teológicos: da Faculdade de Teologia Nossa Senhora da Assunção (PUC-SP) e do Curso de Teologia da Faculdade Dehoniana (Taubaté-SP). Nada mais oportuno que esse esforço dos pesquisadores e docentes de Teologia para traçar a memória histórica do Concílio, a apreciação renovada de seus Documentos, a avaliação do caminho percorrido durante esses 50 anos e a indicação dos horizontes atuais, onde o Concílio ainda precisa e pode frutificar mais.

O esforço atual para empreender uma nova evangelização e dar um novo impulso ao testemunho cristão no mundo e à transmissão da fé já esteve presente na motivação inicial da realização do Concílio, mesmo que o conceito "nova evangelização" não tenha sido empregado naquela época. Para esta grande tarefa, hoje todos os membros da Igreja são chamados a contribuir. Cabe, especialmente aos teólogos dos diversos campos da reflexão teológica, ajudar a Igreja de nossos dias a perceber mais claramente os "sinais dos tempos" e os apelos de Deus, conduzidos pelas luzes do Concílio, que continuam a indicar à Igreja do século XXI a direção segura que ela deve seguir no cumprimento da missão recebida de Cristo.

Seria muito pouco se apenas olhássemos o Concílio Ecumênico Vaticano II como um acontecimento do passado. Os teólogos têm a missão importante de ajudar a Igreja a tirar do imenso "tesouro" de sua herança de fé e testemunho de vida eclesial "coisas novas e velhas" (cf. Mt 13,51), para que elas continuem a frutificar sempre de novo para o bem do povo de Deus e de toda a humanidade.

No início de seu pontificado, o papa João Paulo II, traduzindo a grande intenção do Concílio, de renovação da Igreja em sua vida e em sua missão, convidou cristãos e não cristãos a abrirem as portas a Cristo Redentor; mais uma vez, na passagem para o novo milênio cristão, o mesmo Papa convidou a todos os cristãos a um novo esforço missionário, "levando o barco para o alto-mar, para lançar as redes em águas mais profundas" (cf. Lc 5,5). O mesmo apelo também soa forte, agora, no pontificado de Bento XVI, no chamado à promoção de uma nova evangelização para a transmissão da fé cristã.

Os trabalhos conciliares foram concluídos em 1965, mas a obra do Concílio está longe de estar concluída! Faço votos que também este livro possa contribuir para dar novo impulso à obra renovadora do Concílio Ecumênico Vaticano II na vida e na missão da Igreja.

São Paulo, na festa de Exaltação da Santa Cruz,
14 de setembro de 2012

*Dom Odilo Pedro, Cardeal Scherer*
Arcebispo Metropolitano de São Paulo

# PREFÁCIO

## Dom Raymundo, Cardeal Damasceno Assis
### Arcebispo Metropolitano de Aparecida

Esta obra, em cada uma de suas afirmativas, está por inteira inspirada no Concílio Ecumênico Vaticano II. Bem por isso, prefaciá-la leva necessariamente a ter como foco o Concílio mesmo.

A comemoração dos 50 anos do início do Concílio Vaticano II não se limita a ser uma recordação ou uma celebração de algo realizado e esgotado. Ele está mais vivo e atuante do que tantas vezes parece estar: "Com o passar dos anos, os textos conciliares não perderam sua atualidade, ao contrário, seus ensinamentos revelam-se, particularmente, pertinentes em relação às novas situações da Igreja e da atual sociedade globalizada" (Bento XVI).

Esse encontro mundial da Igreja foi uma comunhão intensa e vibrante. A aula conciliar, os plenários majestosos que tinham lugar na nave central da Basílica de São Pedro e as mais diferentes comissões de estudo e de redação irradiavam atenção, interesse, unidade de oração, expectativas e inquietações para todo o globo terrestre. Os meios de comunicação social deram a este Concílio uma universalidade antes desconhecida.

A densidade e a complexidade do conteúdo doutrinal e de renovação pastoral do Concílio Vaticano II fazem com que, ainda agora, seja necessário voltar-nos para ele: "Se o lermos e recebermos guiados por uma justa hermenêutica, o Concílio pode ser e tornar-se cada vez mais uma grade força para a renovação sempre necessária da Igreja" (Bento XVI).

O gesto simbólico de João XXIII abrindo as janelas de seu gabinete para explicitar a razão de ser do Concílio que ele convocava pode ser interpretado de vários modos. A luz e o ar que se comunicam, tanto arejam e iluminam o mundo como a própria Igreja.

Constitui-se esta obra em uma leitura amadurecida e alimentada por cinquenta anos de concretização conciliar. Seus escritores bebem das águas da reflexão teológica, da história do acontecer conciliar e de seus reflexos na realidade eclesial, e até mesmo do vivido pessoal de testemunhas daqueles momentos extraordinários para a Igreja e para a humanidade.

Somos, alguns dos escritores e leitores deste livro, a geração privilegiada que em sua juventude viu efetuar-se, e vem ainda agora experienciando, o ser Igreja pós-conciliar.

As falas, os escritos e as considerações que se contextualizam nos espaços de referência aos 50 anos conciliares podem abrir-se em direções diversas. Ora é analisada a doutrina formal e oficial do magistério conciliar manifesto em 16 documentos de munificente riqueza. Ora são consideradas as propostas e práticas de vida, os novos modos de ser pastores e novos modos de ser rebanho. Ora os olhares estão voltados para os contextos extraeclesiais, para os espaços da cultura, da política, das religiões, da filosofia e das ciências, e de todos os ângulos da realidade humana, buscando aí desvendar os reflexos e as reações diante da Igreja conciliar e pós-conciliar. Ora em falas e escritos afloram as vivências pessoais e grupais do acontecer conciliar. Tenho nesta última característica de abordagem um testemunho que aqui me cabe.

Sou feliz de poder dizer que não fui simplesmente um espectador neutro do acontecer do Concílio. A bondade providente de Deus permitiu-me estar em Roma exatamente durante o evento. Como seminarista da Arquidiocese de Brasília, eu cursava Teologia na Universidade Gregoriana de Roma, tendo como residência o Colégio Pio Brasileiro. Em casa, nas salas de aula, na cidade, nos contextos, todos do cotidiano respiravam o ar que provinha da aula conciliar. Era como se tocássemos com as mãos nas inspirações que o Espírito de Deus soprava sobre sua Igreja.

O ambiente e a convivência no Colégio Pio Brasileiro naqueles dias, meses e anos, tinham no Concílio um eixo central de interesse, de expectativas, de orações, de hipóteses e até de sonhos. Como caía diretamente em nossos projetos e buscas de vida aquilo tudo que era tratado conciliarmente! Ser jovem, ser seminarista, estar dedicando-se às especializações doutrinais como tarefa cotidiana, tudo somava para a convivência inteiramente banhada nas águas conciliares.

Antevíamos então que os Padres Conciliares modelavam a nova feição da Igreja para a qual nos propúnhamos ser pastores.

Eram calorosos e às vezes tensos os estudos, os grupos de debate, as conversas informais dos seminaristas.

Na juventude éramos experientes apenas dos começos da vida. Tínhamos os olhos e os braços abertos para o futuro. Tomados pela curiosidade, estávamos atentos mais ao que havia de vir do que ao já consolidado pelo vivido das gerações anteriores. Tal estar voltado para o futuro era fortemente alimentado pelos dias de renovação e de mudanças dos idos do século XX. Nossos anos juvenis foram bem diferentes do vivido hoje pela juventude. Se o individualismo, o imediatismo está impregnado culturalmente na alma das novas gerações atuais, em nossos tempos era a solidariedade grupal e o desejo intenso de atuação por um mundo melhor, mais justo, que inundavam as mentes e os sentimentos da juventude. E o espírito conciliar soprava bem nessas direções.

Íamos para as aulas universitárias levados pela curiosidade de ouvir os comentários qualificados dos mestres. Todavia, pelas mais diferentes razões, eles eram contidos e sóbrios: preferiam não entrar no mérito daquilo que ainda estava sendo amadurecido pelo magistério extraordinário.

Havia um terceiro ponto de encontro entre nós seminaristas e o acontecer do Vaticano II. Ali era mais consistente e direto o contato com o evento conciliar. Durante o Concílio, o episcopado brasileiro hospedava-se na chamada *Domus Mariae*, vizinha do Colégio Pio Brasileiro, na Via Aurelia. Quase diariamente buscávamos momentos de diálogo com nossos bispos. Por mais discretos que fossem eles, com os mesmos podíamos sentir as reações e as considerações despertadas pelos temas conciliares de cada Assembleia. Os diálogos com frequência iam até a análise das ressonâncias, no Brasil e em nossas dioceses, das propostas e decisões gestadas em Roma. Podíamos sentir o ar e a luz que passavam pelas janelas abertas por João XXIII. Antevíamos com esperança os novos tempos primaveris que se anunciavam.

Na *Domus Mariae* íamos além em nossas buscas conciliares. De maneira informal, nós nos fazíamos ouvintes de algumas palestras noturnas. Para os Bispos Conciliares do Brasil, à noite, era oferecida uma sessão de estudos sobre os temas todos. Para as mesmas eram convidados alguns dos eminentes cardeais, arcebispos e bispos, e também alguns dos mais renomados e competentes teólogos e peritos que assessoravam os trabalhos todos.

Todo esse viver conciliar culminava para nós seminaristas na participação das grandes celebrações eucarísticas pontifícias na Basílica de São Pedro. Nos textos conciliares a Igreja se vê conscientemente missionária, enviada para este mundo de contradições, de novidades, mundo criado de um modo de ser humano nunca antes nem sonhado. Ela se vê com a responsabilidade de evangelizar todas as realidades e todos os projetos constitutivos dos tempos de agora e do futuro.

Entre as dezenas de referências que aqui muito bem caberiam, destaco apenas duas.

Presenciamos naqueles momentos e lugares a gestação da fórmula e da prática da *opção evangélica pelos pobres*. Tal opção foi assumida pela Igreja na América Latina, em todos os seus planos pastorais, um dos traços característicos da Igreja na América Latina.

Vimos também a adoção pelos espaços teologais e de ação da Igreja do método do "ver – julgar – agir". Esse roteiro específico do analisar a realidade, do pensá-la e trabalhá-la com os olhos de pastores, à luz da palavra de Deus, havia sido forjado na pastoral operária, na JOC de Monsenhor Cardjin, e acabaria sendo adotado com tal força pela Igreja de nosso continente que passou a ser tido como algo nosso.

O renovar da Igreja e sua consciência missionária tão fortemente acalentada pelo sopro do Espírito vem caracterizando todo o caminhar eclesial nestes 50 anos pós-conciliares.

O CELAM e as Conferências do Episcopado Latino-americano vêm liderando a recepção conciliar no continente. Além das práticas e vivências consistentes e fundamentais do modo ordinário de ser Igreja tal como foi retratada pelo Vaticano II, merecem especial consideração os momentos fortes de Medellín, Puebla, Santo Domingo e Aparecida. Mesmo que nos limitássemos à história desses quatro eventos eclesiais latino-americanos e caribenhos, aí veríamos pastores, teólogos, religiosos e religiosas, leigos e leigas, bebendo dos ensinamentos conciliares e modelando a Igreja continental, dando passos além na caminhada que se iniciara na aula conciliar da Basílica de São Pedro.

Os documentos produzidos nessas quatro Conferências Gerais desenharam uma face eminentemente conciliar para a comunhão de Igreja entre nós. Seria demasiadamente longo aqui detalhar os perfis eclesiásticos continental ou brasileiro. A leitura dos textos desta obra nos apresenta tanto as linhas fundamentais de tais perfis como os traços particularizadores desenhados pelas realidades de nossas gentes.

Como presidente da CNBB e como cardeal arcebispo de Aparecida, manifesto grande satisfação pela publicação deste livro. Trata-se de uma obra que reúne um conjunto denso e consistente de escritos produzidos por autores de competência e dedicação inquestionáveis, que nos oferecem uma leitura atualizada do Concílio Vaticano II para nossos dias e para as vivências eclesiais do momento presente. Parabéns à Editora Santuário! Parabéns aos autores e organizadores desta obra dedicada ao cinquentenário do início do Concílio Vaticano II.

Aparecida, na festa de Exaltação da Santa Cruz,
14 de setembro de 2012

*Dom Raymundo, Cardeal Damasceno Assis*
Arcebispo Metropolitano de Aparecida, SP
Presidente da CNBB

# Introdução

No dia 3 de setembro do ano 2000, João Paulo II presidiu o rito de beatificação do papa Pio IX, protagonista do Concílio Vaticano I (1870), e do papa João XXIII, que em 1959 supreendeu o mundo convocando o Concílio Vaticano II, com abertura oficial no dia 11 de outubro de 1962. Na ocasião, João Paulo II fez uma breve homilia na qual afirmou:

> Do Papa João permanece na memória de todos a imagem de um rosto sorridente e de dois braços abertos num abraço ao mundo inteiro. Quantas pessoas foram conquistadas pela simplicidade de seu ânimo, conjugada com uma ampla experiência de homens e de coisas! A *rajada de novidade* dada por ele não se referia decerto à doutrina, mas ao modo de expô-la; era novo o estilo de falar e de agir, era nova a carga de simpatia com que se dirigia às pessoas comuns e aos poderosos da terra. Foi com esse espírito que proclamou o *Concílio Vaticano II*, com o qual iniciou uma nova página na história da Igreja: os cristãos sentiram-se chamados a anunciar o Evangelho com renovada coragem e com uma atenção mais vigilante aos "sinais" dos tempos. O Concílio foi deveras uma intuição profética deste idoso Pontífice que inaugurou, no meio de não poucas dificuldades, um novo tempo de esperança para os cristãos e para a humanidade.[1]

Essas palavras resumem bastante bem o sentido deste livro, do título a cada um de seus capítulos. Ao falar dessa *rajada de novidade*, o papa cer-

---

[1] João Paulo II. *Homilia do Rito de Beatificação Solene de João XXIII*. Disponível em: <http://www.vatican.va/holy_father/john_paul_ii/homilies/2000/documents/hf_jp-ii_hom_20000903_beatification_po.html>. Acesso em: 31 ago. 2012. Grifos nossos.

tamente alude a uma figura que resume o espírito que João XXIII imprimiu ao Concílio Vaticano II: abrir as janelas da Igreja para que entrassem novos ares no diálogo com o mundo moderno. Sobre *o vento do Concílio* e *as janelas do Vaticano II* encontram-se muitas histórias e frases atribuídas ao papa do sorriso generoso. Onde e quando ele teria dito que o Concílio abriu as janelas da Igreja? Alguns chegam a imaginar um gesto profético e solene feito diante de uma multidão de autoridades eclesiásticas. O que aconteceu, na realidade, foi algo muito mais singelo. Um cronista da época registrou o fato que pode ter dado origem a todas essas histórias:

> Alguém perguntou ao Papa João XXIII, após o anúncio oficial no dia 25 de janeiro de 1959, de que haveria um Concílio Ecumênico: "Por que convocar tão grande evento? Qual a finalidade de tanto trabalho que isto exigirá? O que se poderá reformar, mudar, melhorar em poucos meses?" Em seu gabinete o papa havia ouvido sorridente esses comentários. Após alguns minutos levantou-se, calmamente se dirigiu à janela e, abrindo-a, disse: "Eis aqui: é por isto!"[2]

Inspirados neste gesto emblemático, escolhemos a metáfora da janela como título para este livro, que reúne a pesquisa de um grupo de teólogos de duas instituições de ensino superior: a PUC-SP e a Faculdade Dehoniana, de Taubaté-SP. Revisitamos cada um dos documentos emanados do Concílio procurando identificar os principais desdobramentos e consequências nestes últimos cinquenta anos.

Nesta perspectiva, os autores examinaram não apenas o texto e contexto dos documentos, mas os processos que tais documentos provocaram, nas várias "janelas abertas" pelo Concílio. O resultado – que ora publicamos – foi um conjunto de leituras e releituras, plural nas abordagens, mas sem perder a unidade de sentido que marcou o próprio Vaticano II, a partir das fontes cristãs. Alguns autores nos reconduzem aos textos com aproximação didática e abrangente; outros selecionam aspectos fundamentais e os desenvolvem no

---

[2] KLINGER, Kurt. *Ein papst lacht*. Frankfurt Am Main: Verlag Heirich Schefler, 1963, p. 161.

contexto recente da Igreja e do mundo; outros, ainda, oferecem-nos uma visão essencial dos documentos, seguida das perspectivas históricas ou teológicas decorrentes. Em todos os casos, temos textos significativos, que se completam dinamicamente, revelando a complexidade dos objetivos, temas e perspectivas conciliares. Isto confere à presente obra um caráter de referência e interpretação, de estudo e aplicação atual dos processos inaugurados pelo Concílio (ainda em curso), mais do que registro memorável de um fato passado.

A metáfora das *janelas* nos parece não apenas conveniente, mas honesta: cada documento do Concílio representa uma janela que se abre à renovação da própria Igreja, ao diálogo com a sociedade moderna, à unidade dos cristãos, aos diferentes sujeitos eclesiais, ao campo missionário, ao sentido pascal da liturgia, às religiões mundiais, ao Oriente cristão, ao discernimento e afirmação da dignidade humana, ao mundo da cultura e da educação, com todos os seus reveses e esperanças.

E como toda janela tem sua moldura e suas dobradiças, que lhe garantem contorno e movimento, também a estrutura desta obra: a princípio, abrindo efetivamente o conjunto das abordagens, temos a voz de João XXIII e Paulo VI que abrem as seções do Concílio em tom de convocação e proposta de itinerário; à conclusão, temos a voz de José Fernandes de Oliveira (Pe. Zezinho, scj), ao modo de memória-testemunho de quem vivenciou o evento conciliar como jovem padre.

Abrir as janelas, as portas, as mentes e os corações continua sendo uma tarefa urgente e atual. Ouvir e ampliar os ecos do Vaticano II pode ajudar-nos a enfrentar este desafio. A frase lapidar de Paulo VI, pronunciada em seu discurso de reabertura do Concílio, em setembro de 1963, é emblemática, densa e profética:

*Hodie affulget spes, cras fortasse res!*
Hoje brilha a esperança, amanhã certamente a realidade!

*Rosana Manzini*
*Marcial Maçaneiro*
*João Carlos Almeida*

# 1
# JANELAS ABERTAS
*Dois discursos históricos*

**João XXIII**
**Paulo VI**

O discurso de abertura do Concílio Vaticano II, pronunciado pelo Papa João XIII no dia 11 de outubro de 1962 foi um marco para a história recente da Igreja Católica. A tônica que perpassa estas palavras é a disposição de dialogar com o mundo contemporâneo. O Papa Paulo VI recebeu a missão de continuar e concluir o Concílio. Seu discurso de reabertura em setembro de 1963 toca nesta mesma tecla do diálogo e, a partir dela, indica os desafios que seriam enfrentados pelo Vaticano II e que estão em pauta até nossos dias.

# Discurso de João XXIII
## na abertura do Concílio Vaticano II[1]

### 11 de outubro de 1962

### *Gaudet Mater Ecclesia*

**1. Saudação**

Veneráveis irmãos,

1.1. Alegra-se a Santa Mãe Igreja, porque, por singular dom da Providência divina, amanheceu o dia tão ansiosamente esperado em que solenemente se inaugura o Concílio Ecumênico Vaticano II, aqui, junto do túmulo de São Pedro, com a proteção da Santíssima Virgem, de quem celebramos hoje a dignidade de Mãe de Deus.

**2. Os Concílios Ecumênicos na Igreja**

2.1. Todos os concílios celebrados na história, tanto os 20 Concílios Ecumênicos, como os inúmeros Provinciais e Regionais, também importantes, testemunham claramente a vitalidade da Igreja Católica e constituem pontos luminosos de sua história.

2.2. O gesto do mais recente e humilde sucessor de Pedro que vos fala, de convocar esta soleníssima reunião, pretendeu afirmar, mais uma vez, a continuidade do magistério eclesiástico, para apresentá-lo, em

---

[1] AAS 54 (1962), p. 786-796.

forma excepcional, a todos os homens de nosso tempo, tendo em conta os desvios, as exigências e as possibilidades deste nosso tempo.

2.3. É bem natural que, inaugurando o Concílio Ecumênico, nos apraza contemplar o passado, para ir recolher, por assim dizer, as vozes, cujo eco animador queremos tornar a ouvir na recordação e nos méritos, tanto dos mais antigos, como também dos mais recentes pontífices, nossos predecessores: vozes solenes e venerandas, elevadas no Oriente e no Ocidente, desde o século IV até a Idade Média, e desde então até nossos dias, que transmitiram desde aqueles concílios seu testemunho; vozes a aclamar em perenidade de fervor o triunfo da instituição divina e humana, a Igreja de Cristo, que recebe dele o nome, a graça e o significado.

2.4. Mas, ao lado dos motivos de alegria espiritual, é também verdade que sobre essa história se estende ainda, por mais de 19 séculos, uma nuvem de tristeza e provações. Não é sem motivo que o velho Simeão manifestou a Maria, Mãe de Jesus, aquela profecia, que foi e permanece verdadeira: "Este menino está posto para ruína e para ressurreição de muitos, e será sinal de contradição" (Lc 2,34). E o próprio Jesus, chegando à idade adulta, fixou bem claramente a atitude que o mundo havia de continuar a tomar perante sua pessoa através dos séculos, ao pronunciar aquelas palavras misteriosas: "Quem vos ouve, a mim ouve" (Lc 10,16); e com aquelas outras, citadas pelo mesmo evangelista: "Quem não está comigo, está contra mim; e quem não recolhe comigo, desperdiça" (Lc 11,23).

2.5. O grande problema, proposto ao mundo, depois de quase dois milênios, continua o mesmo. Cristo sempre a brilhar no centro da história e da vida; os homens ou estão com Ele e com sua Igreja, e então gozam da luz, da bondade, da ordem e da paz; ou estão sem Ele, ou contra Ele, e deliberadamente contra sua Igreja: tornam-se motivo de confusão, causando aspereza nas relações humanas, e perigos contínuos de guerras fratricidas.

2.6. Os Concílios Ecumênicos, todas as vezes que se reúnem, são celebração solene da união de Cristo e de sua Igreja, e por isso levam à irradiação universal da verdade, à reta direção da vida individual, doméstica e social; ao reforço das energias espirituais, em perene elevação para os bens verdadeiros e eternos.

2.7. Estão diante de nós, na sucessão das várias épocas dos primeiros 20 séculos da história cristã, os testemunhos deste magistério extraordinário da Igreja, recolhido em vários volumes imponentes: patrimônio sagrado dos arquivos eclesiásticos, tanto aqui em Roma, como nas bibliotecas mais célebres do mundo inteiro.

## 3. Origem e causa do Concílio Ecumênico Vaticano II

3.1. No que diz respeito à iniciativa do grande acontecimento que agora se realiza, baste, a simples título de documentação histórica, reafirmar nosso testemunho humilde e pessoal do primeiro e imprevisto florescer em nosso coração e em nossos lábios da simples palavra "Concílio Ecumênico". Palavra pronunciada diante do Sacro Colégio dos Cardeais naquele faustíssimo dia 25 de janeiro de 1959, festa da conversão de São Paulo, em sua Basílica. Foi algo de inesperado: uma irradiação de luz sobrenatural, uma grande suavidade nos olhos e no coração. E, ao mesmo tempo, um fervor, um grande fervor que se despertou, de repente, em todo o mundo, na expectativa da celebração do concílio.

3.2. Três anos de preparação laboriosa, consagrados a indagar ampla e profundamente as condições modernas da fé e da prática religiosa, e de modo especial da vitalidade cristã e católica.

3.3. Pareceram-nos como um primeiro sinal, um primeiro dom de graça celestial.

3.4. Iluminada pela luz deste concílio, a Igreja, como esperamos confiadamente, engrandecerá em riquezas espirituais e, recebendo a força de novas energias, olhará intrépida para o futuro. Na verdade, com atualizações oportunas e com a prudente coordenação da colaboração mútua, a Igreja conseguirá que os homens, as famílias e os povos voltem realmente a alma para as coisas celestiais.

3.5. E assim, a celebração do Concílio torna a ser motivo e singular obrigação de grande reconhecimento ao supremo dispensador de todos os bens, por celebrarmos com cânticos de exultação a glória de Cristo Senhor, Rei glorioso e imortal dos séculos e dos povos.

## 4. Oportunidade de celebrar o Concílio

4.1. Há ainda um argumento, veneráveis irmãos, que não é inútil propor a vossa consideração. Para tornar mais concreta nossa santa alegria, queremos, diante desta grande assembleia, notar as felizes e consoladoras circunstâncias em que se inicia o Concílio Ecumênico.

4.2. No exercício cotidiano de nosso ministério pastoral, ferem nossos ouvidos sugestões de almas, ardorosas sem dúvida no zelo, mas não dotadas de grande sentido de discrição e moderação. Nos tempos atuais, elas não veem senão prevaricações e ruínas; vão repetindo que nossa época, em comparação com as passadas, foi piorando; e portam-se como quem nada aprendeu da história, que é também mestra da vida, e como se no tempo dos Concílios Ecumênicos precedentes tudo fosse triunfo completo da ideia e da vida cristã, e da justa liberdade religiosa.

4.3. Mas parece-nos que devemos discordar desses profetas da desventura, que anunciam acontecimentos sempre infaustos, como se estivesse iminente o fim do mundo.

4.4. No presente momento histórico, a Providência está levando-nos para uma nova ordem de relações humanas, que, por obra dos homens e o mais das vezes para além do que eles esperam, se dirigem para o cumprimento de desígnios superiores e inesperados; e tudo, mesmo as adversidades humanas, dispõe para o bem maior da Igreja.

4.5. É fácil descobrir essa realidade, se se considera com atenção o mundo hodierno, tão ocupado com a política e as controvérsias de ordem econômica, que já não encontra tempo de atentar em solicitações de ordem espiritual, de que se ocupa o magistério da santa Igreja. Esse modo de proceder não é certamente justo, e com razão temos de desaprová-lo; não se pode, contudo, negar que essas novas condições da vida moderna têm, pelo menos, a vantagem de ter suprimido aqueles inúmeros obstáculos, com os quais, em tempos passados, os filhos do século impediam a ação livre da Igreja. De fato, basta percorrer mesmo rapidamente a história eclesiástica, para verificar sem sombra de dúvida que os próprios Concílios Ecumênicos, cujas vicissitudes constituíram uma sucessão de verdadeiras glórias para a Igreja Católica, foram muitas vezes celebrados com alternativas de dificuldades gravíssimas e de tristezas, por causa da intromissão indevida das autoridades civis. Elas, é certo, propunham-se, às vezes, proteger com toda a sinceridade a Igreja, mas, as mais das vezes, isto não se dava sem dano e perigo espiritual, porque eles procediam segundo as conveniências de sua política interesseira e perigosa.

4.6. A esse propósito, confessamo-vos que sentimos dor vivíssima pelo fato de muitíssimos bispos, que nos são tão caros, fazerem hoje sentir aqui sua ausência, por estarem presos por sua fidelidade a Cristo, ou detidos por outros impedimentos; sua lembrança leva-nos a elevar fervorosíssimas orações a Deus. Porém, não sem grande esperança e com grande conforto para nossa alma, vemos que a Igreja, hoje finalmente livre de tantos obstáculos de natureza profana, como acontecia no passado, pode desta Basílica Vaticana, como de um segundo Cenáculo Apostólico, fazer sentir por vosso meio sua voz, cheia de majestade e de grandeza.

## 5. Fim principal do Concílio: defesa e difusão da doutrina

5.1. O que mais importa ao Concílio Ecumênico é o seguinte: que o depósito sagrado da doutrina cristã seja guardado e ensinado de forma mais eficaz.

5.2. Essa doutrina abarca o homem inteiro, composto de alma e corpo, e a nós, peregrinos nesta terra, manda-nos tender para a pátria celeste.

5.3. Isto mostra como é preciso ordenar nossa vida mortal, de maneira que cumpramos nossos deveres de cidadãos da terra e do céu, e consigamos deste modo o fim estabelecido por Deus. Quer dizer que todos os homens, tanto considerados individualmente como reunidos em sociedade, têm o dever de tender sem descanso, durante toda a vida, para a consecução dos bens celestiais, e de usar só para esse fim os bens terrenos, sem que seu uso prejudique a eterna felicidade.

5.4. O Senhor disse: "Procurai primeiro o Reino de Deus e sua justiça" (Mt 6,33). Esta palavra "primeiro" exprime, antes de mais, em que direção devem mover-se nossos pensamentos e nossas forças; não devemos esquecer, porém, as outras palavras dessa exortação do Senhor, isto é: "e todas estas coisas vos serão dadas por acréscimo" (Mt 6,33). Na realidade, sempre existiram e existem ainda, na Igreja, os que, embora procurem com todas as forças praticar a perfeição evangélica, não se esquecem de ser úteis à sociedade. De fato, de seu exemplo de vida, constantemente praticado, e de suas iniciativas de caridade, toma vigor e incremento o que há de mais alto e mais nobre na sociedade humana.

5.5. Mas, para que essa doutrina atinja os múltiplos níveis da atividade humana, que se referem aos indivíduos, às famílias e à vida social, é necessário primeiramente que a Igreja não se aparte do patrimônio sagrado da verdade, recebido de seus maiores; e, ao mesmo tempo, deve também olhar para o presente, para as novas condições e formas de vida introduzidas no mundo hodierno, que abriram novos caminhos ao apostolado católico.

5.6. Por essa razão, a Igreja não assistiu indiferente ao admirável progresso das descobertas do gênero humano, e não lhes negou o justo apreço, mas, seguindo esses progressos, não deixa de avisar os homens para que, bem acima das coisas sensíveis, elevem os olhares para Deus, fonte de toda a sabedoria e beleza; e eles, aos quais foi dito: "Submetei a terra e dominai-a" (Gn 1,28), não esqueçam o mandamento gravíssimo: "Adorarás o Senhor teu Deus, e só a ele servirás" (Mt 4,10; Lc 4,8), para que não suceda que a fascinação efêmera das coisas visíveis impeça o verdadeiro progresso.

## 6. Como deve ser promovida a doutrina

6.1. Isto posto, veneráveis irmãos, vê-se claramente tudo o que se espera do Concílio quanto à doutrina.

6.2. O XXI Concílio Ecumênico, que se aproveitará da eficaz e importante soma de experiências jurídicas, litúrgicas, apostólicas e administrativas, quer transmitir pura e íntegra a doutrina, sem atenuações nem subterfúgios, que por vinte séculos, apesar das dificuldades e das oposições, tornou-se patrimônio comum dos homens. Patrimônio não recebido por todos, mas, assim mesmo, riqueza sempre ao dispor dos homens de boa vontade.

6.3. É nosso dever não só conservar esse tesouro precioso, como se nos preocupássemos unicamente da antiguidade, mas também nos dedicar com vontade pronta e sem temor àquele trabalho hoje exigido, prosseguindo assim o caminho que a Igreja percorre há vinte séculos.

6.4. A finalidade principal desse Concílio não é, portanto, a discussão de um ou outro tema da doutrina fundamental da Igreja, repetindo e proclamando o ensino dos padres e dos teólogos antigos e modernos, que se supõe sempre bem presente e familiar a nosso espírito.

6.5. Para isto, não havia necessidade de um Concílio. Mas da renovada, serena e tranquila adesão a todo o ensino da Igreja, em sua integridade e exatidão, como ainda brilha nas Atas Conciliares desde Trento até ao Vaticano I, o espírito cristão, católico e apostólico do mundo inteiro espera um progresso na penetração doutrinal e na formação das consciências; é necessário que essa doutrina certa e imutável, que deve ser fielmente respeitada, seja aprofundada e exposta de forma a responder às exigências de nosso tempo. Uma coisa é a substância do "depositum fidei", isto é, as verdades contidas em nossa doutrina, e outra é a formulação com que são enunciadas, conservando-lhes, contudo, o mesmo sentido e o mesmo alcance. Será preciso atribuir muita importância a esta forma e, se necessário, insistir com paciência, em sua elaboração; e dever-se-á usar a maneira de apresentar as coisas que mais corresponda ao magistério, cujo caráter é prevalentemente pastoral.

## 7. Como se devem combater os erros

7.1. Ao iniciar-se o Concílio Ecumênico Vaticano II, tornou-se mais evidente do que nunca que a verdade do Senhor permanece eternamente. De fato, ao suceder uma época a outra, vemos que as opiniões dos homens se sucedem, excluindo-se umas às outras, e que muitas vezes os erros se dissipam logo ao nascer, como a névoa ao despontar o sol.

7.2. A Igreja sempre se opôs a esses erros; muitas vezes até os condenou com a maior severidade. Agora, porém, a esposa de Cristo prefere usar mais o remédio da misericórdia ao da severidade. Julga satisfazer melhor as necessidades de hoje, mostrando a validez de sua doutrina do que renovando condenações. Não quer dizer que faltem doutrinas enganadoras, opiniões e conceitos perigosos, contra os quais nos devemos premunir e que temos de dissipar; mas estes estão tão evidentemente em contraste com a reta norma da honestidade, e deram já frutos tão perniciosos, que hoje os homens parecem inclinados a condená-los, em particular os costumes que desprezam a Deus e sua lei, a confiança excessiva nos progressos da técnica e o bem-estar fundado exclusivamente nas comodidades da vida. Eles se vão convencendo sempre mais de que a dignidade da pessoa humana, seu aperfeiçoamento e o esforço que exige é coisa da máxima importância. E o que mais importa, a experiência ensinou-lhes que a violência feita aos outros, o poder das armas e o predomínio político não contribuem em nada para a feliz solução dos graves problemas que os atormentam.

7.3. Assim sendo, a Igreja Católica, levantando por meio deste Concílio Ecumênico o facho da verdade religiosa, deseja mostrar-se mãe amorosa de todos, benigna, paciente, cheia de misericórdia e bondade também com os filhos dela separados. Ao gênero humano, oprimido por tantas dificuldades, ela diz, como outrora Pedro ao pobre que lhe pedia esmola: "Eu não tenho nem ouro nem prata, mas dou-te aquilo que tenho: em nome de Jesus Cristo Nazareno, levanta-te e anda" (At 3,6). Quer dizer, a Igreja não oferece aos homens de hoje riquezas caducas, não promete uma felicidade só terrena; mas comunica-lhes os bens da graça divina, que, elevando os homens à dignidade de filhos de Deus, são defesas poderosíssima e ajudas para uma vida mais humana; a Igreja abre a fonte de sua doutrina vivificante, que permite aos homens, iluminados pela luz de Cristo, compreender bem aquilo que eles são na realidade; sua excelsa dignidade e seu fim; e mais, por meio de seus filhos, estende a toda parte a plenitude da caridade cristã, que é o melhor auxílio para eliminar as sementes da discórdia; e nada é mais eficaz para fomentar a concórdia, a paz justa e a união fraterna.

## 8. Promover a unidade na família cristã e humana

8.1. A solicitude da Igreja em promover e defender a verdade deriva disso que, segundo o desígnio de Deus "que quer salvar todos os homens e fazê-los chegar ao conhecimento da verdade" (1Tm 2,4), os homens não podem sem a ajuda de toda a doutrina revelada conseguir uma completa e sólida união dos espíritos, com a qual andam juntas a verdadeira paz e a salvação eterna.

8.2. Infelizmente, a família cristã, não atingiu ainda, plena e perfeitamente, essa visível unidade na verdade. A Igreja Católica julga, portanto, dever seu empenhar-se ativamente para que se realize o grande mistério daquela unidade, que Jesus Cristo pediu com oração ardente ao Pai celeste, pouco antes de seu sacrifício. Ela goza de paz suave, bem convicta de estar intimamente unida com aquela oração; e muito se alegra depois, quando vê que essa invocação estende sua eficácia, com frutos salutares, mesmo àqueles que estão fora de seu seio. Mais ainda, se consideramos bem essa mesma unidade, impetrada por Cristo para sua Igreja, parece brilhar com tríplice raio de luz sobrenatural e benéfica: a unidade dos católicos entre si, que se deve manter exemplarmente firmíssima; a unidade de orações e desejos ardentes, com os quais os cristãos separados desta Sé Apostólica ambicionam unir-se conosco; por fim, a unidade na estima e no respeito para com a Igreja Católica, por parte daqueles que seguem ainda religiões não cristãs.

8.3. Quanto a isso, é motivo de tristeza considerar como a maior parte do gênero humano, apesar de todos os homens terem sido remidos pelo sangue de Cristo, não partilhem daquelas fontes da graça divina que existem na Igreja Católica. Por isso, à Igreja Católica, cuja luz tudo ilumina e cuja força de unidade sobrenatural beneficia toda a humanidade, bem se adaptam as palavras de São Cipriano: "A Igreja, aureolada de luz divina, envia seus raios ao mundo inteiro; é, porém, luz única, que por toda a parte se difunde sem que fique repartida a unidade do corpo. Estende seus ramos sobre toda a terra por sua fecundidade, difunde sempre mais e mais seus regatos: contudo, uma só é a cabeça, única é a origem, uma é a mãe copiosamente fecunda; por ela fomos dados à luz, alimentamo-nos com seu leite, vivemos de seu espírito" (*De Catholicae Ecclesiae unitate*, 5).

8.4. Veneráveis irmãos, isto se propõe o Concílio Ecumênico Vaticano II, que, ao mesmo tempo que une as melhores energias da Igreja e se empenha por fazer acolher pelos homens mais favoravelmente o anúncio da salvação, como que prepara e consolida o caminho para aquela unidade do gênero humano, que se requer como fundamento necessário para que a cidade terrestre se conforme à semelhança da celeste "na qual reina a verdade, é lei a caridade, e a extensão é a eternidade" (cf. Santo Agostinho, Epist. CXXXVIII, 3).

## 9. Conclusão

9.1. E agora, "dirige-se a vós nossa voz" (2Cor 6,11), veneráveis irmãos no episcopado. Eis-nos, finalmente, todos reunidos nesta Basílica Vaticana, onde está o eixo da história da Igreja: onde o céu e a terra estão estreitamente unidos, aqui junto do túmulo de Pedro, junto a tantos túmulos de nossos santos predecessores, cujas cinzas, nesta hora solene, parecem exultar com frêmito arcano.

9.2. O Concílio, que agora começa, surge na Igreja como dia que promete a luz mais brilhante. Estamos apenas na aurora: mas já o primeiro anúncio do dia que nasce de quanta suavidade não enche nosso coração! Aqui tudo respira santidade, tudo leva a exultar! Contemplemos as estrelas, que aumentam com seu brilho a majestade deste templo; aquelas estrelas, segundo o testemunho do apóstolo São João (Ap 1,20), sois vós mesmos; e convosco vemos brilhar aqueles candelabros dourados à volta do sepulcro do Príncipe dos Apóstolos, isto é, as igrejas a vós confiadas (Ap 1,20).

Vemos, a vosso lado, em atitude de grande respeito e de expectativa cheia de simpatia, essas digníssimas personalidades aqui presentes, chegadas a Roma dos cinco continentes, para representarem as nações do mundo.

9.3. Pode dizer-se que o céu e a terra se unem na celebração do concílio: os santos do céu, para proteger nosso trabalho; os fiéis da terra, continuando a rezar a Deus; e vós, fiéis às inspirações do Espírito Santo, para procurardes que o trabalho comum corresponda às esperanças e às necessidades dos vários povos. Isso requer de vossa parte serenidade de espírito, concórdia fraterna, moderação nos projetos, dignidade nas discussões e prudência nas deliberações.

9.4. Queira o céu que vossas canseiras e vosso trabalho, para o qual se dirigem não só os olhares de todos os povos, mas também as esperanças do mundo inteiro, correspondam plenamente às aspirações comuns.

9.5. Deus todo-poderoso, em vós colocamos toda a nossa esperança, desconfiando de nossas forças. Olhai benigno para esses pastores de vossa Igreja. A luz de vossa graça sobrenatural nos ajude a tomar as decisões e a fazer as leis. Ouvi todas as orações que vos dirigimos com unanimidade de fé, de palavra e de espírito.

9.6. Ó Maria, auxílio dos cristãos, auxílio dos bispos, de cujo amor tivemos recentemente uma prova especial em vosso templo de Loreto, onde tivemos o prazer de venerar o mistério da encarnação, disponde todas as coisas para um feliz resultado, e, juntamente com vosso esposo São José, com os santos apóstolos São Pedro e São Paulo, com São João Batista e São João Evangelista, intercedei por nós junto de Deus.

9.7. A Jesus Cristo, amabilíssimo Redentor nosso, rei imortal dos povos e do tempo, amor, poder e glória pelos séculos dos séculos. Assim seja!

# Discurso de Paulo VI
# Na Continuação do Concílio Vaticano II[1]

## 29 de setembro de 1963

### *Salvete Fratres in Christo*

**1. Saudação**

1.1. Nós vos saudamos, amados irmãos em Cristo, que convocamos de todas as partes do mundo onde a santa Igreja Católica estende sua organização hierárquica. Saudamos a vós que, aceitando nosso convite, viestes de bom grado para celebrar conosco a segunda sessão do Concílio Ecumênico Vaticano II, que hoje temos a alegria de inaugurar, sob os auspícios do arcanjo São Miguel, celestial defensor do povo cristão.

1.2. Oh! Como é apropriado o nome de *Ecclesia*, ou seja, congregação, convocação, a esta solene e fraterna assembleia que reúne pessoas do Oriente e do Ocidente, dos países meridionais e setentrionais.

Oh! Como aqui se realiza, de modo novo, a palavra que nos vem agora à memória: "Por toda a terra ressoou sua voz e até os confins da terra habitada chegou sua mensagem" (Rm 10,18. Sl 18,5).

Oh! Como brilham maravilhosamente unidas aquelas duas notas do mistério da Igreja: a unidade e a catolicidade! E desse espectáculo de universalidade somos levados a refletir não somente sobre sua origem apostólica, que aqui vemos representada e celebrada, mas também sobre a finalidade da Igreja, de formar pessoas santas.

---
[1] AAS 55 (1963), p. 841-859.

Refulgem suas notas características, resplende o rosto da Esposa de Cristo, impregnam-se nossos espíritos duma conhecidíssima, mas sempre misteriosa experiência, essa que nos faz sentir que somos nós o Corpo de Cristo e nos faz saborear a alegria incomparável e ainda desconhecida do mundo profano, desse "que alegria é viverem os irmãos juntos" (Salmo 132,1).

Por isso é importante captar bem em nosso espírito, desde esse primeiro momento, o sentido desse fenômeno humano e divino, que agora está se realizando.

Aqui de novo, como em novo cenáculo, tornado pequeno não pela medida de suas proporções, que são grandíssimas, mas pela multidão dos que nele estão reunidos;

- aqui, com a segura proteção celeste da Virgem Mãe de Cristo;
- aqui, à volta do sucessor de Pedro – último no tempo e no mérito, mas idêntico ao primeiro apóstolo na missão e na autoridade – recolhidos os apóstolos que vós, irmãos, sois, provenientes do Colégio Apostólico e seus continuadores autênticos;
- aqui, orando juntos, e unidos pela mesma fé e pela mesma caridade;
- aqui, nos beneficiaremos sem dúvida do dom sobrenatural do Espírito Santo, presente, vivificador, docente, corroborante;
- aqui todas as línguas de todos os povos formarão uma só voz e será unívoca a mensagem que enviaremos para o mundo inteiro;
- aqui chega a Igreja com passo seguro, após peregrinar por 20 séculos de quase 20 séculos sobre esta terra;
- aqui a falange apostólica, reunida de todo o mundo, toda junta restaura suas forças na fonte que sacia toda a sede e nova sede provoca;
- daqui retomará confiante o caminho, no mundo e no tempo, em direção à meta que está além desta terra e deste tempo.

1.3. Nós vos saudamos, veneráveis irmãos: assim vos acolhe o menor dentre vós, o servo dos servos de Deus, apesar de segurar as mais sublimes chaves, as que Cristo Nosso Senhor entregou a Pedro; assim vos agradece o testemunho de obediência e de confiança que vossa presença lhe traz; assim vos mostra com fatos querer Ele orar convosco, falar convosco, deliberar convosco, trabalhar convosco.

Deus nos é testemunha que, desde o início da segunda sessão do grande concílio, não temos no ânimo qualquer propósito de poder humano, qualquer ambição de poder exclusivo; mas apenas desejo e vontade de exercitar o divino mandato que nos faz vosso sumo Pastor, entre vós, irmãos, mandato que de vós pede aquilo que forma nossa alegria e nossa coroa,[2] a "comunhão dos santos", vossa fidelidade, vossa adesão, vossa colaboração e a vós, por sua vez, oferece o que mais lhe agrada dar, sua veneração, sua estima, sua confiança e sua caridade.

1.4. Pensávamos – como nos prescreve um costume sagrado – enviar a todos vós nossa primeira carta encíclica; mas para que, refletimos depois, confiar ao papel o que, por uma felicíssima e singularíssima oportunidade – aludimos a este Concílio Ecumênico – podemos exprimir de viva voz? Não podemos, é certo, dizer agora de palavra tudo quanto nos vai na alma e que por escrito é mais fácil expressar. Mas sirva, desta vez, a presente alocução como de prelúdio, não só a este concílio, mas também a nosso pontificado. Substitua, por agora, a palavra falada a carta encíclica, que, com a graça de Deus, passados estes dias laboriosos, esperamos depois dirigir-vos.

## 2. Homenagem à memória de João XXIII

2.1. Depois de vos termos saudado, apresentamo-nos a vós. Somos novos na tarefa pontifícia que estamos exercitando, ou melhor, inaugurando. Bem sabeis que o Colégio Cardinalício – que, estando aqui presente, queremos honrar mais uma vez com nossa cordial veneração

---

[2] Cf. Fl 4,1.

– apesar de nossas fraquezas e imperfeições, nos quis eleger no dia 21 de junho passado, dia, por coincidência bem agradável, destinado este ano a festejar o Sacratíssimo Coração de Jesus – nos quis eleger para a Sé episcopal de Roma e, consequentemente, para o pontificado supremo de toda a Igreja.

2.2. Não podemos recordar esse acontecimento sem pensar em nosso predecessor de feliz e imortal memória, que tanto amávamos, João XXIII. Seu nome evoca em nós – e certamente em quantos de vós tiveram a felicidade de o ver aqui neste mesmo nosso lugar – a figura amável e sacerdotal, quando abria, no dia 11 de outubro do ano passado, a primeira sessão deste Concílio Ecumênico Vaticano II, e pronunciou aquele discurso, que pareceu à Igreja e ao mundo voz profética para nosso tempo.

Aquele discurso ainda ressoa em nossa memória e em nossa consciência, para indicar ao concílio o caminho a percorrer e para libertar nossos espíritos de todas as dúvidas e de todos os cansaços que nos viessem surpreender neste difícil caminho.

Oh! Caro e venerando João XXIII! Nós te agradecemos e te louvamos, porque, por divina inspiração, quiseste convocar este concílio, a fim de abrir à Igreja novos caminhos e fazer brotar na terra águas frescas e benéficas, que brotam da graça de Cristo.

Tu, sem que te solicitasse qualquer estímulo terreno; sem ser movido por circunstâncias particulares; como que adivinhando os projetos de Deus e descobrindo as necessidades obscuras e atormentadoras de nosso tempo, retomaste o fio quebrado do Concílio Vaticano I. Ao fazer isso, dissipaste a incompreensão de alguns em relação àquele Concílio, dizendo bastarem agora o poder do Romano Pontífice, conferido por Cristo, para governar e vivificar a Igreja, ignorando a contribuição dos concílios ecumênicos.

2.3. Tu, além de reunir como irmãos os sucessores dos apóstolos para que fossem retomados os estudos interrompidos e a legislação deixada em suspenso, também os convidastes a sentirem-se unidos ao Papa para dele receber a força e a direção, para que o "sagrado depósito da doutrina cristã seja conservado e ensinado com maior eficácia.[3]

Mas a este mais alto objetivo do Concílio associaste outro, por assim dizer pastoral, que no momento parece até mais urgente e salutar que o primeiro: "o objetivo principal de nosso trabalho não consiste em discutir alguns temas importantes da doutrina eclesiástica [...], mas antes que ela: [...] seja aprofundada e exposta do modo que pedem nossos tempos".[4]

Confirmastes a opinião que, nos elementos de que é constituído o magistério eclesiástico, a doutrina cristã não deriva somente da análise da verdade com a razão iluminada pela fé, mas também na palavra que gera vida e ação; e que a autoridade da Igreja não deve consistir exclusivamente em coondenar os erros que a deturpam, mas deve também promulgar documentos positivos e construtivos, dos quais ela é fecunda. Portanto, se a tarefa do Magistério da Igreja não é somente especulativa nem somente negativa, é, então, necessário que neste Concílio se manifestem ao máximo a força e o poder da doutrina de Cristo, que disse: "as palavras, que vos tenho dito, são espírito e vida" (Jo 6,64).

2.4. Não esqueceremos nenhuma das normas que com sábia intuição tu traçaste, como primeiro Pai deste Concílio, às quais é útil recordar: "Nós, porém, não devemos apenas guardar este precioso tesouro – ou seja, a doutrina católica – como se nos preocupássemos apenas com a antiguidade, mas, com alegria e sem temor, devemos continuar a obra que nossa época exige, prosseguindo o caminho que a Igreja percorreu por quase vinte séculos". Consequentemente, "se deverá, pois, adotar aquela forma de exposição que mais corresponda ao Magistério, cuja índole é prevalentemente pastoral".[5]

---

[3] AAS 54 (1962), p. 790.

[4] Ibid., p. 791-792.

[5] AAS 54 (1962), p. 791-792.

2.5. Nem será por nós negligenciada a importante questão concernente à unidade de todos aqueles que creem em Cristo e desejam fazer parte de sua Igreja, que tu, João, indicaste como casa paterna aberta a todos; deste modo a segunda parte que celebraremos do Concílio Ecumênico, por ti convocado e iniciado, siga fielmente a via por ti assinalada e possa alcançar – que Deus nos ajude – aqueles fins que tão ardentemente desejaste.

## 3. Quais são os princípios, os rumos e a finalidade do Concílio

3.1. Retomemos, pois, veneráveis irmãos, o caminho iniciado. Mas este evidente propósito nos leva a considerar ainda outra coisa, de tão grave e eminente importância, que nos obriga a vos comunicar, ainda que esta assembleia dela já esteja informada e como que inundada por sua luz.

3.2. a) De onde parte nosso caminho, veneráveis irmãos?

b) Qual é o caminho que desejamos percorrer, se atendemos mais às normas divinas a que devemos obedecer que às indicações práticas até agora recordadas?

c) E que meta, irmãos, propor a esse nosso caminho? Essa meta, enquanto nos encontramos sobre a terra – ainda que nos adaptemos aos tempos e condições desta vida mortal –, deve mirar, todavia, ao fim supremo da humanidade, o qual será necessário alcançar após nossa peregrinação terrestre.

3.3. Estas três perguntas, tão básicas à inteligência, mas de máxima gravidade, possuem uma única resposta que consideramos nosso dever recordar nesta hora solene, nesta assembleia, e proclamar ao mundo inteiro: Cristo é a resposta! Digamos claramente:

a) Cristo é nosso princípio.

b) Cristo é nosso guia e nosso caminho.

c) Cristo é nossa esperança e nossa meta.

3.4. Que este Concílio tenha plena consciência do vínculo, único e múltiplo, firme e estimulante, misterioso e manifesto, íntimo e suavíssimo, com o qual estamos unidos a Jesus Cristo, com o qual esta Igreja santa e viva, que somos nós, une-se a Cristo, do qual viemos, pelo qual vivemos e o qual desejamos. Esta nossa assembleia aqui reunida não brilhe de outra luz que não a de Cristo, luz do mundo; nossas almas não busquem outra verdade que não a Palavra do Senhor, nosso único mestre; não tenhamos outra preocupação senão obedecer a seus preceitos, sendo fiéis em tudo; nenhuma outra confiança nos mantenha, senão a de que sua Palavra sustenta nossa fraqueza: "Eis que estou convosco todos os dias, até o fim do mundo" (Mt 28,20).

3.5. Quisera fôssemos capazes, neste momento histórico, de elevar a Nosso Senhor Jesus Cristo uma voz digna dele! Façamos nossas as palavras da Sagrada Liturgia: "Reconhecemos somente a Ti, ó Cristo, com mente pura e simples; te pedimos com lágrimas e cânticos: escuta nossas preces".[6] Ao pronunciar tais palavras ante nossos olhos, perplexos e temerosos, parece replandecer o próprio Cristo, imponente daquela grandiosa majestade que refulge no Pantocrator de vossas Basílicas, veneráveis irmãos das Igrejas Orientais, bem como das Ocidentais. Nós nos identificamos com nosso predecessor Honório III em adoração que – representado no esplêndido mosaico da abside da Basílica de São Paulo Fora dos Muros, pequeno e quase aniquilado por terra – beija os pés de Cristo, de gigantescas dimensões, em atitude de mestre real que preside e abençoa a assembleia congregada na mesma Basílica, isto é, a Igreja. Esta mesma cena nos parece estar reproduzida não mais em uma imagem pintada sobre as paredes com linhas e cores, mas sim real, nesta nossa assembleia que reconhece a Cristo como princípio e fonte de onde provém a redenção humana e a própria Igreja; que de modo semelhante reconhece a Igreja como

---

[6] *Breviário romano*, Hino de Laudes, de quarta-feira.

continuação terrestre e misterioso prolongamento do próprio Cristo; como se resplandecesse a nossos olhos a visão apocalíptica que o Apóstolo João descreve com estas palavras: "[...] e mostrou-me um rio de água viva, brilhante como cristal que jorrava do trono de Deus e do Cordeiro" (Ap 22,1).

3.6. Parece-nos muito oportuno que o Concílio parta dessa visão, ou melhor, dessa mística celebração, que confessa ser Ele – Nosso Senhor Jesus Cristo – o Verbo Encarnado, o Filho de Deus e Filho do Homem, o redentor do mundo; a esperança da humanidade e seu único Mestre; o Pastor, o Pão da vida, nosso Pontífice e nossa Vítima, o Mediador único entre Deus e os homens, o Salvador da terra, o Rei da eternidade, que há de vir; e esta mesma celebração declara que somos divinamente chamados por Cristo, seus discípulos, seus apóstolos, suas testemunhas, seus ministros, seus representantes, e, com todos os outros fiéis, seus membros vivos, unidos naquele imenso Corpo místico que Ele, mediante a fé e os sacramentos, edifica continuamente nas gerações humanas: sua Igreja, espiritual e visível, fraterna e hierárquica, hoje temporal e, um dia, perpétua.

3.7. Veneráveis irmãos, se consideramos atentamente o que é de máxima importância, ou seja, que Cristo é nosso Fundamento e Cabeça invisível mas real, de quem nós tudo recebemos a ponto de nos tornarmos nele *Christus totus*, o Cristo total, de que fala Santo Agostinho e que perpassa toda a teologia da Igreja, então, certamente, poderemos compreender claramente os fins principais desse Concílio, que, por motivo de brevidade e clareza, indicaremos em quatro pontos:

- a noção, ou, se se preferir, a consciência da Igreja;
- sua renovação;
- a restauração da unidade de todos os cristãos;
- e o diálogo da Igreja com a humanidade de nossos dias.

## 4. Definir mais precisamente a noção de Igreja

4.1. Não há dúvida de que é desejo, necessidade e dever da Igreja, dar finalmente uma noção mais completa de si mesma. Todos nós recordamos as admiráveis imagens com que a Sagrada Escritura descreve a natureza da Igreja chamada sucessivamente o edifício construído por Cristo, a casa de Deus, o templo e tabernáculo de Deus, seu povo, rebanho, vinha, campo, cidade e, enfim, a Esposa de Cristo e seu Corpo Místico. A riqueza dessas belíssimas imagens fez com que a Igreja, considerando-as atentamente, se reconhecesse como sociedade constituída na terra, visível, dotada de sagrada hierarquia e, ao mesmo tempo, animada internamente por uma força misteriosa.

A célebre Encíclica de nosso predecessor, Pio XII, que se abre com as palavras *Mystici Corporis*, respondeu, em parte, ao desejo que a Igreja tinha de dar uma definição mais plena e apropriada de si mesma. O Concílio Ecumênico Vaticano I já se havia proposto esse assunto, ao qual se consagraram muitos estudiosos, dentro e fora da Igreja Católica, movidos por diversos motivos, especialmente: o desenvolvimento da vida social que caracteriza a cultura atual, a intensificação da comunicação entre as pessoas, a necessidade de discernir as várias denominações cristãs segundo uma noção mais verdadeira e unívoca, contida na divina revelação; e outras coisas do gênero.

4.2. Passados vinte séculos desde que foi instituída a religião de Cristo e de grande desenvolvimento histórico e geográfico da Igreja Católica, e também das confissões religiosas que levam o nome de Cristo e se chamam Igrejas, não é de admirar se o sentido verdadeiro, profundo e completo da Igreja, tal qual Cristo a fundou e os Apóstolos a começaram a construir, precisa ser enunciado, ainda, com maior precisão. A Igreja é um mistério, quer dizer, realidade profundamente impregnada da presença divina, e por isso sempre objeto capaz de novas e mais profundas investigações.

4.3. Progressivo é o pensamento humano, que passa de uma verdade conhecida empiricamente ao conhecimento científico mais racional, que de uma verdade certa deduz logicamente outra; e que diante da realidade complexa e permanente se detêm a considerar ora um aspecto, ora outro, dando assim um desenvolvimento a sua própria atividade, que a história registra.

4.4. Cremos ter chegado a hora que a verdade acerca da Igreja de Cristo deverá ser aprofundada, ordenada e expressa, não talvez com aqueles enunciados solenes que se chamam definições dogmáticas, mas por meio de declarações do magistério ordinário, mais explícito e autorizado, que digam à Igreja o que ela pensa de si mesma.

4.5. A consciência da Igreja se esclarece na adesão fidelíssima às palavras e ao pensamento de Cristo, na memória reverente do ensinamento autêntico da tradição eclesiástica e na docilidade à iluminação interior do Espírito Santo, que requer hoje da Igreja que ela faça todo o possível para ser reconhecida por toda a humanidade tal qual é.

4.6. Consideramos que neste Concílio o Espírito de verdade iluminará a Ordem Docente da Igreja, sobre a doutrina relativa a sua própria natureza, como se a Esposa de Cristo nele se espelhasse e nele, movida de amor ardente, quisesse descobrir sua própria forma, naquela beleza que Ele quer que nela brilhe.

4.7. O tema principal desta sessão do presente Concílio será tudo quanto diz respeito à própria Igreja. Será bem estudada sua íntima natureza e sua constituição mais fundamental e, assim, manifeste-se mais claramente sua multiforme missão salvífica.

4.8. Deste modo, a doutrina teológica pode enriquecer-se com magníficos progressos, que merecem atenta consideração mesmo por parte dos Irmãos separados, e que, como nós ardentemente desejamos, lhes oferece cada vez mais fácil caminho para a concórdia na unidade.

4.9. Dentre as várias questões que se há de tratar no Concílio, a primeira será aquela que diz respeito a todos vós, veneráveis Irmãos, como Bispos da Igreja de Deus. Não hesitamos em assegurar-vos que temos grande esperança e sincera confiança neste debate. Na prática, salvo mantendo as declarações dogmáticas do Concílio Ecumênico Vaticano I relativas ao Romano Pontífice, deverá agora aprofundar a doutrina sobre o Episcopado, suas funções e suas relações com Pedro. Proporcionará certamente a nós próprios os critérios doutrinais e práticos, de nosso ofício apostólico. Este ministério universal, ainda que dotado por Cristo da plenitude e suficiência do poder, sabeis, porém, que precisa de vosso apoio e garantia, por meio de uma colaboração mais eficaz e responsável de nossos diletos e venerados irmãos no episcopado.

4.10. Após esse esclarecimento doutrinal, deverá seguir-se o outro capítulo que se refere à composição do corpo visível e místico, que é a Igreja militante e peregrina na terra, isto é, os sacerdotes, religiosos, e aos fiéis, e também aos Irmãos de nós separados, chamados fazer plenamente parte desta Igreja.

4.11. Todos estamos cientes da importância e do valor que terá o trabalho teológico do Concílio em que a Igreja poderá encontrar a consciência de si, ou seja, de seu vigor, de sua luz, de sua alegria e de sua santidade. Que Deus realize estas nossas esperanças.

## 5. A renovação da Igreja Católica

5.1. Essas esperanças referem-se também a outro objetivo principal do Concílio: a renovação da Santa Igreja, conforme foi dito.

5.2. Segundo nos parece, essa renovação deve partir da consciência que temos da relação que une Cristo a sua Igreja. Como temos dito, a Igreja quer encontrar sua imagem no Cristo. Se depois deste confronto, encontrar qualquer defeito em seu rosto, em sua veste nupcial, o que deveria ela fazer espontânea, corajosamente? É bem claro: reformar-se, corrigir-se, fazer esforços no sentido de maior conformação com seu divino modelo, o que constitui seu dever fundamental.

5.3. Recordamos as palavras do Senhor na oração sacerdotal, ao aproximar-se sua paixão e morte: "Santifico-me a mim mesmo, para que também eles sejam santificados na verdade" (Jo 17,19).

5.4. O Concílio Ecumênico Vaticano II, em nossa opinião, deve buscar e adotar o modo de viver querido por Cristo. Só depois desta obra de santificação interior, poderá a Igreja mostrar seu rosto ao mundo inteiro, dizendo: Quem me vê, vê a Cristo, assim como Cristo disse de si mesmo: "Quem me vê, vê também o Pai" (Jo 14,9).

5.5. Sob esse aspecto, o Concílio Ecumênico pode ser considerado uma nova primavera que desperta imensas energias espirituais e morais, como que latentes no seio da Igreja. De fato é propósito do Concílio, como claramente aparece, que tanto as riquezas interiores da Igreja, como as normas que regulam suas instituições canônicas e as formas rituais, retornem a seu antigo vigor. Isto é, o Concílio tende a dar à Igreja, ou a lhe aumentar, aquela beleza de perfeição e santidade que só a imitação de Cristo e a união mística com Ele no Espírito Santo lhe podem conferir.

5.6. Sem dúvida o Concílio tende a uma maior renovação da Igreja. Porém é preciso estar atento que, com essas palavras e com a expressão desses desejos, não dizemos que a Igreja Católica de hoje possa ser acusada de infidelidade substancial ao pensamento de seu divino Fundador. Antes, o reconhecimento mais profundo de sua fidelidade substancial a enche de gratidão e humildade e infunde-lhe coragem para corrigir aquelas imperfeições que são próprias da fraqueza humana. Portanto, a reforma que pretende o Concílio não é uma subversão da vida presente da Igreja, ou uma ruptura com suas tradições no que estas têm de essencial e venerável, mas antes no respeito a suas tradições, purificando-as de formas ultrapassadas e defeituosas, para torná-las mais autênticas e fecundas.

5.7. Não disse Jesus aos discípulos: "Eu sou a videira verdadeira, o meu Pai é o agricultor. Todo o ramo que em mim não produzir fruto, será arrancado, e todo o que der fruto, será podado para que dê fruto mais abundante" (Jo 15,1-2)? Essas palavras do Evangelho são mais do que suficientes para ilustrar os pontos principais do aperfeiçoamento que nestes tempos a Igreja busca e persegue. O tema correponde a uma Igreja viva. Se a fé e a caridade são os princípios de sua vida, é claro que não deverá deixar-se de lado nada que dê à fé alegre firmeza e novo alimento, que torna mais eficaz a cultura e a educação cristã para atingir esses objetivos. Queremos dizer que não se deve descuidar nem do estudo mais assíduo, nem do culto mais devoto da Verdade Divina, ambos devem ser considerados, sem dúvida, os fundamentos dessa reforma. O respeito da caridade terá, pois, lugar de honra. Devemos, pois, aspirar a uma "Igreja da Caridade", se quisermos que esta tenha a capacidade de renovar-se seriamente e, o que é mais árduo e difícil, transformar o mundo inteiro. Além do mais, a caridade, como sabemos, é a rainha, é como que a raiz das outras virtudes cristãs, isto é, da humildade, da pobreza, da piedade, do espírito de sacrifício, da coragem ao professar a fé, do amor na busca da justiça e das outras virtudes do homem novo.

5.8. O programa do Concílio alarga-se aqui em campos imensos: um deles é a sagrada liturgia, preminente e florescente em caridade. Sobre isso a primeira sessão dedicou longas discussões e para a qual esperamos reserve a segunda conclusões felicíssimas. Outros campos merecerão também dos Padres conciliares o mesmo estudo e atenção diligente, ainda que a brevidade do tempo nossa disposição nos não permita explorá-los todos como conviria, tendo de ficar ainda trabalho para uma futura sessão.

## 6. A restauração da unidade dos cristãos

6.1. Existe um terceiro objetivo prefixado para este Concílio por nosso predecessor João XXIII, considerado absolutamente o mais importante do ponto de vista espiritual, o qual se refere aos "outros cristãos", isto é, àqueles que, embora crendo em Cristo, não podemos – oh alegria a nós negada! – incluir entre aqueles que estão unidos a nós pelo vínculo da unidade perfeita de Cristo. Esta unidade da qual deveriam participar pelo Batismo, deve ser oferecida a eles pela una Igreja Católica, e é por eles desejada como vinculante necessidade.

6.2. O que se percebe hoje no seio das comunidades cristãs de nós separadas de modo cada vez mais intenso, evidenciam duas coisas: que a Igreja de Cristo é una e una deve ser; e que esta misteriosa e visível unidade não pode ser alcançada senão na unidade da fé, na participação dos mesmos Sacramentos e sob a coerência de um mesmo governo eclesiástico, embora se admitam as diferentes linguagens, os ritos e tradições, as características locais, a diversidade das correntes espirituais, as instituições legítimas e as diferentes formas de viver propostas por cada uma delas.

6.3. Qual é a atitude do Concílio diante desse grande número de irmãos separados e das possíveis e variáveis formas de unidade? É bem clara. A convocação deste Concílio é singular, mesmo sob esse aspecto. Ele tende para uma ecumenicidade, que desejaria ser total, universal: ao menos no desejo, nas preces dirigidas a Deus, na preparação; hoje brilha a esperança, amanhã certamente realidade! Quer dizer, este Concílio – ao mesmo tempo que chama, conta e encerra no redil de Cristo as ovelhas que o compõem e lhe pertencem a título justo e pleno – abre as portas, chama e espera com ansiedade as numerosas ovelhas de Cristo, que não se encontram ainda no único redil. São, portanto, próprias deste Concílio a expectativa e a confiança de que, no futuro, muitos com ânimo fraterno participem da verdadeira ecumenicidade.

6.4. E neste ponto, nosso discurso dirige-se respeitosamente aos delegados das comunidades cristãs separadas da Igreja Católica, que por ela foram convidados a assistir, na qualidade de Observadores, a essa assembléia.

Nós os saudamos de todo o coração.

Agradecemos o fato de terem vindo.

Por seu intermédio, enviamos nossa mensagem com afeto paterno e fraterno às veneráveis comunidades cristãs, que eles aqui representam.

# 1 – Janelas Abertas - Dois discursos históricos

6.5. Nossa voz treme, nosso coração palpita, porque como sua presença nos causa grande consolo e doce esperança, assim sua permanente separação entristece amargamene nosso ânimo.

6.6. Se alguma culpa nos pudesse ser imputada por tal separação, nós pedimos humildemente perdão a Deus, e pedimos também perdão aos irmãos que porventura se julgassem ofendidos. E estamos igualmente prontos, pelo que nos diz respeito, a perdoar as ofensas feitas à Igreja Católica e a esquecer a dor que lhe causou a longa série de controvérsias e divisões.

6.7. Que o Pai do céu acolha benigno esta nossa declaração e nos reconduza a uma paz verdadeiramente fraterna.

6.8. Como sabemos, persistem ainda graves e complicadas questões objetivas que devemos estudar, discutir e resolver. Por causa do amor de Cristo que nos impulsiona (*urget nos*), desejaríamos que tudo isso pudesse terminar depressa; mas estamos convencidos de que essas divergências exigem muitas condições para serem superadas e resolvidas; e tais condições ainda não estão reunidas de modo a pôr fim ao problema. Todavia não nos é penoso esperar pacientemente o grande dia, no qual finalmente se chegará à perfeita reconciliação.

6.9. Queremos confirmar aos observadores aqui presentes alguns dos principais critérios a partir dos quais se deva realizar a unidade eclesiástica com os irmãos separados, para que possam transmitir cada um a suas próprias comunidades cristãs e, além disso, para que nossa voz chegue também aos outros veneráveis irmãos de nós separados que não aceitaram nosso convite para assistir, mesmo sem qualquer compromisso recíproco, a este Concílio. Cremos que eles conhecem já esses critérios, mas referi-los aqui será talvez salutar.

6.10. O discurso que estamos desenvolvendo é absolutamente pacífico e sincero. Não esconde nenhuma trama ou interesse temporal. Nós devemos nossa fé, que professamos ser divina, a mais clara e a mais firme adesão; mas estamos convencidos de que ela não é obstáculo ao desejado entendimento com os Irmãos separados, exatamente porque se trata da verdade divina, que é princípio de unidade, não de divisão e separação. Contudo, não queremos fazer de nossa fé motivo de polêmica.

6.11. Consideremos, pois, com o devido respeito, como é justo, o patrimônio religioso, herdado dos antigos e comum a todos, que os Irmãos separados conservaram e em parte até o desenvolveram. Vemos com agrado o estudo daqueles que procuram honestamente colocar em evidência e em lugar de honra os tesouros de verdade e de vida espiritual autênticos que os mesmos Irmãos separados possuem; procuram assim melhorar nossas relações com eles. Esperamos que também estes, movidos de igual boa vontade, queiram estudar melhor nossa doutrina e sua derivação lógica do depósito da revelação divina, e conhecer também melhor nossa história e nossa vida religiosa.

6.12. Diremos finalmente e a propósito que, ao reconhecermos as enormes dificuldades até agora opostas à desejada unidade, colocamos suplicantes nossa confiança em Deus. Continuaremos a orar. Procuraremos dar um testemunho mais evidente de vida cristã e de caridade fraterna. E, quando a realidade histórica pretendesse desiludir nossa esperança, recordaríamos as palavras alentadoras de Cristo: "O que é impossível aos homens, é possível para Deus" (Lc 18,27).

## 7. Diálogo da Igreja com o mundo contemporâneo

7.1. Por último, foi recomendado ao Concílio estabelecer uma ponte para com a comunidade humana contemporânea. Isto é verdadeiramente maravilhoso! A Igreja, com a ajuda do Espírito Santo, anima sempre mais sua vitalidade interior e se distingue e toma distância da sociedade profana da qual é circundada, mas ao mesmo tempo se apresenta como fermento vivificante e instrumento de salvação da mesma comunidade humana e, assim, pois, descobre e confirma sua vocação missionária a ela confiada, e que é um de seus deveres principais, no sentido de anunciar com incansável ardor o Evangelho ao gênero humano, qualquer que seja sua condição, segundo o mandato recebido.

7.2. Vós mesmos, Veneráveis Irmãos, verificastes por experiência própria esse prodígio. Na abertura da primeira sessão, como inflamados pelo discurso inaugural de João XXIII, pensastes imediatamente que seria vossa tarefa escancarar, por assim dizer, as portas desta assembleia e dessas portas abertas enviar imediatamente, em alta voz, uma mensagem de saudação, de fraternidade, de esperança a toda a humanidade. Gesto singular, mas admirável! O dom da profecia, por assim dizer, dado à Igreja, manifestou-se repentinamente; e como São Pedro, logo no dia do Pentecostes, foi inspirado a abrir sem demora a boca e fazer um discurso ao povo, assim também vós quisestes tratar primeiro de vossas coisas, mas aquelas que interessavam a toda a humanidade, decidistes não tratar apenas entre vós mesmos, mas com o mundo.

7.3. Disto se deduz, Veneráveis Irmãos, que a nota distintiva deste Concílio é o amor, amor mais amplo e mais urgente, amor que pensa primeiro nos outros e somente depois em si mesmo; amor universal de Cristo!

7.4. É este amor que nos anima. Quando se apresenta a nossos olhos o modo como as pessoas vivem hoje é natural que sejamos tomados mais pelo medo que pela consolação, mais pela dor do que pela alegria, e sejamos levados a manter longe os perigos e a condenar os erros mais do que a promover a confiança e a amizade.

7.5. Mas é necessário enfrentar a realidade, sem esconder de modo algum a ferida que de várias regiões chegam até este Concílio universal. Podemos acaso fechar os olhos e não ver que muitos lugares desta assembleia estão vazios? Onde estão nossos Irmãos daquelas nações em que é declarada guerra à Igreja? E em que condições se encontra lá a Igreja? Neste particular, nosso espírito se entristece com o que sabemos, e mais ainda com tudo o que não nos é dado a saber, referente tanto à sagrada hierarquia, a religiosos e religiosas, como a tantos filhos nossos sujeitos a intimidações, perseguições e tribulações e opressões, por causa da fidelidade que mantêm a Cristo e a sua Igreja. Quanta tristeza sentimos por todo este sofrimento, como dói constatar que em certos países a liberdade religiosa, como também outros direitos fundamentais da pessoa humana, são desrespeitados pelas ideologias e pelos sistemas daqueles que não toleram visões diferentes de sua no que se refere à política, raça, ou qualquer que seja a religião. Dói também ver como ainda há no mundo lugares onde são discriminados aqueles que desejam professar pública e livremente sua religião. Mas ao deplorar esses males, ao invés de palavras amargas, preferimos recorrer ainda à exortação sincera e franca àquelas sobre as quais recai a culpa deste triste estado de coisas, a fim de que cessem finalmente de alimentar animosidade hostil sem motivo à religião católica. Os católicos devem ser considerados como verdadeiros cidadãos e não como inimigos e traiçoeiros; honestos e trabalhadores da sociedade civil a que pertencem. Aproveitamos esta ocasião para saudar com grande afeto os católicos que sofrem por causa de sua fé e enviamos também, neste momento, nossa saudação afetuosa, e invocamos sobre eles, de modo especial, o conforto divino.

7.6. Mas não fica por aqui nossa tristeza. Se olharmos para a família humana, somos tomados por imensa apreensão ao constatarmos outras calamidades nas quais o mundo se debate: sobretudo o ateísmo, que foi introduzido em uma parte do mundo, perturbando a ordem natural das coisas no que toca à mentalidade, à moral e à vida social, de modo que o mundo vai perdendo a verdadeira noção desta ordem. Enquanto crescem as luzes das ciências da natureza, infelizmente, torna-se mais nebulosa a ciência de Deus e, portanto, a verdadeira ciência do homem. Enquanto o progresso aperfeiçoa admiravelmente máquinas de toda a espécie à disposição das pessoas, cada dia seu coração está mais solitário e triste e caminha para o vazio e o desespero.

7.7. Muito teríamos para dizer sobre essas complicadas e, por tantas razões, tristes condições do homem moderno, mas não é a hora de falar.

## 1 – Janelas Abertas - Dois discursos históricos

Agora, dizíamos, o amor enche nosso coração e o coração da Igreja reunida em Concílio. Olhamos para nosso tempo e para suas variadas e contrastantes manifestações, com imensa simpatia e com imenso desejo de oferecer aos homens de hoje a mensagem de amizade, de salvação e de esperança, trazida ao mundo por Cristo. "Deus não mandou seu Filho ao mundo para julgar o mundo, mas para que, por Ele, o mundo seja salvo" (Jo 3,17).

7.8. Que o mundo saiba com certeza que é visto amorosamente pela Igreja, que o contempla com sincera admiração e é movida pelo franco propósito não de dominá-lo, mas de servi-lo; não de desprezá-lo, mas de fazê-lo crescer na dignidade, não de condená-lo, mas de lhe oferecer conforto e salvação.

7.9. Das janelas do Vaticano II, abertas para o mundo inteiro, a Igreja dirige os olhos de sua mente para algumas categorias de pessoas: para os pobres, para os necessitados, para os aflitos, para os que são oprimidos pela fome e pela dor, para os encarcerados; nosso olhar se volta, portanto, em particular para aquela parcela da humanidade que sofre e chora, porque sabe que estas pessoas lhe pertencem por direito evangélico e experimenta imensa felicidade ao repetir as mesmas palavras do Senhor: "Vinde a mim, vós todos" (Mt 11,28).

7.10. A Igreja volta o olhar para os homens de cultura, para os estudiosos, para os cientistas, para os artistas; e também a eles dedica grande estima e com grande interesse deseja acolher sua experiência, aprovar o resultado de suas invenções, defender sua liberdade e abrir aos espíritos agitados e atormentados o acesso às esferas superiores da Palavra de Deus e da Divina Graça.

7.11. Olha para os trabalhadores, para a dignidade de suas pessoas e de seu trabalho, para as necessidades que ainda os afligem, de modo que seja melhorada sua condição social e que sua vida espiritual possa progredir; e ainda para a uma tarefa que se poderia confiar a eles, para que a realizem com ânimo disposto e cristão, ou seja, a missão de criar uma nova ordem civil, na qual as pessoas sejam livres e se sintam irmãos. A Igreja, Mãe e Mestra, está com eles!

7.12. Olha para os governantes. Ao invés das palavras graves de advertência que frequentemente deve dirigir-lhes, hoje tem para eles uma palavra de ânimo e de confiança: coragem, governantes das nações! Vós podeis proporcionar a vossos povos muitos bens de que a vida precisa: pão, ensino, trabalho, ordem, dignidade de cidadãos livres e concordes; contanto que reconheçais verdadeiramente quem é o homem. Ora, só a sabedoria cristã pode dizer isso com luz completa. Vós podeis, trabalhando ao mesmo tempo na justiça e no amor, promover a paz, o mais precioso dos bens, tão desejado e tão defendido e promovido pela Igreja; assim podeis fazer de todos os povos uma só nação. Deus esteja convosco!

7.13. E a Igreja olha ainda para mais longe, para além dos confins da família cristã; como poderiam pôr-se limites a seu amor, se ela deve imitar a Deus Pai que faz chover suas graças sobre todos,[7] e que tanto amou o mundo que lhe deu seu Filho unigênito?[8] Olha, portanto, para além da comunidade cristã e vê as outras religiões que conservam o sentido e o conceito de Deus único, criador, providente, sumo e transcendente: que prestam o culto a Deus com atos de sincera piedade e fundamentam nessas crenças e práticas os princípios da vida moral e social.

7.14. É certo que nessas religiões a Igreja Católica descobre, não sem sofrimento, lacunas, insuficiências e erros, mas não pode deixar de dirigir, também a elas, seu pensamento, para lhes recordar que, por tudo o que tem de verdadeiro, de bom e de humano, ela lhes tem o merecido apreço, e para recordar que, enquanto defende valorosamente – como pedem a exigência do dever e da civilidade – o direito de Deus sobre a humanidade, a Igreja está na linha de frente para defender entre os homens de nosso tempo o senso religioso e o culto a Deus.

7.15. A Igreja olha, enfim, sobre outros imensos campos da atividade humana: os das novas gerações dos jovens, inflamados do desejo de

---

[7] Cf. Mt 5,45.

[8] Cf. Jo 3,16.

viver e de afirmar; os das novas nações, que vão adquirindo consciência dos próprios direitos, independência e organização civil; e os das inumeráveis criaturas humanas que se veem sozinhas no turbilhão de uma sociedade que não chega a transmitir a seus corações uma palavra de salvação. A todos, a Igreja dirige sua voz cheia de esperança e, a todos, deseja e oferece luz de verdade, de vida e salvação, porque Deus "quer que todos os homens se salvem e cheguem ao conhecimento da verdade" (1Tm 2,4).

Veneráveis irmãos!

7.16. A missão a nós confiada de anunciar a salvação é grande e é grave. Para melhor a cumprirmos, nós nos encontramos agora reunidos nesta solene assembleia. A concórdia de nossos ânimos, profunda e fraterna, guie-nos e confirme. Seja-nos propícia a comunhão com a Igreja celeste: assistam-nos os Santos do céu que são venerados com particular devoção nas diversas dioceses e nas congregações religiosas; assistam-nos os Anjos e todos os Santos, particularmente São Pedro e São Paulo, São João Batista e, em especial, São José, que foi declarado padroeiro deste Concílio. Vele sobre nós, com sua ajuda materna e eficaz, a beatíssima Virgem Maria, que invocamos com ardentes preces. Que Cristo presida. E tudo seja para a glória de Deus, para a honra da Santíssima Trindade, cuja bênção ousamos dar a todos vós, em nome do Pai, do Filho e do Espírito Santo.

# 2
# ANTECEDENTES E EVENTO HISTÓRICO

*Ney de Souza*
Pós-Doutorado em História pela PUC-RJ
Doutor em História Eclesiástica pela Universidade Gregoriana – Roma
Professor na Faculdade de Teologia Nossa Senhora da Assunção da PUC-SP
Presbítero da Arquidiocese de São Paulo

Desde os pontificados de Pio XI e Pio XII, a Igreja vinha experimentando debates e expectativas de mudança, desafiada pela modernidade que avançava. Nas décadas anteriores ao Concílio, vários movimentos promoveram a "volta às fontes" e a renovação da consciência eclesial, no campo bíblico, litúrgico, ecumênico, missionário e catequético. O Vaticano II realiza-se, enfim, como evento e processo: assinala o ser e agir da Igreja e abre novas vias de testemunho e diálogo, alcançando nossos dias.

O período que antecede o Concílio Vaticano II revela uma sociedade repleta de mudanças. Em pouco tempo diversos acontecimentos trouxeram grandes transformações que afetaram a humanidade. O evento convocado pelo papa Pio IX, o Concílio Vaticano I (1869-1870), não chegou a seu fim devido à guerra franco-prussiana. Esse fato vem assinalar uma ruptura decisiva nas relações político-sociais e ético-culturais que o êxito do conflito revelava. O fato particular é na realidade revelador de uma série de fenômenos que se pensava terem sido superados 50 anos antes.

Pode-se afirmar que o anúncio do Concílio Vaticano II foi inesperado, principalmente ao passar os olhos pelos acontecimentos históricos. Por outro lado, ao analisar os pontificados anteriores e a relação da Igreja com o mundo moderno, será possível constatar um grande confronto entre alguns pontificados, como o existente entre Pio XII e o de João XXIII. Roncalli, talvez sem consciência disso, foi o catalisador histórico dos tempos.

O texto apresentará o Concílio Vaticano II como um marco importantíssimo na história da Igreja Católica, um divisor de águas. O evento conciliar é o símbolo máximo do diálogo no século XX. Assembleia corajosa no diálogo com a modernidade. Acontecimento central para o estudo da virada da Igreja em relação à modernidade. Para não se deixar inebriar pelo evento será necessário também analisar acontecimentos no decorrer do Concílio e no pós-Concílio. Serão encontrados traços de aproximação e distanciamento da modernidade.

## 1. Antecedentes do Concílio Vaticano II

O anúncio do Concílio Vaticano II foi inesperado, principalmente ao passar os olhos pelos acontecimentos históricos precedentes. As etapas desse processo remontam ao pontificado de Pio X (1903-1914) no início do século XX, com a pesquisa aprofundada sobre a história dos concílios. O sucessor de Leão XIII dedicou seu pontificado à renovação *ad intra* da Igreja. Cuidados para a formação seminarística e catequese, preocupações com a regularidade da eucaristia e uma reforma litúrgica. Reorganizou a cúria romana. Na questão *ad extra*, sua política externa rejeitou as tendências democráticas e parlamentaristas e permitiu que laços políticos e diplomáticos com a França e a Espanha fossem rompidos. Na Itália, sancionou medidas contra os democratas cristãos e, na Alemanha, tomou partido das associações de trabalhadores católicos contra os sindicatos cristãos. Reprimiu a reconciliação da doutrina católica com a ciência e o conhecimento moderno (modernismo). Fez uma espécie de caça formal à heresia contra todos os teólogos reformistas, de maneira especial, aos exegetas e historiadores.

Numa linha intermediária e de grande importância histórica para a compreensão da modernidade está o pontificado de Bento XV (1914-1922). O papa envolveu-se na mediação com a Primeira Guerra Mundial, mas sem sucesso. O caos global da Guerra (1914-1918) tornou evidente que os principais valores da modernidade estavam em crise: a absolutização moderna da razão, do progresso, da nação e da indústria. A total crença na razão, no progresso, no nacionalismo, no capitalismo e no socialismo fracassara. A Europa estava pagando um preço alto com os movimentos reacionários do fascismo, nazismo e comunismo. Esses movimentos idealizavam de maneira moderna, a raça, a classe, e seus líderes impediram uma ordem mundial nova e melhor.

O evento que foi a Primeira Guerra colocou em marcha a revolução global que se tornaria explícita após a Segunda Guerra Mundial: a mudança do paradigma eurocêntrico de modernidade, que tinha uma marca colonialista, imperialista e capitalista. O novo paradigma que começara a se desenvolver

## 2 – Antecedentes e evento histórico

da pós-modernidade seria global, policêntrico e de orientação ecumênica. A Igreja Católica reconhecera isto somente em parte e um pouco tarde.

O sentido do pontificado de Pio XI (1922-1939), no entre guerras, é necessário ser compreendido dentro dos acontecimentos políticos de seu tempo: uma humanidade oprimida pelos totalitarismos gerados pela sociedade de massa, as profundas diferenças ideológicas que tornaram particularmente dura a guerra civil, os valores cristãos e a Igreja hostilizados e perseguidos. O desenrolar do pontificado deste Pio acontece durante a dramaticidade de grandes eventos que marcam o mundo contemporâneo: fascismo, nazismo, totalitarismo stanilista. Todo esse contexto justificava, de certo modo, sua política concordatária realizada na Itália pelos Pactos Lateranenses, de 1929. O desenvolvimento de suas atividades será explicitado por meio de suas encíclicas: *Non abbiamo bisogno* (1931), *Quadragesimo anno* (1931), *Mit brennender Sorge* (1937), em seguida a condenação do comunismo ateu, *Divini Redemptoris* (1937).

O papa Pio XI governou a Igreja de um modo que o Reino de Deus fosse propagado pelos leigos da Ação Católica,[1] embora o grupo devesse ser um braço continuador da hierarquia. O movimento de leigos está na base da preparação do Concílio Vaticano II. Apesar dessa intenção inicial, os leigos da Ação Católica[2] levaram os colegiais da Juventude Estudantil Católica (JEC), os universitários da Juventude Universitária Católica (JUC), os operários da Juventude Operária Católica e da Ação Católica Operária (JOC, ACO), o mundo rural da Juventude Agrária Católica (JAC) e pessoas dos meios independentes, Juventude Independente Católica (JIC), a se inserirem em seus ambientes específicos, a tal ponto que trouxeram para dentro da Igreja toda a problemática e reflexão moderna

---

[1] Incentivou o Brasil por intermédio da carta *Quamvis Nostra De actione catholica aptius promovenda*. No documento, o papa exorta o Cardeal Leme, arcebispo do Rio de Janeiro, a constituir as associações de Ação Católica devido à insuficiência de clero. *Enchiridion delle Encicliche*. v. 5, Bologna: Dehoniane, 1995.

[2] HILAIRE, Y. M. L'Association catholique de la jeunesse française: les étapes d'une histoire (1886-1956). In: *Revue du Nord*, p. 903-916.

que em tais situações se vivia. Essa atuação do laicato no mundo,[3] seu engajamento, assumindo compromissos políticos, levaram a uma participação maior dentro da Igreja, requerendo maior formação espiritual e teológica. É aí que esse laicato se defronta com os problemas da modernidade. É evidente que em 1962, no início do concílio, a modernidade frequentava diversos ambientes da Igreja. Os grandes pensadores Congar, Maritain e Mounier desenvolveram reflexões teológicas e teóricas sobre a presença do leigo cristão na Igreja e no mundo. Toda essa mentalidade estava caracterizada pelos sinais da modernidade.

Ainda o papa Pio XI encorajou o clero autóctone nas missões. Numa encíclica antiecumênica explicou longamente por que os católicos foram proibidos de participar da grande conferência de Lausanne, realizada pela organização Fé e Ordem, uma predecessora do Conselho Mundial de Igrejas, em 1929. Em 1930 lançou o documento *Casti connubii*, que colocaria a Igreja em rumo ao controle da natalidade.[4]

Diante das medidas racistas baixadas na Itália, em junho de 1938, e também porque na Alemanha o problema judaico ia se agravando, Pio XI confiou ao padre jesuíta americano John La Farge a tarefa de preparar um texto sobre a unidade do gênero humano, destinada a condenar em especial o racismo e o antissemitismo. O esboço do texto chegou às mãos do papa somente no final de 1938. O papa estava doente e, em seguida, morreria. A encíclica jamais foi publicada.

Seu sucessor, Pio XII, fazia ressurgir o projeto de uma civilização cristã. Eugênio Pacelli, que havia sido núncio em Munique, teve um pontificado de extremos. Foi acolhido de maneira entusiástica, mas depois de sua morte, houve um sensível esfriamento em relação a sua pessoa. Isso se explica pelo notável contraste entre sua figura e orientação e as de seu sucessor João XXIII (o papa do século).

---

[3] CARVALHERIA, M. P. Momentos históricos e desdobramentos da Ação Católica Brasileira. In: *REB*, p. 10-28. ISNARD, C. O Cardeal Leme e a promoção do laicato brasileiro. In: *REB*, p. 817-836.

[4] DE LOCHT, P. La spiritualité conjugale entre 1930-1960. In: *Concilium*, p. 33-45.

## 2 – Antecedentes e evento histórico

Pio XII representava a encarnação do papado em toda a sua dignidade e superioridade. Herdara de seu antecessor uma Igreja fortemente centralizada. As atividades desse papa foram tendo outro tom, principalmente, diante de suas relações com a Alemanha e o nazismo. Seus textos e pronunciamentos levam à análise de que seu pontificado foi uma procura de propostas alternativas aos regimes totalitários.

O magistério de Pio XII poderá ser compreendido por meio de suas mensagens, seus discursos e suas encíclicas. Nenhum documento retratou a questão social. Seu pontificado pode ser considerado como o último da era antimoderna medieval. Teve diversos aspectos autoritários durante seu pontificado: rejeitou as doutrinas evolucionistas, existencialistas, historicistas, e suas infiltrações na teologia católica foram de grande relevância, como as censuras dos estudiosos como Maritain, Congar, Chenu, De Lubac, Mazzolari, Milani e os padres operários franceses.

A situação mundial, e mesmo em muitos aspectos no interno da Igreja, respirava um ar desejoso de novidades. Pio XII via de forma positiva as reformas, mas sua atitude tendia para uma prudência exagerada. Tinha profunda intuição das radicais mudanças que se anunciavam no mundo e da necessidade, por parte da Igreja, de não perder o contato vital com essa realidade. No entanto, sua extrema prudência transparente em seus atos não era apenas devido a seu caráter e formação.

Sua preocupação, cada vez maior para com uma Igreja envolvida num mundo de agitações e tensões revolucionárias, explica, em parte, por que Pio XII começou a concentrar o governo em suas mãos. Pacelli via na exposição da doutrina da Igreja em face dos muitos problemas do mundo moderno sua missão mais importante. Publicou grande número de encíclicas. As principais foram *Mystici Corporis* (1950) e a *Humani Generis* (1950). A primeira trata da identidade e do ordenamento da Igreja, com franco combate à nova teologia. A segunda determina a posição do pontífice a respeito da moderna teoria evolucionista, contendo recusa a algumas hipóteses da escola de Teilhard de Chardin (sem citar nomes).

Suas encíclicas, em geral, têm um tom suave e destacam-se pela ausência de condenações pessoais. Uma especial atenção dispensou à questão sobre Maria. Em 1950 proclamou o dogma da Assunção de Nossa Senhora.

As questões relativas ao mundo teológico[5] tomaram-lhe muito tempo, prejudicando outras atividades. A influência retrógrada da cúria funcionou praticamente durante quase todo o seu pontificado. Exemplo disso é o caso dos padres operários franceses, experiência interrompida por Roma. Outro fato foi a proibição de lecionar e publicar imposta a teólogos de renome, já citados. Estes que teriam papel importante no Concílio Vaticano II. O livro de Chardin, *O fenômeno humano,* acabou impresso numa editora não católica. Esses e outros casos idênticos pareciam justificar a queixa, frequentemente ouvida, de que dentro da própria Igreja existia uma opressão espiritual. A crise já estava estabelecida e era desejo do papa convocar um Concílio. Discretamente foram realizados os primeiros preparativos, mas seu estado de saúde, cada vez mais precário, impossibilitou a continuação dos planos.

A tendência tridentina cada vez mais se tornou minoria. E, dentro do processo histórico que foi sendo gestado, foram sendo colocados os pilares do diálogo com a modernidade. Diálogo ecumênico que teve seu evento maior no Vaticano II, concílio da modernidade, que fez a arte de reconciliar a Igreja com o mundo moderno.

Os movimentos bíblico e litúrgico dominaram os anos 1920 e 1930 e inspiraram a consciência crescente do final dos anos 1930 e por toda a década de 1940. A exegese bíblica que ficara para trás em relação à ciência bíblica protestante aprendeu com esta o aproveitamento das ciências auxiliares, como, por exemplo, a linguística, a arqueologia e a ciência de religiões comparadas. Outro fator importante foi o reencontro com os Santos Padres e o estudo da História Eclesiástica, que beneficiaram a dogmática e o movimento litúrgico. A influência do

---

[5] COLOMBO, G. La teologia italiana. Dogmatica 1950-1970. In: *La Scuola Cattolica,* p. 99-101.

pensamento medieval e de Tomás de Aquino deu lugar a um diálogo com o existencialismo moderno e a filosofia fenomenologista. O jesuíta francês Pierre Teilhard de Chardin (1881-1955) empreendeu uma tentativa inédita de conciliar fé e ciência: sua visão evolucionista do mundo e da humanidade inspirou uma nova e mais ampla inteligibilidade da existência humana, também em sua dimensão religiosa.

## 2. Às vésperas do Concílio Vaticano II

Em outubro de 1958 faleceu Pio XII, depois de uma longa enfermidade. O conclave, que se reuniu no mesmo mês, elegeu o patriarca de Veneza, Cardeal Angelo Roncalli. Adotou o nome de João XXIII (1958-1963). Sua eleição foi recebida com grande surpresa. Era para o grande público um desconhecido. Sua eleição parecia ser mais uma daquelas de simples transição, o cardeal era idoso, 77 anos. Não havia se destacado nos outros encargos, como núncio na Bulgária e na França, nem em outro campo eclesiástico. Havia certa decepção com o nome anunciado depois da eleição. Podia-se esperar dele, nesse contexto, a abertura e compreensão das necessidades do mundo moderno? Até fisicamente se diferenciava de seu antecessor, pois era de corporalidade volumosa e pequena estatura. É evidente que nessas circunstâncias os boatos começaram a correr. Alguns afirmavam que o conclave o havia escolhido, pois não havia entrado em acordo sobre outro candidato mais qualificado. Teria sido uma aliança entre cardeais conservadores e progressistas. Tendo em conta sua idade avançada, seu anonimato, tudo levava a pensar que aquela era uma ideia aceitável.

Logo vieram as surpresas, não só por sua "jovialidade" e simpatia, muito diferente de Pio XII, mas por seu projeto: convocar um concílio. Três meses depois de ocupar a Cátedra de São Pedro, em janeiro de 1959, após uma missa por intenção da unidade de todos os cristãos, na Basílica São Paulo Fora dos Muros, revelou sua intenção de iniciar durante seu pontificado uma ampla reforma da Igreja, por intermédio de um Concílio Ecumênico. Os cardeais Lercaro e Montini manifestaram preocupação. Era evidente que, apesar de ter-se comentado anteriormente o desejo de realizar um concílio para concluir os trabalhos do Vaticano I, não existia, de fato, um desejo insistente nesse sentido, sobretudo na própria Cúria Romana. A cúria sempre pensou que a direção da Igreja estava lá, e estava em boas mãos. Sendo assim, uma assembleia internacional com membros do episcopado de todos os recantos causaria mais confusão do que vantagens. Esse fato ilustra bem a vitalidade espiritual e a coragem de João XXIII. É bem provável que o papa não tivesse compreendido, em seu contexto, a revolução que seria o concílio. Não é inverossímil que ele quisesse uma reforma do sistema, mas não pensava ao fim de uma época. Contudo, a história iria em direção diferente e as forças desta superaram as intenções de Roncalli.

Em várias ocasiões o papa explicou suas motivações de convocar um Concílio. Era necessário limpar a atmosfera de mal-entendidos, de desconfiança e de inimizade, que durante séculos tinham obscurecido o diálogo entre a Igreja Católica e outras Igrejas cristãs. A mais importante contribuição para a unidade, por parte da Igreja e tarefa essencial do concílio, seria o programa mencionado por João XXIII, *aggiornamento*. Uma atualização da Igreja, de inserção no mundo moderno, onde o cristianismo deveria fazer-se presente e atuante. O ponto fundamental de seus discursos estava no fato de explicitar com clareza as falhas da Igreja e insistir na necessidade de profundas mudanças.

Ao contrário de outros eclesiásticos do passado e de seu próprio tempo, não via nesse reconhecimento das limitações e lacunas da Igreja um sinal de fraqueza, mas sim de força.

Aos poucos foi saboreando-se o significado teórico e prático desse pontificado. No início era um clima. Em seu decorrer, vieram as encíclicas sociais *Mater et Magistra* e *Pacem in Terris*,⁶ encíclicas que modificaram o pensamento político da Igreja.

No decorrer do pontificado foram outros acontecimentos marcantes para a modernidade. Nomeou cardeais de outros âmbitos, não só italianos ou europeus, mas alargou seu colégio cardinalício com a nomeação de um negro, um filipino, um japonês. Iniciou contatos ecumênicos com o arcebispo anglicano de Cantuária, o monge protestante de Taize, Roger Schutz, o patriarca ortodoxo Antenagoras. No aniversário de 80 anos do líder soviético Khruchtchev, enviou-lhe telegrama de felicitações, criando um vínculo de relações com o mundo comunista. Tempos depois, recebeu Alexei Adjubei, diretor do *Isvezstia* e membro do comitê central do partido comunista soviético.

Seria uma grande ingenuidade histórica concluir que todo o seu pontificado foi inovador. Em diversos âmbitos permanecia restrito a questões conservadoras. O que é necessário observar é que as possibilidades colocadas nesse pontificado foram agarradas e transformadas num grande diálogo com a modernidade. Esses passos continuaram, como se observara a seguir, na preparação para o evento conciliar.

João XXIII antecipou inúmeras vezes a data da abertura do Concílio. Inicialmente marcado para 1963, abriu-se a 11 de outubro de 1962. Uma atenção especial foi dada às igrejas cristãs. Fundou-se o Secretariado para a Unidade dos Cristãos. O organismo foi inicialmente dirigido pelo cardeal alemão, Agostinho Bea. Esse órgão ecumênico se tornou um dos elementos mais dinâmicos da Cúria Romana. Uma de suas maiores tarefas foi estabelecer conversações que deveriam levar a uma representação oficial de todas as igrejas cristãs ao concílio. Para o Concílio Vaticano I, elas já haviam sido convidadas, mas a maneira como isso havia sido feito, o tom do convite, contendo a exigência de reconhecimento, por parte dessas igrejas, de seu erro e da necessidade

---

⁶ *Enchiridion delle Encicliche*. V. 7, Bologna: Dehoniane, 1994.

de voltarem ao seio da Igreja-Mãe,[7] fez com que os convites ficassem sem resposta.

Para o Concílio Vaticano II, o procedimento foi totalmente diferente do Vaticano I. As igrejas não unidas a Roma foram convidadas como irmãs, com quem a Igreja estava ligada, em virtude de sua fé em Cristo e em seu Evangelho. Houve respeito pelo próprio ser dessas igrejas e por sua maneira de viver. O que aproximava todas era o desejo comum de maior unidade. Assim, as igrejas cristãs foram convidadas a enviar observadores, que assistiriam a todas as sessões do concílio, embora sem direito de voto. Viriam como hóspedes do papa e não como pecadores arrependidos que deveriam retornar ao seio materno. O sucesso foi grande. No início do Concílio 17 igrejas ou organizações eclesiais estavam representadas.

A preparação do Concílio foi realizada de maneira efetiva durante dois anos. Criaram-se as comissões preparatórias. Eram 79 os países nelas representados, 300 bispos, 146 professores, 11 reitores, 44 responsáveis de instituições e 17 diretores de revistas/jornais. Apesar disso, 80% eram europeus e uma notável ausência de leigos podia ser verificada, inclusive na comissão do apostolado dos leigos. A Comissão Central, grande novidade na história da Igreja, foi constituída a 16 de junho de 1960.

Em um ano e meio, dez comissões e dois secretariados prepararam 75 projetos, de valor desigual, sem perspectivas de futuro: as transformações culturais da sociedade ocidental, os graves problemas sociais da América Latina e as consequências produzidas pela descolonização sobre a Igreja asiática e africana eram praticamente ignoradas, enquanto predominavam a preocupação de salvaguardar o centralismo romano e de reagir contra tudo que pudesse lembrar um renascimento do modernismo. A comissão central iria rever todos esses esquemas. O Concílio não somente ratificaria, mas tomando pulso da situação traçaria um perfil diferenciado da Igreja diante do mundo moderno.

---

[7] *Mansi,* 50, col. 1.255-61; *Collectio Lacensis,* 7-10.

Outra importante atividade de preparação ao Concílio foi a sondagem de opinião entre o episcopado mundial. Pediu-se a todos os bispos e universidades católicas que elaborassem listas de assuntos que, em sua opinião, deveriam ser tratados. A intenção do papa era clara, a assembleia conciliar não poderia limitar-se a certo número de assuntos, previamente selecionados por Roma. A oportunidade foi aproveitada, chegando mais de duas mil respostas a Roma.

### 3. O grande evento conciliar

Em 11 de outubro de 1962, João XXIII abriu a primeira sessão do Concílio, na Basílica de São Pedro. O texto de abertura[8] do Concílio é de fundamental importância e exerceu profunda influência na redação de todos os documentos conciliares.

Três pontos devem ser destacados. Em primeiro lugar o papa dirige-se aos profetas que anunciam apenas desgraças, não sem machucar nossos ouvidos, vendo no mundo moderno somente declínio e catástrofes, comportando-se como se não aprendessem nada da história.

Em segundo lugar, o ponto central do Concílio. Não é somente uma discussão de um ou outro artigo da doutrina fundamental da Igreja, repetindo e proclamando o ensino dos padres e dos teólogos antigos e modernos, pois se supõe que isso já seja bem presente e familiar. Para isso, não haveria necessidade de um Concílio. Trata-se de uma renovada, serena e tranquila adesão a todo o ensino da Igreja, em sua integralidade, como brilha nos atos conciliares, desde Trento até o Vaticano I. O espírito cristão, católico e apostólico do mundo inteiro espera um progresso na compreensão doutrinal e na formação das consciências, em correspondências mais perfeitas com a doutrina autêntica; espera também que a doutrina seja estudada e exposta por meio

---

[8] *Enchiridion Vaticanum* 40-43.

de formas de indagação e formulação literária de acordo com o pensamento moderno. Uma é a substância da antiga doutrina do *depositum fidei,* e outra é a formulação que a reveste: e é disso que se deve ter grande conta, medindo tudo nas formas e proporções do magistério prevalentemente pastoral.

Em terceiro lugar, a Igreja sempre se opôs aos erros; muitas vezes até o condenou com maior severidade. A Igreja, porém, levando por meio do concílio o facho da verdade religiosa, deseja mostrar-se mãe amorosa de todos, benigna, paciente, cheia de misericórdia com seus filhos separados.

O Concílio chegou ao seu fim com 16 constituições, decretos e declarações.[9] Há um consenso de que a constituição dogmática *Lumen Gentium* e a constituição pastoral *Gaudium et Spes* sejam o eixo do concílio.

Na primeira, a Igreja procurou conhecer-se melhor, para renovar-se no espírito de sua origem e de sua missão. Se a Igreja pretende ter um futuro no terceiro milênio, faz-se necessário deixar sua paixão pela Idade Média, enraizar-se em sua origem cristã e concentrar suas tarefas no presente. Na segunda constituição, a Igreja apresenta-se ao mundo expressando sua vontade de dialogar e contribuir para a construção de uma sociedade nova, baseada nos genuínos valores humanos e cristãos. É necessário uma religião de cunho transformador e libertador na vida concreta da humanidade, em sua existência social, em seu cotidiano.

A Igreja teve coragem de olhar para seu passado, refletir e criar uma relação nova no presente. A continuidade do diálogo e de todos os frutos que ele gerou continua acontecendo.

O evento conciliar teve duas grandes personalidades a sua frente: João XXIII, que morreu após a primeira sessão do Concílio, aos 82 anos, e Paulo VI (1963-1978), que o substituiu. Montini (Paulo VI) tomou a sério sua grande tarefa de continuidade do concílio, evidentemente com uma tônica diferente. Roncalli (João XXIII) era pastor e Montini era personagem da cúria. Nesse sentido a análise do pós-Concílio me-

---

[9] Para uma leitura dos textos conciliares: *Enchiridion Vaticanum,* Vol. 1. Bologna: EDB, 1981.

rece uma reflexão sobre os avanços e os retrocessos dentro do próprio evento conciliar. Apesar das concessões sobre a reforma da liturgia, a renovação da Igreja Católica e o diálogo ecumênico com as outras igrejas cristãs, desejado por João XXIII, o Concílio não teve um avanço, mas sim uma estabilidade. Historicamente era muito cedo, apesar da janela aberta, para perceber na prática cotidiana, relações de transformações absolutas, abrindo a janela, portas, limpando o grande pó dos móveis e principalmente de seus interiores. Já era um grande passo para o diálogo com a modernidade. Algumas vezes tornou-se, novamente, monólogo.

## 4. Questionamentos e perspectivas

Ao atravessar as atividades e dinâmicas do cristianismo e da Igreja Católica nesses séculos, passado por esse que foi o grande momento da Igreja no mundo contemporâneo, o Concílio Vaticano II, faz-se necessário realizar um balanço sobre sua atuação, neste momento histórico, de maneira especial a partir do Concílio, diante da modernidade, da pós-modernidade. Perguntando se foi um porto de partida ou de chegada. Em diversos aspectos o evento conciliar foi uma revolução, que fez tremer diversas estruturas seculares e eclesiásticas.

> O Concílio Vaticano II significou real ruptura em relação à mentalidade predominante na Igreja Católica até o final do pontificado de Pio XII. Essa ruptura caracterizou-se pela passagem de uma visão pré-moderna do mundo para uma visão moderna. E o Concílio foi esse divisor de águas, ao confeccionar os textos e ao dirigi-los precipuamente ao sujeito social moderno.[10]

Um acontecimento importante foi o deslocamento do catolicismo do hemisfério norte para o hemisfério sul. Nota-se no norte um cato-

---
[10] LIBANIO, J. B. *Concílio Vaticano II*, p. 14.

licismo estático, verificando-se no sul uma grande criatividade pastoral e teológica. Destaque importante para a nova maneira de fazer teologia nascida na América Latina, no pós-Concílio, a Teologia da Libertação.

Também é importante refletir, analisar e traçar pistas concretas de atuação diante de diversos questionamentos para a Igreja na modernidade. A reflexão, a análise e a ação que são propostas aqui são, evidentemente, para serem realizadas de maneira conjunta e participativa.

> O Concílio Vaticano II significou uma mudança decisiva para esta configuração eclesial. Pois aceitou dialogar com a sociedade civil, avaliar a cultura da modernidade, assumir alguns de seus elementos, atualizar (*aggiornamento*) sua pastoral pelo conhecimento do contexto real onde vivem os católicos, reconhecer a importância das Igrejas locais e a necessária inculturação da fé. O dialogo se estendeu às Igrejas nascidas da Reforma, bem como a outras religiões. Conhecemos os anos turbulentos que se seguiram ao Concílio Vaticano II, como já havia acontecido frequentemente no passado, e a reação posterior que acentuou novamente a centralização romana, o controle da produção teológica, a volta de uma hegemonia acentuada da hierarquia, a uniformização da liturgia e a modesta abertura proporcionada ao laicato na Igreja.[11]

O componente secularista da modernidade e da pós-modernidade é um questionamento. Não é suficiente uma abordagem de rejeição ou condenação. É urgente criar canais de diálogo com as diversas culturas da modernidade, em sua complexidade e diversidade. Sendo assim, é reveladora a entrevista de dom Aloísio Lorscheider quando afirma que "temos uma carta do papa Paulo VI, de setembro de 1966, logo depois do concílio, na qual ele diz que o Concílio Vaticano II é apenas um ponto de partida. Portanto, temos de ultrapassar os textos. Não podemos ficar parados, e sim ir mais longe".[12]

---

[11] MIRANDA, M. F. *Igreja e sociedade*, p. 77-78.

[12] LORSCHEIDER, A. *Mantenham as lâmpadas acesas*, p. 65.

## 2 – Antecedentes e evento histórico

> O Concílio Vaticano II permite uma dupla leitura:
> Uns preferiram ver nele a continuidade com os dois concílios anteriores, Trento e Vaticano I, e outros chamam a atenção para a novidade que inaugurou. A escolha da leitura não é inocente. Revela elementos ideológicos anteriores e traz consequências para a recepção do concílio. Como, neste momento, após 40 anos de seu encerramento, defrontam-se essas duas leituras, vale a pena perguntar-nos pelos pressupostos da escolha... se a leitura de continuidade acentua o permanente, o estrutural e considera a história um fluxo contínuo. É feita muito a gosto da instituição, oferecendo segurança, mas padecendo facilmente do viés ideológico e inibidor de mudanças. A leitura de ruptura salienta o ponto da novidade criativa, muito própria dos críticos e profetas, gerando insegurança, desagradando os senhores da instituição, mas permitindo avanços.[13]

Assim se configuram duas possibilidades de escolha no pós-Concílio. Ao optar pela continuidade, opta-se pela maior segurança, é a escolha realizada por aqueles que se sentem perdidos nesse contexto plural de ideias, valores e princípios. O limite dessa leitura, afirma o teólogo João Batista Libânio, faz-se sentir no reforço do poder institucional e no bloqueio das mudanças. Ela tem presidido muitas interpretações do Concílio Vaticano II, a fim de deter as transformações em curso e o esvaecimento do poder das instituições em tempos de pós-modernidade. Ao contrário, escolhe-se a ruptura, acentuando a novidade, as modificações, os cortes culturais da história e suas condições sociais. A vantagem principal dessa escolha é provocar a dimensão criativa do ser humano. Em termos teológicos, afirma Libânio,[14] atribui-se papel relevante ao Espírito que *"sopra onde quer, ouves a sua voz, mas não sabes donde vem, nem para onde vai"* (Jo 3,9). Não saber de onde e não saber para onde revela a extrema criatividade do Espírito, valoriza do lado profético do concílio, que rompe com o clima de conformidade que envolvia a Igreja no final do pontificado de Pio XII.

No início do século XXI retornam perguntas antigas e novas ao contexto da sociedade globalizada: Como evangelizar a sociedade atual?

---

[13] LIBANIO, J. B. *Concílio Vaticano II*, p. 9,11.

[14] Ibidem, p. 10.

Como viver o Evangelho nesta sociedade? Que Evangelho anunciar a essa sociedade? E em que Igreja? O catolicismo está aberto ao diálogo com a sociedade e com as religiões? Diante da ausência de clero em várias regiões do planeta, é possível pensar em alternativas dentro de um ministério ordenado?

O Vaticano II foi um ponto de partida. A comunidade católica está disposta a dialogar com as enormes diferenças que surgiram no pós--Concílio na Igreja e na sociedade? Dependendo das respostas e posturas assumidas diante desses e de milhares de outros questionamentos, poder-se-á verificar ou não se o catolicismo já adentrou ao novo século ou permanece oferecendo respostas que são, talvez adequadas, àquelas oferecidas no âmbito do Vaticano I.

## Bibliografia

ALBERIGO, G. *La chiesa nella Storia.* Brescia, Paideia Editrice, 1988.

_____. La condanna della collaborazione dei cattolici con i partiti comunisti. In: *Concilium* 11 (1975), 1.209-1.222.

BLET, P. *Pie XII et la Seconde Guerre Mondiale d'après les archives du Vatican.* Paris: Librarie Académique Perrin, 1997.

CARVALHERIA, M. P. Momentos históricos e desdobramentos da Ação Católica Brasileira. In: *REB* 43 (1983), 10-28.

COLOMBO, G. La teologia italiana. Dogmatica 1950-1970. In: *La Scuola Cattolica* 102 (1974), 99-101.

*Enchiridion delle Encicliche (Rerum Ecclesiae, De sacris missionibus provehendis).* v. 5, Bologna, Dehoniane, 1995.

GONÇALVES, P. S. L.; BOMBONATTO, V. I. (orgs.) *Concílio Vaticano II Análise e prospectivas.* Sao Paulo: Paulinas, 2004.

GUERRY, E. *L'Action catholique*. Paris: Desclée, 1936.

HILAIRE, Y. M. L'Association catholique de la jeunesse française: les étapes d'une histoire (1886-1956). In: *Revue du Nord* (1984), 903-916.

ISNARD, C. O cardeal Leme e a promoção do laicato brasileiro. In: *REB* 27 (1967), 817-836.

LIBANIO, J. B. *Concílio Vaticano II*. Em busca de uma primeira compreensão. São Paulo: Loyola, 2005.

LOCHT, P. La spiritualité conjugale entre 1930-1960. In: *Concilium* 100 (1974), 33-45.

*Mantenham as lâmpadas acesas*. Revisitando o caminho, recriando a caminhada. Fortaleza: Universidade Federal do Ceará, 2008.

LORA, Erminio (red) *Enchiridion vaticanum*. Vol 1. Bologna: EDB,1981.

MIRANDA, M. F. *Igreja e sociedade*. São Paulo: Paulinas, 2009.

PIETRI, L. (org.). *Histoire du Christianisme*. v. 11, Paris: Desclée, 1995.

SOUZA, L. A. Gómez de. *A JUC: os estudantes católicos e a política*. Petrópolis: Vozes, 1984.

SOUZA, Ney. Uma análise da sociedade no caminho do Vaticano II. In: *RCT* 48 (2004), p. 19-29.

_____. Vaticano II, um porto de chegada ou de partida? In: *Religião & Cultura* 17 (2010), 47-60.

_____. Desenvolvimento histórico dos quatro períodos do Concílio Vaticano II. In: *Notícia Bibliográfica e histórica* 201 (2006), 149-168.

_____. Contexto e desenvolvimento histórico do Concílio Vaticano II. In: GONÇALVES, P. S. L.; BOMBONATTO, V. I. (orgs.) *Concílio Vaticano II*. Análise e prospectivas. São Paulo: Paulinas, 2004, p. 17-67.

VERUCCI, G. *La Chiesa nella società contemporanea.* Dal primo dopoguerra al Concílio Vaticano II. Bari: Laterza, 1988.

ZIZOLA, G. *Il conclave, storia e segreti. L'elezione papale da San Pietro a Giovanni Paolo II.* Roma: Newton Compton Editori, 1993.

_____. *A utopia do papa João.* São Paulo: Loyola, 1983.

# 3

# RECEPÇÃO DO VATICANO II NA AMÉRICA LATINA

*José Ulisses Leva*
Doutor em História Eclesiástica pela Universidade Gregoriana – Roma
Professor na Faculdade de Teologia Nossa Senhora da Assunção da PUC-SP
Presbítero da Arquidiocese de São Paulo

As janelas do concílio se abrem para a América Latina, marcada por sua herança colonial e busca da democracia, com populações majoritariamente pobres. O continente recebe do Vaticano II novos impulsos à promoção da justiça, da libertação e da paz. Na esteira do concílio, realizam-se as Assembleias gerais do episcopado latino-americano, de Medellín a Aparecida.

Considerando que o papel das universidades católicas é importante para a Igreja, João Paulo II assim nos escreveu:

> A universidade católica, mediante o encontro que estabelece entre a riqueza insondável da mensagem salvífica do Evangelho e a pluralidade e imensidade dos campos do saber que essa mesma universidade encarna, permite à Igreja travar um diálogo de fecundidade incomparável com todos os homens de qualquer cultura.[1] No mesmo documento acrescentou "Os bispos encorajem o trabalho criador dos teólogos. Eles servem à Igreja, mediante a investigação conduzida de maneira respeitosa do método próprio da teologia. Procuram compreender melhor, desenvolver ulteriormente e comunicar mais eficazmente o sentido da revelação cristã, como é transmitida pela Sagrada Escritura, pela Tradição e pelo Magistério da Igreja. Estudam, também, as vias pelas quais a teologia pode iluminar as questões específicas, apresentadas pela cultura de hoje".[2]

Sendo a vocação do teólogo imprescindível para a vida eclesial, temos um significativo documento da Igreja,[3] inspirador para todos os que estudam teologia:

---

[1] Constituição Apostólica do Sumo Pontífice João Paulo II, *Universidades Católicas*, p. 9.

[2] Idem, p. 25.

[3] *Instrução sobre a Vocação Eclesial do Teólogo*.

> Entre as vocações suscitadas na Igreja pelo Espírito, distingue-se a do teólogo, que em modo particular tem a função de adquirir, em comunhão com o Magistério, uma compreensão sempre mais profunda da Palavra de Deus contida na Escritura inspirada e transmitida pela Tradição viva da Igreja.[4]

E ainda mais nos fala o referido documento:

> No decorrer dos séculos a teologia constitui-se progressivamente em verdadeiro e próprio saber científico. É, portanto, necessário que o teólogo esteja atento às exigências epistemológicas de sua disciplina, às exigências do rigor crítico e, consequentemente, à verificação racional de todas as etapas de sua pesquisa. Mas a exigência crítica não se identifica com o espírito crítico, que nasce, pelo contrário, de motivações de caráter afetivo ou de preconceito. O teólogo deve discernir em si mesmo a origem e as motivações de sua atitude crítica e permitir que seu olhar seja purificado pela fé. O empenho teológico exige um esforço espiritual de retidão e de santificação.[5]

A contribuição da história da Igreja é assaz importante para o estudo da teologia:

> Da mesma forma que para muitas dimensões da vida da Igreja, assim também para a disciplina da história da Igreja o Vaticano II determinou uma considerável mudança; não apenas a posição do tratado consolidou-se, mas, o que é mais importante, sua razão de ser aprofundou-se e enriqueceu-se.[6]

Para a compreensão e a missão da Igreja, a disciplina História da Igreja é reconhecida no Concílio Vaticano II quando lemos: "Assim como é de interesse do mundo admitir a Igreja como realidade social da história e seu fermento, também a própria Igreja não ignora o quanto tenha recebido da história e da evolução da humanidade".[7]

---

[4] Idem, p. 7.

[5] *Instrução sobre a Vocação Eclesial do Teólogo*, p. 9.

[6] CHAPPIN, Marcel. *Introdução à História da Igreja*, p. 19.

[7] GS 44.

A perspectiva eclesiológica do Concílio Vaticano II foi intuída e percebida à luz da reflexão teológica, como lemos:

> Para desempenhar tal missão, a Igreja, a todo o momento, tem o dever de perscrutar os sinais dos tempos e interpretá-los à luz do Evangelho, de tal modo que possa responder, de maneira adaptada a cada geração, as interrogações eternas sobre o significado da vida presente e de suas relações mútuas. É necessário, por conseguinte, conhecer e entender o mundo no qual vivemos, suas esperanças, suas aspirações e sua índole frequentemente dramática.[8]

Conformando à universidade católica o papel e a importância do teólogo à luz da História, propomos um estudo do Concílio sob os aspectos da Doutrina (*Dei Verbum*), da Colegialidade (*Lumen Gentium*) e do Diálogo (*Gaudium et Spes*), apresentando o Concílio e as Conferências de Medellín, Puebla, Santo Domingo e Aparecida, interpretados na otimização dos acontecimentos, na contextualização dos fatos e na recepção e perspectivas para o devir da Igreja.

## 1. Considerações preliminares

O Concílio Ecumênico Vaticano II foi um acontecimento extraordinário e frutuoso na bimilenar História da Igreja. O fato marcou profundamente o coração de cada homem e mulher de boa vontade, e, sobretudo, fincou no mais íntimo de nós cristãos uma absoluta confiança. A alegria e a esperança foram notas marcantes desse encontro eclesial que reuniu não só padres conciliares, peritos, observadores e convidados, como também a humanidade inteira necessitada de bons ventos e revigorado alento ante as diversidades e perturbações do mundo contemporâneo.

---

[8] Idem, GS 4.

Os Padres Conciliares colocaram Deus no centro das sessões plenárias: "Pela revelação divina quis Deus manifestar-se e comunicar-se a si mesmo e os decretos eternos de sua vontade acerca da salvação dos homens [...]"[9] – refletindo, de certo modo, o anseio de toda a humanidade que rezava e observava com atenção o desenrolar do momento eclesial. Esses peritos propuseram à Igreja de Jesus Cristo seu devido lugar na História. O papel da Igreja é estar no mundo e com ele dialogar simultaneamente anunciando Jesus Cristo e os valores do Reino de Deus presentes no Evangelho por Ele proclamado.

Acompanhando as angústias do homem contemporâneo, a Igreja indicou seu norte. Dialogando com a sociedade e conclamando a si mesma, ela despertou confiança da parte de muitos.

O momento histórico pelo qual a sociedade passava era terrivelmente devastador. Os anos que se seguiram à Segunda Grande Guerra Mundial inspiravam desconfiança junto com a reconstrução das cidades, das mentes e corações. Frente à destruição das culturas, quem poderia responder ante o caos generalizado e os valores humanitários destruídos? Diante do clima de morte e destruição, quem daria suporte e esperança? "Convidamos-vos a ser construtores abnegados da Civilização do Amor segundo a brilhante visão de Paulo VI, a qual se inspira na palavra e na plena doação de Cristo e se baseia na justiça, na verdade e na liberdade. Estamos seguros de obter assim vossa resposta aos imperativos da hora presente e à tão ambicionada paz interna e social, no âmbito das pessoas, famílias, países, continentes e até do universo inteiro."[10]

A sociedade procurou reconstruir-se e dar respostas que viessem de acordo com as necessidades das pessoas. O período marcou o desenvolvimentismo tecnológico e o crescimento urbano desordenado. Novos horizontes foram apresentados e novos líderes surgiram. Novas expressões de liberdade apareceram tanto frente às independências de novas nações como o posicionamento em relação ao pensar e agir.

---

[9] DV 6.

[10] Conclusões da Conferência de Puebla, p. 80.

## 3 – Recepção do Vaticano II na América Latina

A Igreja maturava internamente e buscava responder através das Alocuções Radiofônicas, sobretudo no papado de Pio XII, ante o desespero da sociedade para ser presença no mundo.

Em 1958 o cardeal Angelo Giuseppe Roncalli tornou-se o papa João XXIII. A intuição do Conclave e o sopro divino do Espírito Santo recaíram sobre um homem velho, eleito aos 77 anos de idade, para um momento de transição? A fumaça branca da chaminé da Capela Sistina poderia prever mudanças substanciosas para a Igreja e o mundo no momento da escolha do Patriarca de Veneza? Os horrores da guerra e a cor cinza do céu não mesuraram além do sorriso bonachão do camponês bergamasco que na sacada da Basílica de São Pedro anunciava bonança à barca de Pedro. Ante a cor cinza da morte, a vitalidade da fumaça branca não era apenas um contraste, mas a força e o alento sempre presentes no interior da Igreja.

As palavras decisivas pronunciadas por João XXIII na Basílica de São Paulo Fora dos Muros em 1959, convocando a Igreja ao *aggiornamento*, deixaram muitos ouvintes estarrecidos. Um papa escolhido para a transição foi chamado para a transformação. Dos preparativos à Convocação muitos fatos ocorreram. Entre 1962 e 1965 o XXI Concílio Ecumênico deixou sua marca no período contemporâneo da história.

O *Compêndio do Concílio Ecumênico Vaticano II* é semelhante a uma Suma Teológica para nossos dias. Sobre tudo se falou e com todos se procurou dialogar. Desde a presença dos padres conciliares, peritos e observadores não católicos, a Assembleia Conciliar foi um Pentecostes com eclesiologias diversas, línguas e grupos distintos, diferenças ouvidas e as riquezas milenares apresentadas. Vemos essa maravilha compilada nas quatro Constituições, nove Decretos e três Declarações.

Dentre muitas facetas do Vaticano II, a que nos parece singular é o entendimento do conceito *aggiornamento*. Quis a Igreja dialogar com o mundo estando no mundo, sem se acomodar a ele ou a ele se assemelhar. Muito desse presencial deveu-se ao papa João XXIII com seu modo de ser e sua perspicácia, como também seu *background* pastoral. Ele trazia dentro de si esse desejo de transformar a sociedade com a riqueza bimilenar da Igreja. Num momento que inspirava mudança a voz do papa ecoou forte e se fez ressoar no coração de homens e mulheres. Não usou de palavras coercitivas e endurecidas, mas falou com mansidão e misericórdia, estando no mundo e o transformando.

Parece-me salutar tornar presente que o Concílio não apresentou novidade doutrinal. O eixo estava em aplicar a doutrina plasmada há séculos pela Igreja à luz da Palavra revelada e assegurada pela Tradição apostólica e o Magistério, de maneira a torná-la viva e eficaz. Por isso foi chamado de Concílio Pastoral:

> Um concílio conscientemente pastoral procura perceber as relações entre os valores eternos da verdade cristã e sua inserção na realidade dinâmica, hoje extremamente mutável, da vida humana tal qual é, contínua e diversamente moldada na história presente, inquieta, conturbada e fecunda [...].[11]

Sem pretender resolver todos os problemas ou acabar com as muitas tendências eclesiológicas, o concílio respondeu de forma magistral aos apelos presentes no coração das pessoas. A Igreja saía das catacumbas às quais havia sido submetida. Por motivos inerentes aos séculos precedentes e envergando o peso do passado, ela saiu profundamente transformada com os lampejos surpreendentes na voz do pontífice, sob a intuição do Papa João XXIII, não só atendendo às aspirações da Igreja, como se voltando amorosamente ao mundo.

Passando por todos os momentos de elaboração, a Igreja apresentou nos documentos finais ao mundo uma doutrina reta para a manutenção de um diálogo seguro. Elaborou a duras penas e a muitas mãos, sob a ação do Espírito Santo, a doutrina inspirada por Deus, apresentada numa linguagem hodierna, sem acréscimos ou diminuição da autenticidade da fé.

---

[11] *Compêndio Vaticano II*. Introdução Geral, p. 9-10.

A Igreja, assegurando a doutrina sob o pastoreio do Sumo Pontífice em consonância com o episcopado do mundo inteiro, trilhou brilhantemente na prática eclesial conhecida e novamente exercida. Após o término do concílio sucederam os Sínodos Extraordinários e entre nós as Conferências Episcopais. Como a Igreja presente na América Latina e Caribe respondeu ao homem e à mulher de seu tempo? Qual foi a recepção do Concílio nas conferências realizadas? O que pastoralmente a Igreja propôs? A Igreja anunciou profeticamente a Teologia proposta pelo Concílio às Igrejas presentes na América Latina e Caribe? Quais as perspectivas para a Igreja nesse período de 40 anos entre Medellín e Aparecida?

## 2. Conferência de Medellín (Colômbia – 1968)

Percebendo as necessidades e preocupações das pessoas presentes na América Latina, a Igreja procurou responder como Mãe e Mestra. A conferência ocorrida em Medellín em 1968 destacou: "A Igreja latino-americana, reunida na II Conferência Geral e de seu episcopado, situou no centro de sua atenção o homem deste continente, que vive um momento decisivo de seu processo histórico".[12] Foi seguramente um marco presencial às angústias e sofrimentos das pessoas que bradavam e aguardavam por esperanças.

Nos anos 60 do século XX, a América Latina era sacudida por mortes nos campos e na cidade. As ditaduras se faziam presentes em várias nações. O desespero tomava conta das massas desorientadas pela violência e opressão. As vozes estudantis, os movimentos campesinos e a liberdade de consciência imperavam nos ambientes. Levantes armados e marchas impunham a bandeira e a cruz em prol de uma sociedade diferenciada.

---

[12] Conclusões de Medellín, p. 5.

Num continente maciçamente jovem e majoritariamente empobrecido, a Igreja, representada por seus bispos, procurou entender o clamor da população que almejava mudanças. Um fortíssimo aliado no continente foi a mobilização do episcopado católico:

> Toda revisão e renovação das estruturas eclesiais no que tem de reformável deve evidentemente ser feita para atender às exigências de situações históricas concretas, mas não perdendo de vista a própria natureza da Igreja. A revisão que hoje se deve levar a cabo em nossa situação continental há de ser inspirada e orientada pelas ideias diretivas muito sublinhadas no concílio: a da comunhão e a da catolicidade (cf. LG 13).[13]

Foi sob tal luz do Concílio Vaticano II e seguindo antiquíssima tradição eclesial que os bispos reuniram-se em Assembleia e, unindo forças, buscaram traçar juntos não só um documento – mas as metas prioritárias para a evangelização. Diante de tudo o que apresentavam, os jovens e os pobres foram assumidos como prioridades, sem deixar de lado a universalidade dos problemas. Assim, o Compêndio do Vaticano II e o Documento Final de Medellín passaram a ser para a Igreja presente na América Latina seu referencial. Tanto no compêndio, produzido no clamor de muitas vozes, quanto em Medellín, elaborado no querer de muitos irmãos, a Igreja lançava sobre as dores impostas a esperança no devir próprio do Evangelho de Jesus Cristo.

## 3. Conferência de Puebla (México – 1979)

Passados 10 anos da II Conferência Episcopal ocorrida em Medellín, os bispos se encontraram em Puebla em 1979 para analisar o percurso feito e impulsionar metas para os próximos anos:

---
[13] Conferência de Medellín, p. 152-153.

> O documento de Puebla não é um tratado de teologia, isto é, um discurso sistemático e metódico sobre a compreensão da fé [...] Trata-se de um documento pastoral, que pretende ser fonte de inspiração para a caminhada da Igreja em nosso continente [...] A estrutura desenvolve-se segundo o método teológico-pastoral de ver a realidade analiticamente [...] julgá-la com os critérios da fé [...] e agir pastoralmente para transformá-la.[14]

Sob o pontificado de João Paulo II, inspirado pela Virgem de Guadalupe e propondo uma Nova Evangelização, a Igreja presente na América Latina deu seus passos. Puebla se reuniu com o tema "Evangelização no presente e no futuro da América Latina".

Anos marcados por legitimação da morte e ainda violentas agitações, muitos países viviam sob os regimes ditatoriais. Matavam a muitos e, consequentemente, faziam morrer muitos sonhos e propostas de vida melhor. O empobrecimento das massas e o desencantamento entre os jovens marcavam profundamente os povos aqui presentes. Crescia o número dos católicos que migravam para os novos movimentos religiosos e apareciam dados de uma crescente corrida ao ateísmo.

Puebla inspirou para a Igreja um momento salutar de cristãos encorajados pela presença da semente do Verbo: "Em Medellín, terminamos nossa mensagem: 'Temos fé em Deus, nos homens, nos valores, no futuro da América Latina'. Em Puebla, retomando a mesma profissão de fé, divina e humana, proclamamos: Deus está presente e vivo, por Jesus Cristo libertador, no coração da América Latina".[15] Os bispos reunidos procuravam motivar um desprendimento pessoal e tornaram possível uma aproximação ainda maior nos ambientes frequentados pelas comunidades no turbilhão de atrocidades. Não foram poucos leigos e membros do episcopado que emprestaram suas vozes para anunciar Jesus Cristo. O eco do Concílio Vaticano II, como presença de misericórdia

---

[14] Conclusões da Conferência de Puebla. Santos, Beni dos: *Introdução de uma leitura do documento a partir da opção preferencial pelos pobres*, p. 55-56.

[15] Conclusões da Conferência de Puebla, p. 83.

frente às amarguras do tempo presente, fez com que muitos cristãos proclamassem os valores do Reino, sobretudo aos mais desprotegidos da sociedade.

## 4. Conferência de Santo Domingo (República Dominicana – 1992)

Face à "cultura de morte" a Igreja proclamou a cultura cristã, propondo ao continente que celebrava os 500 anos de descobrimento a mensagem redentora e salvadora de Jesus Cristo "ontem, hoje e por toda a eternidade" (Hb 13,8). Uma vez mais os bispos do continente se reuniram, agora em Santo Domingo, com o tema *Nova Evangelização, promoção humana e cultura cristã*, para celebrar a presença do cristianismo na dinamicidade dos valores de vida propostos pelo bom pastor.

A celebração dos 500 anos de Descobrimento da América foi um momento questionador a todos que nascemos e moramos nesse imenso continente. Imenso em tamanho como em conflitos. A lembrança da chegada dos primeiros descobridores e a memória dos descobertos e os que foram forçosamente trazidos para o trabalho escravo mostrou um perfil histórico e criterioso dos acontecimentos, apresentando incongruência na sociedade. Um olhar misericordioso da Igreja fez apresentar esses acontecimentos e elencar as mazelas a ser denunciadas e o muito ainda para fazer.

> A Nova Evangelização surge na América Latina como resposta aos problemas apresentados pela realidade de um continente no qual se dá um divórcio entre fé e vida, ao ponto de produzir clamorosas situações de injustiças, desigualdade social e violência [...] A Nova Evangelização tem como finalidade formar pessoas e comunidades maduras na fé e dar respostas à nova situação que vivemos [...] O conteúdo da Nova Evangelização é Jesus Cristo [...] Como deve ser esta Nova Evangelização, nova em seu ardor, em seus méritos e em sua expressão.[16]

---

[16] Conclusões da IV Conferência do Episcopado Latino-americano – Santo Domingo, p. 85-86.

A Igreja observou as etapas realizadas no processo de evangelização na América Latina. Lembrou os que derramaram o sangue pelo Evangelho, outros que foram silenciados, e reconheceu muitas situações conflituosas, sobretudo, com os indígenas[17] e afro-americanos.[18] Propôs a cultura cristã como paradigma aos povos aqui presentes. No mesmo lugar da chegada dos primeiros descobridores e na primeira diocese criada na América, o episcopado lançou luzes em meio às trevas para o imenso continente: "Por outro lado, é necessário utilizar aqueles meios que façam o Evangelho chegar ao centro da pessoa e da sociedade, às raízes mesmas da cultura, 'não de maneira decorativa, como num verniz superficial' (EN 20)".[19]

## 5. Conferência de Aparecida (Brasil – 2007)

A V Conferência Geral do Episcopado da América Latina e Caribe realizou-se recentemente em Aparecida:

> O Evangelho chegou a nossas terras em meio a um dramático encontro de povos e culturas. As "sementes do Verbo" presentes nas culturas autóctones facilitaram a nossos irmãos indígenas encontrarem no Evangelho respostas vitais a suas aspirações mais profundas: "Cristo era o Salvador que esperavam silenciosamente" [...] Desde a primeira evangelização até os tempos recentes a Igreja tem experimentado luzes e trevas.[20]

O Papa Bento XVI escolheu a basílica de Aparecida para propor, como Maria, o lugar central de Cristo Jesus em nossas vidas: "Fazei

---

[17] Anexo1. Mensagem aos Indígenas. Conclusões da IV Conferência do Episcopado Latino-americano – Santo Domingo, p. 249-256.

[18] Anexo 2. Mensagem aos afro-americanos. Idem, p. 257-261.

[19] Idem, p. 88.

[20] Documento de Aparecida, p. 10.

tudo o que Ele vos disser" (Jo 2,5). À Igreja sob seu pontificado – reafirmando tantas vezes um não ao relativismo e um não ao reducionismo – assim falou: "Conservo viva a grata recordação desse encontro, na qual estive unido a vocês no mesmo afeto por seus queridos povos e na mesma solicitude por ajudá-los a ser discípulos e missionários de Jesus Cristo, para que nele tenham vida".[21] A voz do episcopado reunido na basílica de Aparecida sob a inspiração do Espírito Santo e da presença do Sumo Pontífice reafirmou como Igreja sua presença junto aos irmãos, confirmando-os na fé e sustentando-os na vida.

Nos anos que se seguiram de Santo Domingo a Aparecida, a sociedade passou por imensas transformações: "A V Conferência do Episcopado Latino-americano e Caribenho é novo passo no caminho da Igreja, especialmente a partir do Concílio Ecumênico Vaticano II".[22] Num vasto continente muitos são os problemas e, mesmo assim, muitos desses são localizados e pontuais: "Esta V Conferência se propõe 'a grande tarefa de proteger e alimentar a fé do povo de Deus e recordar também aos fiéis deste continente que, em virtude de seu batismo, são chamados a ser discípulos e missionários de Jesus Cristo'".[23] O continente sofre ainda sérias dificuldades, tendo sua população envelhecida e sua juventude encolhida e afastada dos meios eclesiais. Crescem os novos movimentos religiosos e diminuem percentualmente os cristãos católicos. A destarte aumenta o número de ateus e agnósticos.

A dinamicidade da Igreja está em sua colegialidade. Com inúmeros problemas internos, ela ainda continua a ser respeitada e sua credibilidade supera as demais instituições. A Conferência Episcopal de Aparecida dimensionou o Concílio Vaticano II, propondo Deus aos homens de nosso tempo, apresentando-o em sua totalidade, passando da fecundação até seu ocaso. Não trouxe novos paradigmas nem indicou novas

---

[21] Documento de Aparecida, p. 10.

[22] Idem, p. 12.

[23] Idem, p. 12.

doutrinas, mas apresentou o mesmo Cristo Jesus e os valores eternos do Reino de Deus por Ele anunciado:

> Conhecer a Jesus Cristo pela fé é nossa alegria; segui-lo é uma graça, e transmitir esse tesouro aos demais é uma tarefa que o Senhor nos confiou ao nos chamar e nos escolher. Com os olhos iluminados pela luz de Jesus Cristo ressuscitado, podemos e queremos contemplar o mundo, a história, nossos povos da América Latina e do Caribe, e cada um de seus habitantes.[24]

## Conclusão

A plenitude da Revelação é Jesus Cristo. Ele encarnou-se para nos salvar: "Caríssimo, segura e digna de ser acolhida por todos é esta palavra: Cristo veio ao mundo para salvar os pecadores. E eu sou o primeiro deles" (1Tm 1,15). A Boa Nova por Ele apresentada é o verdadeiro diálogo entre a fidelidade e o carinho de Deus para com a humanidade. A Mensagem Revelada é imutável. A linguagem humana se diferencia com o passar do tempo. O Concílio Vaticano II quis ser pastoral na medida em que, voltando às fontes, apresentou o Bom Pastor como referencial e presença entre os homens. O concílio usou de linguagem acolhedora manifestando Jesus Cristo e os valores do Reino de Deus "Eu sou o Bom Pastor. O Bom Pastor dá a vida por suas ovelhas" (Jo 10,11).

O papa Paulo VI na Carta ao Congresso de Teologia pós-conciliar, de 21 de setembro de 1966, assim escreveu: "A tarefa do Concílio Ecumênico não está completamente terminada com a promulgação de seus documentos". E aos bispos da Itália, no dia 6 de dezembro de 1965, perguntava: "Findo o concílio, volta tudo ao que era antes? As aparências e os hábitos responderão que sim; o espírito do Concílio responderá que não. Alguma coisa, e não pequena, deverá ser, também

---

[24] Documento de Aparecida, p. 17.

para nós – antes, sobretudo para nós –, nova. As mudanças de tantas coisas exteriores? Sim, mas não é a estas que ora aludimos. Aludimos ao modo de considerar a Igreja, modo que o concílio cumulou tanto de pensamentos, de temas teológicos, espirituais e práticos, de deveres e de confortos, a ponto de exigir de nós um novo fervor, um novo amor, como que um novo espírito".[25]

As palavras de Paulo VI são as mais acertadas para perceber a presença, eficácia, recepção e a continuidade do Concílio Vaticano II entre nós como Igreja de Jesus Cristo presente na América Latina e no Caribe. No discurso de abertura da segunda sessão do Concílio o Papa Paulo VI disse: "[...] a doutrina católica não deve ser somente verdade a ser explorada pela razão à luz da fé, mas sim palavra geradora de vida e de ação [...] deve proclamar ensinamentos positivos, de interesse vital, que tornem fecunda a fé".[26] Às perguntas propostas nas Considerações Preliminares digo que a Igreja se sensibilizou à luz e compreensão do Concílio para aplicá-lo às Igrejas Particulares. Houve avanços para uma Igreja mais coesa, mais aberta consigo mesma e com a sociedade. Posso dizer que há muito por fazer sem ufanismo nem pessimismo. Assim como Deus revelou-se amor (cf. 1Jo 4,7-8), devemos agir sempre na solidariedade usando da misericórdia: "Sentir com a Igreja, no momento atual, significa sentir e sintonizar com o Vaticano II. E para viver e amar esse 21º Concílio Ecumênico, é necessário conhecê-lo em seus documentos, em sua intenção e em seu espírito".[27]

---

[25] *Compêndio Vaticano II*, Introdução Geral, p. 7.

[26] Idem, p. 9.

[27] Idem, p. 7.

## Bibliografia

CHAPPIN, Marcel. *Introdução à História da Igreja*. São Paulo: Loyola, 1999.

CONCÍLIO VATICANO II.*Compêndio do Vaticano II*. Constituições. 18. ed. Petrópolis: Vozes, 1986.

CELAM.*Conclusões da Conferência de Puebla*. Conclusões da III Conferência Geral do episcopado Latino Americano. 6. ed. São Paulo: Paulinas, 1984.

_____. *Conclusões da IV Conferência do Episcopado Latino-americano*. São Paulo: Paulinas, 1992.

_____. *Conclusões de Medellín*. II Conferência Geral do episcopado Latino Americano. 5. ed. São Paulo: Paulinas, 1984.

_____. Congregação para a Doutrina da Fé. *Instrução sobre a Vocação Eclesial do Teólogo*. 5. ed. São Paulo: Paulinas, 2007.

_____. *Documento de Aparecida*. Texto Conclusivo da V Conferência Geral do Episcopado Latino-americano e do Caribe. São Paulo: Paulus, 2007.

PIÉ-NINOT, Salvador. *Introdução à Eclesiologia*. São Paulo: Loyola, 1998.

JOÃO PAULO II. Constituição Apostólica às *Universidades Católicas*. 4. ed. São Paulo: Paulinas, 2004.

# 4

# A IGREJA, POVO DE DEUS EM COMUNHÃO

## *Lumen Gentium* 1-59

*Osmar Cavaca*
Mestre em Teologia Sistemática pela PUC-SP
Professor na Faculdade de Teologia Nossa Senhora da Assunção
da PUC-SP e na Faculdade Dehoniana
Presbítero da Diocese de Taubaté

O Vaticano II promoveu vigorosa "volta às fontes" na vida da Igreja, buscando na Palavra de Deus e no testemunho patrístico os fundamentos que constroem e dinamizam a comunidade cristã. A Igreja retoma seu caráter ministerial, sacramental e missionário, enquanto povo de Deus em comunhão. A partir daí, são apreciados os ministérios, a dignidade e missão dos fiéis leigos, a colegialidade e a evangelização. O povo de Deus, edificado na Nova Aliança, torna-se sinal do Reino na história.

Este é um estudo sobre a *Lumen Gentium*, no conjunto que vai do primeiro ao sétimo capítulo, sob o corte específico da categoria eclesiológica de *povo de Deus*.

Não obstante a preciosidade da eclesiologia presente na *Lumen Gentium*, uma análise desse aspecto exige que possamos ir além dos escritos, como quem busca a intuição que lhe está por detrás e que envolveu todo o acontecimento conciliar.

O fato de a *Lumen Gentium* ter desenvolvido todo um capítulo sobre essa temática mostra a importância e a incidência desse conteúdo bíblico-teológico no pensamento dos Padres conciliares. Ao chamar nossa atenção para a Igreja enquanto povo de Deus, o Concílio tem em vista a temática da historicidade, da comunitariedade da salvação e da igualdade de dignidade e de condições de todos os batizados.

Estranhamente, porém, após um período de euforia com a nova eclesiologia, teve início um processo de certo obscurecimento da categoria, de modo que alguns se perguntam ainda hoje de que maneira e por que o conceito *povo de Deus* foi eliminado com tanta facilidade depois de ter recebido no concílio um destaque tão marcante.

Provocado por essa situação histórico-teológico-pastoral de certo conflito, instigado pelo amor à Igreja de Cristo e pela convicção de que *povo de Deus* representa uma verdadeira intuição eclesiológica do Concílio Vaticano II é que tomo esse corte como paradigma eclesiológico conciliar, procurando devolvê-la ao interesse da teologia e da vida eclesial, tal como o intuíra o Vaticano II.

## 1. A Igreja, mistério que se expressa na sacramentalidade do povo

A Constituição Dogmática *Lumen Gentium* é elaborada em duas dimensões eclesiais que remetem a realidades diversas. A primeira refere-se a uma realidade *substantiva* da Igreja, que se impõe pelo próprio mistério, e outra, a uma realidade *relativa* da Igreja, sempre na dependência da realidade substantiva primeira.[1] Esta, determinando a essência mesma da Igreja, diz respeito a todos os batizados. Assim, viver o mistério da Igreja (LG I), como povo de Deus (LG II), na busca da santidade (LG V), com perspectivas escatológicas (LG VII), é condição universal para quem quer ser Igreja de Cristo. Ao mesmo tempo que exercer o ministério ordenado (LG III) ou viver no mundo como leigo cristão (LG IV), ou professar a radicalidade do batismo por meio dos conselhos evangélicos (LG VI) são dons particulares que o Espírito Santo distribui "individualmente e a cada um como lhe apraz... para a utilidade comum" (1Cor 12,11.7). Maria (LG VIII), "de maneira absolutamente singular", integra, na perfeição da caridade (cf. LG 39), as duas dimensões, pois, "na Santa Igreja ocupa o lugar mais alto depois de Cristo e o mais perto de nós" (LG 54), e glorificada se torna "imagem e primícia da Igreja" (LG 68).

### *1.1. Três realidades eclesiológicas inseparáveis*

A Igreja, "presente em mistério, pelo poder de Deus cresce visivelmente no mundo [...]. Ao mesmo tempo, a unidade dos fiéis que constituem um só corpo em Cristo (cf. 1Cor 10,17)" (LG 3) é entendida pelo Concílio como "o povo reunido na unidade do Pai, do Filho e do Espírito Santo"[2] (LG 4). Na perspectiva da emanação eclesial trinitária, três conceitos constituem elementos substantivos da Igreja e interagem

---

[1] Velasco, Rufino. *A Igreja de Jesus* – Processo histórico da consciência eclesial. Petrópolis: Vozes, 1996, p. 255.

[2] S. Cipriano, *De Orat. Dom.* 23: PL 4,553; Santo Agostinho, *Serm.* 71,20.33: PL 83, 463ss.; S. João Damasceno. *Adv. Iconocl.,* 12: PG 96.

na determinação de sua natureza: "Corpo Místico de Cristo" (LG 3.7), "povo de Deus" (LG II) e "Templo do Espírito Santo" (LG 4). Os três conceitos permeiam não só os demais números da *Lumen Gentium*, como também praticamente todos os documentos do Concílio. Mesmo quando a essência da Igreja se expressa por outras imagens simbólicas, sempre o faz em referência a esses três conceitos fundamentais.

No entanto, curiosamente, as três concepções têm sido, não raro, interpretadas em sentidos reducionistas, ou acusadas disso, em direção bem diferente daquela que o concílio parecia propor. Assim, diz-se que "povo de Deus" tem sido uma categoria frequentemente manuseada por tendências imanentistas, com reduções sociológicas nem sempre suficientemente fundamentadas neotestamentariamente, que "Corpo de Cristo", às vezes, tem sido desgastada por interpretações triunfalistas, com tendência a confundir-se com o poder hierárquico, e que "Templo do Espírito Santo", por sua vez, tem se prestado a compreensões excessivamente espiritualistas de um misticismo desencarnado. A categoria neste estudo priorizada, possivelmente seja, entre as três, a que tem sofrido os maiores preconceitos e suportado os maiores questionamentos e consequentes isolacionismos.

### 1.2. O mistério que se expressa na sacramentalidade do povo

Uma leitura apressada não permite entender o fato de o concílio explicar a Igreja como *Mistério*, num primeiro momento, e como *povo de Deus*, em outro. Será uma contradição, se pensarmos nas correntes conciliares que lutavam entre si para afirmar um aspecto ou outro? Ou talvez uma estratégia de ajeitamento de textos de procedências diferentes em função de uma aprovação universal? No entanto, uma leitura mais atenta e dirigida pode ajudar-nos a dirimir tais insuficiências, que seriam medíocres num texto do porte e da importância da *Lumen Gentium*.

Uma abordagem da intuição conciliar "*povo de Deus*" não pode prescindir de uma reflexão sobre o primeiro capítulo da constituição, que apresenta a Igreja como "mistério". Tudo começa com o destaque da Igreja enquanto emanação do mistério trinitário (LG 2–4), afirmada como germe e início do Reino de Deus neste mundo (LG 5), simbolicamente representada por várias imagens bíblicas (LG 6), e constituída por Cristo e por seus irmãos, que fazem dela o Corpo Místico de Cristo (LG 7). Como uma única realidade complexa, este se dimensiona visível e invisivelmente, ao mesmo tempo como Igreja terrestre e celeste, em que os elementos divino e humano se fundem (LG 8).

Mas, não raro, nossa compreensão de "mistério" está mais conforme as religiões chamadas mistéricas que propriamente com a religião bíblica. Naquelas, mistério é o conjunto das verdades sobrenaturais em oposição à razão humana, ou aquela realidade inacessível à qual o homem só pode chegar por caminhos de heroicos esforços intelectuais e ritualísticos de iniciação. Diferentemente, na compreensão bíblica cristã, o mistério nos é dado gratuitamente por revelação histórica na vida de Jesus Cristo. Por isso, a Igreja é *mistério* enquanto visibilidade de Cristo neste mundo. Consequentemente, compreender o *mistério* da Igreja é, ao mesmo tempo, buscar por sua sacramentalidade, ou seja, por sua visibilidade histórica.

Contemplar o "mistério" assim não tem significado de um relacionamento sobre-humano ou transcendentalista, mas, ao contrário, de reverenciamento do Deus que em sua transcendência absoluta se fez sacramento em Jesus Cristo e se faz sacramento hoje por meio da Igreja.

Compreendeu o Concílio que a identidade mistérica da Igreja não "amortece" a força novidadeira da virada que se tornará mais expressa no capítulo seguinte; antes, estabelece critérios com os quais se deve compreender a força da intuição eclesiológica que começa a se manifestar.

A partir do momento em que houve consenso de que *povo de Deus* poderia ser o paradigma eclesiológico a dar rosto ao *mistério* que é a Igreja, vários padres conciliares sentiram a necessidade de concretizar mais o paradigma, assim ampliando e elucidando historicamente o conceito de *mistério* que a *Lumen Gentium* havia trabalhado em seu primeiro capítulo. O Concílio fez isso na medida do possível, não em termos tão objetivos e pontuais, mas abriu a grande possibilidade de a teologia fazê-lo contextualizadamente.

## 2. As origens bíblicas do conceito

O Concílio começa a falar de povo de Deus destacando que na origem de tudo está a ação gratuita de Deus, que *convoca* um povo à salvação, que não deseja salvar os indivíduos isoladamente, "sem nenhuma conexão uns com os outros", mas os constituindo "num povo que O conhecesse na verdade e santamente O servisse" (LG 9).

### 2.1. O antigo povo de Deus

A aliança de Deus com Abraão se expande coletivamente na Aliança do Sinai. Antes não havia povo; apenas múltiplas tribos; constituídas no Sinai, por livre iniciativa divina, em um povo. É a aliança, portanto, que constitui o povo em sua identidade e missão (cf. Gn 19,24). Agora são *povo de Deus* (cf. Dt 7,6), um povo de ministros de Deus em meio às nações.

Como povo, Israel precisava reunir-se, organizar-se e celebrar. Começou a fazer isso no que chamou de "Dia da assembleia" (cf. Dt 4,10; 9,10; 18,16). Essa reunião se denominou *Qehal*, querendo significar o povo reunido em toda a sua intensidade religiosa, o que se distingue do termo *edah*, que indica simples agrupamento de pessoas. Os judeus, por isso, tinham consciência de ter sido convocados por Deus, não tanto para oferecer ritos e realizar cultos, mas sobretudo para atualizar sempre sua vocação e missão, que emanavam do fato de serem *povo de Deus*.

Na língua do povo judeu, *goyim* é uma referência aos povos estrangeiros, enquanto *'am* indica indivíduos judeus unidos na mesma raça, no mesmo sangue, e, por isso, pela vida e pelo destino. Por isso, *'am* tem significado soteriológico, porque revela a comunhão de vida e de destino que Yahweh faz com seu povo.

Ser *qehal*, portanto, é a grande vocação do '*am* de Israel, seu ideal a ser sempre realizado. As assembleias que se seguirão não serão senão prolongamento e renovação dessa assembleia originária (cf. 1Rs 8,14.22.55; Js 23-25; 2Rs 22-23; 25; Esd 2,64; 10,1.3.9.12; Ne 8-10).

A Septuaginta traduziu *Qehal Yahweh* por *Ekklesía tôu Theóu*, e *edah* por *synagogué*, assim como traduziu os termos '*am* por *laós*, e *goyim* por *ethné*. Embora *ekklesía* e *laós* sejam referências religiosas, não são propriamente sinônimas; enquanto '*am* ou *laós* significa o povo escolhido e eleito por Deus, *qehal* ou *ekklesía* indica sempre esse povo enquanto convocado para reassumir e celebrar a aliança (cf. Dt 4,9-13; 9,10.18; 23,2; 31,30; Ne 13,1).

No entanto, por causa da contínua infidelidade e da dureza de coração do povo, os profetas alertavam para o risco da quebra da aliança e da possibilidade infeliz de Israel vir a deixar de ser o povo de Deus (cf. Am 8,2; Os 1,9; 2,23-25).

### 2.2. A passagem do antigo para o novo povo de Deus

Foi nesse contexto de infidelidade do povo de Deus que Jesus exerceu seu ministério. Ele tinha consciência da possibilidade do fracasso de Israel (cf. Mt 8,11), mas também da necessidade de levar sua missão até o fim. Por isso, ainda que objetivamente tivesse de sofrer mudanças, o plano de Deus ter um povo não se alteraria; então, a possibilidade de um novo povo surge como espontânea na pregação de Jesus (cf. Mt 21,43). Consumado o fracasso, Ele entregou sua vida por sua formação que, na mesma senda de Israel e na perspectiva da fé em Cristo, é a Igreja.

Na urgência de se posicionar e se identificar em relação à história que os precedia e ao contexto religioso em que a Igreja se desenvolvia, os primeiros cristãos sentiam-se desafiados a se justificar perante seus irmãos de raça, pois, segundo Paulo, Deus não se arrependera de outrora ter escolhido Israel (cf. Rm 11,29), o que era sinal de que o fato de Deus desejar ter um povo não havia perdido sentido; o problema estava em como conciliar isso com a aliança nova e definitiva em Jesus. Além disso, buscavam encontrar suporte teológico para acolher os gentios que aderiam à fé no Ressuscitado, sem que precisassem submeter-se às exigências legais do judaísmo de origem.[3] Enfim, a Igreja se entendia como o *Novo Israel*, preparado desde o Antigo Testamento (LG 2), ao qual Deus revelara a plenitude de sua salvação por meio de seu Filho encarnado e de seu Espírito Santo.

### 2.3. A nova ekklesía

O *novum* do novo *povo de Deus* está, primeiramente, em que, embora mantendo a distinção entre '*am* e *goyim*, o novo povo supera tais barreiras e abre oportunidades de convívio e comunhão com o diferente.[4] Além disso, o novo povo sai da condição de não povo apenas pela graça e misericórdia de Deus (cf. 1Pd 2,10). Finalmente, a ideia de que foi a entrega de Cristo que tornou possível a configuração desse "povo messiânico" (cf. LG 9), e por isso a categoria *novo povo de Deus* não pode ser considerada fora da referência cristológica (cf. Tt 2,13-14).

Muito importante para que o cristianismo se entendesse como o *novo povo de Deus*, e não apenas como uma seita do restrito judaísmo foi a consciência escatológica que os primeiros cristãos tinham desenvolvido. Embora participassem da mentalidade apocalíptica da época, davam-lhe um teor originário: tinham consciência de que viviam os últimos tempos (2,17; 1Cor 10,11; 1Pd 4,7), na expectativa da restauração de Israel (cf. At 1,6), porque o Messias havia chegado em Jesus, que com sua ressurreição entregara o Espírito, o dom da consumação dos tempos (cf. At 2,17-24). Com isso, puderam absorver o sentido

---

[3] DE LA FUENTE, Eloy Bueno. *Eclesiología*. Madrid: BAC 18, 2007, nota 3, p. 28.

[4] Cf. At 15,14: Deus escolheu de entre todos os gentios (*ethné*), um povo (*laós*) dedicado ao seu nome.

teológico de *qehal* como comunidade e povo dos últimos tempos, bem como assumir a missão sacerdotal e martirial de Israel.[5] Enfim, a palavra [*Ekklesía tõu Theõu*], significando "povo de Deus", passou também a designar daqueles que seguiam Jesus Cristo.

Segundo De La Fuente[6] a originalidade da *ekklesía* cristã se manifesta antes de tudo porque, sendo Igreja, *qehal-ekklesía*, os cristãos também o são mesmo quando a assembleia não está fisicamente reunida; a unidade da *ekklesía* ultrapassa a dimensão exterior. Depois, porque a *qehal* cristã inaugura, devido à cruz de Cristo e à efusão do Espírito Santo, um novo espaço teológico de reconciliação. Ainda porque o novo povo, *qehal-ekklesía*, é povo adquirido pelo sangue de Cristo (cf. At 20,28), ao mesmo tempo "Israel de Deus" (Gl 6,16) e "Igreja de Cristo" (Gl 1,22), razão por que Paulo acrescenta o sintagma "em Cristo Jesus" a "igrejas de Deus" (cf. 1Ts 2,14). Também porque, continua De La Fuente, a categoria *ekklesía*, desde o começo, comportava, no ambiente cristão, três significados que se entrecruzavam: o de assembleia concreta de culto (cf. 1Cor 11,18; 14,19.28.34.35), o de igreja de uma determinada localidade (1Cor 1,2; 16,1) e o de Igreja em sua universalidade (cf. 1Cor 15,9; Gl 1,13). E, finalmente, porque encarnada e situada, a *qehal-ekklesía* era sempre tida como *paroikía* (cf. 1Pd 1,1.17), isto é, peregrina, não se identificando com um lugar, com um povo político, com suas estruturas... Antigos documentos cristãos fazem referência a tal estranheza da Igreja em relação às estruturas do mundo.[7]

Concluímos dizendo que a Igreja dos primórdios não se teria valido desse conceito se ele fosse estranho à revelação. No Antigo Testamento Israel foi escolhido como *povo* de Deus e todas as suas dimensões gravitavam ao redor dessa condição. Entendendo-se a si mesma a partir do

---

[5] Idem, p. 37.

[6] Op. cit., p. 38.

[7] *Carta a Diogneto* 5-6; *Mart. Polic.* 1: "A Igreja de Deus *paroikousa* em Esmirna à Igreja de Deus *paroikousa* em Filomelia e a todas as *paroikíais* da santa Igreja Católica, sobre toda a terra..."; Santo Agostinho, *Civ. Dei*, XVIII, 51.2; PL 41, 614.

conceito veterotestamentário de *qehal* (cf. Hb 2,12, ao citar o salmo 22,23), a Igreja procurava manter o sentido de *assembleia convocada e reunida,* por isso mesmo obra da graça, ao mesmo tempo que impor sua compreensão original dessa interpretação.

## 3. *Povo de Deus*, a categoria-síntese do espírito eclesiológico do Vaticano II

Embora a *Mystici Corporis* tivesse entendido que a imagem do "Corpo místico" era "a mais apropriada para definir e descrever a Igreja",[8] o Vaticano II preferiu *povo de Deus* como definição ideal da Igreja, não apenas privilegiando a categoria, como também fazendo dela o carro-chefe de toda a virada eclesiológica que haveria de promover.

O conceito *povo de Deus* nasce da preocupação inicial dos padres conciliares de discernir uma categoria conceitual que melhor expressasse a autoconsciência eclesial que desejava superar tanto a eclesiologia de caráter jurídico-societário que, desde a Idade Média,[9] vinha se impondo, como também a do "Corpo místico de Cristo", categoria eclesiológica bastante difundida na época imediatamente pré-conciliar.

### 3.1. Os entornos circunstanciais históricos da virada conciliar

Não obstante a vitalidade bíblica-patrística dos primeiros séculos, que sustentava a compreensão que a Igreja tinha de si mesma como povo de Deus, já no século IV, coincidindo com o tempo em que o cristianismo saía das catacumbas e se oficializava como religião do império, a expressão começou a perder seu vigor, dados os riscos de reducionismo que ela poderia trazer se interpretada em aspectos excessivamente políticos e sociológicos. Assim, categorias menos arriscadas como *Corpo de Cristo* ou *Esposa de Cristo* foram

---

[8] AAS 35 (1943), 199.

[9] Embora o Concílio ainda apresente, vez ou outra, essa expressão relativa à Igreja: cf. LG 8.14.20.

substituindo a inspiração original na busca de definição da Igreja. Dessa forma, nos séculos seguintes, a referência teológica à Igreja como *povo de Deus* praticamente desapareceu dos textos eclesiológicos e dos documentos do Magistério, fazendo-se presentes tão somente nos textos litúrgicos.

Começava a surgir na Igreja uma tendência monofisista, que depois se fez histórica, de exaltar sobretudo seu aspecto divino em detrimento de sua face humana e histórica. A radicalização disso agravou-se após o Concílio de Trento, quando se passou a identificar dimensão teológica e dimensão empírica da Igreja, mistério e realidade humana. Lentamente foi-se pensando que tudo o que vinha da hierarquia era sagrado, quase divino. No século XIII, Egídio de Roma chegou praticamente a dizer que a Igreja era o papa; no século XVI, São Roberto Belarmino criou a clássica eclesiologia que, comparando a Igreja com as sociedades civis, a considerava uma *societas perfecta*, dotada de poder como qualquer outro Estado.

A reação do século XX foi de forma revanchista e assumiu um caráter dualista: cresceu cada vez mais intensamente não só a distinção, mas também uma separação, entre 'Igreja mistério' e 'Igreja instituição'. Após séculos de intensa sacralização, era compreensível uma consequente rejeição da hierarquia, que passou a experimentar grande descrédito por parte da sociedade humana. Portanto, era de se esperar uma nova eclesiologia, que superasse tanto o monofisismo quanto o revanchismo dualista, num verdadeiro retorno a suas origens bíblico-patrísticas.

Antes ainda do Vaticano II, os movimentos de renovação teológica do século XX já haviam pensado na categoria *povo de Deus* como oportuna e necessária para se recuperar a real identidade teológica da Igreja: "Especialmente desde os anos 1940, a investigação exegética conduziu a uma nova compreensão desse povo histórico de Deus. Por meio de uma apreensão mais clara do termo 'escatológico', também entre católicos, criaram-se as bases para um conceito do povo de Deus fundado na história da salvação. Foi esse conceito que se tornou a base da constituição sobre a Igreja no Vaticano II".[10]

O Concílio já mostrara sua intenção de mudar verdadeiramente a face da Igreja nas constituições anteriores, na *Dei Verbum* e na *Sacrosanctum Concilium*. Elas já tinham sido uma grande guinada no que tange à revelação e à liturgia, e mais ainda se esperava da constituição que trataria a Igreja em seu mistério.

Finalmente, a partir da segunda sessão, o Concílio começou a tratar a questão da identidade da Igreja, que ocupou o lugar central de toda a assembleia conciliar, fato inédito na história da Igreja.[11] Os padres conciliares começaram a sinalizar o desejo de mudança na eclesiologia quando rejeitaram, por seu caráter jurisdicista, clericalista e triunfalista, o primeiro esquema preparado pela comissão curiácia sobre o mistério da Igreja, denominado *De Ecclesiae militantis natura*.[12] E assim o Concílio proporcionou a possibilidade da virada clássica, que de novo trouxe à Igreja o vigor de ser considerada *povo de Deus*, de tal modo que a categoria acabou por se tornar a síntese e o símbolo de toda a eclesiologia conciliar. Expressou isso concretamente Yves Congar na então nascente revista *Concilium*, no que foi um dos primeiros escritos sobre a eclesiologia conciliar: "A Igreja como povo de Deus".[13]

### 3.2. A teologia da intuição conciliar

Para Congar, o fato de o Concílio ter tratado a questão da Igreja como povo de Deus, já no segundo capítulo da *Lumen Gentium*, tinha sido muito

---

[10] AUER, J. & RATZINGER, J. The Church: The Universal Scrament of salvation, p. 70; apud FUELLENBACH, John. *Igreja, comunidade para o reino*. São Paulo: Paulinas, 2006, nota 6, p. 69.

[11] VELASCO, Rufino. Op. cit., p. 234.

[12] Segundo as atas do Concílio, na primeira sessão, o Cardeal Frings teria manifestado que o esquema apresentado pela cúria, "ao elaborar a doutrina da Igreja, não levou em conta toda a tradição católica, mas apenas uma pequena parte, ou seja, a tradição dos cem últimos anos" (*Acta Synodalia*, I/IV, 218-219).

[13] "A Igreja como povo de Deus", in *Concilium*, t. 1, fasc. 1, Petrópolis: Vozes, 1965, p. 9.

significativo. A Igreja apresentava, logo de início, sua identidade, a missão e os traços que a caracterizam e o que é comum a todos os membros do povo de Deus no plano da dignidade cristã, antes de qualquer distinção entre eles.[14] Assim, povo de Deus se tornava o conceito-base de toda a *Lumen Gentium*, "uma das maiores originalidades tanto da Constituição como do Concílio".[15]

Uma vez demonstradas as causas divinas da Igreja na Santíssima Trindade e na encarnação do Filho de Deus, era preciso demonstrar também que a Igreja se constrói na história humana, que ela se estende a toda a humanidade, oferecendo a vida que se encontra em Cristo e do qual a Igreja é sacramento. Por isso, logo após o Mistério, o Concílio parte para a análise de sua concreção; nasce o capítulo: *povo de Deus*.

### 3.2.1. "Povo de Deus": um povo no meio de outros povos

*Povo de Deus* é daqueles conceitos que escapam a análises meramente positivas e fenomenológicas. Não é objetivável, observável; é uma realidade *introuvable*, nas palavras de Pierre Rosanvallon.[16] Por isso, a sociologia não consegue definir e não ajuda a entender o que é povo, realidade apenas perceptível em suas utopias, sonhos, esperanças.

As qualidades de "democracia" e de "povo" se manifestam na experiência de liberdade, soberania e igualdade. Na verdade, diz Comblin, *povo* e *democracia* não existem já realizados e em plenitude, mas apenas em utopia ou, numa linguagem religiosa, como realidade escatológica; realidades permanentemente em formação.[17]

Portanto, o conceito de "povo" é, antes de tudo, religioso, bíblico, cristão. O que hoje chamamos de "povo", referindo-nos às nações do

---

[14] Idem, p. 8.

[15] LUBAC, Henri de. *Paradosso e mistero della Chiesa*, Milano, 1979, p. 43.

[16] "*Le peuple introuvable*. Histoire de la représentation démocratique en France", NRF, Gallimard, Paris, 1998, apud COMBLIN, José. Op. cit., nota 141, p. 143.

[17] COMBLIN, José. *O povo de Deus*. São Paulo: Paulus, 2002, p. 142.

mundo, nasceu e foi secularizado a partir da noção teológica de "povo de Deus".[18] A Igreja o cedeu à modernidade. Então, não é a Igreja que se inspira na sociedade, mas é esta que se inspira na Igreja, embora tenhamos nos esquecido disso.[19] Por isso, por muitos anos, a Igreja perdeu esse conceito de vista, vindo a recuperá-lo apenas no Vaticano II. Por isso tudo, a recuperação do conceito eclesiológico *povo de Deus* é um momento de conversão da Igreja a seus próprios princípios.

O povo de Deus não constitui um povo à parte, completamente isolado e alienado à vida e à prática de outros povos. Antes, no meio deles, mas sem se identificar com nenhum deles, ele reúne elementos de povos diversos e forma um povo novo, independentemente de raça, cultura ou nação, e se torna, para todos eles, sacramento de salvação (cf. LG 9).

A experiência de Israel, como nação e como povo em meios a outras nações e povos, também foi se constituindo e se moldando à luz e influência das nações e povos circunvizinhos, sofrendo, às vezes, grandes tentações de simplesmente ser como eles. Os profetas alertaram para esse perigo (cf. Is 1,3; 5,13; 29,13; Jr 2,11; 5,23; 18,15; Os 1,9), lembrando a Israel que ele era o povo escolhido por Deus (cf. Êx 6,7), e por isso vocacionado para uma missão específica, não podendo então simplesmente se diluir no comum dos outros povos. Da mesma forma, a Igreja é chamada a ser um povo inserido no meio de outros povos. Mas, como Israel, não pode identificar-se com nenhum deles, com nenhuma cultura, sob o risco de perder sua identidade e missão de ser, para os outros povos, sacramento de salvação (cf. LG 9). Então, a categoria "povo de Deus" se torna importante veículo de discernimento vocacional.

### 3.2.2. *"Povo de Deus": o mistério divino se insere na história*

O discurso João XXIII na abertura do Concílio alertava para a urgência de se resgatar a história como lugar teológico. Neste sentido, a catego-

---

[18] Idem, p. 133.

[19] Ibidem, p. 143.

ria *povo de Deus* se mostrava bem mais adequada que a de *Corpo de Cristo*, pois, como testemunhou o Cardeal Ratzinger, "recorreu-se ao conceito de povo de Deus, que sob este ponto de vista é muito mais amplo e flexível que as categorias de corpo e de membros".[20] Com essa categoria bíblica a Igreja se entendia, comprometida com uma visão dinâmica e evolutiva de história, como *sujeito histórico*. Superando esquemas rígidos e acabados de eclesiologia, o Concílio colocou a Igreja nos caminhos da humanidade.

A *Lumen Gentium* articulou com harmonia a relação entre o divino e o humano na Igreja, concentrando a dimensão divina não só, mas sobretudo, em seu primeiro capítulo ("O Mistério da Igreja"), e a dimensão humana também não só, mas sobretudo, em seus capítulos seguintes ("povo de Deus", "Constituição Hierárquica da Igreja", "Os leigos", "Vocação universal à santidade", "Os religiosos", "Índole escatológica da Igreja" e "A bem-aventurada Virgem Maria Mãe de Deus no mistério de Cristo e da Igreja"). Portanto, "Mistério da Igreja" e "povo de Deus" devem ser lidos num sentido de unidade e integração, de modo a superar qualquer tentação monofisista.

Para explicar a íntima relação entre a realidade divina (LG I) e a realidade humana da Igreja (LG II), entre a Igreja terrestre e a Igreja celeste, a assembleia visível e a comunidade espiritual, a Constituição optou pela forte analogia da união hipostática divindade-humanidade do Verbo de Deus, à maneira de Calcedônia (cf. LG 8a). Da mesma forma, apresenta a analogia da *kênosis* do Verbo, ao encarnar-se, aplicando-a para a Igreja, chamada a se revestir de humildade e abnegação (LG 8c).

Segundo o padre Comblin, a Igreja é povo de Deus mais inserido na história que o próprio Israel. Este tende a fechar-se em si mesmo, em sua religião, em suas tradições religiosas, seus espaços sagrados...; nem mesmo as experiências de diáspora conseguiram abri-lo para o diálogo inter-religoso. E ainda que entenda que outros povos devam converter-

---

[20] RATZINGER, Joseph et al. *Igreja em nossos dias*, São Paulo, 1969, p. 20.

-se ao judaísmo, é necessário que eles *venham*, pois a salvação está em Jerusalém. Diferentemente, a Igreja promove uma passagem do verbo *vir* para o verbo *ir*, pois Jesus *envia* seus discípulos ao mundo inteiro. Esse conceito original de missão distinguiu fundamentalmente a Igreja do antigo Israel, e teria exercido grande influência na ruptura definitiva entre os cristãos e os judeus (cf. Rm 9,11).[21] Depois, a Igreja sabe que sua condição de povo identifica seus membros não pela igualdade de etnia, mas pela mesma fé, que pode ser vivida em todo lugar. Por isso, os cristãos não se isolam das outras culturas e costumes;[22] além disso, ela está presente total e plenamente em cada uma das múltiplas de suas comunidades espalhadas pelo mundo...

No aspecto da historicidade, a categoria *povo de Deus* não permite à Igreja uma centração exclusiva de caráter ritual ou cúltico. Aliás, o conceito a leva a concentrar sua prática, "no esforço de todos os combatentes pela libertação e pela dignidade dos homens, lá onde se faz presente o sinal do amor de Deus aos homens em Jesus Cristo, não somente nas liturgias de nossas igrejas, por mais autênticas que sejam, mas também onde quer que os homens sejam vítimas do ódio, da exploração, do desprezo, da falta de amor, das discriminações injustas".[23]

Enfim, é importante citar aqui as palavras de Auer e Ratzinger sobre a questão: "o elemento mais importante neste modelo da Igreja é a historicidade em toda a variedade de suas relações: historicidade em sua relação retrospectiva com o passado do povo de Deus do Antigo Testamento, Povo em cuja companhia o povo de Deus do Novo Testamento será julgado e levado à perfeição nos tempos finais que virão; historicidade enquanto transformação no presente, na conversão do indivíduo e da Igreja no espírito do chamado, por meio da imersão na revelação histórica e da santificação pelo Espírito de Deus continuamente ativo na Igreja.

---

[21] COMBLIN, José. Op. cit., p. 31.

[22] *Carta a Diogneto* 5.

[23] CONGAR, Yves. *Un pueblo messiánico*, Madrid, 1976, p. 95-96.

O invisível no visível, e o passado e o futuro no presente, a salvação na pecaminosidade, a eleição eterna no decurso da história, o indivíduo e a comunidade – todas essas polaridades em sua unidade dialógica na história terrena são expressas na imagem do povo de Deus".[24]

Sem dúvida, os condicionamentos históricos e culturais aos quais a Igreja está submetida tornam-na suscetível de falhas e imperfeições. Como qualquer povo, ele sofre a imperfeição, a fragilidade, a infidelidade, o pecado... Da mesma forma, inserida na história, a Igreja experimenta, também ela, juntamente com a dimensão divina que a permeia, todas as intempéries humanas, inclusive a imperfeição e o pecado que não raro a afastam do ideal evangélico (LG 8c).

A Igreja tem consciência de que não é uma elite de puros, como alguns grupos chegaram a pensar no decorrer da história.[25] Se, como ela própria afirma, a pertença à Igreja começa pelo batismo, todos, mesmo os moralmente indignos, são seus filhos e filhas revestidos da mesma dignidade batismal. Pois ela, "reunindo em seu próprio seio os pecadores, ao mesmo tempo santa e sempre na necessidade de purificar-se, busca sem cessar a penitência e a renovação" (LG 8c). Por isso, ela também não é ainda o Reino, mas seu sacramento, razão por que não pode acomodar-se a este mundo; antes, deve cultivar a virtude da humildade, superar a tentação do triunfalismo, esperar e suplicar pela vinda do Senhor.

A Igreja é um povo escatológico; sabe que neste mundo nunca será perfeita e plenamente santa. Seu acabamento, sua plenitude se revelará em Deus, numa outra realidade para além desta história. Ela sabe que não é um fim em si mesma e que está em vista do Reino. Se ela se esquecer de sua dimensão peregrinante e escatológica, perde seu potencial profético e começa a ceder ao desejo do poder, da dominação, de se identificar com uma cultura, denominando-a de cristianismo.

---

[24] AUER, J. & Ratzinger, Joseph. *The Church*, p. 70, apud FUELLENBACH, John. Op. cit., nota 15, p. 72.

[25] Por exemplo, montanistas, donatistas, cátaros e o próprio Tertuliano.

Modelo peregrino para o povo de Deus é Maria, cujo caminho é o mesmo de todo o povo de Deus, Ela é inserida no seio da própria Igreja peregrina, antecedendo-a no seguimento de seu Filho; por isso ela é "a primeira discípula" (RMa 20) e pertence ao mistério da Igreja, sendo parte eminente desse novo povo de Deus. E por isso "brilha, aqui na terra, como sinal da esperança segura e do conforto para o povo de Deus em peregrinação, até que chegue o dia do Senhor (cf. 2Pd 3,10)" (LG 68).

O capítulo VII da *Lumen Gentium* lembra essa índole escatológica do povo de Deus. Por isso, realçando sobretudo o dado da peregrinação e da comunhão, a *Lumen Gentium* (49-51) retoma a questão da relação entre a Igreja terrestre e a Igreja celeste, bem como da veneração e do verdadeiro culto aos irmãos que já estão na glória, os santos. Entre eles, destaca-se a figura da Virgem Maria, cumprimento escatológico da Igreja (cf. LG 63). Maria, imaculada e assunta ao céu, "já glorificada de corpo e alma, é a imagem e o começo da Igreja como deverá ser consumada no tempo futuro" (LG 68), antecipando, portanto, aquilo que todo o povo de Deus é chamado um dia a viver.

### 3.2.3. *"Povo de Deus": sacramento universal de salvação (LG 9)*

A vontade salvífica universal de Deus equivale necessariamente a uma universalização do povo de Deus, e nos remete de novo ao Antigo Testamento, trazendo à tona a questão: por que então Deus escolheu Israel como seu povo? A tendência é justificar a necessidade da eleição devido à ruptura dramática que marcou misteriosamente a história humana, conforme as palavras de De La Fuente: "Não existiria *um* povo de Deus se a humanidade não se tivesse rompido em uma multiplicidade de povos separados e em confronto".[26]

Povo escolhido por Deus, Israel tem sua identidade e sua missão formuladas através de uma tríplice dialética: a da concentração-expansão,[27]

---

[26] DE LA FUENTE, Eloy Bueno. Op. cit., p. 30.

[27] CULLMANN, Oscar. *Cristo e il tempo*. La concezione del tempo e della storia nel Cristianesimo primitivo. Bologna, 2005, p. 143ss.

em que a predileção de Deus sobre alguém tem a finalidade de dilatar-se a muitos, assim como Abraão, que foi chamado para que todas as nações nele fossem abençoadas por Deus (cf. Gn 12,3c); a da vocação-envio, indicando que Deus escolhe (chama) alguém ou um povo não apenas para seu benefício próprio, mas para uma missão (cf. Gn 45,5); e a dialética da aliança-abertura[28] que, mesmo na afirmação da aliança de Deus com o povo judeu, a entende vinculada com a unidade originária de todo ser humano. Portanto, a eleição de Israel, por um gesto de amor de Deus, é uma vocação e, consequentemente, comporta uma missão: o serviço da mediação da unificação salvífica de Deus para todos os povos da terra.

Assim, a escolha de Israel como *povo de Deus* não pode ser entendida num sentido exclusivista e excludente. Lembrando que *Adam*, isto é, a humanidade toda, foi criado à imagem e semelhança de Deus (cf. Gn 1,26), seria um contrassenso afirmar que Deus depois abandonou a todos, menos os israelitas. Por isso Karl Rahner afirma que "a aliança do Antigo Testamento não passa de um exemplo especial" da "aliança de Deus com todo o gênero humano (...) enquanto ela atingiu um especial nível de consciência de si na história de Israel",[29] o que nos permite chegar à conclusão de que toda a humanidade é, na verdade, o povo de Deus, e que coube a Israel assumir a consciência dessa pertença, e consequentemente a missão messiânica de expressar e de se colocar a serviço da conscientização da pertença universal de todos os povos a Deus. Portanto, a lógica da escolha de um povo não é outra senão a concentração, na força da aliança, para a missão. No novo povo de Deus que é a Igreja realizam-se as palavras dos profetas sobre e iminência de uma aliança nova, a ser feita a partir de corações novos para, de fato, Yahweh poder de novo dizer "então eu serei seu Deus e eles serão meu povo" (Jr 31,31-33; 32,37-40; Ez 36,24-28; 37,1-14.27).

O Concílio nos permite repensar a necessidade da Igreja, não tanto como solução de desespero de Deus, uma vez que Israel o rejeitou, mas

---

[28] DE LA FUENTE, Eloy Bueno. Op. cit., p. 31.

[29] RAHNER, Karl. *Curso fundamental da fé*, São Paulo, 1989, p. 182.

como o povo novo que, segundo o projeto de Deus, começaria mesmo em Israel – quer aceitando, quer não, o Messias –, e se abriria com perspectivas novas de universalidade de comunhão e de salvação para todos. Portanto, "a Igreja não representa o novo povo de Deus, mas o Povo aumentado, que, com Israel, forma o povo de Deus. A imagem é a de uma elipse com dois focos... Javé não é apenas o Deus de Israel, mas também o Deus de todas as nações (cf. Rm 3,29s.)".[30] Quer dizer, a Igreja, corpo visível de Cristo, surge do coração de Deus, isto é, de seu amor pela humanidade, e ainda que Israel possivelmente tivesse aceito o Messias, ele seria a base de um povo novo, prefigurado, preparado e por fim realizado (cf. LG 2). Se os acontecimentos históricos objetivos não foram bem assim, o desejo de Deus pela Igreja não sofreu transtornos e encontrou formas de se realizar de outro modo.

De qualquer maneira haveria sempre, simultaneamente, continuidade e descontinuidade entre a Igreja e Israel. Continuidade enquanto a Igreja prolonga a história da antiga aliança, herdando de Israel a vocação, a missão e o potencial messiânico. A descontinuidade com Israel acontece porque a Igreja vive isso tudo matizado pelo evento Jesus Cristo, pela novidade da Páscoa e pela efusão do Espírito Santo. Também porque "o 'novo povo', naturalmente diferente do 'antigo', é um povo 'católico'. Todos os homens são chamados a pertencer ao novo povo de Deus" (LG 13). Esta catolicidade é uma característica que distingue o novo povo do antigo e a Nova Aliança da Antiga. Essa é a "novidade intrínseca que justifica as expressões: 'Nova Aliança' e 'Novo Povo'".[31]

Na universalidade da comunicação da salvação de Cristo (cf. LG 3), a categoria *povo de Deus* ajuda a impedir que a Igreja se torne não apenas seita judaica, mas, inclusive, religião iniciática. Caso contrário, sua mensagem seria destinada apenas àqueles que tivessem sido inicia-

---

[30] FRANKEMOELLE, Hubert. The root supports you (Rom 11,17-18), *Theology Digest*, n. 47, 2000, p. 227. Apud FUELLENBACH, John. Op.cit., nota. 6, p. 68.

[31] RATZINGER, Joseph. *O novo povo de Deus*. São Paulo: Paulinas, 1974, p. 350.

dos em sua forma misteriosa de comunicação. O sentir-se *povo de Deus* faz com que a Igreja procure tornar sua comunicação compreendida por todos, sem privilégios de alguns poucos iniciados, o que faz da categoria a maior expressividade da universalidade da salvação de Cristo, "porque ao povo pertencem todas as categorias de pessoas, sem exclusão prévia alguma, ao passo que outros agrupamentos eclesiais podem selecionar seus membros com base no sexo, na idade, no grau de instrução, na posição social, em carismas particulares, no tipo de espiritualidade, na disponibilidade de compromissos...".[32] *Povo de Deus*, portanto, amplia a possibilidade do alcance da mensagem salvífica de Cristo.

Para que a Igreja possa ser sinal eficaz dessa unidade em Cristo (LG 9c), o Concílio insiste que ela deve chegar a todos, à medida que se estende a todas as regiões da terra, que entra na história dos homens e enquanto vai além dos tempos e dos limites geográficos que os separam uns dos outros (LG 9c; 13). Esse movimento todo de unidade, apenas acenado na doutrina cristológica, recebe luz mais abundante, sobretudo no envio do Espírito Santo.[33] Visibilização dessa integração de Corpo de Cristo e de Templo do Espírito, no que concerne à unidade e à real vocação unificadora da Igreja, é a vida dos cristãos como povo de Deus.

A unidade do povo de Deus é promovida pela catolicidade da Igreja de Cristo, ou seja, pela unidade em Cristo. Todo o povo de Deus, qualquer que seja sua expressão religiosa, deve buscar essa unidade. Quando a *Lumen Gentium* afirma que a Igreja de Cristo "susbsiste" na Igreja Católica, lembra também que, mesmo "fora dela pode-se encontrar muitos elementos de santificação e de verdade que, como dons próprios da Igreja de Cristo, impulsionam para a unidade católica" (LG 8; cf. tb.15-16).

Por isso, como *povo*, a Igreja adquire um caráter ecumênico e de diálogo religioso (LG 13). Está colocada diante de todos os homens, em confronto com outras confissões cristãs e diante de todas as religiões. Ante

---

[32] DIANICH, Severino & NOCETI, Serena. *Tratado sobre a Igreja,* Aparecida: Ed. Santuário, 2007, p. 273.

[33] RATZINGER, Joseph. Op. cit., p. 351.

os homens todos, ela é chamada a fazer-se solidária em suas angústias e esperanças; ante os outros cristãos é vocacionada a buscar a unidade e o encontro; ante as demais religiões é convidada a reconhecer que todos os homens procedem do mesmo Deus e buscam o mesmo Deus (LG 14-16). Por isso Ratzinger define a categoria como "uma ponte ecumênica".[34] Enfim, entender que a pertença ao corpo eclesial significa "possuir o Espírito de Cristo" (LG 14) coloca abaixo séculos de intransigência nas relações ecumênicas e de diálogo com as grandes religiões.[35]

Bem entendido, porém, o espírito ecumênico não dirime a tarefa missionária da Igreja. Chamado a propagar-se pelo mundo inteiro, o novo povo de Deus deseja cumprir a vontade de Deus, que quer ver de novo reunidos os filhos que se dispersaram no transcorrer da história (cf. LG 13). Assim, Ratzinger localiza a tarefa missionária entre os dois extremos de toda a história: a criação e a escatologia. Nesse ínterim, a missão deve empenhar-se pela reunificação dos povos num só,[36] não se confundindo com proselitismo, mas se tornando libertação do erro enquanto incorporação a Cristo em vista da plenificação da caridade; aperfeiçoamento e elevação daquilo que de bom existe semeado no coração e na mente humana, nos ritos e nas culturas dos povos... (LG 17).

Sacramento universal de salvação, a Igreja procura conscientizar seus filhos do caminho da santidade que, na expressão do Concílio, é a perfeição da caridade (LG 39). É chamada a ser uma "nação santa" (1Pd 2,9), uma Igreja "indefectivelmente santa" (LG 29). A santidade é vocação de todos, "em harmonia com seu estado de vida", e cada membro do povo de Deus tem seu jeito específico de viver a santidade.

Os membros desse povo de Deus que já se encontram na glória, os santos, intercedem por nós: "a solicitude fraterna dos bem-aventurados

---

[34] RATZINGER, Joseph. *Kirche, Ökumene und Politik*, Eisiedeln: Johannes, 1987, apud DIANICH, Severino & NOCETI, Serena. Op. cit., nota 111, p. 80.

[35] VELASCO, Rufino. Op. cit., p. 252.

[36] RATZINGER, Joseph. *O novo povo de Deus*, p. 351.

ajuda muito nossa fraqueza" (LG 49). Maria, como mãe de Deus e nossa, é a primeira entre eles. Em sua disponibilidade de acolhida do Espírito, ela escuta a Palavra e a guarda em seu coração (cf.Lc 2,51), tornando-se assim mãe de Jesus e mãe de Deus não só pela maternidade física, mas sobretudo pela maternidade espiritual, própria de quem ouve e pratica a Palavra de Deus (cf. Mt 12,48; Mc 3,33; Lc 8,21).

Mãe de Jesus e Mãe de Deus, Maria se torna também, na fé, mãe da humanidade toda, na medida em que é mãe de Cristo, que assumiu em si a vida de todos os homens e mulheres deste mundo. Mas, sobretudo, Mãe de Deus implica sempre em mãe da comunidade de Cristo, mãe do povo de Deus, "mãe na ordem da graça" (LG 61). Por isso, é necessariamente protetora, advogada, intercessora, mediadora do povo de Deus, sem que "nada derrogue, nada acrescente à dignidade e eficácia de Cristo, o único Mediador" (LG 62a). Embora, por questões ecumênicas, o Concílio tenha evitado chamá-la explicitamente de *Mãe da Igreja*, implicitamente não deixou de fazê-lo ao afirmar que "a Igreja Católica, instruída pelo Espírito, honra-a com afeto de piedade filial como mãe amantíssima" (LG 53).

### 3.2.4. A dignidade cristã, o comum de todo o povo de Deus

Segundo Hans U. Von Balthasar, ao assumir batizar crianças, o cristianismo "tomou a decisão mais cheia de consequências da história da Igreja",[37] pois, então, idosos, adultos, jovens e crianças, homens e mulheres, ricos e pobres, letrados e ignorantes, santos e pecadores... todos, sem distinção, consolidam a Igreja como *povo de Deus*.

Com o conceito *povo de Deus*, os padres conciliares tinham a intenção de mudar a imagem piramidal tradicional da Igreja para uma outra de forma circular, em que todos pudessem participar ativamente.

---

[37] *Sponsa Verbi*, Brescia, 1972, p. 15-16.

Embora haja diferenças entre os membros, ela se deve apenas à ordem do serviço (cf. LG 18); fora disso, todos são iguais quanto à dignidade (cf. LG 32). Portanto, falamos de um nível substantivo, que é o da igualdade entre os membros da Igreja, e de outro nível relativo, o dos ministérios, que existem em função da comunidade de iguais. Portanto, a essência da Igreja, povo de Deus, impede que os ministérios sejam substantivados e colocados no mesmo nível da igualdade substantiva da Igreja, que é o centro de gravitação de toda a vida da Igreja, ao redor do qual tudo o mais gira e em função da qual tudo o mais é instituído.[38]

O capítulo da *Lumen Gentium* que se refere à hierarquia (Constituição Hierárquica da Igreja), embora falando especialmente do episcopado, tem como tema central a questão da *colegialidade episcopal* que, diga-se de passagem, parece ter sido um ponto polêmico nos debates conciliares. De fato, como posteriormente confirma o Sínodo de 1985, "a eclesiologia de comunhão oferece o fundamento sacramental da colegialidade".[39] Ou seja, do mesmo modo como ministérios e carismas só podem ser bem entendidos e articulados em relação à comunidade do povo de Deus, assim também o episcopado só pode ser evangelicamente vivenciado numa relação de comunhão colegial: "O Senhor Jesus [...] instituiu-os à maneira de colégio ou grupo estável, ao qual prepôs Pedro escolhido entre os mesmos (cf. Jo 21,15-17)" (LG 19; cf. tb. LG 22). Com essa compreensão, as questões mais desafiadoras da vida eclesial devem ser solucionadas por um colegiado ou conciliarmente, "disciplina muito antiga, segundo a qual os bispos de todo o mundo tinham comunhão entre si e com o bispo de Roma no vínculo da unidade, caridade e paz, como também pelos Concílios reunidos, nos quais se resolviam em comum as questões importantes, auscultando ponderadamente a opinião de muitos" (LG 22a).

No que se refere ao leigo, após uma definição insatisfatória, pela

---

[38] VELASCO, Rufino. Op. cit., p. 267.

[39] Sínodo Extraordinário dos bispos 1985, *Relatório final* II, C, 4.

via da negatividade, o texto da Constituição se redime, colocando-o no nível da dignidade da incorporação a Cristo pelo batismo e da participação de seu tríplice múnus, dentro de seu jeito específico de viver a missão eclesial (LG 31).

Colocando os batizados todos em um mesmo nível de dignidade, a *Lumen Gentium* abriu um caminho importante para a superação dos binômios clero-laicato e religiosos-leigos. À medida que se articula uma sadia correlação entre substantividade e relatividade,[40] as tensões clero-laicato e religiosos-seculares vão sendo superadas pelas relações ministérios-comunidade e carisma-comunidade, dentro de uma compreensão de Igreja povo de Deus.[41]

Ainda que o Concílio volte a retomar depois, mais demoradamente, cada um dos estados de vida (CD, PO, AA, PC), a Constituição os apresenta agora na perspectiva de *povo de Deus*. A Igreja toda é herdeira da missão sacerdotal de Israel e, como novo povo sacerdotal, participa do múnus sacerdotal de Cristo. Em seu seio, o sacerdócio comum e o sacerdócio ministerial ou hierárquico se articulam em benefício da unidade e do crescimento de todo o povo de Deus (LG 10-11). A esse povo, o Senhor também educa e conduz conforme a sua Palavra e o cumula de carismas, de modo que "o povo santo participa também do múnus profético de Cristo..." (LG 12). Os bispos são ministros chamados a ensinar (LG 25), santificar (LG 26) e governar (LG 27) o Povo do Novo Testamento (LG 21a), isto é, "a porção do povo de Deus a ele confiada" (LG 23b), em comunhão com o Vigário de Cristo e Pastor de toda a Igreja (LG 22b). Os presbíteros, cooperadores da ordem episcopal, são também ordenados para o serviço do povo de Deus (LG 28b; DAp 199). Os diáconos recebem a imposição das mãos para servirem o povo de Deus no serviço da liturgia, da palavra e da caridade (LG 23;

---

[40] Velasco, Rufino. Op. cit., p. 271-284.

[41] Idem, p. 271.

DAp 206).⁴² Os leigos são os fiéis que "pelo batismo foram incorporados a Cristo, constituídos no povo de Deus e a seu modo feitos partícipes do múnus sacerdotal, profético e régio de Cristo, pelo que exercem sua parte na missão de todo o povo cristão na Igreja e no mundo" (LG 31a). Os religiosos são aqueles homens e mulheres que, por vocação, representam, no seio do povo de Deus, na forma específica da profissão e prática dos conselhos evangélicos, aquela "forma de vida que o Filho de Deus assumiu ao se fazer presente neste mundo".⁴³ Na mesma linha de LG 12, os religiosos recebem um carisma que santifica, ao mesmo tempo, o sujeito e toda a Igreja (cf. LG 44).

Por isso, "tudo o que [...] foi dito acerca do povo de Deus vale igualmente para os leigos, religiosos e clérigos" (LG 30). Se os estados de vida distinguem os membros do povo de Deus entre si, a consagração batismal os une na mesmíssima dignidade da inserção em Cristo. Pois, como diz Paulo, em Cristo e na Igreja, "não há judeu nem grego, não há escravo nem livre, não há homem nem mulher" (Gl 3,28). Ou seja, a Igreja é um povo, construído não a partir de condições particulares e privilegiadas, mas tão somente sobre o fundamento da fé em Jesus Cristo (LG 32).

## 4. A resposta da Igreja da América Latina

Numa expressão bonita, que mostra uma integração teológica sadia dos dois conceitos eclesiológicos conciliares, por muitos de modo infeliz contrapostos, a Conferência de Aparecida diz: "A providência de Deus [...] nos tem feito membros do Corpo de Cristo, povo de Deus peregrino em terras americanas há mais de quinhentos anos" (DAp

---

[42] De uma forma analógica, aplicando-as ao ministério ordenado como tal, penso que as palavras de Santo Agostinho podem ajudar a entender melhor a questão: "Se me incute medo o ser para vós, consola-me o estar convosco. Para vós sou bispo, convosco sou cristão. Aquele é o nome do ofício, este o da graça, aquele o do perigo, este o da salvação" (Agostinho, *Serm.* 340, 1: PL 38, 1483).

[43] Fuente, Eloy Bueno de la. Op. cit., p. 173.

127). Diante daqueles que preferem dizer que, mais que *povo de Deus*, é "comunhão" o grande valor que paradigmatiza a reflexão eclesiológica conciliar, a Igreja latino-americana soube integrar harmonicamente os dois conceitos eclesiológicos, pois entende que "a comunhão dos fiéis e das Igrejas locais do povo de Deus se sustenta na comunhão com a Trindade" (DAp 155) e que "o povo de Deus se constrói como comunhão de Igrejas Particulares" (DAp 182).

Assim, entendemos que a interpretação da intuição conciliar encontrou na América Latina um espaço propício de explicação e concreção. Nessa Igreja, *povo de Deus* abriu um horizonte convidativo, que fez bispos e teólogos assumirem concretamente uma profunda revolução no que concerne à teologia e à vida eclesial. Na verdade, foi aqui que o apelo de João XXIII, pela emergência de uma Igreja dos pobres, foi mais bem ouvido e colocado em prática.[44]

A teologia da libertação fez de *povo de Deus* sua categoria fundamental de interpretação eclesiológica.[45] Enquanto a teologia europeia tendia a interpretar *povo de Deus* numa perspectiva universal, os teólogos da América Latina mostraram entender o conceito pobreza a partir da consideração de sua realidade mais imediata do povo da Igreja. Sustentado pela centralidade dos pobres assinalada pelo Concílio (LG 8.38.41; AG 5.12; PO 6; GS 1.63.66.69.88.90; PC 13) e confirmado por Aparecida (DAp 392), o caminho da Igreja latino-americana foi a compreensão de que povo de Deus é, em nossa realidade, sobretudo o povo dos pobres.[46]

Tal compreensão pode dar conteúdo real ao conceito teológico de *povo de Deus* assim como aparece no Concílio. Une a história bíblica

---

[44] Cf. COMBLIN, José. Op. cit., p. 11.

[45] No campo da eclesiologia citamos principalmente: BOFF, Leonardo. *Igreja, carisma e poder*. Petrópolis, 1981; IDEM. *E a Igreja se fez povo*. Petrópolis, 1986; SOBRINO, Jon. *Ressurrección de la verdadera Iglesia*. Los pobres, lugar teológico de la eclesiologia. Santander, 1981; DUSSEL, Enrique. "Populus in populo pauperum. Dal Vaticano II a Medellin e Puebla", in *Concilium* 20, Petrópolis, 1984, p. 969-973; MAGAÑA, A. Q. *Ecclesiología en la teologia de la liberación*. Salamaca, 1983, p. 153-189; ELLACURÍA, I. *Conversione della Chiesa al Regno di Dio*. Per annunciarlo e realizzarlo nella storia. Brescia, 1992, p. 39-114.

[46] GONZALES-FAUS, José I. *Memoria de Jesús. Memoria del pueblo*. Santander, 1984, p. 99-125.

com a história atual. "Na medida em que a Igreja se abre para o povo, torna-se, ela mesma, cada vez mais povo de Deus; na medida em que o povo e, especialmente, os pobres e oprimidos da sociedade reúnem-se na escuta da palavra da salvação e da libertação, eles realizam, concretamente, na história, a Igreja de Jesus Cristo."[47]

Dá-se, portanto, uma guinada na compreensão da vivência eclesial. Não se trata, no entanto, de uma simples inversão do modelo piramidal que durava na Igreja desde as origens da cristandade. A virada conciliar promoveu um movimento não inverso, em que apenas houvesse uma mudança da classe detentora do poder, o que não seria condizente com o Evangelho. Antes, numa apurada sensibilidade eclesial de comunhão, a base, com sua fonte de espiritualidade na Palavra de Deus, sob a orientação dos pastores da Igreja, assegura a comunhão eclesial (DAp 179). Há quase quarenta anos, Karl Rahner já fizera proféticamente alusão a essa forma de vida eclesial: "A Igreja do futuro será uma Igreja que se constituirá *de baixo para cima,* por meio de comunidades de base de livre iniciativa e associação. Temos de fazer todo o possível para não impedir esse desenvolvimento, mas antes promovê-lo e orientá-lo corretamente".[48]

A afirmação de Rahner, inspirada no paradigma conciliar da Igreja Povo, expressava anseios que decorriam da *Lumen Gentium* quando alude a tais expressões de Igreja na base, legítimas comunidades locais de fiéis, às vezes pequenas e pobres (cf. LG 26a), nas quais a Igreja de Cristo está verdadeiramente presente. Entre nós, na América Latina, essa tradição já e bem conhecida desde as Conferências de Medellín (n. 88) e Puebla (DP 629.630), como Comunidade Eclesial de Base, e agora ampliada por Aparecida com as chamadas Pequenas Comunidades (DAp 178-180). São formas eclesiais variadas, a partir da categoria *povo,* que manifestam a verdadeira concreção da Igreja de Cristo.

---

[47] BOFF, Leonardo. *Igreja, carisma e poder.* Petrópolis: Vozes, 1994, p. 213.

[48] RAHNER, Karl. *Cambio estructural de la Iglesia.* Madrid: Cristiandad, 1974, p. 132.

Grande mérito da eclesiologia do povo de Deus, segundo a releitura latino-americana, é a superação do dualismo Igreja mistério e Igreja instituição, tal como aparece no Documento de Aparecida, quando os bispos retomam as próprias palavras de Bento XVI, ao afirmar que "na Igreja não há contraste ou contraposição entre a dimensão institucional e a dimensão carismática [...], porque ambas são igualmente essenciais para a constituição divina do povo de Deus" (DAp 312).

Enfim, expressando a esperança que semeou na Igreja, a eclesiologia do Vaticano II, sobretudo com sua categoria *povo de Deus*, Leonardo Boff, afirma que podemos falar de uma verdadeira *eclesiogênese*. Não no sentido da criação de uma nova Igreja, mas da invenção de uma nova forma de viver a Igreja de Jesus Cristo.[49] Da mesma forma, Metz fala de uma "segunda reforma" da Igreja, "uma reforma propriamente a partir de baixo, a reforma a partir da base. Não nos chegará como um acontecimento individual dramático; trata-se, ao contrário, de um processo a longo prazo, que passa quase despercebido, mas que avança com firmeza, mesmo que com muitas derrotas e equívocos".[50]

## 5. A crise do conceito

Por certo tempo depois do Concílio, o conceito *povo de Deus* empolgou os cristãos em geral. Mas, aos poucos, sua popularidade foi se enfraquecendo. Tem-se a impressão de que os membros da Igreja não conseguem sentir-se povo, naquele verdadeiro sentido de "povo", comunidade de utopia, de sonhos e de esperança. No entanto, a imagem "povo" conseguiu interessar pelo menos a grupos cristãos mais pobres, em situações semelhantes àquelas dos pobres de Israel. O conceito parece falar mais alto aos cristãos oprimidos em busca de identidade e de liberdade.[51]

---

[49] *Eclesiogênese;* As comunidades de base reinventam a Igreja. Petrópolis, 1977, p. 47.

[50] *Más allá de la religión burguesa.* Sígueme: Salamanca, 1982, p. 63.

[51] FUELLENBACH, John. Op.cit., p. 77.

Mas de qualquer forma o conceito não foi suficientemente forte para inspirar e desencadear a desejada reforma da Igreja. Após um período de entusiasmo com as conquistas conciliares, os anos posteriores foram marcados por muitas crises: manifestações de pessimismo histórico, de fechamento missionário e peregrinante da Igreja, êxodo de uma média de 80.000 padres do ministério sacerdotal, escassez de vocações e fechamento de seminários e conventos, e outros sinais de verdadeiro retorno a posições conservadoras que se pensavam superadas pelo Concílio... Tais reações nos fazem dar razão à sábia consideração de Newman: "raramente houve um concílio que não fosse seguido de grande confusão".[52]

No entanto, a complexa situação pós-conciliar não pode ser vista fora da crise generalizada da civilização de então, gerada pela revolução cultural, cujo símbolo foi o maio de Paris em 1968, quando então se ensaiavam os valores da pós-modernidade.[53]

A data simbólica de 1968, preparada por grandes movimentações estudantis em todos os lugares, marca o cerne da crise cultural do mundo ocidental: crítica a toda instituição estabelecida, a todo sistema de autoridade, à sociedade tradicional, aos sistemas de pensamento... Alvos de tais contestações eram sobretudo as instituições tidas como estabelecidas na base do poder e do autoritarismo, como o Estado, a Escola, o Exército, o sistema jurídico, os hospitais, a religião e sobretudo a Igreja Católica. Sinais históricos dessa contestação global foram, entre outros, a explosão da revolução feminista, as passeatas de contestação ao jugo moral na questão da sexualidade, a descoberta da pílula e a consequente facilitação do controle da natalidade, a ebulição da sociedade de consumo, a evolução do capitalismo descontrolado...

Sem a consciência crítica de toda essa efervescência sócio-político--cultural em nível mundial, alguns, dentro da própria Igreja, come-

---

[52] Carta de 7 de agosto de 1970 a O'Neil Daunt, em *Pensamientos sobre la Iglesia*, Barcelona, 1964, p. 103.

[53] Valho-me aqui sobretudo da boa análise da revolução cultural da juventude feita por COMBLIN, José. "O Vaticano II – cinquenta anos depois" in *REB* 71, fasc 283, Petrópolis, julho 2011: 629-641.

çaram a atribuir a uma má interpretação do Concílio a causa das tão grandes crises que assolavam a Igreja nesse contexto.

Foi dentro desse processo generalizado de "crise pós-conciliar" que se espraiou também uma reação negativa ao conceito eclesiológico de *povo de Deus*, que entrou num processo de perda de importância. Parece que o conceito teria assustado a muitos quando, passada a euforia dos primeiros tempos, começaram a perceber as transformações eclesiológicas que um conceito tão concretamente histórico poderia trazer consigo. O argumento era que a centralidade que a categoria *povo de Deus* recebeu no Concílio tornou-a passiva de interpretações variadas, algumas delas com o risco de realçar e supervalorizar sobretudo o aspecto *Povo*, em detrimento de todo o conjunto, *povo de Deus*.

Mas foi o Sínodo dos Bispos de 1985 o ponto convergente de tais questionamentos, e seu *Relatório Final*, mencionando uma única vez a expressão *povo de Deus,* decreta seu fim ao propor incidentemente a *eclesiologia de comunhão*, entendendo, enfim, que "a eclesiologia de comunhão é a ideia central e fundamental dos documentos do Concílio".[54]

O receio fundamental do Sínodo era o de que a categoria *povo de Deus,* aplicada à Igreja, pudesse criar uma visão por demais natural e humana da Igreja, prescindindo-a do divino e do papel da graça. Por isso, era necessário que o Sínodo Extraordinário promulgasse a volta ao "mistério" eclesial: "Estas descrições da Igreja se completam e devem ser entendidas à luz do mistério de Cristo ou da Igreja em Cristo. Não podemos substituir uma falsa visão unilateral da Igreja como puramente hierárquica com uma nova concepção sociológica que também é unilateral".[55] Por isso, então, nesses tempos se reconhecia que "é difícil negar a impressão de que a noção de povo de Deus tenha sofrido um processo de depreciação, [...] parece que é preciso reconhecer que na ca-

---

[54] Sínodo Extraordinário dos Bispos 1985, *Relatório final*, II, C, 1.

[55] Ibidem, II, A, 3.

minhada eclesiológica do pós-Concílio a noção de povo de Deus tende a sucumbir, como se tivesse sido submersa".[56]

## Conclusão: o necessário resgate

Um salto grande e qualitativo sempre exige do atleta um recuo também qualitativo. Por isso, nesta celebração dos 50 anos do Vaticano II é importante recuar, mais que no tempo, no espírito do Concílio e ter coragem de reconhecer avanços e retrocessos, luzes e trevas, para melhor perceber os desafios de termos que fazer releituras apropriadas e oportunas para nosso tempo.

Mais que imagem ou símbolo, *povo de Deus* acabou por se tornar um paradigma da eclesiologia conciliar; ignorá-lo é descaracterizar o próprio Concílio. Se quisermos, portanto, retornar ao Vaticano II, precisamos reabilitar o conceito. Claro que o mistério da Igreja vai além dele, porém ele é fundamental para que a Igreja se mantenha consciente de sua herança bíblica judaica e para que a Igreja hoje possa encarnar-se cada vez mais comprometidamente na história dos homens, principalmente dos humilhados e oprimidos.

Num tempo em que a própria opção preferencial pelos pobres está em crise, é fundamental deixar-se questionar pelo fato de Aparecida ter trazido de novo à tona a questão dos pobres e de ter reafirmado a evangelicidade da opção preferencial por eles (DAp 392). A afirmação de Bento XVI (DI 3) nos traz como consequência o desafio de recuperar um dos mais iluminados conceitos que a Igreja já teve de si mesma desde seus tempos mais primordiais, o de *Igreja, povo de Deus.* Sabemos que de fato houve algumas interpretações reducionistas e imanentistas de *povo de Deus*. No entanto, parece-nos que elas não podem ser critério

---

[56] COLOMBO, G. "Il 'popolo di Dio' e Il 'mistero' della Chiesa nell'ecclesiologia post-conciliare", in *Teologia* 10 (1985), p. 107.

nem referencial absoluto capaz de autorizar um descarte da intuição profética que dominou o coração e a mente conciliares. Sem dúvida, uma categoria que não se sustentasse cristologicamente não serviria para clarear a natureza da Igreja de Cristo. Mas, também, por outro lado, a Igreja não poderia tampouco se considerar alheia a suas raízes judaicas. Finalmente, a longa e oportuna citação conciliar que antecede a categoria em questão, o da "Igreja, Corpo Místico de Cristo" (LG 7), fornece um elemento de integração que dá respaldo neotestamentário a sua concreção de povo de Deus.

A afirmação da categoria *povo de Deus* não fere a dimensão mística da Igreja, nem de *Corpo de Cristo*. Ao contrário, esta, se não bem compreendida, pode legar um misticismo a-histórico que não corresponde à intenção de Jesus ao fundar a Igreja.

Uma real interpretação do Concílio exige uma historização de tais categorias. Neste sentido, tanto "mistério" da Igreja (LG I), como "povo de Deus" (LG II) são importantes para a mudança histórico-eclesiológica que o Concílio pretendeu promulgar.

A categoria da "comunhão", que praticamente substituiu "povo" na eclesiologia a partir da metade dos anos 80, é sem dúvida um conceito simpático, bastante bem-visto e oportuno para se conceituar a Igreja. Mas entendemos que *povo de Deus* não representa nenhuma oposição a ele; antes, dá-lhe consistência histórica. "Povo" tem a vantagem de ser um conceito bíblico, tanto do Antigo como do Novo Testamento, e tem forte influência simbólica na vida coletiva das comunidades (comunhão) quando consideradas prolongamento da experiência religiosa de Israel.

Somente sendo povo, a Igreja tem condições de ser "o sacramento ou o sinal e instrumento da íntima união com Deus e da unidade de todo o gênero humano" (LG 1), de inserir-se para isso no meio dos mais variados povos do mundo, procurando inculturar o Evangelho, sem se fechar em guetos e sem se tornar uma aristocracia espiritual, da qual os pobres, os pecadores, os marginalizados, publicanos e prostitutas de hoje (cf. Mt 21,31) deveriam ser excluídos.

A época que o Vaticano II quis encerrar está de fato concluída. Se ainda há reações negativas ao Concílio e ao conceito eclesiológico *povo de Deus*, é tarefa de todos nós, numa releitura própria de cinquenta anos depois, devolver ao Concílio seu verdadeiro significado, com a consciência de que, apesar de cinquentenário, ele não é um fato passado. Temos certeza de que ainda não compreendemos e nem exploramos em totalidade a riqueza teológico-pastoral com que o Espírito moldou, há cinquenta anos, a intuição eclesiológica *povo de Deus*.

## Bibliografia

"A Igreja na atual transformação da América Latina à luz do Concílio", Documento de Medellín, São Paulo, Paulinas, 1968.

"A Igreja, na Palavra de Deus, celebra os mistérios de Cristo para a salvação do mundo", Relatório final do II Sínodo Extraordinário, 1985. Disponível em: <http://www.saintmike.org/library/synod_bishops/final_report1985.htm>. Acesso no dia 20 de outubro de 2011.

Caro, O. C. Vélez. "A 50 anos do Vaticano II: luzes e desafios", in *REB* 71, fasc. 283, Petrópolis: Vozes, julho 2011: 619-628.

Comblin, José. "O Vaticano II. 50 anos depois", in *REB* 71, fasc. 283, Petrópolis: Vozes, julho 2011: 629-641.

_____. *O povo de Deus*. São Paulo, Paulus, 2002.

Congar, Y. "A Igreja como povo de Deus", in *Concilium*, t. 1, fasc. 1, Petrópolis: Vozes, 1965.

Constituição Dogmática *Lumen Gentium* sobre a Igreja, in *Documentos do Concílio Ecumênico Vaticano II*. São Paulo: Paulus, 2001.

DIANICH, Severino & NOCETI, Serena. *Tratado sobre a Igreja*. Aparecida: Santuário, 2007.

FUELLENBACH, John. *A Igreja, comunidade para o Reino*. São Paulo: Paulinas, 2006.

FUENTE, Eloy Bueno de la. *Eclesiología*. Madrid, BAC, 2007 (Série de Manuales de Teología n. 18).

LAFONT, Ghislain. *História teológica da Igreja Católica*: Itinerário e formas de teologia. São Paulo: Paulinas, 2000.

RATZINGER, Joseph. *O novo povo de Deus*. São Paulo: Paulinas, 1974.

VELASCO, Rufino. *A Igreja de Jesus*: processo histórico da consciência eclesial. Petrópolis: Vozes, 1996.

# 5
# MARIA NA VIDA DA IGREJA: GRAÇA E ESPERANÇA

*Lumen Gentium 60-69*

**Kuniharu Iwashita**
Doutor em Teologia – Universidade de Fribourg – Suíça
Professor na Faculdade de Teologia Nossa Senhora da Assunção da PUC-SP
Presbítero da Congregaçao do Santo Espírito

À luz da Revelação bíblica e do mistério pascal de Jesus, o Concílio contempla Maria como figura exemplar da Igreja, modelo de fé, esperança e caridade. De um lado, nela resplandece a graça que restaura na humanidade a *imago Dei*; de outro, nela antevemos a glória que nos aguarda, como remidos no Senhor. Nesta perspectiva, o Concílio propõe uma mariologia bíblica e eclesial, com novas luzes para o culto e a espiritualidade.

Com o Concílio Vaticano II anunciou-se uma retomada da mariologia com novas bases e nova impostação, e foi a primeira vez na história que um Concílio se manifestou de uma maneira tão explícita e ampla sobre a Mãe do Salvador:[1] "O Concílio Vaticano II, celebrado pela igreja católica com a presença de quase todos os seus pastores e com a participação de representantes das várias igreja separadas, pode ser considerado o concílio ecumênico que difundiu o documento doutrinal mais significativo e orgânico sobre a bem-aventurada virgem Maria: o capítulo VIII da constituição dogmática sobre a Igreja, *Lumen gentium*".[2] Com efeito, as repetidas críticas dirigidas à mariologia haviam produzido, nos anos 60, uma moratória dos tratados, em que se juntam somente as elaborações de obras aparecidas anteriormente ao Vaticano II.[3] Contestou-se nos tratados as orientações unilaterais e triunfalísticas da mariologia dos manuais; certo isolamento dentro do conjunto da dogmática, como se fosse uma ciência independente; sistematização rígida demais centrada na divisa: "Ad Jesum per Mariam"; mas a contestação mais decisiva veio da área protestante, que viu na mariologia um desvio fatal do Evangelho original sob a pressão popular e, em consequência, de um sincretismo entre a fé pura e a mitologia.[4]

---

[1] Cf. De Fiores. In: *Nuovo Dizionario di Mariologia* (NDM), 1985, 891.

[2] Meo, S. Verbete: *Concílio Vaticano II*. In: De Fiores, S.; Meo, S. (Org.). *Dicionário de Mariologia*. São Paulo: Paulus, 1995, p. 296.

[3] Cf. De Fiores. In: *Nuovo Dizionario di Mariologia*, ibidem, 1985, 893.

[4] Ibidem, 892-893.

Essas contestações vieram acompanhadas de um desejo de retorno às fontes bíblicas e patrísticas, e de abertura maior ao mundo; integração maior da mariologia no conjunto da teologia, de modo que Maria pudesse ser vista no conjunto da história da salvação, em íntima associação à obra redentora de seu Filho Jesus, sob a divisa: "Ad Mariam per Jesum"[5] e uma releitura da mariologia segundo o critério bíblico, antropológico, ecumênico e pastoral.[6]

## 1. Uma nova orientação da Mariologia

Esse desejo de renovação começa a se tornar realidade pelo impulso dado pelo Vaticano II. Haja vista que, embora a moratória dos tratados de mariologia nos anos 60 tenha continuado no decênio que se seguiu, se introduziu já corretivo importante, com a inserção do tratado mariológico na cristologia e na eclesiologia.[7] Preconizou-se assim "uma 'reentrada' da mariologia na teologia da qual se tinha destacado por exigência de organicidade e o fim de um discurso mariano separado, com as desvantagens do isolamento, perda do sentido da globalidade, polarização sobre Maria e desenvolvimento unidimensional".[8] A mariologia passou a se beneficiar de contribuições de vários setores da teologia, emergindo como tratado sobre Maria, mas numa síntese dos dados adquiridos na reflexão global, sem a pretensão de organicidade autônoma, e renovação estética e experiencial sobre as vias histórico-salvíficas.[9]

---

[5] Ibidem, 892-893.

[6] Cf. MEO, S. Verbete: *Concílio Vaticano II*. In: DE FIORES, S.; MEO, S. (Org.). *Dicionário de Mariologia*. São Paulo: Paulus, 1995, p. 300-301.

[7] É o que se tentou fazer na coleção "Mysterium Salutis". Cf. MÜLLER. "Marias Stellung und Mitwirkung im Christusereignis", in *Mysterium Salutis* III/2, 1969, 393-510.

[8] DE FIORES. In *Nuovo Dizionario di Mariologia*, 893.

[9] Ibidem, 893. E nessa linha que saíram, nos últimos anos, as obras de POZO, Candido. *Maria en la obra de la salvación*. Madrid, 1974; de BOFF, Leonardo. *O rosto materno de Deus*. Petrópolis, 1979. Convém anotar ainda que, na linha da renovação, saíram os livros de: MÜLLER. *Glaubensrede über die Mutter Jesu. Versuch einer*

O Concílio Vaticano II não proclamou nenhum dogma mariano novo, porém é importante que o Concílio retomou, endossou e confirmou todas as proclamações dogmáticas referentes a Maria: Maria, Mãe de Deus (Concílio de Éfeso, 431, DZ 111a); Virgindade Perpétua de Maria (Concílio Lateranense, 649, DZ 255s); Imaculada Conceição (Pio IX, 8 de dezembro de 1854, Bula *Ineffabilis,* DZ 1641); Assunção de Maria (Pio XII, Const. Apost. *Munificentissimus,* 1º de novembro de 1950, AAS 42(1950), DZ 2333).

## 2. Uma explicitação maior do dogma marial: Maria, Mãe de Deus e Mãe da Igreja

De outro lado, o Concílio Vaticano II contribuiu também imensamente para uma explicitação maior do dogma marial, sua relação íntima com o mistério salvífico em Cristo e sua relação com a Igreja. Além disso, a doutrina mariológica do Vaticano II, cristalizada no capítulo VIII da Constituição dogmática *Lumen Gentium,*[10] não foi somente um texto de compromisso entre a tendência cristológica e eclesiológica na mariologia,[11] tendência essa já existente entre os teólogos da década dos anos 60, e que teve seus ecos entre os Padres conciliares;[12] longe de ser mero compromisso

---

Mariologie in heutiger Perspektive, Mainz, 1980; BEINERT-PETRI (org.). *Handbuch der Marienkunde,* Regensburg, 1984; o monumental dicionário organizado por DE FIORES-MEO. *Nuovo Dizionario di Mariologia* (NDM), Turim, 1985, que é certamente um marco na história da mariologia, dentro de uma perspectiva de renovação. Menciono ainda o original livro de GEBARA, Ivone e BINGEMER, Maria Clara L. *Maria, Mãe de Deus e Mãe dos Pobres.* Um ensaio a partir da mulher e da América Latina, Petrópolis, 1987. Mais recentemente foram publicadas as obras de BOFF, Clodovis. *Mariologia Social.* O significado da Virgem para a Sociedade. São Paulo: Paulus, 2006; e PAREDES, José Cristo Rey García. *Mariologia.* Síntese bíblica, histórica e sistemática. São Paulo: Ave Maria, 2011.

[10] Cf. Literatura concernente: DE FIORES. *Maria nel mistero di Cristo e della Chiesa.* 3. ed., Roma, 1984; LAURENTIN. *Mutter Jesu – Mutter der Menschen.* Zum Verständnis der marianischen Lehre nach dem Konzil, Limburg, 1967; SEMMELROTH. "Die selige jungfräuliche Gottesmutter Maria im Geheimnis Christi und der Kirche", in *LThK* (Sonderausgabe) XII, 1986, 326-347, Freiburg i. Breisgau.

[11] Cf. Pozo, 1974, 51-56.

[12] Ibidem, 23-31.

entre as tendências, foi, sim, no dizer de Cândido Pozo, uma espécie de denominador comum,[13] o essencial de doutrina mariológica. Foi de vital importância que esse denominador comum tenha sido determinado, pois isso veio permitir a Paulo VI proclamar solenemente, no encerramento dos trabalhos da terceira etapa conciliar a 21 novembro de 1964, Maria Santíssima, *Mãe da Igreja*.[14] Cândido Pozo pensa que o discurso de Paulo VI e a respectiva proclamação de Maria, Mãe da Igreja, significou um estancamento das duas tendências, a cristológica e a eclesiológica,[15] possibilitando à mariologia novo encaminhamento, pois a proclamação fora realizada certamente por motivos doutrinais,[16] e não teria sido simples "ato de piedade meridional sem grande alcance teológico ou doutrinal", termos em que E. Schillebeeckx julgou a proclamação pontifical.[17] Embora o título Maria, *Mãe da Igreja* não esteja presente na doutrina do cap. VIII, deve ser considerado ato do Vaticano II, já que o discurso de Paulo VI, mesmo sem fazer parte do cap. VIII, tem de ser encarado como ato do Concílio.[18]

Com efeito, Paulo VI recolhe, em sua proclamação, dois grandes temas patrísticos, a saber, o paralelismo Maria e Igreja, mas também o da transcendência de Maria com respeito à Igreja, uma vez que o título "Mãe da Igreja", enquanto afirmação de transcendência de Maria com

---

[13] Cf. Pozo, C. *María en la obra de la salvación*, 56: "Mais que uma superação das duas tendências, o Concílio nos oferece – se nos é lícito falar deste modo – seu mínimo denominador comum. Confiamos que não se dê a estas palavras um sentido pejorativo; tal mínimo denominador comum é o núcleo da doutrina católica, comum às duas tendências mariológicas".

[14] MS 56 (1964),1015. Cf. tb. D.C. 6/12/1964,1544: "É então para sua glória e para nosso consolo que nós proclamamos a Santíssima Virgem Maria MÃE DA IGREJA, isto é, de todo o povo de Deus, tanto dos fiéis como dos pastores, que nós a chamamos Mãe muito amada; e desejamos que, doravante, com este título tão suave, a Virgem seja ainda mais honrada e invocada por todo o povo cristão".

[15] Cf. Pozo, C. *María en la obra de la salvación*, 59.

[16] Ibidem, 59: "O papa procedeu à proclamação por razões doutrinais". Cf. tb. Laurentin, René. In *EtMar22*, 1965, p. 21: "Paulo VI fez este ato por razões doutrinais que dependem de seu magistério".

[17] Schillebeeckx, E. *L'Église du Christ et l'homme d'aujourd'hui selon Vatican II*, 164s., Paris, 1965, cit. por Pozo, C. Op. cit., 59.

[18] Cf. Meo, S. Verbete: *Concílio Vaticano II*. In: De Fiores, S.; Meo, S. (Org.). *Dicionário de Mariologia*. São Paulo: Paulus, 1995, p. 298.

respeito à Igreja, já aparece no século II,[19] fatos esses que vêm significar que o mistério de Maria é *mistério complexo,* não abarcado suficientemente pelas polarizações cristológicas ou eclesiológicas, assinalando-nos assim o caminho futuro da mariologia.[20] Mas como a necessidade de compreensão e de aprofundamento do culto marial para a Igreja pós--conciliar se fazia sentir, as orientações doutrinais e práticas de Paulo VI a respeito do culto devido a Maria Santíssima Mãe da Igreja não se fizeram esperar, pois a 2 de fevereiro de 1974, na Festa da Apresentação do Senhor, ele publica a Exortação apostólica *Marialis Cultus,* que pela qualidade do tratamento, riqueza teológica e pastoral, constitui o documento mariano mais importante em seguida ao capítulo VIII da *Lumen Gentium,*[21] que foi seguida depois, em 1987, com a publicação da belíssima encíclica de João Paulo II, *Redemptoris Mater.*

## 3. Uma explicitação maior do Dogma da Imaculada Conceição

Em relação ao dogma da Imaculada Conceição, o Concílio Vaticano II, permanece fiel aos termos da proclamação oficial na bula *Ineffabilis* de Pio IX, declarando explicitamente que a Virgem foi preservada e foi imune de toda mancha da culpa original.[22] Porém na fundamentação, além de apresentar os fundamentos apresentados por Pio IX, o documento conciliar explicita os fundamentos do dogma, deixando mais claro ainda que a imaculada conceição tem a ver com a íntima

---

[19] Cf. Pozo, C. Op. cit., 62-63.

[20] Ibidem, 63-64. Convém deixar claro que o Concílio em si permaneceu neutro em relação às duas tendências da mariologia católica contemporânea, como se pode entender no n. 54 de "Lumen Gentium". "O Concílio não tem em mente propor a doutrina completa sobre Maria, nem quer dirimir as questões ainda não trazidas à plena luz pelo trabalho dos teólogos. Mantém-se, por isso, em seu direito as opiniões que nas escolas católicas se propõem livremente acerca daquela que, na santa Igreja, ocupa o lugar mais alto depois de Cristo e o mais perto de nós". Cf. Pozo, C. Op. cit., 105-108.

[21] Cf. De Fiores, S. Maria, *presenza viva nel popolo di Dio*, p. 101.

[22] Cf. *Lumen Gentium*, 59.

associação de Maria com o Redentor, seu Filho Jesus Cristo, associação na obra salvífica, associação em sua maternidade divina, e para tudo isso foi moldada pelo Espírito Santo. Nesse sentido é fundamental o n. 56 da *Lumen Gentium*:

> Quis, porém, o Pai das misericórdias que a encarnação fosse precedida pela aceitação daquela que era predestinada a ser Mãe de seu Filho, para que assim como a mulher contribuiu para a morte, a mulher também contribuísse para a vida. O que de modo excelentíssimo vale da Mãe de Jesus, a qual deu ao mundo a própria Vida que tudo renova e foi por Deus enriquecida com dons dignos para tamanha função. Daí não admira que nos Santos Padres prevalecesse o costume de chamar a Mãe de Deus toda santa, imune de toda mancha de pecado, como plasmada pelo Espírito Santo e formada nova criatura. Dotada desde o primeiro instante de sua conceição dos esplendores de uma santidade inteiramente singular, a Virgem de Nazaré é por ordem de Deus saudada pelo Anjo anunciador como "cheia de graça" (Lc 1,28). E ela mesma responde ao mensageiro celeste: "Eis aqui a serva do Senhor, faça-se em mim segundo a tua palavra" (Lc 1,38). Assim Maria, filha de Adão, consentindo na palavra divina, se fez Mãe de Jesus. E abraçando a vontade salvífica de Deus com coração pleno, não retida por nenhum pecado, consagrou-se totalmente como serva do Senhor à pessoa e obra de seu Filho, servindo sob Ele e com Ele, por graça de Deus onipotente, ao mistério da redenção.

## 4. Doutrina marial em harmonia com a Tradição e as fontes patrísticas

A síntese doutrinal do cap. VIII da *Lumen Gentium*, no que se refere à associação de Maria ao Cristo, retoma a reflexão patrística sobre o paralelo Maria e Eva, em que Maria é agora a Nova Eva associada ao Novo Adão na luta contra o pecado. Assim como o Novo Adão, em nenhum momento Maria foi conivente com o pecado e a injustiça, sendo, portanto, a Imaculada Conceição. O paralelismo Maria/Eva constitui, na realidade, importante teologúmeno, cuja primeira apresentação nos é dada pelo apologista Justino (165 d.C.), tendo assim inaugurado, ocasionalmente, a temática que, mais tarde, através de santo Irineu (202 d.C.) recebeu um estatuto teológico.[23]

A importância desse tema é dupla, a saber: primeiramente como uma etapa do desenvolvimento da doutrina marial, e, em seguida, o que é mais importante ainda, a integração de Maria na história da salvação.[24]

Em seu diálogo com o judeu Trifão, Justino aplica o Salmo 21 a Cristo, afirmando que ele é Filho de Deus antes de toda a Criação, e que "se é por intermédio de uma virgem que ele se fez homem, foi no desejo de que, pela mesma via em que a desobediência, oriunda da serpente, teve seu princípio, encontre igualmente a solução. Com efeito, Eva, sendo virgem e incorrupta, deu luz à desobediência e à morte pela palavra saída da boca da serpente. Maria, a Virgem, ao contrário, concebeu fé e alegria, no momento em que o anjo Gabriel lhe deu a boa notícia de que o Espírito do Senhor viria sobre ela e o poder do Altíssimo a cobriria com sua sombra, de modo que o Santo, que seria dado à luz por ela, seria Filho de Deus, respondeu: "faça-se em mim segundo tua palavra". E dela nasceu aquele sobre quem, como temos demonstrado, tantas passagens das Escrituras falam, através do qual Deus destrói a serpente, os anjos e os homens que se assemelham a ela; libertando, porém, da morte os que se convertem das más obras e nele crêem".[25]

Segundo o contexto dessas palavras de Justino, não se trata primeiramente de explicação da relação entre Maria e Eva, e sim da aplicação

---

[23] Cf. MÜLLER, A. Ecclesia – Maria. Die Einheit Marias und der Kirche, p. 48; LAURENTIN, 1967, 5. ed., a, 42.

[24] Cf. LAURENTIN, R. Court traité sur la Vierge Marie, 43. Essa comparação entre Maria e Eva revela uma característica muito interessante da maneira de pensar dos Padres. Id., 43: "O pensamento dos Padres, mais intuitivo que dedutivo, mais simbólico que lógico, evolui não em forma de silogismos, mas pela confrontação de teses e símbolos carregados de verdade. Discernem entre Eva e Maria um paralelo e um contraste. Paralelo de situação, pois nos dois casos, uma mulher, uma virgem. faz um ato moral que implica a salvação de toda a humanidade. Contraste de engajamento, pois Eva desafia Deus e desobedece, enquanto Maria acredita e obedece. O resultado é de um lado o pecado e a morte, de outro lado a salvação e a vida".

[25] Dial. C. Tryph. 100; (PG 6, 712).

do Sl 21 a Cristo.²⁶ Mas na vitalidade de seu pensamento, as ideias lhe vêm uma atrás das outras, sem ordem rígida, e nessa cascata de ideias um ensinamento sobre Maria toma forma, o que, pelo visto, lhe é familiar. Nesse ensinamento é desenvolvida a ideia *da recirculação,* a saber, do fato de que, pelo mesmo caminho que a desobediência começou, foi ela novamente desfeita, remetendo-nos assim a Rm 5,19, embora se trate ali do paralelo Adão/Cristo. Aqui, embora o paralelismo entre Maria e Eva não seja muito feliz, seu pensamento é claro: a virgem Eva e a Virgem Maria se encontram uma diante da outra. Enquanto uma produz a desobediência pela palavra do anjo mau, a outra, pela palavra do anjo bom produz a obediência na fé e na alegria; Eva acolhe então a palavra do diabo, e Maria concebe o Logos de Deus.²⁷

A esse tema esboçado por Justino, santo Irineu de Lion procurou dar relevo impressionante, pois para ele o paralelo Maria/Eva é peça integrante de sua teologia da salvação, na base da qual se encontra a ideia de que o plano salvífico de Deus não é um remendo da primeira obra, mas uma retomada pelo princípio, uma regeneração pela cabeça, enfim, a *recapitulação* em Cristo. Aparece também a mesma ideia da recirculação (recirculatio): o Cristo retoma Adão; a cruz, a árvore da queda, e nesse conjunto Maria que retoma Eva, ocupa lugar de primeiro plano.²⁸ O princípio fundamental é o desenvolvimento, dirigido por Deus, de toda a história do mundo para a unificação da criação com o Criador, de acordo como se consumou em Cristo,²⁹ o novo Adão, o perfeito, a cabeça da humanidade, por ele e nele regenerada. Por sua encarnação, o Cristo recapitula em si a longa série de homens que estavam

---

[26] Cf. MÜLLER, A. Ecclesia – Maria. Die Einheit Marias und der Kirche, p. 49.

[27] Ibidem, 49-50. Essa confrontação Eva-Maria é vista como uma simples extensão da antítese Adão-Cristo. A questão que se propõe é a de saber se JUSTINO faz intencionalmente referência ao Protoevangelho e se é dali que ele tira o paralelo Eva/Maria. Uma coisa, no entanto, parece certa, a saber, JUSTINO vê no Filho da Virgem Maria, que destrói o demônio e seu sangue, a realização do Protoevangelho. Id., p. 50-51.

[28] Cf. LAURENTIN, R. Op. cit., 43; DE FIORES. In: *Nuovo Dizionario di Mariologia*, 1387.

[29] Cf. MÜLLER, A. Op. cit., Adv. haer. 4, 20; (PG 7, 1034B).

à procura da salvação, restaurando neles a *imagem* e a semelhança com o Pai.[30] Nesta monumental epopeia da salvação, da restauração, da recapitulação, operada pelo Filho de Deus, Irineu apresenta o paralelo entre as duas virgens, Eva e Maria.

Ao dizer que "o inimigo não teria sido vencido convenientemente se seu vencedor não fosse homem nascido de mulher, uma vez que no começo foi através da mulher que ele ganhou domínio sobre o homem, tornando-se seu inimigo",[31] Irineu apresenta um pensamento que já se esboçava em Justino, a saber, "per feminam mors, per feminam vita", através da mulher veio a morte, através da mulher veio a vida. Nesse sentido Maria é vista como a recapitulação da "mulher" Eva, assim como Cristo é a da humanidade ou de Adão,[32] o que é dito de maneira mais expressiva ainda no seguinte texto: "E como aquela... desobediente se tornou causa de morte para si e para o gênero humano, assim Maria, obediente, tornou-se para si e para todo o gênero humano a causa da salvação... Assim as amarras da Eva desobediente foram desatadas através da obediência de Maria, pois o que a Eva virgem ligou pela incredulidade, a Virgem Maria desligou pela fé".[33]

## 5. O paralelismo entre Maria e Eva

Irineu apresenta o paralelo entre Maria e Eva nos seguintes elementos:
1. Eva abriu à Serpente o caminho em direção da humanidade, trazendo assim a morte. – Maria deu à luz Cristo, que esmagou a cabeça da serpente e trouxe assim a vida.

---

[30] Cf. De Fiores, S. Op. cit., 1387.

[31] Cf. PG 7,1179 AB: "Pois o inimigo não teria sido vencido de uma maneira justa (adequada), se não viesse da mulher aquele que venceu, pois por uma mulher o homem foi vencido, no início, fazendo-se a si mesmo inimigo para o homem".

[32] Cf. PG 7, 964B.

[33] Cf. PG 7, 959-960.

2. A atitude interior de Eva foi a incredulidade contra Deus, donde sua desobediência. A atitude interior de Maria foi de fé, donde a sua obediência.

3. No momento da queda, Eva tinha marido, mas era virgem. Maria tinha igualmente marido e foi sempre virgem.[34]

A ideia que atravessa todos esses argumentos é a da recapitulação: assim como a condenação, também a salvação da humanidade veio pelo mesmo caminho, mas desta vez pela obediência da mulher que deu à luz o Salvador. Eva é ainda mãe da vida (Gn 3,20), e mãe da morte (PG 7, 1179AB). O paralelo Maria/Eva compensa assim o aspecto luminoso de Maria e possibilita a polaridade do arquétipo nela.

O que a reflexão de santo Irineu revela é que Maria, recapitulando Eva, a elevou, a redimiu da maldição primordial. A ideia de redenção é usada aqui com precauções, mas é, no entanto, significativa do ponto de vista psicológico, pois, em Maria, Eva não foi recalcada, e sim elevada e conduzida à mutação, ao positivo. No círculo interior do arquétipo, é fundamental que o aspecto negativo se transforme em positivo, ou que contribua para a mutação positiva do feminino. Esse aspecto de intercessão, de mediação de Maria em relação a Eva, a "mãe de todos os viventes", santo Irineu o exprimiu pelo termo "advogada", "defensora" (Advocata).[35] O título evoca, evidentemente, no contexto do texto, um tema distinto, a saber, o de Maria que obedece, em contraposição a Eva que desobedece. Não se trata de intercessão no sentido próprio da palavra, ou que Maria tenha feito valer alguns méritos a favor de Eva. Maria, fazendo o contrário do que fez Eva, destruiu deste modo sua obra e conseguiu retificar as funestas consequências da desobediência de Eva. A alusão é simplesmente à cena da Anunciação, na qual o "sim" de Maria possibilitou a vinda do Cristo e, com ele, da salvação. A obediên-

---

[34] Cf. Müller, A. Op. cit., p. 62.

[35] Cf. PG 7,1175B: "E ainda que aquela desobedeceu a Deus, esta achou por bem obedecer a Deus, para que a virgem Maria fosse a advogada da virgem Eva".

cia de Maria por seu "sim" destruiu a ação perniciosa de Eva.[36] Embora a redenção seja obra única de Cristo, contudo no conjunto do mistério salvífico cada elemento que constitui o todo tem seu significado soteriológico, emanado, é claro, da única redenção operada por Cristo. Maria tem, pois, nesse sentido, um significado soteriológico em relação a Eva, que era esboço antropológico da mulher. Maria é a restauração e aperfeiçoamento desse projeto que havia falido.[37]

O paralelismo Eva-Maria, em Justino e Irineu, representa, em certo sentido, um prelúdio da denominação de Maria como a "Nova Eva", título esse que, na verdade, foi o fundo implícito, não formulado da antítese Eva-Maria.[38] Com efeito, na continuação da evolução teológica, "lenta e progressivamente, reconhecer-se-ão, em Maria, todos os aspectos do papel de Eva. Desde 377, Epifânio vê nela a 'Mãe dos viventes', segundo a fórmula de Gn 3,20. E é somente durante a segunda metade do século XIII que será posto à luz o último traço do paralelo, a saber, Maria, 'auxiliar semelhante' do novo Adão, segundo a fórmula de Gn 2,18".[39]

## Conclusão

Para participar em uma obra de tal envergadura, uma condição fundamental é a santidade, santidade que é em Maria um estado efetivo desde sua concepção: "a Virgem foi preservada e foi imune de toda mancha da culpa original", proclama o dogma. O extraordinário na apresentação da imaculada conceição pelo Vaticano II é que o Concílio não se restringe somente à noção de *isenção do pecado*, mas recupera e

---

[36] Cf. Pozo, C. *María en la obra de la salvación*; cf. tb. ALDAMA, J. A. *Maria en la Patrística de los siglos I y II*, p. 287ss.

[37] Cf. LAURENTIN, R. In *Nuovo Dizionario de Mariologia*, p. 1020.

[38] Cf. Pozo, C. Op. cit., p. 32-33. Interessante é constatar que originalmente a denominação "Nova Eva" não foi criada para Maria, e sim para a mulher de Jó, que o instigou para o pecado. Cf. LAURENTIN, R. In *Nuovo Dizionario de Mariologia*, 1020; S. AGOSTINHO, *De urbis excidio 3*; PL 40, 719.

[39] LAURENTIN, R. *Court traité sur la Vierge Marie*, p. 44.

assimila uma noção que era cara aos Santos Padres, ou seja, a noção de santidade de Maria ao dizer no n. 56 que a Mãe de Deus é *toda santa*. A expressão "toda santa" corresponde ao termo grego "panagia" ou ao termo latino *santissimus*, ou seja, Maria é toda santa, santíssima, e é isso que o dogma da Imaculada Conceição no fundo quer afirmar, a saber, que Maria é toda santa desde o início de sua concepção, donde a noção de isenção do pecado original. Ao integrar a expressão "toda santa" na explicitação do dogma da Imaculada Conceição, o Concílio demonstra também sua sensibilidade ecumênica, pois na igreja oriental, em vez do conceito de isenção do pecado, usa-se o conceito de "panagia", ou seja, Maria é toda santa. Com isso em relação ao dogma da Imaculada Conceição, o Concílio Vaticano II realizou uma síntese extraordinária, integrando a riqueza doutrinal de dois milênios e que vem fazer jus mesmo àqueles que no passado,[40] antes da proclamação oficial do dogma, tiveram dificuldades de aceitarem a noção de isenção de pecado, como, Boaventura, Alberto Magno e Tomás de Aquino[41] entre outros, mas que, no entanto, sempre reconheceram a suma santidade de Maria.[42]

---

[40] Cf. OTT, L. *Manual de Teología Dogmática*. Barcelona: Herder, 1997, p. 317.

[41] S. Th. III. Q. 27, a. 2, sol. 2: "dicendum quod, si nunquam anima Beatae Virginis fuisset contagis originalis peccati inquinata, hoc derogaret dignitati Christi secundum quam est universalis omnium Salvator" (deve-se dizer que se a alma da Bem-aventurada Virgem não tivesse sido nunca manchada pela transmissão do pecado original, seria uma diminuição da dignidade de Cristo, que é o Salvador universal de todos). A dificuldade de Tomás de Aquino foi a de conciliar a imaculada conceição com o dogma da universalidade da redenção por Cristo. A solução encontrada pelo teólogo franciscano Guilherme de Ware e, sobretudo, por seu discípulo Duns Escoto († 1308) foi a de introduzir conceito como *praeredemptio*, que conseguiu harmonizar a verdade de que Maria também teve necessidade de ser redimida, mas ela o foi antecipada, preventivamente. Em vista de sua missão ela foi preventivamente preservada da mancha do pecado original. Segundo Escoto, a preservação do pecado original é maneira mais perfeita de redenção, de modo que foi conveniente que Cristo redimisse a sua Mãe desta maneira. Cf. OTT, L. *Manual de Teología Dogmática*. Barcelona: Herder, 1997, p. 317s.

[42] S Th. III. Q. 27, a. 2, sol. 2: "Et ideo sub Christo, qui salvari non indiguit, tanquam universalis Salvator, maxima fuit Beatae Virginis puritas" (Por isso, a pureza da Bem-aventurada Virgem foi a maior de todas, abaixo de Cristo, que não tinha necessidade de ser salvo por ser o salvador universal).

## Bibliografia

ALFARO, J. *Maria, a bem aventurada que acreditou.* São Paulo: Loyola, 1986.

AUTRAN, A.,M. *A humilde Virgem Maria.* São Paulo: Loyola, 1982.

_____. *Maria na Bíblia.* São Paulo: Ave Maria, 1992.

AZEVEDO, Manuel Quiterio de. *O culto a Maria no Brasil. História e Teologia.* Aparecida: Editora Santuário, 2001.

BARTMANN, B. *Teologia Dogmática.* Vol. 2, São Paulo: Paulinas, 1964, p. 174-222.

BOFF, Cl. *Nossa Senhora e Iemanjá.* Maria na cultura brasileira, Petrópolis: Vozes, 1995.

_____. *Introdução à Mariologia.* Petrópolis: Vozes, 2004.

_____. *Mariologia Social.* O significado da Virgem para a Sociedade. São Paulo: Paulus, 2006.

_____. "Dogmas marianos e política". In: *Marianum* LXII, 2000, p. 77-167.

BOFF, L. *O rosto materno de Deus.* Ensaio interdisciplinar sobre o feminino e suas formas religiosas, Petrópolis: Vozes, 1979.

_____. *A Ave Maria.* O feminino e o Espírito Santo. 2. ed. Petrópolis: Vozes, 1982.

BOFF, Lina. *Mariologia. Interpelações para a vida e para a fé.* Petrópolis: Vozes, 2007.

BRENNER, Athalya. *A mulher israelita. Papel social e modelo literário na narrativa bíblica.* São Paulo: Paulinas, 2001.

BROWN, R. E. (Org.). *Maria no Novo Testamento.* São Paulo: Paulinas, 1985.

BROWN, R. E. *O nascimento do Messias. Comentário das narrativas da infância nos Evangelhos de Mateus e Lucas.* São Paulo: Paulinas, 2005.

BUR, Jacques. *Pour comprendre la Vierge Marie dans le mystère du Christ et de l'Église.* Paris: Cerf, 1992.

CALIMAN, O. (Org.). *Teologia e devoção mariana no Brasil.* São Paulo: INP/Paulinas, 1989.

CELAM. *Maria, discípula de Jesus e mensageira do Evangelho.* Col. Quinta Conferência. São Paulo: Paulinas/Paulus, 2005.

CERBELAUD, Dominique. *Marie un parcours dogmatique.* Paris: Cerf, 2004.

COURTH, Franz (Org.). *Texte zur Theologie – Dogmatik – Mariologie.* Graz Wien Köln: Styria, 1991.

CELAM. *Documento de Aparecida. Texto conclusive da V Conferência Geral do Episcopado Latino-Americano e do Caribe.* 13-31 de maio de 2007. São Paulo: Edições CNBB/Paulus/Paulinas, 2007.

DORADO, A. G. *Mariologia Popular Latino-Americana.* Da Maria Conquistadora à Maria Libertadora, São Paulo: Loyola, 1992.

FERNANDEZ, D. "María pobre – Realidad sociológica y concepto religioso de la pobreza de María". In: *Eph.Mar.* 40 (1990), 63-76.

DE FIORES, S.; MEO, S. (Org.). *Dicionário de Mariologia.* São Paulo: Paulus, 1995.

FORTE, B. *Maria, a mulher ícone do mistério.* Ensaio de mariologia simbólico-narrativa. SãoPaulo: Paulinas, 1991.

GEBARA, I.; BINGEMER, M. C. L. *Maria, Mãe de Deus e Mãe dos pobres.* Um ensaio a partir da mulher e da América Latina. Petrópolis: Vozes, 1987.

GONZÁLEZ, C. I. *Maria evangelizada e evangelizadora,* São Paulo: Loyola, 1990.

HAHN, Scott. *Hail, Holy Queen. The Mother of God in the Word of God.* New York: Image Books, 2001.

_____. *Catholic for a Reason II: Scripture and the mystery of the Mother of God.* New York: Emmaus Road Publishing, 2005.

IWASHITA, P. *Maria e Iemanjá.* Análise de um sincretismo. São Paulo: Paulinas, 1991.

_____. "Clamores na cultura e teologia marial". In: *Espaços* (1993 1/2), 97-112.

_____. "Com Maria no terceiro milênio". In: *Revista de Cultura Teológica,* out./dez. – 1999, 65-83.

IWASHITA, P. "Maria concebida sem pecado original e toda santa: a extraordinária síntese do Vaticano II sobre a Imaculada Conceição". In: *Revista de Cultura Teológica*, out/dez. – 2005, 63-73.

JOÃO PAULO II. *Carta encíclica "Redemptoris Mater"* 12. ed. São Paulo: Paulinas, 2003.

JOHNSON, Elizabeth A. *Nossa verdadeira irmã. Teologia de Maria na comunhão dos santos.* São Paulo: Loyola, 2006.

KÜNG, H. et alii. "Maria nas Igrejas. Perspectivas de uma mariologia ecumênica", in: *Concilium* 188-1983/3, Petrópolis: Vozes.

CUÉLLAR, Miguel Ponce. *Maria. Madre del Redentor y Madre de la Iglesia.* Barcelona: Herder, 2001.

LIMA, Cl. A. de. A *palavra liberta. Conhecendo Maria.* São Paulo: Rideel, 2004.

MANNS, Frédéric. *Maria, uma mulher judia. Feliz és tu que acreditaste!* Lisboa: universidade católica Editora, 2006.

MARGARITA, P.; TAMAYO, J. J. "Maria en perspectiva feminista". In: *Eph. Mar.* 41 (1991), 107-123.

MARINS J. et alii. *Maria libertadora na caminhada da Igreja.* São Paulo: Paulinas, 1986.

MÜLLER, A. "O lugar de Maria e sua cooperação no evento Cristo". In: *Mysterium Salutis* III/7, 71-181, Petrópolis: Vozes, 1974.

MURAD, Irmão Afonso. *Quem é esta mulher? Maria na Bíblia.* São Paulo: Paulinas, 1996.

_____. *Visões e Aparições. Deus continua falando?* Petrópolis: Vozes, 1997.

_____. *O que Maria tem a dizer às mães hoje?* São Paulo: Paulus, 1997.

_____. *Maria, toda de Deus e tão humana.* São Paulo/Valencia: Paulinas/Siquem, 2004.

PAREDES, J. C. R. G. "María y la opcion por los pobres – La nueva Eva entre los pobres del Reino". In: *Eph.Mar.* 40 (1990), 45-62.

PAREDES, J. C. R. G. *María en la comunidad del Reino. Síntesis de Mariología.* Madrid: Publicaciones Claretianas, 1988.

_____. *Mariología.* Madrid: BAC, 1995.

PAULO VI. Exortação Apostólica "Marialis Cultus". In: *Documentos de Paulo VI.* São Paulo: Paulus,1997,p. 320-378

PIKAZA X. *Maria e o Espírito Santo (AT 1,14).* Notas para uma mariologia pneumatológica. São Paulo: Loyola, 1987.

_____. *La Madre de Jesús.* Introducción a la mariología. Salamanca: Sígueme, 1990.

PONS, Guillermo. *Textos marianos del os primeros siglos. Antología patrística.* Madrid: Ciudad Nueva, 1994.

POZZO, Cándido SJ. *María, nueva Eva.* Madrid: BAC, 2005.

SANTISO, M. T. P. *A hora de Maria, a hora da mulher.* São Paulo: Paulinas, 1982.

SCHILLEBEECKX E. *Maria, Mãe da Redenção.* Linhas mestras religiosas do mistério mariano. Petrópolis: Vozes, 1968.

TABORDA, F. "Todas as gerações me chamarão bem-aventurada". Desafios atuais ao tratado de mariologia". In: *Perspectiva Teológica* 24 (1982), 29-47.

TAVARD, George H. *As múltiplas faces da Virgem Maria.* São Paulo: Paulus, 1999.

VATICANO II. *Lumen Gentium* 52-69.

VILLAMONTE, A. "La teología del pecado original y el dogma de la Inmaculada Concepción de María?". In: *Eph.Mar.* 23 (1973), 95-100.

# 6

# A REVELAÇÃO DE DEUS NA HISTÓRIA E NAS ESCRITURAS

## *Dei Verbum* 1-13

*Cézar Teixeira*
Doutor em Teologia Bíblica pela Pontifícia Universidade
Santo Tomás de Aquino – Roma
Professor na Faculdade de Teologia Nossa Senhora da Assunção da PUC-SP
Presbítero da Arquidiocese de São Paulo

Deus é presença que se autocomunica em eventos e palavras, propondo à humanidade um diálogo de salvação. Este diálogo atravessa os tempos, resplandece no cosmos e se torna definitivo na pessoa de Jesus Cristo, o Verbo encarnado. Criado à imagem do Verbo, o ser humano é interlocutor e hermeneuta da Revelação, não só em suas coordenadas universais, mas enquanto sujeito crente e eclesial, inserido na comunidade de fé que é a Igreja. Graça e história, fé e razão, Palavra e hermenêutica se cruzam no processo contínuo de ouvir, compreender e testemunhar a Revelação de Deus em Cristo.

O objetivo do presente capítulo é sublinhar alguns pontos do documento conciliar *Dei Verbum*. Serão abordados os três primeiros capítulos que correspondem aos números de 1 ao 13. Talvez seja pretensão demasiada destacar alguns aspectos sobre um documento, cuja grandeza torna inviável ou quiçá impossível sublinhar de maneira crítica, depois de quase cinquenta anos, servindo de referência para o avanço em muitas áreas da vida humana, do mundo e da própria Igreja.

O título – atributos da revelação – quer ressaltar, de modo específico, os aspectos da revelação, em seu modo próprio e peculiar, que o documento *Dei Verbum* foi capaz de esboçar. Graças a sua dinâmica, a revelação tornou-se possível na história, por meio da Inspiração e veiculada pela Tradição e pela Sagrada Escritura, canais que poderão, cada vez mais, ser alcançados pela fé e pela racionalidade humana.

Esta pesquisa, por sua própria estruturação, parte do dito documento conciliar que faz emergir os muitos acentos do tema proposto. Cada parte será introduzida por um pequeno resumo do próprio documento. A primeira parte ocupa-se de questões inerentes à revelação, em três aspectos: o dinamismo da revelação; revelação e história; revelação e criação. A segunda parte destaca alguns detalhes importantes sobre a transmissão, no tocante à Tradição e à Escritura como veículos da Palavra de Deus; o aspecto humano e divino de Jesus Cristo; Jesus Cristo como fonte viva da tradição e da escritura. A terceira parte aborda alguns aspectos sobre a interpretação, enquanto inspiração que transforma; escritura e inspiração; a verdade das escrituras; inspiração na dinâmica fé e razão.

## 1. Revelação

O primeiro capítulo da *Dei Verbum* esclarece que o Deus bom e sábio revela a si mesmo por sua própria vontade. Com isso, passamos a conhecer o mistério dessa vontade que possibilita o acesso e a participação dos homens em sua natureza divina. É extraordinária a maneira como Deus se revela, pois Ele fala aos homens como amigos, interage por meio do diálogo e convida-os à comunhão. Com efeito, esta revelação acontece na história, por meio de ações e palavras. O ato criador de Deus oferece aos homens um testemunho perene de si mesmo na criação. Tudo isso realiza-se na pessoa de seu filho Jesus Cristo, pois ele é o mediador e a plenitude da revelação. Deus pessoal e bom é o centro da revelação, Ele se dá livremente aos homens, isto é, de Graça, cabendo a estes, obedientes à fé, entregar-se livremente. Para prestar essa fé, é necessário o auxílio interior do Espírito Santo que, mediante seus dons, nos faz aprofundar cada vez mais a compreensão da Revelação.

### 1.1. O dinamismo da Revelação

A maneira de compreender a revelação é a novidade que vem sendo contígua nos documentos conciliares, em especial na *Dei Verbum*. É realmente nova, pelo fato de comunicar um dinamismo pulsante que o tempo, a história ou as religiões não conseguem estatizá-la. Certamente, essa vitalidade continua, porque sua fonte de compreensão, a Palavra de Deus, é eterna. Essa afirmação vem pela definição de ser a Palavra de Deus o próprio Deus. Outra fonte de compreensão, que garante a dinamicidade da revelação, é a Escritura, especificamente o Evangelho de São João. Em Jo 1,1, o autor aponta para o *Logos* que estava com Deus. Assim, o *Logos* nos faz mergulhar nas mais profundas raízes de um conceito que vai além de suas premissas literárias, para esboçar a grandeza de um princípio tão caro a nossa existência. Graças ao *Logos*, essa existência é coroada pela natureza divina à qual emana dele e com ele mantém um profundo relacionamento capaz de elevar a criação à própria natureza de seu Criador. O *Logos* é infinito, eterno e se revela nas Escrituras como um ser além do tempo ou fora do tempo. Não tem uma substância, como tem as coisas criadas no mundo. Ele é anterior a toda criação, no céu e na terra, e está acima e independente dela.[1]

### *1.2. Revelação e História*

No pressuposto da novidade da revelação, acima citada, sabemos que o lugar da Palavra de Deus, e seu agir, é a história. Com isso, é necessário levar em conta a história, para que nossas expressões de fé se abram às perspectivas mais profundas. Do mesmo modo como a pessoa do *Logos* está incluída na história, sobretudo por seu agir humano, a comunidade dos fiéis, ao participar do mesmo Espírito, também está inclusa na história, pois seu agir ratifica sua vocação de participar da vida de Deus como nova criatura.

A história pode ser entendia dentro de duas categorias distintas: a história universal e a história humana. A divisão dessas categorias é apenas formal, pois na realidade o universal, o total, o global não existe sem o humano, o parcial, o limitado. Nesta perspectiva, a questão sobre o sentido universal da história é concomitantemente inevitável e insolúvel. Isso é o que nos revela a natureza própria da história como tal, ou seja, ela é o campo da ambiguidade, pois a história somente é história real,

---

[1] WARDISON, Antonio; TEIXEIRA, Cézar; JESUS, José Pedro Teixeira de. O Prólogo de João: Atributos Conferidos ao Logos. In: *Revista de Cultura Teológica*. São Paulo: Paulinas, vol. 19, n. 74 (2011) p. 39-41.

contingente, humana, quando não é nem unívoca, nem absolutamente plural. A história real, em seus contrastes ou misturada, onde há alegria e sofrimento, riso e choro, certamente é a história que implica a dimensão da finitude. A história humana é ambígua, um reino de saber e de não saber. Neste sentido, o ato de acreditar em Deus, professado pela fé cristã, significa colocar-se contra qualquer sistema único e qualquer programa de ação totalitária que pretenda saber realizar o sentido da história. É certo que o cristianismo fala do sentido total da história, contudo, este falar tem suas origens a partir de Jesus de Nazaré, a instância crítica de avaliação de todas as totalizações precoces, seja no mundo ou nas Igrejas.[2]

A revelação, em si e na história, traz sempre essa latente dinâmica, seja na esfera transcendente, seja na esfera imanente. A revelação continuará a exigir palavras, conceitos e expressões de fé que levem em conta o dinamismo de uma existência perene, no sentido da existência enquanto chamada para o constante crescimento.[3] Entretanto, essa esfera da transcendência muitas vezes conduz à fixação de títulos e formas sagradas que ao longo da história permanecem imutáveis, mesmo diante do mundo em constante mudança. As expressões da linguagem sagrada são fixadas em fórmulas, práticas, doutrinas, conceitos morais absolutos e definitivos. As justificativas apontam sempre para exigências que surgem de circunstâncias histórico-culturais relativas.[4] Entretanto, a experiência de salvação continua pedindo sempre expressões e articulações mais adequadas, na base de novas situações sócio-históricas.[5]

---

[2] Cf. SCHILLEBEECKX, Edward. *Jesus. A história de um vivente*. São Paulo: Paulus, 2008, p. 619-623. (título original: Jezus het verhaal van een levende).

[3] CONCESSAO, Vincent Michael. *God's Word: Living Hope and Lasting Peace. Inaugural Address for the Fourth Asia-Oceania. Biblical Congress.* Disponível em: <http://www.deiverbum2005.org/Articels/concessao.pdf>. Acesso em: 27.08.2012, p. 17: "Existence is a call to growth. 'In Him was life, and the life was the light of all people' (John 1:4). This juxtaposition of life and light may surprise us. We may tend to think that the two belong to different realms: Life is reality that grows, light belongs to the world of knowledge, not of reality. St. John correlates them. The life was light. We can equally say that the light was life. The Word grows into life. This is the second invocation in Upanishadic prayer quoted above: 'Lead me from darkness to the light' – tamaso ma jyotir gamaya. Light accompanies us on our pilgrimage; it shines in our darkness".

[4] CATÃO, Francisco. A Nova Evangelização. In: *Revista de Cultura Teológica*. São Paulo: Paulinas, vol. 19, n. 74, (2011) 16.

[5] Cf. SCHILLEBEECKX, Edward. Op.cit., p. 39.

## 1.3. Revelação e Criação

O Deus que se revela na história é o Deus criador da Vida. Consequentemente, a criação é também o lugar da revelação, que implica o ato de criar e conservar. No texto de Cl 1,16-17, também se observa este relacionamento do *Logos* com a criação: "Porque nele foram criadas todas as coisas nos céus e sobre a terra, as visíveis e as invisíveis, sejam tronos, sejam soberanias principados, sejam poderes; todas as coisas por meio dele e para ele foram criadas". O verbo criar é uma terminologia utilizada pelos gregos para falar da fundação das coisas, mas não de algo criado pelo acaso, e sim de uma criação minuciosa, cuidada. O pronome "todas" reforça a ideia de que o *Logos* é o autor e sustentador de tudo quanto existe. Pois ele é a existência de si mesmo. Assim como Jesus e o Pai são uma mesma realidade salvífica, o mesmo acontece no plano da criação.[6] O *Logos* é a causa de todas as coisas criadas, seja as visíveis como as invisíveis. Essa causalidade e presença do *Logos* na criação de todas as coisas constituem dois elementos inseparáveis, em que um necessita do outro. Isso está contido nas palavras de Jo 1,3, quando diz: "Todas as coisas por meio dele foram feitas, e sem ele nenhuma coisa foi feita". O *Logos*, portanto, é o gerador de todas as coisas e fora dele nem uma só coisa surgiu.[7]

## 2. Transmissão

O segundo capítulo da *Dei Verbum* trata da transmissão da Revelação, consumada em Jesus Cristo e estendida aos Apóstolos e seus sucessores. O objeto dessa transmissão é o Evangelho, que contém as

---

[6] CALLE, Francisco de la. *A teologia do Quarto Evangelho*, (trad.) José Raimundo Vidigal. São Paulo: Paulinas, 1985, p. 43.

[7] FIGUEIREDO, Pedro. A Questão do Logos e os Discursos de Jesus no Evangelho de São João. In: *Revista de Ciência das religiões*, vol. I, (2008), p. 50.

promessas feitas aos profetas, anunciadas e cumpridas pelo próprio Jesus Cristo, cuja obra salvadora procede do amor do Pai e se completa pela efusão do Espírito.[8] A tradição, originada dos Apóstolos, perpetua e transmite a todas as gerações tudo aquilo que a Igreja é e tudo quanto ela acredita.[9]

## 2.1. Tradição e Escritura: Veículos da Palavra de Deus

A Palavra de Deus, que se tornou carne em Jesus Cristo, é princípio originário da Revelação e transmitida por meio da Tradição e da Sagrada Escritura. O documento da *Dei Verbum* destaca a centralidade da Palavra de Deus, como também sua articulação com a Sagrada Escritura e a Tradição. Elas são o veículo da Palavra de Deus até nós e, por isso, tomam lugar de grande destaque na vida da Igreja.[10]

A Sagrada Escritura e a Tradição estão intimamente unidas entre si e ambas derivam da mesma fonte divina. Dessa forma, tornam-se uma

---

[8] Mt 28,19-20: "Ide, portanto, e fazei que todas as nações se tornem discípulos, batizando-as em nome do Pai, do Filho e do Espírito e ensinando-as a observar tudo quanto vos ordenei. E eis que eu estou convosco todos os dias até a consumação dos séculos!" Veja também nota "p": "[...] O batismo une à pessoa de Jesus Salvador; ora, toda a sua obra salvadora procede do amor do Pai e se completa pela efusão do Espírito". Cf. A Bíblia de Jerusalém. Novo Testamento. São Paulo: Paulina, 1976. (Edição em língua Francesa Les Éditions Du Cerf, Paris, 1973).

[9] Cf. DV n. 7-10.

[10] CATÃO, Francisco. Op.cit., p. 20: "[...]. A Palavra de Deus, em continuidade com a encarnação, foi sempre entendida, desde as mais remotas origens cristãs, como fonte perene da Igreja, alimento de sua vida e de sua reflexão, alma da teologia. Esse lugar preeminente da Palavra, no Concílio, passou a iluminar de maneira nova as relações ecumênicas da Igreja Católica com as demais igrejas e denominações cristãs, a ponto, por exemplo, de a Constituição *Dei Verbum* acolher o voto favorável da maioria dos peritos das diversas comunidades cristãs presentes na aula conciliar. Abria-se assim uma nova possibilidade de instaurar o diálogo ecumênico e, inclusive, o diálogo inter-religioso, em continuidade com a declaração *Nostra Aetate* e, sobretudo, justificava-se teologicamente a doutrina da liberdade religiosa na declaração *Dignitatis humanae*, sem falar do impacto que o primado da Palavra, de significação universal, exercia sobre a compreensão da verdadeira posição da Igreja no mundo de hoje, expressa na Constituição *Gaudium et Spes*. Pode-se dizer que os documentos aprovados e promulgados nas três últimas semanas do Concílio giravam em torno, não mais da Igreja, mas de Deus, que vem a nós através de sua Palavra! Essa era a novidade do Vaticano II: a recuperação pela Igreja Católica da centralidade da Palavra, reatando com a tradição do primeiro milênio e se preparando para viver nos dias de hoje, em continuidade com Jesus, dando testemunho do Reino, da salvação, fiel ao Pai, no Espírito".

coisa só e objetivam o mesmo fim. Os santos padres definem a Sagrada Escritura como a palavra de Deus colocada por escrito, enquanto a Tradição transmite a Palavra de Deus, confiada por Cristo Senhor e pelo Espírito Santo, aos Apóstolos. Logo, são dois veículos que evocam a mesma realidade e, por isso, são inseparáveis porque dizem da mesma Revelação, sob a ação do mesmo Espírito. Resumindo, percebe-se que a Escritura e a Tradição constituem um só depósito sagrado da Palavra de Deus, confiado à Igreja. Essas afirmações, hoje talvez evidentes e sem polêmicas, representaram um avanço de valor incalculável para a discussão. O fato de elas terem entrado para o documento, somente na última redação, indica como havia ainda muita resistência à mudança de perspectiva.[11]

## 2.2. Jesus Cristo, Deus/Homem

A noção básica que se tem sobre Jesus Cristo na *Dei Verbum* pode ser compreendida nos seguintes termos: Deus enviou seu filho para ser o Deus conosco. Esse filho é Jesus Cristo, o Deus que veio para iluminar os homens, habitar entre eles e explicar a vida de Deus. É homem para os homens, o qual consuma a obra salvadora, libertando-nos das trevas, do pecado e da morte. Ele vem nos ressuscitar para a vida eterna. Seu testemunho não é somente o de anunciar, mas também o de tornar viva a Lei e a sabedoria, para dar vida em abundância, isto é, promover e atuar a justiça do Reino. Neste breve resumo a figura de Jesus Cristo se impõe mediante o binômio Deus/homem, isto é, revestida da realidade divina e humana. Uma vez individualizada essa realidade humano-divina de Jesus Cristo, o caminho a se percorrer não é outro senão o de perscrutar cada realidade em particular, embora inseparáveis. O

---

[11] SILVA, Cássio Murilo Dias da. *O Impulso Bíblico no Concílio: A Bíblia na Igreja depois da Dei Verbum*. Disponível em: <http://revistaseletronicas.pucrs.br/ojs/index.php/teo/article/viewFile/1669/1202>. Acesso em: 27.08.2012, p. 32-33.

Evangelho de São João, no entanto, perfaz outro caminho que tem como intenção traçar uma linha direta entre a vida humana de Jesus como o centro da revelação plena da verdade divina. Isto acontece porque o Evangelho de João, e somente ele, atribui a Jesus o título de *Logos*.[12]

A aplicação do título de *Logos* para Jesus, em João,[13] tem a finalidade de apresentar Jesus desde toda a eternidade, superando até mesmo o livro de Gênesis, pois não inclui Jesus como obra criada por Deus, mas como coautor ao lado do Pai em toda a obra da criação. Com este título, João apresenta a relação de Deus com Jesus e sua pré-existência.[14] Do ponto de vista do termo, *Logos* significa Palavra e, nesse sentido, a afirmação "Jesus é o Logos" iguala-se à mesma compreensão de que Jesus é a Palavra. Ao dizer que Jesus é a Palavra, de maneira indireta, estamos afirmando que Jesus é o *Logos*, e, neste sentido, o Novo Testamento nos apresenta Jesus como a Palavra viva de Deus em vários pontos de seus escritos. No Evangelho de João, portanto, merecem destaque os significados dos seguintes termos: Palavra e Verbo. Ora, enquanto Palavra de Deus, o *Logos* quer significar o conteúdo da revelação e da criação.[15] A palavra evidencia a criação de todas as coisas. É um sinal que expressa a vontade e a força de Deus, sua sabedoria e ação.[16] Ela também revela os propósitos escritos no coração de Deus.[17] O Logos é o próprio verbo divino, aquele que dá sentido a todas as coisas.[18]

---

[12] Calle, Francisco de la. Op. cit., p. 39.

[13] Cf. WARDISON, Antonio; TEIXEIRA, Cézar; JESUS, José Pedro Teixeira de. Op. cit., p. 35: Ao contrário do Novo Testamento, em que tal título não ocupa um lugar central como o Filho do Homem, como Cristo etc. O título de Logos aplicado a Jesus, para João, tem a finalidade de preencher uma lacuna deixada pelos Evangelhos sinóticos, a saber: todos eles apresentam Jesus a partir da criação. Assim, este título se torna indispensável para compreender o autor que pretende apresentar a relação de Deus com Jesus e sua pré-existência, em todo o seu relato.

[14] BENTO XVI. Exortação Apostólica Pós-Sinodal *Verbum Domini*. São Paulo: Paulinas, 2010, n. 6.

[15] Cf. Jo 1,3.18; 1Cor 8,6; Cl 1,17; Hb 1,1-2.

[16] Cf. 1Cor 1,30; Ef 3,8-11; Cl 2,2-3.

[17] Cf. Jo 1,3; Cl 1,18; 4,34; 5,30; 6,38.

[18] FIGUEIREDO, Pedro. Op. cit., p. 34. Cf. Cl 1,17.

## 2.3. Jesus Cristo fonte viva da Tradição e da Escritura

A Palavra de Deus foi confiada por Jesus Cristo e pelo Espírito Santo aos Apóstolos. De certa forma, esta afirmação parece soar como um toque mágico, diminuindo a grandeza da novidade colocada pela *Dei Verbum* que é a centralidade da Palavra de Deus e sua articulação com a Tradição e a Sagrada Escritura. O próprio documento, já mencionado, acrescenta ainda: "Assim Deus, que outrora falou, continua sempre a falar com a Esposa de seu Amado Filho; e o Espírito Santo, pelo qual ressoa a voz viva do Evangelho na Igreja e, por ela, no mundo, introduz os crentes na verdade plena e faz que a palavra de Cristo neles habite em toda a sua riqueza (cf. Cl 3,16)". Ora, se entendemos esse Filho ou Cristo como Jesus de Nazaré haveremos de concluir que a voz viva que ressoa do Evangelho na Igreja não é algo mágico, pois em cada versículo do Evangelho estão presentes, também, as marcas de uma pessoa humana que é o centro de constantes relações interativas com o passado, seu presente e o futuro.[19]

Acreditamos que a articulação entre Sagrada Escritura e Tradição torna-se algo legítimo e grandioso quando buscamos responder sobre quem é Jesus de Nazaré. Isso porque a Palavra de Deus, confiada aos Apóstolos, foi por Ele vivida em plenitude. Neste sentido, o ponto de partida para qualquer interpretação cristã não se encerra somente ou simplesmente no querigma ou no credo da Igreja, mas no movimento que o próprio Jesus de Nazaré suscitou entre seus contemporâneos. É sobre isso que os Evangelhos nos relatam, isto é, o que Ele significou para aqueles seguidores, em tudo aquilo que Ele foi, falou e fez. Nesta perspectiva, o conhecimento sobre o que aconteceu com o Cristo vem até nós, hoje, por meio da vivência das primeiras comunidades cristãs. Elas experimentaram uma vida nova que atribuíram como um dom do

---
[19] Cf. SCHILLEBEECKX, Edward. Op. cit., p. 37-38.

Espírito. Foi lembrando Jesus que essa experiência de vida nova se realizou. Por isso, o movimento cristão primitivo é, sem dúvida, ponto de partida historicamente verdadeiro. Não podemos fazer a pergunta sobre quem foi Jesus de Nazaré de maneira isolada.[20]

## 3. Interpretação

A *Dei Verbum*, no capítulo III, afirma que Deus é o autor das coisas reveladas. Elas foram escritas por inspiração do Espírito Santo na Sagrada Escritura e confiadas, por Deus, à própria Igreja. Além disso, Deus escolheu homens, autores ou hagiógrafos que, inspirados pelo Espírito Santo, colocaram por escrito, e sem erro, a verdade relativa a nossa Salvação. Com isso, toda a Escritura é inspirada por Deus e útil para instruir, refutar, corrigir e educar na justiça, a fim de que o homem de Deus seja perfeito, qualificado para toda boa obra. Cabe ao intérprete buscar o sentido que o hagiógrafo exprimiu, segundo as condições de seu tempo e de sua cultura, usando os gêneros literários então em voga, seus modos particulares de sentir, de dizer e narrar. A interpretação da Sagrada Escritura deve levar em conta sua total unidade, a Tradição viva de toda a Igreja e a analogia da fé. Cabe ao exegeta entender e expor mais profundamente o sentido da Escritura, pois sua interpretação está sujeita ao juízo último da Igreja, que tem o divino mandato e ministério de interpretar a palavra de Deus.[21]

### 3.1. Inspiração transformadora

A primeira proposição do documento, quando afirma que Deus é o autor das coisas reveladas, escritas na Sagrada Escritura e confiadas por

---

[20] Cf. SCHILLEBEECKX, Edward. Op. cit., p. 37-38.

[21] Cf. DV n. 11-13.

## 6 – A REVELAÇÃO DE DEUS NA HISTÓRIA E NAS ESCRITURAS

Deus à Igreja, certamente é valorosa, visto que postula para uma nova visão da Igreja. A confiança de Deus é algo já realizado na história de seu povo, quando, por exemplo, na entrega do mandamento divino a Moisés.[22] Tal confiança dada à Igreja torna-se ainda maior, pois, entre as coisas reveladas, não está apenas uma Lei, mas o próprio filho de Deus, Jesus Cristo. Assim, se essa compreensão é verdadeira, "a Igreja deixa de ter, como estrutura básica, o arcabouço da instituição, apresentada como eterna, de certo modo divina, para ser considerada prioritariamente a comunidade histórica dos fiéis seguidores de Jesus e do Evangelho, expressão histórica da vocação divina de toda humanidade à união com Deus".[23]

Foi mérito do Concílio Vaticano II demonstrar, por meio de uma análise histórica e teológica, a transformação da Igreja no diálogo com o mundo e com sua própria missão evangelizadora. A eclesiologia conciliar trouxe uma nova reflexão da Igreja sobre si mesma e sua atuação no mundo.[24]

O Concílio Vaticano II foi uma surpresa para Igreja! As expectativas conservadoras que o precediam transformaram-se em otimismo, esperança e progresso: discutiu-se a abertura da Igreja para o mundo, sua concepção de povo de Deus, sua relação com outras denominações cristãs e sua própria natureza e missão. Com uma eclesiologia mais sólida e compatível às vicissitudes dos tempos modernos, a Igreja pode refletir sobre sua ação e eficácia no mundo, em vista da construção do Reino de Deus. Neste sentido, a perspectiva eclesiológica do Concílio trouxe a superação de uma visão dogmática para uma concepção hermenêutica

---

[22] ETTL, Claudio. *El redescubrimiento de la Palabra de Dios. El Concilio Vaticano II y la Dei Verbum*. Disponível em: <http://www.deiverbum2005.org/Articels/ettl_s.pdf>. Acesso em: 27.08.2012, p. 4: "En el Sinaí, ante la presencia de Dios y confirmado por la renovación de la promesa de la Alianza, Moisés recibe de la boca del Señor el Decálogo, el mandamiento divino. Es éste uno de los acontecimientos más importantes de la historia de Israel".

[23] CATÃO, Francisco. Op. cit., p. 17-18. O autor também acrescenta: "É significativo que o Vaticano II, na Constituição Dogmática sobre a Igreja, a entenda como 'sacramento da união com Deus e da unidade de toda a humanidade [...] povo unido pela unidade do Pai, do Filho e do Espírito Santo'. Significativo também que, na ordenação dos temas tratados, dê prioridade ao capítulo segundo, sobre o povo de Deus em relação ao capítulo terceiro, sobre a Hierarquia".

[24] Cf. TEIXEIRA, Cézar; SILVA, C. Antonio Wardison. Eclesiologia do Concílio Vaticano Segundo. In: *Revista Eletrônica Espaço Teológico*, vol. 4, n. 6, (2010) 17.

da Igreja, que se deu pela substituição da *ortodoxia* para os *significados* das coisas. Com isso, temos uma síntese dialética entre a ontologia e a história, que superou o pensamento abstrato para interpretar os valores da história e tornar-se uma Igreja para todos, na história.[25]

Certamente, uma Igreja aberta para o mundo é capaz de dialogar com a pluralidade da cultura, com outras religiões e com as ciências; de identificar os problemas da humanidade e procurar soluções cabíveis, segundo o projeto de Deus para o homem; e de permanecer fiel a seu chamado de salvação e testemunho de Cristo. Uma Igreja povo de Deus, marcada pela ação salvífica de Deus na história e pela experiência na Trindade, em que todos são iguais e diferenciados em sua missão específica e, portanto, construtores da Igreja e protagonistas em todo projeto de salvação. Uma Igreja fortalecida pelo Espírito, que alimenta a experiência particular da Igreja e sua comunhão com toda comunidade eclesial. Em suma, todos os cristãos são chamados a unirem-se a Deus e desenvolver a perfeição da santidade. Na Igreja de hoje todos são chamados a anunciar o Evangelho e a testemunhar Cristo em sua vida. Todos são convocados à santidade, a viver em comunhão com Deus e a receber a misericórdia do Pai pelo dom da salvação. O cristão tornou-se mais consciente de sua missão evangelizadora, de sua responsabilidade, de sua contribuição na construção de um mundo novo e a viver em plena intimidade com Cristo. A compreensão da Igreja é contundente quando se visualiza sua missão de identificar os sinais dos tempos, em vista de suas transformações e necessidades, em âmbito social, cultural, político e religioso, para que se possa interpretá-los à luz da fé.[26]

---

[25] Cf. TEIXEIRA, Cézar; SILVA, C. Antonio Wardison. Op. cit., p. 24-25.

[26] Cf. Ibidem, p. 25.

## 3.2. Escritura e Inspiração

Um tema pertinente, no capítulo terceiro da *Dei Verbum*, é a inspiração. Esse conceito vem sido explicado pelos santos padres da Igreja, por meio de analogias que, deste modo, abriam horizontes de compreensão sobre a inspiração.[27] No lugar dessas analogias a *Dei Verbum* usou homens, por meio dos quais Deus falou de modo humano e sem erros. Isto significa dizer o modo como os homens, autores ou hagiógrafos colocaram por escrito as coisas reveladas. Por outro lado, essas coisas reveladas dizem respeito ao conteúdo que Deus quis revelar aos seres humanos. Certo! Acreditamos que sob a inspiração do Espírito Santo a inerrância não procede. Porém, também, não abarcamos a totalidade da Revelação, pelo fato de ser ela sempre dinâmica e transcender a natureza da racionalidade humana de entender a sua totalidade. Assim, Inspiração e Revelação são grandezas que mantêm, ao mesmo tempo, relação e distinção entre si.[28]

## 3.3. A Verdade das Escrituras

A nova relação entre Revelação e Inspiração põe em relevo uma discutida questão sobre a verdade das Escrituras,[29] isto é, os Livros da Escritura ensinam com certeza, fielmente e sem erro a verdade relativa a nossa

---

[27] Silva, Cássio Murilo Dias da. Op. cit., p. 33: "Revelação e inspiração: Já desde o período patrístico, a inspiração fora explicada por meio de analogias: ditado, instrumento, autor e obra. A princípio, essas eram apenas comparações para representar de modo figurado o dado da inspiração; com o passar dos séculos, porém, foram assumidas como categorias teológicas no debate sobre a relação Revelação – Inspiração. A DV evitou aquelas analogias e limitou-se a afirmar que Deus serviu-se de homens 'na posse de suas faculdades e capacidades': ele agiu 'neles e por meio deles' (DV 11), para falar 'por meio dos homens e à maneira humana'" (DV 12).

[28] Silva, Cássio Murilo Dias da. Op. cit., p. 34: "A *Dei Verbum* estabelece, ainda que de modo sutil, a distinção entre o conteúdo revelado e a linguagem em que tal conteúdo é transmitido. Embora a terminologia não apareça na DV, se traduzido em categorias tomistas, pode-se falar de matéria e forma. A Revelação equivale à matéria, isto é, o conteúdo que Deus deseja comunicar aos seres humanos; a inspiração equivale à forma, isto é, ao modo como os autores humanos puseram por escrito o dado revelado".

[29] Silva, Cássio Murilo Dias da. Op. cit., p. 34: A afirmação dessa ilimitada inerrância da Escritura tem suas raízes no confronto com as afirmações das diversas ciências (arqueologia, história, física etc.): "Quem tem razão: a Bíblia ou o dado científico?" Desde o final do século XIX, isto é, desde Leão XIII, o Magistério não deixou de abordar o problema. No momento da redação final da DV, ele se repropôs, com toda sua força: "Aquilo que a Bíblia diz é verdade... mas o que é que a Bíblia quer dizer?" Não se trata somente de saber as intenções do autor, mas também, e muito mais, de conhecer as diversas formas de dizer. Não entra em jogo somente o conteúdo, mas o próprio modo de dizer pode ser verdadeiro ou falso.

salvação. Desta forma, é tarefa do intérprete buscar o sentido apropriado que o hagiógrafo exprimiu, perfazendo as condições de seu tempo e de sua cultura, o uso dos gêneros literários, seus modos particulares de sentir, de dizer e narrar.[30] Neste sentido, é necessário abordar a questão na perspectiva dos tempos antigos e modernos. Em tempos passados, era comum considerar a tradição bíblica como fruto de fatos históricos sem uma interpretação crítica, pois os estudos ainda não permitiam uma compreensão mais acurada sobre os métodos de interpretação da Sagrada Escritura e, com isso, a autenticidade da fé poderia ser comprometida pelas próprias limitações de seu contexto histórico. Contudo, não faltaram grandiosas tentativas de suprir tais limitações. Os Santos Padres superavam essa carência com a interpretação alegórica da Bíblia, cuja liberdade, no uso das narrativas históricas, era tão vivificante que os próprios exegetas modernos talvez não alcancem para um maior e melhor crescimento da fé e da própria compreensão do texto bíblico.[31]

Nos tempos modernos, a interpretação bíblica pode contar com a abordagem crítica e histórica. A *Dei Verbum*, sem dúvida nenhuma, contribuiu muito para desencadear esse processo, sem deixar de considerar que a finalidade da Escritura não consiste em ser um livro de conhecimentos científicos, mas do anúncio e da realização da salvação. O novo, isto é, a abordagem científica, traz reações compreensíveis quando percebemos que o imaginário das pessoas não corresponde mais aos novos dados que os estudos mais críticos trazem, causando até oposições. Contudo, tal reação é fruto do esforço para viver uma verdade íntegra, e não dupla, isto é, a verdade da fé e a verdade da ciência. Nesse sentido, ninguém pode negar um dado da ciência que serviu para esclarecer o próprio objeto da fé. Assim sendo, aquilo que a ciência revela não pode ser desvelada pela fé. As evidências da ciência não podem ser impedidas pela fé. Sem dúvida, ao lado de muitos dados sólidos, ainda há

---

[30] Cf. DV n. 12.

[31] Cf. Schillebeeckx, Edward. Op. cit., p. 58.

muitas incertezas quanto detalhes. Entretanto, desprezar a ciência histórica por motivos de fé ou por questões duvidosas, é desleal e indigno, pois se manifesta, com isso, uma interpretação errada do que seja fé.[32]

## 3.4. Inspiração na dinâmica Fé e Razão

As questões acima referidas têm como pano de fundo aquilo que parecia estar superado, isto é, o dinamismo fé e razão, Deus e ciência. Tal dinamismo aparece hoje em reflexões de personagens importantes, como é o caso do papa Bento XVI, em sua carta encíclica sobre a Esperança Cristã. Para tanto, Bento XVI perpassa por grandes linhas de pensamentos como a de Bacon, que, com sua ideologia do progresso, promete um mundo totalmente novo, isto é, o reino do homem. Ao passar pela Revolução Francesa e o Iluminismo, com o império da razão, surge Immanuel Kant como o idealizador da fé racional que supera a fé eclesiástica. O século XIX ratificou sua fé no progresso com o chamado "*proletariado industrial*" e ilustrado, por Friedrich Engels em 1845, como terríveis condições de vida. Algo novo deveria surgir para derrubar a estrutura da sociedade burguesa. Depois da revolução burguesa de 1789, esse "algo novo" chegou com a revolução do proletariado idealizado por Karl Marx e seguido por seu discípulo Lênin. O assim chamado mundo novo, cuja base era o materialismo, estava consolidado. Um erro que condiciona o homem a ser um simples produto de condições sociais, tolhendo, portanto, sua liberdade.[33]

Percebemos, contudo, que o dinamismo fé e razão, Deus e ciência, continua sendo motivo de críticas infundadas, mas também de fazer

---

[32] SCHILLEBEECKX, Edward. Op. cit., p. 58.

[33] Cf. BENTO XVI. *Carta encíclica Spe Salvi aos Bispos, aos Presbíteros e aos Diáconos, às pessoas consagradas e a todos os fiéis leigos.* Disponível em: <http://www.vatican.va/holy_father/ benedict_xvi/ enciclicas/documents/ hf_ben-xvi_enc_20071130_spe-salvi_po.html>. Acesso em: 26.10.2011, n. 19-21.

valer, nos tempos modernos, uma das maiores virtudes teologais: a esperança, que sabiamente o papa Bento XVI escreveu na carta encíclica *Spe Salvi*.[34] Tudo isso é, certamente, um debate transparente de ideias. De fato, superamos ideologias que ignoram a luz da fé, superamos até mesmo a ideologia da "*morte de Deus*" sustentada por Nietzsch. No entanto, há muito que superar, há muito que revelar para as futuras gerações que hoje são vítimas de uma perversa inversão de valores, tendo como consequência tragédias que destroem a liberdade das pessoas, em que cada homem, cada geração é impedido de ser um novo início. A continuidade da supremacia do progresso, do reino do homem, do império da razão, da fé racional, da estrutura social burguesa e do materialismo faz parte desse nosso mundo real. A razão e a fé, Deus e a ciência, vão continuar seduzindo, mas o povo, com razão e muita fé, com a palavra de Deus e com a ciência, vai continuar inspirando, na história, a vida livre e libertada, pois ninguém pode parar a vida, ela vai acontecer independentemente de nossos esquemas de pensar, crer e interpretar.

Outra questão não menos importante, nas palavras da *Dei Verbum*, é o uso dos gêneros literários, um dos fundamentos do método histórico-crítico que se amplia ao estudo da Escritura, em comunhão com a Igreja. Graças a essa comunhão a interpretação da Bíblia na Igreja cresceu, permitindo diversas abordagens metodológico-científicas. Assim, o resultado crítico não pode ser silenciado, pois para o bem da fé cristã a verdade nova e empírica será sempre um ganho.[35] O método histórico-crítico, na época do Concílio, ocupava o centro da disputa sobre a tarefa e propósito da exegese católica. Tal método permite o reconhecimento de que os textos bíblicos tiveram uma história, foram concebidos em um contexto histórico e religioso concreto. O conhecimento desse contexto é importante, pois permite a compreensão atual

---

[34] Cf. BENTO XVI. *Carta encíclica Spe Salvi*, op. cit., n. 1-50.

[35] Cf. PONTIFÍCIA COMISSÃO BÍBLICA. *A Interpretação da Bíblia na Igreja*. São Paulo: Paulinas, 1994. Cf. SCHILLEBEECKX, Edward. Op. cit., p. 59.

dos textos e sua interpretação na Igreja. O fato de esses princípios fundamentais da exegese bíblica terem sido incorporados à consciência da Igreja, são conquistas fundamentais da *Dei Verbum*. Se, por um lado, a exegese não é mais dominada pelas questões sobre as limitações do método histórico-crítico, por outro lado, o repertório de métodos exegéticos expandiu-se, aperfeiçoou-se e novas abordagens da Bíblia foram descobertas.[36]

**Conclusão**

Na primeira parte deste capítulo, estabelece-se o dinamismo da revelação, que nos faz entendê-lo dentro de um processo, no qual se dá uma relação do homem com Deus. Essa relação é o fato de Deus se apresentar frente ao homem. Ele se comunica e muda o homem, uma mudança que atinge o âmago da vida. A revelação é uma nova determinação do sujeito consciente e livre, na qual Deus dá a esse sujeito humano o sentido da vida, como um ato de amor que é conhecimento dinâmico. Essa vitalidade vem por meio de sua fonte de compreensão: a Palavra de Deus que é o próprio Deus. Outro meio que garante essa dinâmica é a Escritura, na compreensão do *Logos*. Graças ao *Logos* a existência alcança a própria natureza de seu Criador, pois ele é eterno.

O lugar da revelação é na história e na criação. A história não é um dado imposto à revelação, porque ela é criação de Deus que, como tal, tem liberdade para nela se revelar. Deus, ao sair de si ou dar-se a se conhecer porque continuando outro, comunica algo de si a outro, que provém de sua própria interioridade. Esta sua revelação, na história, pressupõe, em certa medida, as categorias de espaço e tempo, que são inerentes à própria história. É necessário levar em conta a história,

---

[36] ETTL, Cláudio. Op. cit., p. 6.

pois nela as expressões de fé se abrem às realidades mais profundas para transformá-las e, assim, tornar nova a criatura humana, por seu agir. A história universal e humana é compreendida em um processo dialético, no qual o universal, o total e o global não existem sem o humano, o parcial e o limitado. A transcendência e a imanência da história são esferas que não podem encarcerar as expressões de fé em títulos, formas sagradas, doutrinas, conceitos morais absolutos e definitivos, permanecendo imutáveis ao longo da história. Para cada nova situação histórica, a experiência de salvação pede sempre novas expressões e articulações mais adequadas. Outro lugar da revelação é a criação, na qual se conclui que todas as coisas foram criadas por Deus e nada foi feito sem ele.

Na segunda parte, a transmissão da revelação tem como veículo a Tradição e a Sagrada Escritura. A articulação entre Tradição e Escritura coloca em foco o Deus que vem a nós por meio de sua Palavra, confiada a Jesus Cristo e pelo Espírito Santo aos Apóstolos. Jesus Cristo, por sua vez, é o Deus conosco, homem para os homens. Nele estão presentes o divino e o humano que, atribuindo-lhe o título de *Logos*, se torna o centro da revelação plena da verdade divina. A afirmação de que a Palavra de Deus, confiada por Jesus Cristo e pelo Espírito Santo aos Apóstolos, não deve soar como mágica senão como as marcas de uma pessoa humana que é o centro de constantes relações interativas com o passado, presente e futuro. Assim, a Palavra de Deus, confiada aos Apóstolos, foi vivida plenamente em Jesus Cristo. Isso significa que, para além do querigma ou do credo da Igreja, está o movimento que o próprio Jesus de Nazaré suscitou entre seus contemporâneos, constituindo, portanto, o verdadeiro ponto de partida, isto é, o conhecimento do que aconteceu com o Cristo vem até nós, hoje, por meio da vivência das primeiras comunidades cristãs. Elas experimentaram uma vida nova que atribuíram como um dom do Espírito e, com isso, foi lembrando Jesus que essa experiência de vida nova se realizou e se tornou o ponto de partida historicamente verdadeiro.

## 6 – A revelação de Deus na história e nas escrituras

Na terceira parte, tem-se presente que Deus é o autor das coisas reveladas na Sagrada Escritura, por inspiração do Espírito Santo, e confiada à Igreja. Essa confiança de Deus, outrora dada a Moisés por ocasião do mandamento divino, foi estendia à Igreja, cuja doação não é mais a Lei, e sim o próprio Filho de Deus, nosso Senhor Jesus Cristo. Isso implica em uma inspiração transformadora, isto é, a Igreja deixa de ter, como estrutura básica, o arquétipo da instituição, eterna e divina, para ser prioritariamente a comunidade histórica dos fiéis seguidores de Jesus e do Evangelho. Sua vocação é a de viver junto com toda humanidade e em união com Deus, o que possibilita uma abertura para o mundo, o diálogo com a pluralidade da cultura, com outras religiões e com as ciências. Na Igreja de hoje, todos são chamados a anunciar o Evangelho e a testemunhar Jesus Cristo na vida, tendo em vista a transformação da própria Igreja e do mundo.

A inspiração é um tema pertinente que vem sido explicado pelos Santos Padres da Igreja por meio de analogias. A *Dei Verbum* atualiza essa explicação com a categoria "homens". Foi por meio dos homens, autores ou hagiógrafos, que as coisas reveladas foram colocadas por escrito. Desta forma, entendemos que Deus falou de modo humano e sem erros. De fato, sob a ação do Espírito Santo o erro não procede, porém quando o Espírito é retirado do escrito o erro procede, pois compromete a racionalidade humana de entender sua totalidade e revelação.

A verdade das Escrituras é íntegra, seja nos tempos antigos ou atuais não se pode viver em mão dupla, isto é, a verdade da fé e a verdade da ciência, pois ninguém pode negar um dado da ciência que serviu para esclarecer o próprio objeto da fé. Embora a finalidade da Escritura não seja o dado científico, e sim o anúncio da salvação, seria desleal desprezar a ciência histórica por motivos de fé. O dinamismo fé e razão, Deus e ciência, continua suscitando debates que superam ideologias pautadas pelo relativismo da fé. Contudo, há quem continue inspirando, na história, com razão e muita fé, com a Palavra de Deus e com a ciência, a vida livre e libertada que vai acontecer independentemente de nossos esquemas de pensar, crer e interpretar.

Finalmente, o uso do método histórico-crítico é sem dúvida uma das conquistas fundamentais da *Dei Verbum*. Seu reconhecimento garante o estudo dos textos bíblicos, sobretudo o estudo dos contextos históricos e religiosos concretos, que são princípios fundamentais para a exegese bíblica, para a interpretação e para a consciência da Igreja.

**Bibliografia**

BENTO XVI. *carta encíclica Spe Salvi aos bispo, aos Presbíteros e aos Diáconos, às pessoas consagradas e a todos os fiéis leigos*. Disponível em: <http://www.vatican.va/ holy _father/benedict_xvi/encyclicas/documents/hf_ben-xvi_enc_20071130_spe-salvi_po. html>. Acesso em: 26.10.2011, n. 1-50.

BENTO XVI. *Exortação Apostólica Pós-Sinodal Verbum Domini*. São Paulo: Paulinas, 2010.

TEIXEIRA, Cézar; SILVA, C. Antonio Wardison. Eclesiologia do Concílio Vaticano Segundo. In: *Revista Eletrônica Espaço Teológico*, vol. 4, n. 6 (2010) 17-28.

CALLE, Francisco de la. *A teologia do Quarto Evangelho*, (trad.) José Raimundo Vidigal. São Paulo: Paulinas, 1985.

CATÃO, Francisco. A Nova Evangelização. In: *Revista de Cultura Teológica*. São Paulo: Paulinas, vol. 19, n. 74 (2011) 16.

CONCESSAO, Vincent Michael. *God's Word: Living Hope and Lasting Peace. Inaugural Address for the Fourth Asia-Oceania. Biblical Congress*. Disponível em: <http://www. deiverbum2005.org/Articels/concessao.pdf>. Acesso em: 27.08.2012.

CONCÍLIO VATICANO II. Constituição Dogmática *Dei Verbum* sobre a Revelação Divina. In: *Documentos do Concílio Ecumênico Vaticano II (1962-1965)*. 4. ed. São Paulo: Paulus, 2007.

ETTL, Claudio. *El redescubrimiento de la Palabra de Dios. El Concílio Vaticano II y la Dei Verbum.* Disponível em: <http://www.deiverbum2005.org/Articels/ettl_s.pdf>. Acesso em: 27.08.2012.

FIGUEIREDO, Pedro. A Questão do Logos e os Discursos de Jesus no Evangelho de São João. In: *Revista de Ciência das religiões*, vol. I (2008) 50.

PONTIFÍCIA COMISSÃO BÍBLICA. *A Interpretação da Bíblia na Igreja.* São Paulo: Paulinas, 1994.

SCHILLEBEECKX, Edward. *Jesus. A história de um vivente.* (Título original: Jezus het verhaal van een levende). São Paulo: Paulus, 2008.

SILVA, Cássio Murilo Dias da. *O Impulso Bíblico no Concílio: A Bíblia na Igreja depois da Dei Verbum.* Disponível em <http://revistaseletronicas.pucrs.br/ojs/index.php/teo/article/viewFile/1669/12>. Acesso em: 27.08.2012.

WARDISON, Antonio; TEIXEIRA, Cézar; JESUS, José Pedro Teixeira de. O Prólogo de João: Atributos Conferidos ao Logos. In: *Revista de Cultura Teológica.* São Paulo: Paulinas, vol. 19, n. 74 (2011) 39-41.

# 7

# A REVELAÇÃO DIVINA NO ANTIGO E NOVO TESTAMENTOS

## Dei Verbum 14-20

*Gilvan Leite de Araujo*
Doutor em Teologia Bíblica pela Universidade Santo Tomás de Aquino – Roma
Professor na Faculdade de Teologia Nossa Senhora da Assunção da PUC-SP
Presbítero da Diocese de Osasco

Deus uno e trino se autocomunica por eventos e palavras, dando-se a conhecer e revelando seu projeto de comunhão para com a humanidade. Do cosmos ao coração humano, ecoa esta Palavra misteriosa, enfim revelada na pessoa de Jesus, o Messias. Nas Escrituras encontramos o registro dessa mesma Palavra, narrada e testemunhada pelo Povo da Aliança, de Israel à Igreja dos gentios. Texto e contexto, antiguidade e novidade, letra e Espírito compõem a trama fascinante das Escrituras, sempre abertas para nós.

Os primeiros séculos da era cristã, no âmbito bíblico, não foram apenas de redação, mas de codificação dos escritos considerados canônicos. Nos tempos atuais o Concílio Vaticano II, através da Encíclica *Dei Verbum*, continua a sublinhar a dependência Antigo e Novo Testamento, posteriormente retomada pelo sínodo sobre a Palavra de Deus de 2008 e expressa pela Exortação Apostólica Pós-Sinodal *Verbum Domini*.

O documento Conciliar *Dei Verbum* dedica os parágrafos quatorze ao vinte à relação entre o AT e o NT. O argumento será desenvolvido nos parágrafos trinta e nove ao quarenta e um do documento pós-sinodal *Verbum Domini*. Tais documentos evidenciam a intrínseca relação existente entre as Escrituras Sagradas do povo judeu e as Escrituras Cristãs. Claro que os documentos acentuam a centralidade dos Evangelhos no rol da Escritura. Isto quer dizer que as Escrituras são lidas a partir do evento Jesus Cristo.[1] Assim, é sob a ótica de Jesus Cristo que o leitor cristão compreende toda a Bíblia.[2]

Partindo dessa perspectiva, faremos um estudo sobre alguns documentos da Igreja que tratam das Sagradas Escrituras.

---

[1] Cf. DV 18-19; VD 39.

[2] Cf. VD 41.

## 1. A relação entre o AT e o NT

Os primeiros indícios da preocupação da Igreja primitiva quanto à relação entre o Novo e o Antigo Testamento são encontrados nos próprios textos sagrados. Os autores sagrados procuram compreender a pessoa e a mensagem de Jesus Cristo a partir da Sagrada Escritura Judaica. Tal abordagem acontece por meio da:

1) Citação literal do AT no NT.
2) Afirmação "segundo as escrituras" ou "para se cumprir as escrituras".
3) Atualização ou explicação dos textos do AT no NT
   (cf. Lc 24,27.45; At 18,28).

A comunidade primitiva explica certos eventos e frases como cumprimento ou superação de eventos ou pronunciamentos antigo-testamentários. Ela lê "o AT à luz de Cristo, na Antiga Aliança, prefiguração do que mesmo Deus realizou, na plenitude dos tempos, na pessoa de seu Filho encarnado" (VD 41).

Segundo o Documento Conciliar *Dei Verbum*, "a economia do Antigo Testamento destinava-se, sobretudo, a preparar, a anunciar profeticamente... e a simbolizar com várias figuras... o advento de Cristo... e do reino messiânico" (DV 15) e foi justamente sob essa ótica que os autores sagrados do Novo Testamento buscaram compreender a mensagem contida no AT explicitando no NT. Neste sentido, a DV afirma que "o Novo Testamento está latente no Antigo e o Antigo está patente no Novo". Por isso, afirma a *Verbum Domini*, "a sã doutrina cristã sempre recusou qualquer forma emergente de marcionismo, que tende de diversos modos a contrapor entre si o Antigo e o Novo Testamento" (VD 40).

Na Igreja Primitiva a base escriturística era justamente o Antigo Testamento. Este era meditado a partir da pessoa de Jesus. Progressivamente vai surgindo o NT. Contudo, o AT não perde seu referencial, ou seja, continua sendo um elemento normativo para a reta compreensão do NT. Esta concepção é evidente na liturgia cristã. Mesmo o Evangelho tendo a primazia, como é de se esperar, jamais abdica da presença do AT. Neste sentido o Evangelho é lido à luz do AT e atualizado a partir dos demais textos neotestamentários e do Magistério da Igreja, que atualiza e exemplifica para o tempo presente.

Este intercâmbio entre o AT e o NT contou com o exercício da Tradição e teve continuidade com o Magistério da Igreja, que faz com que o anúncio seja sempre novo e atual. Portanto, Jesus Cristo nunca será um tema do passado, ele é o novo, não a novidade, para os homens e mulheres de todos os tempos e lugares. A DV e a VD buscam evidenciar essa conformidade entre o AT e o NT. Contudo, como nota a VD, o cumprimento das Escrituras "comporta uma tríplice dimensão: um aspecto fundamental de continuidade com a revelação do AT, um aspecto de ruptura e um aspecto de cumprimento e superação" (VD 40).

Além de os textos sagrados do NT afirmarem a base escriturística do AT, a Igreja buscou nos primeiros séculos da era cristã normatizar essa relação, principalmente diante de ameaças que atenuam ou anulavam definitivamente o valor do Antigo Testamento.

## 2. Os primeiros documentos da Igreja sobre a Bíblia

Os primeiros documentos da Igreja procuravam apresentar os livros considerados canônicos, os que eram de leituras particulares e os que não deveriam ser lidos. Esta preocupação era orientar quais eram os textos inspirados e quais eram os textos considerados não inspirados. Tal preocupação manifesta uma proliferação de obras escritas, nas quais a Igreja primitiva tinha de verificar a veracidade ou falsidade, bem como aqueles considerados canônicos e aqueles considerados heréticos.

## 2.1. Cânon de Muratori (160-170 d.C.)[3]

O primeiro escrito conhecido a esse respeito é o Cânon de Muratori, escrito durante o pontificado de São Sotero (166-175 d.C.) e no qual são apresentados os livros que compõem o NT. A lista não faz referência à primeira e segunda carta de Pedro, Carta de Tiago e à Carta aos Hebreus. Outra característica interessante do Cânon é o breve comentário feito a cada um dos livros citados. Outra característica é a distinção entre as classes de livro, conforme segue:

1) Livros Canônicos: que se leem publicamente na Igreja: os quatro Evangelhos, Atos dos Apóstolos, 13 Cartas de Paulo, 2 de João, Apocalipse e Judas.

2) Os que podem ser lidos em privados, mas não convém publicamente: Pastor de Hermas.

3) Os que não devem ser lidos: escritos e cartas aos Laodicenses e aos Alexandrinos inventados por Marcião.[4]

## 2.2. Catálogo do Códice de Clermont (Claromontanus: séc. IV)

O Claromontanus surge durante o papado de São Marcelo I (308-309) e trata-se de um manuscrito em grego e latim que contém as Cartas de Paulo. Curioso é que entre Filemon e Hebreus o autor acrescenta uma relação de livros do Antigo e do Novo Testamento. Outra característica é a menção a livros não canônicos (Carta de Barnabé, Pastor de Hermas, Atos de Paulo e Apocalipse de Pedro).[5]

---

[3] Os Documentos da Igreja sobre as Sagradas Escrituras estão reunidos em duas obras. O primeiro é o *Enchiridion Biblicum – Documenti della Chiesa sulla Sacra Scrittura*, edizione bilíngue [a cura de Alfio Filippi e Erminio Lora], EDB, Bologna 1993; o segundo é a obra de ALVES, Herculano. *Documentos da Igreja sobre a Bíblia*: 160-2010. Fátima: Difusora Bíblica & Gráfica de Coimbra 2, 2011. Nesta persquisa optou-se pelo segundo, devido às divergências de dados contidas nas duas obras.

[4] Cf. ALVES, Herculano. *Documentos da Igreja sobre a Bíblia*: 160-2010, p. 94-95.

[5] Cf. Ibidem, p. 97.

## 2.3. Cânon de São Cirilo de Jerusalém (313-386[348])

O Cânon de São Cirilo surge durante o pontificado de São Júlio I (337-352). São Cirilo participou do Concílio de Constantinopla em 381 e 382. Na mesma época surge o Cânon de Santo Inácio. Ambos demonstram a preocupação em manter a fidelidade aos textos sagrados considerados inspirados.[6]

## 2.4. Cânon do Concílio de Laodiceia (± 360)

O documento conciliar proíbe a oração pública de salmos não bíblicos, a fim de evitar a confusão entre "palavra de Deus e palavra dos homens". Outra característica é a constituição de uma lista de livros sagrados, nos quais não aparece Judite, Tobite, Eclesiástico, Sabedoria, Macabeus e Apocalipse de São João. O documento conciliar é redigido durante o pontificado de Libério (352-366).[7]

## 2.5. Cânon de Santo Atanásio (367) – Papa Dâmaso I (366-384)

Fundamentalmente, o Cânon de Atanásio é o mesmo de São Cirilo de Jerusalém. Atanásio, no entanto, apresenta algumas novidades, ou seja, explica melhor os livros bíblicos, apresenta o Apocalipse de São João como canônico e alguns livros do AT escritos em grego, como bons para leitura, mas não inspirados pelo Espírito Santo. Tendo participado do Concílio de Niceia (325), é, pois, uma testemunha importante no que se refere ao cânon da Bíblia.

---

[6] Cf. ALVES, Herculano. Op. cit., p. 98-99.

[7] IBIDEM, p. 100.

## 2.6. Cânon do Concílio de Roma (382) – Decreto Gelasiano Papa Dâmaso (382)

O Decreto, no segundo capítulo da primeira parte, apresenta uma lista completa dos livros considerados inspirados e, portanto, integrados ao Cânon, e lidos publicamente na Igreja como Palavra de Deus. Na segunda parte do Decreto é apresentado uma lista de 60 livros não canônicos. A primeira parte do Decreto, sem dúvida, provém do Concílio de Roma (382), durante o papado de São Dâmaso, do qual também participou São Jerônimo. A segunda parte foi anexada entre o V ou VI século e contém uma lista de 60 livros considerados apócrifos. O decreto foi reimpresso várias vezes, Gelásio I (492-496) e difunde-se durante o século VII, podendo ser chamado de "Decreto Pseudo-Gelasiano" ou como aparece no Densinger "*Decretum Damasi (382)*".[8]

Curioso é que o Decreto é atribuído ao Papa Gelásio (492-496). Contudo, o Decreto Gelasiano é uma transcrição dos resultados do Concílio de Roma de 382.[9]

"Mas tratemos agora das Sagradas Escrituras, as que a Igreja Católica universal deve guardar e as que deve evitar. Começa o cânon do Antigo Testamento: 1 livro do Gênesis; 1 livro do Êxodo; 1 livro do Levítico; 1 livro dos Números; 1 livro de Deuteronômio; 1 livro de Josué; 1 livro dos Juízes; 1 livro de Rute; 4 livros dos Reis [1 e 2 Reis = 1 e 2 Samuel; 3 e 4 Reis = 1 e 2 Reis]; 2 dos Paralipómenos [= 1 e 2 Crônicas]; 1 livro do Saltério; 3 livros de Salomão: 1 dos Provérbios, 1 do Eclesiastes, 1 Cântico dos Cânticos; além disso, 1 da Sabedoria; 1 do Eclesiástico. Começa o cânon dos Profetas: 1 de Isaías; 1 de Jeremias com 1 de Baruc e suas Lamentações; 1 de Ezequiel; 1 de Daniel; 1 de Joel; 1 de Abdias; 1 de Oseias; 1 de Amós; 1 de Miqueias; 1 de Jonas; 1 de Naum; 1 de Habacuc; 1 de Sofonias; 1 de Ageu; 1 de Zacarias; 1 de Malaquias. Cânon das histórias: 1 de Job; 1 de Tobias; 1 de Judite; 1 de

---

[8] Cf. ALVES, Herculano. Op. cit., p. 102-103.

[9] Ibidem, p. 103.

Ester; 1 de Esdras [= Esdras e Neemias]; 2 de Macabeus [= 1 e 2 Macabeus]. Cânon das Escrituras do Novo Testamento que são aceitos pela Igreja Santa Católica: 1 Evangelho segundo Mateus; 1 segundo Marcos; 1 segundo Lucas; 1 segundo João. Catorze cartas de Paulo: 1 aos Romanos; 2 aos Coríntios; 1 aos Efésios; 2 aos Tessalonicenses; 1 aos Gálatas; 1 aos Filipenses; 1 aos Colossenses; 2 a Timóteo; 1 a Tito; 1 a Filêmon; 1 aos Hebreus. Também: 1 Apocalipse de João; 1 Atos dos Apóstolos. Também: sete cartas canônicas: 2 de Pedro; 1 de Tiago Apóstolo; 1 do Apóstolo João; 2 de outro João, Presbítero; 1 de Judas zelota. Tal é o Cânon do Novo Testamento.[10]

Os livros considerados apócrifos foram inseridos posteriormente, como víamos acima. Entre eles podemos citar: Atos de André; Atos de Tomé; Viagem de Pedro; Atos do Apóstolo Pedro; Atos do Apóstolo Filipe; Evangelho de Matias; Evangelho de Barnabé; Evangelho de Tiago Menor; Evangelho de Pedro; Evangelho de Tomé (usado pelos maniqueus); Evangelho de Bartolomeu; Evangelho de André; Evangelho falsificado por Luciano; Evangelho falsificado por Esíquio; Livro sobre a infância do Salvador; Livro chamado Pastor; Atos de Tecla e Paulo [nesta obra são fornecidos algumas características físicas de Paulo]; Livro dos Provérbios compostos por hereges e espalhado por Sixto; Apocalipse de Paulo; Apocalipse de Tomé; Apocalipse de Estevão; Trânsito de Maria; Penitência de Adão; Testamento de Jó e constituições dos Apóstolos.[11] A lista continua, mas é possível visualizar tanto a criativa da produção, quanto a dificuldade para a Igreja em defender os livros inspirados e rejeitar os apócrifos.

## 2.7. Cânon do Concílio de Hipona (08.10.393) – Papa Sirício (384-399)

Concílio Plenário do Norte da África, conduzido por Aurélio, bispo de Cartago e pelo papa Sirício, realizado durante a época de Santo Agostinho, bispo de Hipona. Nas conclusões desse Concílio Plenário encontra-

---

[10] ALVES, Herculano. Op. cit., p. 103-104.

[11] Ibidem, p. 104-105.

-se a totalidade dos livros considerados inspirados, ou seja, o Cânon completo. Esta mesma lista será utilizada posteriormente pelo Concílio de Trento no século. XVI. Outra característica é consciência de catolicidade, ou seja, a Igreja da África afirma ser necessária confirmação do bispo de Roma. Além disso, reconhecia-se a necessidade de que o Cânon dos livros inspirados deveria ser aceita por todas as Igrejas.[12]

### 2.8. III Concílio de Cartago (28.08.397)

Tanto o Cânon do Concílio de Hipona, quanto o do III Concílio de Cartago afirmam a necessidade da confirmação do bispo de Roma, ou seja, em ambos encontramos escrito: "para confirmação deste cânon, deve-se consultar a Igreja do outro lado do mar [Roma]".[13] No entanto trata-se de documentos muito diferentes entre si.

### 2.9. Antigos Estatutos da Igreja (400)

Com este nome designa-se uma coleção de 105 cânones que foram atribuídos a um presumível IV Concílio de Cartago (398). Hoje pensa-se que é uma compilação do fim do século V, que reuniu disposições conciliares do Oriente e do Ocidente contra os pelagianos, no Cânon I, ao se tratar da questão de bispos dispõe: "fala-se daquele que deve ser ordenado bispo. Cânon I. Deve ser também interrogado se reconhece como autor do Novo e do Antigo Testamento, isto é, da Lei e dos Profetas, e dos Escritos dos Apóstolos, um único e mesmo Deus".[14] Muitos documentos da Igreja manifestam tal preocupação, ou seja, o reconhecer o Antigo e o Novo Testamento como autoria divina. Independentemente da questão, o que se deve sublinhar é o fato de se reconhecer o valor dos dois testamentos.

---

[12] Cf. ALVES, Herculano. Op. cit., p. 106.

[13] Ibidem, p. 107.

[14] Ibidem, p. 108.

## 2.10. Cânon do Papa Inocêncio I (20.02.405) – S. Inocêncio I (401-417)

A Carta *Consulenti Tibi* do papa Inocêncio I é uma resposta as indagações do bispo de Toulouse (França), Exupério. A última questão apresentada pelo bispo versa sobre o cânon das Escrituras. Tal preocupação surge por causa de certas heresias e acerca da opinião de São Jerônimo sobre os deuterocanônicos do Antigo Testamento. Na resposta, o Papa apresenta a lista definitiva dos livros inspirados, apresentada pelo Concílio Plenário de Hipona e que será adotada posteriormente pelo Concílio de Trento.[15]

## 2.11. I Concílio de Toledo (400 ou 405)

O I Concílio de Toledo enfrenta o problema da heresia prisciliana. Neste Concílio encontramos as seguintes disposições: "Cânon 8. Se alguém afirmar e acreditar que há um Deus para a Lei antiga e outro diferente para os Evangelhos seja anátema... Cânon 12. Se alguém venera ou atribui autoridade a outras escrituras que não as que são aceitas pela Igreja, seja anátema".[16]

## 2.12. São Leão I (440-461), carta 15, Quam laudabiliter, a Turíbio, bispo de Astorga, (21.07.447)

A carta 15 condena os erros dos pricilianos. Nesta o papa afirma: "Falsificam as Escrituras autênticas e introduzem outras falsas". Prossegue a Carta: "Devemos, portanto, ter cuidado e prover com zelo sacerdotal que os códices falsificados, e não conformes com verdade, não sejam, de modo algum, usados na proclamação das leituras [liturgia]... As Escrituras apócrifas, portanto, escritas sob o nome dos Apóstolos, não devem ser apenas proibidas, mas também recolhidas e destruídas... Por isso, se algum bispo... permite que se leiam na Igreja como canônicos

---

[15] Cf. ALVES, Herculano. Op. cit., p. 108

[16] Ibidem, p. 109.

aqueles códices que estão corrompidos pela falsa correção dos Priscilianos, saiba que deve considerar-se herético..."[17]

### 2.13. Sinopse da Sagrada Escritura (fim do séc. V)

Esta Sinópse foi encontrada apenas numa fonte. O autor cita *Migne*, 28, 284, como fonte desse documento. E numa nota de rodapé afirma: "esta sinopse foi, antes, falsamente atribuída a Santo Atanásio..."[18]

Como se pode verificar, os documentos Apostólicos e Patrísticos a respeito das Sagradas Escrituras apresentam, no geral, uma preocupação com o Cânon e com a questão de livros inspirados ou não. Em todo caso, percebe-se durante este período uma proliferação de escritos ou "teologias" que tendiam a afirmar ideologicamente certa doutrina. Além do mais, muito comumente se afirma que o Cânon da Bíblia tenha sido estabelecido somente a partir do Concílio de Trento. Uma coisa é confirmar o Cânon, como o faz o Concílio frente às questões protestantes, diga-se de passagem equivocadas, outra coisa é querer dizer que somente neste Concílio é que a Igreja tenha estabelecido. Como os documentos apostólicos e patrísticos afirmam, o Cânon da Bíblia foi uma das primeiras preocupações da Igreja Primitiva.

### 2.14. Concílio de Trento

O Decreto sobre a Sagrada Escritura, datado de oito de abril de 1546, no Primeiro Decreto parágrafos 58 e 59 apresenta o Cânon da Bíblia Católica, conforme segue:

> Julgou também que se deveria juntar a estre decreto o índice (Cânon) dos Livros Sagrados, para que a ninguém reste dúvidas sobre os Livros que o Concílio

---

[17] ALVES, Herculano. Op. cit., p. 110.

[18] Ibidem, p. 111.

aceita. São, pois, os seguintes: do Antigo Testamento: os cinco de Moisés, ou seja, Gênesis, Êxodo, Levítico, Números, Deuteronômio; Josué, Juízes, Rute; os quatro dos Reis, dois dos Paralipómenos [= Crônicas], o primeiro de Esdras e o segundo, também chamado Neemias, Tobias, Judite, Ester, Job, o Saltério davídico de 150 Salmos, as Parábolas [= Provérbios], Eclesiastes, Cântico dos Cânticos, Sabedoria, Eclesiástico, Isaías, Jeremias, com Baruc, Ezequiel e Daniel; os Doze Profetas Menores, a saber: Oseias, Joel, Amós, Abdias, Jonas, Miqueias, Naum, Habacuc, Ageu, Zacarias, Malaquias; os dois dos Macabeus, o Primeiro e o Segundo. Do Novo Testamento: Os quatro Evangelhos segundo Mateus, Marcos, Lucas e João; os Atos dos Apóstolos, escrito pelo evangelista Lucas; catorze Cartas de Paulo: aos Romanos, duas aos Coríntios, aos Gálatas, aos Efésios, aos Filipenses, aos Colossenses, duas aos Tessalonicenses, duas a Timóteo, a Tito, a Filêmon, aos Hebreus; duas do Apóstolo Pedro; três do Apóstolo João, uma do apóstolo Tiago, uma do Apóstolo Judas e o Apocalipse do Apóstolo João.[19]

## Conclusão

O Concílio de Trento retoma a doutrina e reafirma o Cânon do Concílio de Roma de 382. A preocupação do concílio era, sem dúvida, salvaguardar a integridade do cânon, seja quanto aos livros que o compõem, seja quanto à fidelidade do texto transmitido. Claro que a questão era caracterizada pelas polêmicas luteranas a respeito de cânon e tradução fidedigna. O Concílio de Trento elaborou quatro decretos sobre as Sagradas Escrituras. O primeiro sobre o cânon dos livros da Bíblia; o segundo sobre as edições e interpretação da Bíblia; o terceiro sobre o ensino da Sagrada Escritura; e o quarto sobre a relação da Bíblia com a Tradição. Leva-se em conta que por longos séculos a Igreja teve de salvaguardar a integridade do cânon da Bíblia face à pluralidade de escritos que circulavam. Portanto, a obra de Lutero tinha, por um lado, o valor de resgate das línguas originais, ou seja, grego e hebraico, mas, por outro lado, Lutero se tinha equivocado quanto à antiguidade dos textos. De fato, o cânon da edição da Septuaginta era

---
[19] ALVES, Herculano. Op. cit., p. 129.

quase quatro séculos mais antigo do que o cânon da Bíblia Hebraica que se formou durante a época de Jamnia. Deve-se ressaltar ainda que o cânon da Bíblia Hebraica sofreu a rejeição da cultura grego-romana condenada pelo judaísmo como nociva, por ter sido Roma, com sua cultura grega a destruir Jerusalém em 70 e 135 d.C. O critério de livros inspirados foi delimitado pela rejeição dos livros escritos em grego, o que veio a ser um problema e prejuízo para o próprio judaísmo, como, por exemplo, a celebração da festa de Hanucá, que tem a sua base nos livros de 1 e 2 Macabeus.

Após o Concílio de Trento pouco se tratou sobre a questão da Bíblia. Este período que vai do Concílio de Trento ao Concílio Vaticano I produziu apenas algumas recomendações ou condenações sobre questões bíblicas. Clemente XI condena em 1713 as ideias do jansenista Pasquier Quesnel,[20] e em 1779 Pio VI condena o livro "Novo Testemunho acerca da profecia do Emmanuel de J. Lar Isenbiehl.[21] A partir de 1800 a Igreja publica alguns decretos proibindo a tradução da Bíblia. Em 1816 o Papa Pio VII publica um decreto proibindo a tradução da Bíblia em língua vulgar.[22] A mesma proibição virá em 1824 pelo Papa Leão XII e em 1829 pelo Papa Pio VIII.[23]

Quanto à autoria do Antigo e do Novo Testamento, o Papa Inocêncio III, na Carta *Eius exemplo* ao arcebispo de Tarragona (18.12.1208), o II Concílio de Lião (julho de 1274) e o Concílio Ecumênico de Florença, na Bula *Cantate Domino* de 04.02.1442, afirmam ser Deus o único autor dos dois Testamentos.

Digno de nota é a Carta do Papa Clemente VI ao *Catholicon* dos Armênios (29.09.1351), na qual afirma que o Antigo e o Novo Testamento contêm toda a verdade.[24]

---

[20] ALVES, Herculano. Op. cit., p. 142.

[21] Ibidem, p. 143.

[22] Ibidem, p. 144.

[23] Ibidem, p. 147.

[24] Ibidem, p. 122.

Somente a partir do século XIX é que teremos uma clara preocupação da Igreja com o tema da Bíblia. Os séculos posteriores ao Concílio de Trento guardam um vazio da Igreja no que tange a Bíblia. Pode-se dizer que o grande impulso para uma renovada visão sobre a Bíblia surge somente no século XX e tem seu ápice com o Concílio Vaticano II.

Esta lacuna pós-Trento foi extremamente prejudicial em todos os âmbitos da Igreja, principalmente o missionário. Contudo, o foco principal dessa pesquisa é a relação Antigo-Novo Testamento. Sobre isto o Magistério da Igreja foi sempre clara e objetiva, ou seja, a unidade intrínseca entre ambos. Mesmo diante de concepções heréticas, como o marcionismo ou o priscilianismo, que tentaram, sem sucesso, desviar essa verdade aceita e praticada pela teologia cristã.

## Bibliografia

ALVES, Herculano. *Documentos da Igreja sobre a Bíblia*: 160-2010. Fátima: Difusora Bíblica & Gráfica de Coimbra 2, 2011.

BENTO XVI. Exortação Apostólica *Verbum Domini*. São Paulo: Paulinas, 2010.

CONCÍLIO VATICANO II. Constituição Dogmática *Dei Verbum*. In: *Compêndio do Vaticano II*. 21. ed. Petrópolis: Vozes, 1991, p. 120-139.

FILIPPI, A.; LORA, E. (Orgs.) *Enchiridion Biblicum*. Bologna: EDB, 1993.

# 8

# A SAGRADA ESCRITURA NA VIDA DA IGREJA

## *Dei Verbum* 21-26

*Mauro Negro*
Mestre em Teologia Bíblica pela PUC-SP
Professor na Faculdade de Teologia Nossa Senhora da Assunção da PUC-SP
Presbítero da Congregação dos Oblatos de São José (OSJ)

Mais que um livro, as Escrituras são testemunho da Palavra divina acolhida, narrada e proclamada, tendo Jesus por centro e chave hermenêutica originária. Do Primeiro ao Novo Testamentos, é Cristo quem se pronuncia, como Verbo vivo de Deus. Ao celebrar e viver sua fé, a Igreja vincula intimamente esta Palavra com os sacramentos, já que em ambos age Cristo, no poder do Espírito Santo. O que é dito nas Escrituras é celebrado nos Sacramentos e testemunhado na vida teologal dos cristãos.

A Constituição Dogmática *Dei Verbum* sobre a Revelação divina afirma, logo no início do n. 2: "Aprouve a Deus, em sua bondade e sabedoria, revelar-se a si mesmo e tornar conhecido o mistério de sua vontade".[1] E mais à frente, no mesmo parágrafo, lê-se o que parece ser o núcleo do conceito de Revelação: "Este plano de revelação se concretiza através de acontecimentos e palavras intimamente conexos entre si..."

Acontecimentos e Palavras, não simplesmente ideias, mas "Eventos", momentos históricos nos quais há escolhas, aceitações, rejeições, fatos. Este é o princípio da Revelação em *Dei Verbum*. Na atualidade, próximo de completar cinquenta anos de sua promulgação,[2] parece ser necessário voltar a sua letra, para compreender os princípios que a nortearam e, sob o influxo da recente *Verbum Domini*, continuar o conhecimento da Revelação, para que "[...] o mundo inteiro ouvindo creia, crendo espere, esperando ame".[3]

O presente artigo tem três intenções: 1. Apresentar de modo sucinto o conjunto do texto da *Dei Verbum* e, de modo mais detalhado, os números de 21 a 26 da mesma Constituição Dogmática sobre a Revelação Divina[4] e seus pontos fundamentais. 2. Fazer uma relação entre

---

[1] Concílio Vaticano II. *Constituição Dogmática "Dei Verbum" sobre a Divina Revelação*, n. 2.

[2] *Dei Verbum* foi promulgada em 18 de novembro de 1965.

[3] *Dei Verbum*, n. 1, citando Santo Agostinho em *De cathechizandis rudibus*, cap. IV, n. 8.

[4] Usa-se como texto-base o contido em Compêndio do Vaticano II. *Constituições, decretos, declarações*. Petrópolis (RJ): Vozes, 29. ed., 2000.

esses números e o conjunto do texto magisterial. 3. Intuir um tema de notável importância desses números e relacioná-lo com a vida da Igreja, especialmente em relação à Exortação Apostólica Pós-Sinodal *Verbum Domini*, sobre a Palavra de Deus na Vida e na Missão da Igreja. Estas poucas considerações estão em função de contribuir para uma redescoberta de um texto realmente magnífico de potencialidades e perspectivas ainda a ser compreendidas e aplicadas.

## 1. A Sagrada Escritura na vida da Igreja

### 1.1. Pressupostos

A análise da *Dei Verbum* é um processo constante de descobrir os motivos de ser e existir da própria Igreja. Isto é importante, pois é comum que se entenda que a Bíblia ou Sagrada Escritura "reúna" a Igreja, quando ela, antes de reunir, forma a Igreja no sentido de originá-la.[5] Isto, não obstante o Cristianismo, seja não uma religião do "livro", mas da "Pessoa", que é Jesus Cristo.

O "Livro", aqui grafado com maiúscula, é uma metáfora para a Sagrada Escritura. Hoje encontra-se a Sagrada Escritura em um volume único, formando assim um "livro", publicado com relativa uniformidade pelas várias confissões religiosas. O processo histórico de chegada a esse ponto foi bem complexo e até atribulado.[6] A facilidade com que se usa a Sagrada Escritura como livro ou volume único esconde o longo desenvolvimento da compreensão das comunidades de fé a respeito de diversos aspectos do texto, em especial sua inspiração, sua canonicidade e o conjunto do que é através dele revelado.

---

[5] Esta é parte do interessante debate entre liturgistas e biblistas: A Bíblia forma ou a Liturgia ou é esta que forma aquela?

[6] Cf. a recente publicação: SCHNIEDEWIND, William M. *Como a Bíblia tornou-se um livro*. A textualização do antigo Israel. São Paulo: Loyola, 2011, 300 p.

Então, o "Livro", antonomásia de Sagrada Escritura que é o local privilegiado da Revelação, é o "objeto" que forma a Comunidade de Fé e lhe dá identidade. É a expressão de vida dos fiéis e de sua experiência com Aquele que seguem e aquilo que professam. Ela não pode ser meramente uma referência de apoio a argumentos ou ideias teológicas, mas sim a fonte da origem das mesmas, ainda que não de modo sistemático, mas vivaz, experiencial.

### 1.2. Estrutura da "Dei Verbum"

O capítulo VI da Constituição Dogmática *Dei Verbum*[7] intitula-se "A Sagrada Escritura na Vida da Igreja". Ele é a conclusão do documento de índole dogmática[8] do Concílio Vaticano II. Depois de apresentar em cinco capítulos o que a Igreja entende como a Revelação e qual lugar a Sagrada Escritura ocupa em seu conjunto, agora é proposta a mesma Sagrada Escritura como elemento não apenas constitutivo da Igreja, mas também funcional. Em outras palavras, além de ser a origem da Igreja e de sua experiência com o Mistério, ela é a própria expressão dessa experiência. Não apenas ela, mas também a Tradição e o Magistério.[9] A Sagrada Escritura, no entanto, é o principal elemento desta construção.

Depois de um proêmio, no qual o Documento enumera alguns elementos introdutórios,[10] passa-se para o capítulo I, que tem por tema "A Revelação como tal". Nesse capítulo as bases da compreensão da

---

[7] De agora em diante apenas DV.

[8] Sendo de ordem dogmática, ele propõe elementos essenciais à própria natureza da Igreja e de sua experiência de Fé.

[9] Em DV 9 este conceito é claramente desenvolvido.

[10] O texto faz uma memória do Concílio Tridentino e do Vaticano I, alegando "seguir suas pegadas". Este seguir as pegadas é expor a doutrina a respeito da Revelação Divina. Antes desta memória, que não desenvolvida, na opinião deste autor felizmente, pois seriam dados desnecessários, o texto usa a expressão "ouvindo religiosamente a Palavra de Deus" – tal expressão deve fazer alusão a dois fatos: 1. Durante os trabalhos do Concílio esteve em destaque o Evangeliário, como que presidindo a Assembleia conciliar. 2. O Concílio não foi a expressão de "peritos", mas de Pastores que, junto ao povo de Deus, ouvem o que o "Espírito diz às Igrejas" (citando aqui Apocalipse).

Igreja sobre a Revelação são apresentadas e ampliadas, notadamente em relação ao que antes se entendia como Revelação.

A impressão que se tinha a respeito do que seria Revelação é que era um processo meio que automático, de origem e feições sobrenaturais. Uma comunicação reservada a alguns personagens especiais que, desta forma, se elevavam acima dos "simples mortais", assim se pode dizer não sem certa ironia.

O capítulo II trata da "Transmissão da Divina Revelação". É um capítulo de notável importância, pois amplia notavelmente os horizontes da compreensão de Revelação. Seguindo a intuição de muitos teólogos, intuição esta que se expressará no mesmo Concílio por meio de outros documentos,[11] o que se valoriza é a "teologia da História". A Revelação em DV é apresentada como um Evento Histórico, não apenas como um conceito.

Esses princípios serão muito importantes, pois Evento Histórico não se restringe apenas ao fato acontecido ou palavra anunciada, mas também a sua transmissão. A compreensão da Tradição como lugar onde se descobre a Revelação e com ela se aprende, e sua ampliação conceitual é uma das maiores contribuições de *Dei Verbum*.[12]

Neste ponto em que se aborda o tema da Revelação como Evento Histórico, a Tradição como experiência viva da Igreja adquire grande importância junto à Sagrada Escritura e ao Magistério. Não um depósito morto de informações, mas uma fonte de interpretações e visões do texto e suas expressões. Sagrada Escritura, Tradição e Magistério serão os três pilares teológicos sobre os quais se construirá todo o edifício teológico pós-conciliar.[13]

O capítulo III aborda o importante tema "Inspiração Divina da Sagrada Escritura e sua Interpretação". Note-se que o título aparentemente ambíguo é provocatório. Em primeiro lugar trata-se de uma profunda e

---

[11] Por exemplo, a *Lumen Gentium* e a *Gaudium et Spes*.

[12] Ver, a este respeito, como curiosidade histórica, as considerações de LATOURELLE, René. *Teologia da Revelação*. São Paulo: Paulinas, 1972, especialmente p. 387-399.

[13] Segundo a história do Concílio Vaticano II, alguns peritos esperavam que o esquema sobre a Revelação constasse de alguns pontos enumerados sistematicamente, seguindo um esquema neoescolástico previsível.

ao mesmo tempo lapidar definição sobre o que é inspiração, pois isto estava meio à sombra da antiga doutrina da inerrância bíblica.[14] Neste sentido os Padres Conciliares fazem uma "interpretação", como diz o título do capítulo, do tema inspiração. E a outra possibilidade é uma também clara apresentação de como se deve interpretar a Sagrada Escritura.

Segundo a doutrina do Concílio, Deus inspira escolhendo homens e deles servindo-se, segundo suas faculdades e capacidades. Age neles e por eles que escrevem como verdadeiros autores.[15]

O capítulo IV aborda o Antigo Testamento e seu lugar indispensável na Escritura Cristã. O último número desse capítulo insiste na unidade entre o Antigo e o Novo Testamento. Este princípio deveria ser mais insistido na Igreja, pois é frequente encontrar afirmações, de índole espiritual, que ignora a importância do Antigo Testamento. O movimento moderno de descoberta do Jesus Cristo histórico pode trazer, como um "subproduto" indesejável, o afastamento do Antigo Testamento.[16]

O capítulo V apresenta o Novo Testamento e seu lugar decisivo na Revelação Cristã, em continuidade com o Antigo Testamento, mas apresentando a novidade do Evangelho de Jesus Cristo que não está isolado de seu contexto humano e histórico. Ele é um judeu do primeiro século da era cristã e teve um envolvimento histórico decisivo.

O capítulo VI, tema do presente ensaio, aborda a Sagrada Escritura e sua aplicação prática na vida da Igreja. É o capítulo mais "prático" de DV, mas está notadamente relacionado com os anteriores capítulos e deles depende.

Note-se que esse capítulo de DV, para ser bem compreendido, deve ser lido e estudado em sintonia com dois outros Documentos Conci-

---

[14] Tal doutrina, ainda que nunca negada pelo Concílio e pelo Magistério subsequente, foi sempre uma "pedra de tropeço" para o diálogo com o mundo e as ciências. Felizmente tal doutrina, mesmo que não negada, não foi mais alimentada.

[15] Aqui se usa o n. 11b de DV quase que literalmente.

[16] Na opinião deste autor, seria muito oportuna a investigação a respeito do "Moisés histórico", o "Abraão histórico" e outros personagens veterotestamentários. Isto não obstante as dificuldades que os mesmos oferecem, tendo em vista sua personalidade literária peculiar.

liares: a Constituição Dogmática sobre a Igreja, *Lumem Gentiun*, e a Constituição Pastoral sobre a Igreja no mundo de hoje, *Gaudiun et Spes*.

### 1.3. Os números do capítulo VI

**Número 21.** O número 21 declara que as Sagradas Escrituras são veneradas na Igreja. Elas compõem com o Corpo de Cristo, tomado da mesa sacramental, o alimento indispensável para a Igreja. Sagrada Escritura e Tradição, que nasce com os Apóstolos e se forma ao longo do tempo, compõem a regra suprema da fé para a Igreja.

Toda a pregação que surge na Igreja, portanto todos os esforços para tornar conhecido o Mistério de Deus na História e na Vida do Homem, deve nascer e se alimentar da Escritura. Quem nela fala é Deus Pai, sendo para a Igreja sustentáculo, dando vigor, oferecendo alimento e apresentando-se como "fonte da vida espiritual".

**Número 22.** Este número é muito objetivo e prático, pois trata de versões em línguas modernas. É sobremaneira interessante que são citadas duas versões históricas do texto bíblico. Primeiro a chamada versão dos Setenta ou a *Septuaginta*. Esta versão grega, feita do hebraico em tempos pré-cristãos, constitui-se, pode-se dizer, a "Bíblia Cristã" dos primeiros séculos da Igreja.[17] A outra versão citada no número é a *Vulgata* de São Jerônimo. São também mencionadas outras versões latinas da Escritura.

O que parece ser interessante é que não é citado o texto hebraico do Antigo Testamento. Não é possível entender essa situação. Seria também muito interessante fazer algumas maiores considerações a respeito da Septuaginta, da Vulgata e do Texto Massorético sob o ponto de vista de seu uso na Igreja, de sua investigação e de sua aceitação. Parece que esta questão não era oportuna!

---

[17] Cf. a este respeito a recente publicação: TILLY, Michel. *Introdução à Septuaginta*. São Paulo: Loyola, 2009, 168 p.

## 8 – A Sagrada Escritura na vida da Igreja

Neste número 22 é proposta a prática das versões em línguas modernas para a apresentação da Palavra escrita ou Escritura e seu conhecimento em outros povos e culturas. As versões devem ser, porém, apoiadas pelas autoridades da Igreja, pois elas compõem o Magistério que deve zelar pela fonte de onde promana ele próprio e a Tradição.

As traduções poderão ser amplamente utilizadas pelos fiéis. Isto sugere que antes tais traduções eram bem menos valorizadas ou até apoiadas. Havia, certamente, o medo de interpretações inadequadas do texto em seu contexto.[18]

**Número 23.** Este número deve estar em função da necessidade de interpretação correta do texto bíblico como foi proposta no número anterior. O texto inicia afirmando que a Igreja esforça-se por compreender o conteúdo da Escritura pois é ele que alimenta (nutre) os fiéis.

O Documento Dogmático indica que se deve prestar atenção nas interpretações dos textos bíblicos feitas pelos Santos Padres do Ocidente e do Oriente,[19] bem como as Escrituras são usadas na Liturgia.[20]

DV insiste na necessidade da investigação das Sagradas Escrituras e apoia os esforços dos exegetas a respeito. Fala dos "ministros da Palavra", embora não os defina. Pode-se entender que sejam eles desde os ministros ordenados até os catequistas e formadores das comunidades. O que está claro é o que eles oferecem ao povo de Deus: – alimento que ilumina a mente; – fortalece a vontade; – inflame os corações.[21]

---

[18] Este é, seguramente, um risco que sempre se corre quando se propõe aos fiéis a leitura da Escritura. Constata-se que no passado o texto bíblico era uma entidade quase que hermética. Hoje está à disposição em múltiplas formas e traduções. Mas nem por isso as dificuldades deixaram de existir e as leituras ou perspectivas por elas propostas estão mais claras. A leitura da Escritura deve ser, sobretudo, uma experiência eclesial, comunitária e orante. É neste sentido que as propostas de leitura orante ou *Lectio divina* são sempre oportunas.

[19] Esta observação, que não é por nada marginal, é relembrada no interessante artigo do então Ratzinger, Cardeal Joseph. *A interpretação bíblica em crise: sobre a questão dos fundamentos e abordagem da exegese cristã hoje.* Este artigo foi à conferência que o Cardeal apresentou em 27 de janeiro de 1988, na Igreja Luterana de St. Peter, em Nova York. Encontra-se em Vv.Aa. *Exegese cristã hoje.* Petrópolis (RJ): Vozes, 1996, p. 111-140.

[20] É notável que a Liturgia e a Escritura estejam muito ligadas. Alguns afirmam que foram as Escrituras que geraram a Liturgia; outros que foi a Liturgia que gerou as Escrituras. Difícil dirimir essa questão, mas possível de intuir-se que essa situação demonstra a unidade entre as duas realidades que expressam e fundamentam a Igreja.

[21] DV n. 23a.

**Número 24.** Neste número, DV insiste na importância da Sagrada Escritura para a Teologia. Sendo esta, a Teologia, o que define[22] as relações entre Deus e os homens e deles entre si a partir de uma única fé em Deus, esta definição é fundamental.

Antes do Concílio Vaticano II a força teológica mais expressiva era a neoescolástica e sua visão estruturalista das relações de Deus com o Homem. A partir da *Mystici Corporis* de Pio XII, a visão de Igreja começou a mudar e o elemento histórico ocupou um espaço cada vez maior. O que fundamenta a Igreja não são reflexões estruturalistas alimentadas pela Filosofia,[23] mas é a Sagrada Escritura que alimenta a Teologia. A Tradição, qualificada como "Sagrada", ocupa o papel de desdobramento histórico da Escritura.

O texto fala de Mistério de Cristo como centro de atenção da Igreja. As verdades nele encerradas, afirma o Documento Conciliar, encontram na Escritura sua fonte. Isto pode parecer até redundante na atualidade. A recente Exortação Apostólica Pós-Sinodal *Verbum Domini* apresenta argumentos relacionados à Palavra escrita de Deus que nos tempos do Concílio II seriam muito suspeitas.[24]

O Documento Conciliar afirma que as palavras inspiradas conduzem a Deus, sendo dele mesmo a Palavra. Devem ser, tais palavras inspiradas, a "alma" da Sagrada Teologia. Esta é uma grande evolução na Teologia, pois antes deste passo havia a "ideia teológica" ao que parecia desligada da Palavra. Depois da suposta ideia teológica era necessário que se apoiasse a mesma: vinham então os textos bíblicos que confirmavam as propostas teológicas feitas anteriormente. Os textos ajudavam os princípios teológicos. Teologia parecia ser, com exceções, reflexões filosóficas complexas sobre Deus. Mais do que Teologia, fazia-se uma

---

[22] "Define" no sentido de esclarecer, expor, organizar metódica e metodologicamente. Não no sentido de determinar ou fundamentar. A Teologia investiga o Mistério, não decide o que seja.

[23] Que seguramente nunca deixarão de ser úteis, mas são limitadas.

[24] Especialmente a III parte, intitulada *Verbum mundo*, ou a Palavra de Deus no mundo.

## 8 – A Sagrada Escritura na vida da Igreja

"teodiceia com aspirações teológicas". Agora é o contrário – os textos bíblicos devem conduzir aos princípios doutrinários.

O número 24 elenca os lugares que se beneficiam do acesso à Palavra de Deus: Pregação Pastoral, Catequese, a instrução cristã, a Homilia litúrgica.[25]

**Número 25.** Aqui a Igreja, em *Dei Verbum,* recomenda a leitura da Sagrada Escritura. Há um destaque notável para a instrução na leitura da Sagrada Escritura por parte dos que estão ligados às estruturas de serviço eclesial, especialmente o ministério ordenado. Deve existir o estudo e a oração, para que a pregação não seja apenas aparente, sem convicções interiores.

Também os Religiosos são exortados à aproximação com a Sagrada Escritura, devendo nelas descobrir ou aprender "a eminente ciência de Jesus Cristo", o que cita Filipenses 3,8. A esse respeito o que parece ser a referência é o conhecimento da vontade de Jesus que as Escrituras, de modo diverso, buscam apresentar.

Neste número encontra-se a afirmação de Jerônimo: "Ignorar as Escrituras é ignorar Cristo!" Todos devem chegar-se a Ele por meio do texto sagrado ou por meio da Liturgia, ou ainda da leitura atenta da Escritura. Essas leituras devem ser acompanhadas pela oração enquanto colóquio com Deus.

O Documento conciliar dogmático afirma que é tarefa dos Pastores da Igreja educar os fiéis no "uso dos livros divinos". O destaque é dado aos Evangelhos que devem ter traduções adequadas à mentalidade dos tempos e lugares. Os textos devem ser explicados a tal ponto que sejam parte da própria experiência pessoal dos mesmos fiéis.

O número 25 ainda insiste na necessidade de edições da Sagrada Escritura que tenham anotações apropriadas, inclusive para os não cristãos.

---

[25] Quem nasceu depois do Concílio e sob sua reforma litúrgica não pode imaginar o avanço que ele representou para o conhecimento da Palavra escritura no momento da pregação da fé ou homilia. Os elencos de leituras propostas nos ciclos de leituras A, B e C e dos Anos Pares e Ímpares são ricos e diversificados, com largas possibilidades de anúncio, pregação e ensino.

**Número 26.** Este último número da Constituição Dogmática DV afirma que a Palavra de Deus deve ser difundida e glorificada pelo estudo da Sagrada Escritura. A Revelação é apresentada como "tesouro". O final do primeiro parágrafo deste número relaciona em paralelo a Eucaristia e a experiência de contato e conhecimento da Palavra.

O número conclui com as afirmações de praxe relativas às aprovações conciliares.

## 2. DV e a Sagrada Escritura na Igreja pós-conciliar

O Concílio Vaticano II foi uma grande renovação da Igreja. Tal renovação parece que ainda está em andamento, à medida que se descobre a riqueza, originalidade e simplicidade dos temas por ele propostos e que são, ao mesmo tempo, profundos e abrangentes.

A Constituição Dogmática DV é parte essencial do Concílio. Nela seis pontos parecem ser de grande importância. São uma espécie de resumo do conjunto do Documento Dogmático:

1. A transformação do conceito de inspiração, que agora dá muito mais espaço para o elemento humano sem contudo negar o dado divino.

2. A ampliação do conceito de Revelação, incluindo a Sagrada Escritura com a Sagrada Tradição e o Magistério da Igreja como expressões, dependentes e originais da Escritura, mas que a ela também fazem referência.

3. A superação do conceito de inerrância bíblica que causava grande desconforto com relação às ciências físicas e naturais.

4. A unidade entre os dois Testamentos. Notadamente antes do Concílio o uso do Antigo Testamento era muito restrito do ponto de vista prático, pastoral e litúrgico. Havia um quase que temor reverencial para com textos de difícil ou ambígua compreensão. De modo especial foi declarado que o Antigo e o Novo Testamento compõem, ambos, as Escrituras.

5. A necessidade de maior aproximação de todos os fiéis em Cristo em relação à Sagrada Escritura. Os Pastores da Igreja devem proporcionar essa aproximação.

6. A constante referência à Liturgia como lugar privilegiado do encontro com a Palavra de Deus ou Sagrada Escritura.

## 3. A Sagrada Escritura na Igreja em sua expressão orante e crente

### 3.1. Conceito "original"

O axioma identificado como de Próspero de Aquitânea diz: *Lex orandi, lex credendi!* Significa algo como "a lei que se ora é a lei que se crê".[26] Lei aqui não tem sentido legalista, mas é expressão de adesão interior, de inteligência e vontade, a algo maior que si mesmo. Este é um conceito que pode-se dizer "original", não por seu ineditismo, mas por sua relação com as origens ou momentos fundantes.

Aquilo que se crê é para ser celebrado não com simples fórmulas, mas sim com expressões de adesão ao Mistério de Deus em Cristo, e agora na Igreja. Este Mistério é conhecido especialmente na Liturgia, na qual é também celebrado.

Na Liturgia pré-conciliar não havia muito espaço para novos anúncios. Os textos eram bem mais reduzidos ou selecionados, especialmente do Novo Testamento, tornando o Antigo Testamento um conjunto pouco apresentado ou proposto apenas como oração litânica, como nos Salmos.

### 3.2. A Liturgia comunica Cristo na Palavra

A Liturgia não se restringe às meras repetições de fórmulas, o que a faria bem limitada. Liturgia é, fundamentalmente, "anúncio e memória".

---

[26] Um estudo muito interessante e oportuno a esse respeito encontra-se em GIRALDO, Cesare. *Num só corpo*. Tratado mistagógico sobre a Eucaristia. São Paulo: Loyola, 2003, 620 p., especialmente o capítulo I: "Dois milênios, duas metodologias".

Anuncia-se a Cristo em sua Palavra, sendo Ele próprio Palavra de Deus. E faz-se memória de seu evento salvífico, tornando-o mais uma vez presente na História.[27]

Liturgia é lugar de anúncio, proclamação da Escritura. Apresenta-se a proposta do Ressuscitado para a liberdade do homem e sua aceitação ou rejeição. Supondo-se que em uma Liturgia já houve uma adesão da parte de seus participantes, então é necessário que esta Liturgia seja o local da experiência com o Mestre.

A Sagrada Escritura está para a Liturgia como a alma de sua comunicação. Na prática o que se vive em ambiente litúrgico seria o que os discípulos de Emaús viveram: *E começando por Moisés e por todos os Profetas, interpretou-lhes em todas as Escrituras o que a ele dizia respeito* (Lucas 24,27). A Escritura é proposta na Liturgia como o alimento é proposto sobre uma mesa de comensais. Ela comunica Deus como um dia a Torah ou o Pentateuco, os Profetas e os Escritos o fizeram.

Valorizando a Escritura em seu uso na Sagrada Liturgia[28] a Constituição Dogmática *Dei Verbum* inicia um processo que ainda se encontra em andamento: a centralidade da Palavra como expressão do Mistério da Pessoa e Missão de Jesus Cristo. A segunda parte da Exortação Apostólica *Verbum Domini* apresenta os argumentos práticos, imediatos, onde a Escritura deve estar presente e como deve estar. Liturgia, com tudo o que lhe diz respeito, desde o anúncio material da Palavra até os objetos ligados a ela, como os livros; Ensino, com adequadas expressões metodológicas; Pastoral, Catequese, Serviços... A vida da Igreja gira em torno à Sagrada Escritura, pois é Ela que forma a mesma Igreja.

---

[27] É notável como o conceito de Tradição pode encontrar grande espaço na Liturgia. Ela é, quase toda, tradição. E expressa a adesão de intelecto e vontade ao Mistério. A simplicidade e objetividade da Liturgia pós-conciliar, que encontra nos primeiros séculos seus modelos, engrandecem o Mistério, não os agentes do mesmo.

[28] DV 21a.

## 3.3. Leitura e adesão ao Mistério

Trata-se de uma adesão consciente, baseada no encantamento com o Mestre encontrado nas Escrituras. A Liturgia é o "símbolo"[29] que une o fiel ao Deus que se revela e ao qual se deve a obediência da fé.

A Igreja deve prover a constante adesão de intelecto e vontade ao Mistério de Cristo através do anúncio da Sagrada Escritura.[30] Ela conduz ao Cristo como o rio, se seguido acima, conduz a sua fonte. A Fonte da Escritura é Cristo e Ele é o centro do Antigo e do Novo Testamentos. Na Liturgia, ambos os Testamentos estão em convergência para a apresentação do Mistério de Cristo ou de parte dele.

Algumas dificuldades ainda podem ser entrevistas, tendo em mente as pistas apresentadas pela *Dei Verbum* e ainda não realizadas. A Exortação Apostólica *Verbum Domini* apresenta-se como um roteiro de empenhos a ser assumidos em vista da Sagrada Escritura estar na mente e no coração dos fiéis e dos ainda não fiéis.

## Bibliografia

BARRERA, Julio Trebolle. *A Bíblia judaica e a Bíblia cristã:* introdução à história da Bíblia. 2. ed., Petrópolis (RJ): Vozes, 1999.

BENTO XVI. *Exortação Apostólica Pós-Sinodal Verbum Domini.* Sobre a Palavra de Deus na vida e na Missão da Igreja. São Paulo: Paulinas, 2010. (Coleção A Voz do Papa, 194)

---

[29] O conceito de símbolo é muito amplo. "Símbolo" é o que une, o que torna as partes, antes separadas, agora unidas. Um símbolo tem importância enquanto realiza esta missão.

[30] Os Documentos *Evangelii Nuntiandi* e *Catechese Tradendae* foram de grande importância para a adequação da pregação às novas formas de comunicação da fé. Mas os tempos passaram e algumas fórmulas não são mais adequadas. *Dei Verbum* continua a ser a fonte original de busca para a inspiração, mas é a *Verbum Domini* que aponta para os novos lugares e o "tom" que se deve usar.

COMPÊNDIO DO VATICANO II. *Constituições, decretos, declarações*. 29. ed. Petrópolis (RJ): Vozes, 2000, 744 p.

GIRAUDO, Cesare. *Num só Corpo*. Tratado mistegógico sobre a Eucaristia. São Paulo: Loyola, 2003, 620 p.

LATOURELLE, René. *Teologia da Revelação*. São Paulo: Paulinas, 1972, 592 p.

MARTINS, Nuno Brás. *Introdução à Teologia*. Lisboa: Universidade Católica Editora, 2003.

TILLY, Michael. *Introdução à Septuaginta*. São Paulo: Loyola, 2009, 168 p.

Vv.AA. *Exegese cristã hoje*. Petrópolis (RJ): Vozes, 1996, 326 p.

# 9
# IGREJA EM DIÁLOGO COM O MUNDO MODERNO

*Gaudium et Spes*

*Rosana Manzini*
Mestre em Teologia Prática pela PUC-SP
Estudos de Doutrina Social da Igreja Universidade Gregoriana – Roma
Professora na Faculdade de Teologia Nossa Senhora da Assunção da PUC-SP
e na Faculdade Dehoniana Leiga

A Igreja se realiza dinamicamente, como testemunha do Reino de Deus no tempo e no espaço humanos. Nas coordenadas da história, a Igreja discerne os "sinais dos tempos" para edificar a cidade terrena à luz do Evangelho. Daí sua agenda social e cultural, missionária e dialógica, centrada na justiça e na paz, no direito e no desenvolvimento integral das pessoas e sociedades. Desde o Concílio esta perspectiva se consolidou e ampliou, norteando a presença pública da Igreja e inspirando novas ações no campo da ética, direitos humanos, economia e cuidado ambiental.

O Concílio Vaticano II representou uma ousada renovação de toda a Igreja. Foi um novo marco no diálogo com o mundo moderno. Em sua identidade encontramos agora a unidade de uma fé construída no diálogo com o *sensus fidei*[1] que está presente no mundo, apesar de não se confundir com ele, mas que existe para a salvação deste mesmo mundo, ao modo de sacramento.[2] Esta Igreja se compreende então como presença de serviço, estabelecendo a via do diálogo como instrumento para que possa com toda a humanidade responder ao desafio da construção de um mundo fraterno e solidário, com sólidas bases na justiça. Vale recordar um juízo profundo e esclarecedor de uma testemunha ocular dos debates conciliares:

> Somente num olhar retrospectivo, depois que tiver chegado ao amadurecimento pleno a época iniciada com o Concílio Vaticano II, poder-se-á esperar um juízo condigno e integral acerca de todos os novos rumos e principalmente das novas perspectivas que nele se abriram, que em parte já estão sendo corajosamente trilhados, em parte apenas vagamente esboçados ou implicitamente contidos.[3]

---

[1] Cf. LG 31-32.

[2] Cf. GS 92.

[3] Häring, Bernard. Vistas e perspectivas novas que a Constituição abre para o futuro. In: Baraúna, Guilherme. *A Igreja no Mundo de Hoje*. Petrópolis: Vozes, 1967, p. 623.

Uma Igreja que na *Lumen Gentium* se define como *sacramento*, ou seja, *instrumento*, manifesta solenemente seu programa de superar o eclesiocentrismo para viver o programa de seu Mestre: "Não vim para ser servido, mas para servir e dar a minha vida em resgate por muitos" (Mc 10,45). Analogamente poderíamos dizer que a *Gaudium et Spes* representou o primeiro ensaio prático desse programa. Nela, verificamos que pela mesma porta se pode entrar e sair, transitar, gerar comunhão com a sociedade.

Dos documentos conciliares, a Constituição Pastoral *Gaudium et Spes* é o coração pulsante dos anseios de tantos que esperaram para ver a face da Igreja voltada para o mundo; é a porta do Concílio em direção ao mundo; é ela que nos apresenta para além de nossas fronteiras; revela o coração da Igreja como mãe atenta à vida, às dificuldades, às alegrias e angústias de seus filhos dispersos pelo mundo. A *Gaudium et Spes* marcou as orientações pastorais da Igreja em relação às questões referentes à vida da pessoa em sociedade. Outros documentos foram emanados pelos pontificados subsequentes, porém, podemos afirmar que ela é a referência principal para a maioria dos textos sociais posteriores.

Passaram-se quase cinquenta anos da promulgação desse documento conciliar. O mundo desde então passou por enormes transformações de todos os tipos e gêneros. Olhando para ele de forma intuitiva e reflexiva, uma pergunta vem espontaneamente a nossa mente: depois de quase meio século a *Gaudium et Spes* ainda possui pertinência e relevância suficiente para nortear a reflexão e ação dos cristãos? Afirma-se que o maior valor e a maior fraqueza da *Gaudium et Spes* é o de ser um documento situado no tempo e no espaço. O fato de ensaiar o método indutivo daria a esse documento social uma grande pertinência para seu momento. Mas passado o momento normalmente a relevância diminui até desaparecer. A *Gaudium et Spes* foi escrita para ser uma resposta ao grave problema do confinamento da Igreja dentro dos muros leoninos. A abertura das janelas da aula conciliar, por João XXIII na primeira sessão, seria um gesto paradigmático, que teria de ser repetido por toda a Igreja e todos os dias. A *Gaudium et Spes* foi o "plano de voo" de uma Igreja que pretendeu ultrapassar os jardins do Vaticano, sem se aprisionar novamente às promessas de Constantino. É o velho desafio de "estar no mundo" sem "ser do mundo" (cf. Jo 17,11-18). Não existe presente de lucidez sem a compreensão profunda dos fatos do passado.

## 1. Elaboração e aprovação

João XXIII tinha dado ao Concílio o caráter "pastoral" e isso também significava entender com qual concepção os padres compreendiam o Concílio. Como conciliar a doutrina é a própria dimensão pastoral. Obviamente o problema não se colocava exclusivamente na compreensão "teológica da relação entre Igreja e Mundo, mas também aquele histórico da relação com um mundo particular, isto é, com o mundo moderno. A partir desse ponto de vista, entrava em jogo a difícil herança do conceito de "modernidade", que na Igreja Católica ainda era condicionada pela memória da crise modernista da primeira metade do século".[4]

Nos projetos iniciais do Concílio não estava considerado um documento que retratasse a Igreja no mundo; essa ideia vai aparecer quando o Concílio já estava em andamento. Pouco a pouco vai surgindo a necessidade de um documento específico no qual fossem centralizados todos os problemas relacionados com a presença *ad extra* da Igreja. É nesse momento que uma primeira comissão mista era encarregada de elaborar um primeiro esquema. A Igreja tinha de escutar o questionamento que surgia

---

[4] TURBANTI, Giovanni. *Un Concilio per il mondo moderno. La redazione della costituzione pastorale "Gaudium et Spes" del Vaticano II*. Bologna: Il Mulino, 2000, p. 11-12.

para poder compreender quem era ela. Escutando, a Igreja se encontrava diante não somente de seus fiéis, mas sim de toda a humanidade. Para tanto urgia uma nova linguagem e uma nova forma de comunicação, que deveria partir, portanto, da vida concreta, comum a todos os homens. E será essa grande inquietação que a *Gaudium et Spes* virá responder.

A preocupação tomará ato por intermédio do Cardeal Suenens, praticamente no fim da primeira sessão, em 4 de dezembro de 1962. O Cardeal belga propunha um documento que tratasse as relações entre Igreja e Mundo. Os textos que narram a história do Concílio relatam que esta intervenção de Suenens em aula conciliar tinha sido preparada juntamente com outros padres conciliares como Helder Câmara, Léger, Montini, Lercaro, o que já demonstrava então uma força que se organizava para a sustentação dessa abordagem da temática.

O primeiro esboço desse esquema foi apresentado em 28 de março de 1963 e foi chamado de *Schema XII* até maio de 1964. Não era de se surpreender que este *Schema* trouxesse um grande questionamento. A novidade dos argumentos tratados por um documento conciliar levava os padres conciliares a refletirem se o próprio Concílio poderia comprometer-se com temas que, por sua própria natureza, estavam em constante evolução. O que podemos observar através de relatos bibliográficos que narram esse período é que esse processo de tessitura tem como um dos marcos referenciais a compreensão da expressão "sinais dos tempos".[5] Isso serviria de sustentação para que a comissão mista pudesse, já em maio de 1963, esboçar um texto no qual estariam inseridos os principais temas de preocupação de uma grande gama de padres conciliares. Pessoa humana, matrimônio e família, justiça social, economia, cultura, paz entre os povos permaneceriam inseridos até a última redação do texto da Constituição.

---

[5] Para um estudo aprofundado sobre o termo "sinais dos tempos" no período anterior, simultâneo, e posterior ao Vaticano II, cf. BOFF, Clodovis. *Sinais dos Tempos. Princípios de leitura*. São Paulo: Loyola, 1979. Na mesma obra existe abundante bibliografia.

As decisões difíceis pareciam não ter fim, afinal o que estava se decidindo nesses anos dizia fundo à questão do Ser da Igreja e implicava a decisão de inserir novamente a Igreja no seio da vida do homem moderno; portanto antes do encerramento do Concílio deveria ser examinado o *Schema XIII*. O novo texto apresentado recebeu no debate entre os dias 21 de setembro e 8 de outubro numerosas e variadas críticas devido à grande quantidade de afirmações gerais, pela linguagem em alguns pontos evasiva, por seu enorme otimismo em relação ao mundo e por sua fé no progresso, sobretudo porque expressava pouco sobre o papel da Igreja no Mundo. Houve um grande contraste de opiniões relativas a problemas concretos: guerra total, armas nucleares, desarmamento, objeção de consciência, paz. Evidente que o Concílio não estava em grau de oferecer respostas claras sobre questões dessa natureza.

A Igreja tinha de escutar o questionamento que surgia desse homem contemporâneo para poder compreender quem era ele. Escutando esse homem, a Igreja se encontrava diante não somente de seus fiéis, mas sim de toda a humanidade. Para tanto urgiam uma nova linguagem e uma nova forma de comunicação, que deveriam partir, portanto, da vida concreta, comum a todos os homens.

## 2. Promulgação, estrutura e elementos principais

A constituição pastoral *Gaudium et Spes*,[6] colocada como "coração do Concílio", foi promulgada no dia 7 de dezembro de 1965. O Concílio foi encerrado no dia 8 de dezembro, numa grande cerimônia na Praça de São Pedro. O longo e exaustivo trabalho de tessitura dessa Constituição Pastoral tinha terminado. Na verdade, o que terminou foi a confecção do documento, em meio a toda uma gama de dificuldades e disputas. Muitos

---

[6] Para este assunto consultar: ALBERIGO, Giuseppe. Cristianesimo e storia nel Vaticano II. In: *Cristianesimo nella storia* 5 (1984). LAMBERT, B. *Gaudium et Spes* hier et aujurd'hui. In: *Nouvelle Revue Théologique,* 107 (1985), p. 321-346.

desses confrontos surgiram pela origem dos padres conciliares. Vinham de mundos culturais diferentes e com visões eclesiológicas das mais distintas, ainda que mantidos pela unidade de fé. Havia uma grande expectativa para com aquilo que ainda estava por vir. Todos esperavam que o resultado desse trabalho fosse cumulado de êxito. A grande dificuldade começa no momento em que o papa declara o encerramento do Concílio.

Na celebração do encerramento do Concílio, o papa Paulo VI estava convicto de que esse acontecimento estabeleceria um novo tipo de diálogo com o mundo moderno. É interessante pensar que a promulgação da *Gaudium et Spes* tenha sido o último documento antes do encerramento do Concílio. Uma porta se abria da clausura conciliar para as praças do mundo. Muita coisa precisava ser dita e a Igreja agora teria de reaprender a falar com o mundo. Esta tarefa não seria nada fácil. O fato de ser um documento conciliar, de ter a aprovação representativa de toda a Igreja, não assegurava necessariamente sua aplicação nas Igrejas Particulares. Um grande desafio se instalava por todo o mundo: o de fazer valer o Concílio.

Analisando a estrutura do texto podemos fazer algumas considerações. Em primeiro lugar é perceptível a relação entre fé e história que, através dos sinais dos tempos, demonstra a missão evangelizadora da Igreja. Transparece também fortemente no texto o diálogo que a Igreja estabelece com o mundo e que parte de uma visão cristológica do homem. Finalmente a concepção da Igreja como sacramento,[7] anunciada solenemente pela *Lumen gentium*, é premissa básica para as conclusões da *Gaudium et Spes*.

## 3. Uma visão panorâmica

A *Gaudium et Spes* pode ser entendida como uma reflexão interrogativa que a Igreja fez a si mesma sobre sua missão. Será ela que dará a respos-

---

[7] Cf. CHENU, Marie-Dominique. A missão da Igreja no mundo de hoje. In: BARAÚNA, Guilherme. *A Igreja no Mundo de Hoje*. Petrópolis: Vozes, 1967, p. 337-339.

## 9 – Igreja em diálogo com o mundo moderno

ta mais adequada à proposta de João XXIII, que colocou a pastoralidade como o indicativo para Concílio. O documento soa como uma solicitação, uma súplica de parte dos padres conciliares[8] ao Senhor da História para que a Igreja possa ser testemunha de compromisso e de esperança para com a vida de todas as pessoas e povos. A Igreja afirmava solenemente que não queria manter uma postura distanciada da vida concreta de seus fiéis, mas buscava uma compreensão e envolvimento com todas as situações em que uma só pessoa tivesse sua dignidade de *Imago Dei* negada.

Esta parcela significativa dos padres conciliares tinha presente que grande parte do futuro da Igreja estava em sua capacidade de estabelecer o diálogo com as ciências. Aquela Igreja enclausurada na sacristia e afastada das coisas do mundo, sempre com medo do novo, não podia mais nortear as decisões e os caminhos. Eram necessárias respostas que promovessem possibilidades concretas para superar o divórcio estabelecido entre a secularização e as exigências ético-morais que surgiam do seguimento radical da proposta de Jesus. Essa resposta-compromisso não se contrapõe necessariamente à doutrina. Podemos identificar, posteriormente, algumas tentativas de se negar o valor doutrinal do texto. Era como se toda a preocupação com o mundo, colocado dentro da dimensão pastoral, pudesse negar a tradição da Igreja. Isto denota claramente como a Igreja se entendia naquele período.

Logo no Proêmio, na nota n. 1, constatamos que essa preocupação era infundada.[9] A relação entre pastoral e doutrina devia ser vista no respeito do específico, sem que houvesse perdas doutrinárias. Por muito tempo, a

---

[8] Sabemos que não houve adesão de consciência de todos, mas sim adesão disciplinar.

[9] "A Constituição Pastoral 'A Igreja no mundo atual', formada por duas partes, constitui um todo unitário. É chamada 'pastoral', porque, apoiando-se em princípios doutrinais, pretende expor as relações da Igreja com o mundo e os homens de hoje. Assim, nem à primeira parte falta a intenção pastoral, nem à segunda a doutrinal. Na primeira parte, a Igreja expõe a sua própria doutrina acerca do homem, do mundo no qual o homem está integrado e de sua relação para com eles. Na segunda, considera mais expressamente vários aspectos da vida e da sociedade contemporâneas, e sobretudo as questões e os problemas que, nesses domínios, padecem hoje de maior urgência. Daqui resulta que, nesta segunda parte, a matéria, tratada à luz dos princípios doutrinais, não compreende apenas elementos imutáveis, mas também transitórios. A Constituição deve, pois, ser interpretada segundo as normas teológicas gerais, tendo em conta, especialmente na segunda parte, as circunstâncias mutáveis com que estão intrinsecamente ligados os assuntos em questão" (GS, Proêmio, nota 1).

compreensão do mundo como lugar do profano e a Igreja como lugar do sagrado provocou uma atitude de distanciamento da realidade. Não podemos nem afirmar que houvesse uma atitude de omissão, pois não havia, por parte dos fiéis leigos, a compreensão de que as duas realidades não são separadas, mas sim articuladas dialeticamente em suas diferenças complementares. A reflexão conciliar trouxe à tona a consciência de pertença e de responsabilidade da Igreja diante de cada pessoa e de todo o universo.

## 4. Categorias interpretativas

### 4.1. A historicidade

Uma das novidades da *Gaudium et Spes* é ela própria. Até aquele momento nenhum Concílio havia abordado os temas tratados pela Constituição Pastoral como um conjunto e com olhar voltado para a realidade. "Este dinamismo histórico caracteriza-se pela rapidez das transformações que se produzem e que causam perplexidade entre os homens, devido às muitas contradições e desequilíbrios que provocam."[10] Para a compreensão desse dinamismo, não poderemos nos furtar do auxílio das outras ciências. A teologia e a filosofia não bastam para compreender esta realidade. O dinamismo histórico exige um espírito científico e técnico. As ciências estão entrelaçadas e ligadas às próprias técnicas, levando à mudança do modo de pensar.[11]

A história da humanidade vivida em cada pessoa, com sua luta diária, torna-se lugar onde ocorre a salvação. O lugar teológico, assumido pelo Concílio, é exatamente ali onde a dignidade humana é respeitada por todas as pessoas. É o lugar do Reino onde o Espírito de Deus se faz presente. É na vida plena de cada pessoa que podemos reconhecer o Deus da Revelação.

---

[10] CAMACHO, Ildelfonso. *Doutrina social da Igreja. Abordagem histórica.* São Paulo: Loyola, 1995, p. 263.

[11] ZILES, Urbano. A *Gaudium et Spes* e as ciências. In: *Teocomunicação* 150 (dez. 2005), p. 696.

## 4.2. A dimensão dialogal

Na dimensão do diálogo encontramos o eixo por onde passa todo o Concílio. A concepção de diálogo não deve ser compreendida como uma simples conversa entre pessoas, mas como uma atitude de reciprocidade; como um saber escutar e um saber falar; como uma disposição interior desarmada de quaisquer "pré-juízos"; como uma atitude positiva de acolhida do interlocutor. A atitude dialogal requer o silêncio respeitoso em uma postura de ausculta àquele que fala. Dialogar é estar profundamente atento aos indícios daquilo que as palavras não dizem, mas apontam. Essa concepção do diálogo permeia toda a Constituição Pastoral.[12]

O documento, assim como todo o Concílio, dirige-se ao mundo em uma atitude de diálogo. A Igreja não pode monopolizar em si todas as experiências. Deve ser agradecida pela contribuição que o mundo deu a ela ao longo da história humana. A experiência do mundo, quando lida dentro dessa dimensão dialogal, permite sempre uma maior autocompreensão, levando a um processo dialético.

> Em virtude de sua missão de iluminar o mundo inteiro com a mensagem de Cristo e de reunir sob um só Espírito todos os homens, de qualquer nação, raça ou cultura, a Igreja constitui um sinal daquela fraternidade que torna possível e fortalece o diálogo sincero. Isto exige, em primeiro lugar, que, reconhecendo toda a legítima diversidade, promovamos na própria Igreja a mútua estima, respeito e concórdia, em ordem a estabelecer entre todos os que formam o povo de Deus, pastores ou fiéis, um diálogo cada vez mais fecundo. Porque o que une entre si os fiéis é bem mais forte do que o que os divide: haja unidade no necessário, liberdade no que é duvidoso, e em tudo caridade.[13]

Esse diálogo deve permear a responsabilidade do cristão, chamado a viver como pessoa entre as pessoas, como cristão entre os cristãos. O

---

[12] Cf. GS 44.

[13] GS 92.

diálogo deve buscar a verdade, porque não consiste em impor ao outro uma verdade preestabelecida, porém também não significa simplesmente tolerar as ideias do outro. O diálogo deve ser a porta pela qual toda atividade apostólica da Igreja *ad extra* se relaciona com o mundo. O diálogo auxilia na abordagem dos temas candentes da segunda parte da Constituição Pastoral.

### 4.3. A dignidade humana

O núcleo da primeira sessão está na reflexão sobre a dignidade da pessoa humana. A *Gaudium et Spes* aborda essa questão, já no início do documento, quando fala da pessoa humana em sua "integralidade": corpo e alma, coração e consciência, inteligência e vontade.[14] A Constituição Pastoral assume a compreensão da pessoa como ser humano a partir da cultura, da ciência. Isso quer dizer que a Igreja aceita esse conhecimento que pertence a toda sociedade humana. Porém, ao mesmo tempo, ela declara o que é de sua responsabilidade, graças às convicções da fé. Essa humanidade é a mesma humanidade de Deus; este povo é o mesmo povo de Deus. Mas não estamos diante de uma reflexão do tipo exageradamente otimista ou mesmo ingênuo. A Igreja não inclui em sua reflexão a espinhosa questão do "pecado humano" e do que ocorre com a pessoa a partir dele. Estamos diante de uma reflexão fundamentada a partir da antropologia bíblica.

A Igreja coloca a pessoa como o centro do diálogo que estabelece com o mundo. É a dignidade humana vivida na história o eixo norteador desse diálogo. No primeiro capítulo da Constituição Pastoral encontramos a declaração que a pessoa é *Imago Dei*. Em Jesus esta "imagem e semelhança" encontrará sua revelação plena ao nos revelar Deus como *Abbá*. Dessa forma, somos lançados na dimensão da fraternidade

---
[14] GS 3.

a partir de Jesus Cristo, filho unigênito. Tornamo-nos, por meio de Jesus, irmãos uns dos outros. Este princípio de filiação e fraternidade faz com que a Aliança nos torne a Família de Deus. Somos irmãos em Jesus e por Ele filhos do mesmo Pai. Segundo a clássica afirmação teológica, somos "filhos no Filho".

Estamos diante das categorias morais da "liberdade" e "responsabilidade". A partir deste princípio da "filiação divina", podemos entender melhor a exigência ética do texto: "Tive fome e me destes de comer. Tive sede e me destes de beber. Era forasteiro e me recolhestes" (cf. Mt 25,31-46). Pelos mistérios da Encarnação e da Páscoa nos tornamos corresponsáveis pelo destino do mundo e de todas as pessoas.

De fato, no uso da liberdade sem limites podemos capitular à dignidade humana também como fruto de relações econômicas, políticas e sociais corrompidas.

### 4.4. Os sinais dos tempos

A expressão "sinal dos tempos" aparecerá somente no n. 4 da Constituição e tomará grande relevância pelo uso que o papa fará dela. Esta categoria servirá como base para o método utilizado por João XXIII. Na verdade, essa expressão se tornará um símbolo para a sociedade. Diferentemente do que comumente se fala, a interpretação não parte dos trechos dos Evangelhos – Mt 16,2-3 ou Lc 12,54 – nos quais os sinais são naturais. Teologicamente compreendemos os "sinais dos tempos" como fenômenos que não só se tornam gerais, mas que têm uma frequência grande e acabam por caracterizar determinada época. Eles revelam as necessidades ou aspirações de todo o grupo humano desse período.[15] Segundo B. Häering a expressão "sinais dos tempos" na nova acepção sugere a superação de uma leitura fundamentalista dos textos sagrados. O teólogo

---

[15] CAMACHO, Ildelfonso. *Doutrina social da Igreja. Abordagem histórica.* São Paulo: Loyola, 1995, p. 263.

moralista afirma que a Sagrada Escritura deverá ser lida e interpretada à luz dos acontecimentos vividos de modo situado no espaço e no tempo.

> [...] todo acontecimento é conservado em movimento pela Palavra de Deus e dirigido para Cristo, a História é a seu modo um lugar teológico (*locus theologicus*). Deus continua a manifestar-nos sua vontade nos fatores da História, todavia não separadamente, ao lado da Revelação em Cristo, mas em união com ela.[16]

A leitura da Sagrada Escritura é feita também à luz da História. Essa categoria tinha aparecido já no *Schema XIII* e provocou nos padres conciliares certo descrédito, pois acreditavam que essa categoria poderia ser usada para tudo que não encontrasse o lugar devido. Porém, a Constituição tinha uma unidade espiritual, advinda do fato de o Concílio acreditar em uma Igreja inserida na realidade humana.[17] Neste sentido a expressão "sinais dos tempos" se torna emblemática, popular e até mesmo uma espécie de condensadora de sentido da *Gaudium et Spes*.

Os "sinais dos tempos" se tornou praticamente um método teológico e pastoral que foi sendo aprofundado e desenvolvido pelos papas posteriores. Os "sinais dos tempos" nos possibilitam verificar a presença ou a ausência do Reino de Deus na história.

### 4.5. A autonomia das realidades terrestres

A Constituição Pastoral reconhece a autonomia das realidades terrestres. A sociedade humana possui sua própria ordem através de normas e valores. A autonomia requer seriedade respeitosa no uso da razão, que busca o conhecimento de sua própria realidade. Os padres conciliares compreendem que nessa autonomia está presente a vontade

---

[16] HÄRING, Bernard. Vistas e perspectivas novas que a Constituição abre para o futuro. In: BARAÚNA, Guilherme. *A Igreja no Mundo de Hoje*. Petrópolis: Vozes, 1967, p. 625.

[17] Cf. Ibidem, p. 625-626.

de Deus e que as pessoas iluminadas pela fé por ele serão guiadas. A Igreja entende que é necessário o uso das ciências como auxílio para um conhecimento profundo dessas realidades e dentro de um processo dialético, desse conhecimento resultará novos problemas que irão requerer novas pesquisas e novas respostas dadas pela teologia. A Igreja entende que este auxílio é necessário e não substitui ou nega a fé professada ou a doutrina da qual está convicta. A ciência tem seu lugar como auxílio na compreensão da realidade. Poderíamos entender as ciências como âmbitos de "autonomia terrestre". Neste sentido falaríamos da autonomia epistemológica, por exemplo, da sociologia ou da filosofia, perante o campo teológico ou doutrinal.

### 4.6. A Igreja como sacramento

A Igreja se apresenta como sacramento universal de salvação. Ela tem por função ser sinal da graça na história humana como instrumento de redenção.

> Ao ajudar o mundo e recebendo dele ao mesmo tempo muitas coisas, o único fim da Igreja é o advento do reino de Deus e o estabelecimento da salvação de todo o gênero humano. E todo o bem que o povo de Deus pode prestar à família dos homens durante o tempo de sua peregrinação deriva do fato de que a Igreja é o "sacramento universal da salvação", manifestando e atuando simultaneamente o mistério do amor de Deus pelos homens.[18]

Nesta noção de "sacramento universal" o Concílio faz a ligação entre a *Lumen Gentium* e a *Gaudium et Spes*. Nela encontramos a definição para o questionamento de fundo do Concílio: Quem é a Igreja? O que faz a Igreja? O significado *ad intra* e *ad extra* da Igreja, reflexão marcada pelo Cardeal Suenens, vem expresso na relação intrínseca entre os aspectos visíveis e invisíveis da Igreja e sua maneira de estar no mundo.

---

[18] GS 45.

O Vaticano II apresentou a imagem de uma Igreja não fechada sobre si mesma, mas em relação. Em primeiro lugar, em relação com a Trindade, seu mistério e paradigma para sua organização. Uma Igreja em relação com o mundo. Mundo entendido como totalidade da criação, da qual a humanidade é parte. Mundo também no sentido humano, ou seja, construído pelo ser humano: a família, o trabalho, a política, a ciência, a técnica, a cultura. A presença da Igreja no mundo significa que ela é sacramento universal de salvação. Significa também que ela é feita de realidades terrestres; que ela é uma dimensão do mundo. As alegrias e tristezas, as vitórias e insucessos do mundo, perpassam também a vida da Igreja. Inclusive as fraquezas e debilidades do mundo. Por isso mesmo, a Igreja não só chama o mundo à conversão, mas ela mesma sente necessidade de conversão.[19]

## 4.7. A doutrina sobre a consciência moral

Esta doutrina se tornará importantíssima na evolução da teologia moral que, após o Concílio Vaticano II, se libertando de uma moral neoescolástica, encontrará os fundamentos necessários para uma Moral Renovada. Nessa nova reflexão encontramos a doutrina sobre a dignidade da consciência moral, afirmada de modo solene e emblemático no famoso número 16 da *Gaudium et Spes*.[20]

> No fundo da própria consciência, o homem descobre uma lei que não se impôs a si mesmo, mas à qual deve obedecer; essa voz, que sempre o está a chamar ao amor do bem e fuga do mal, soa no momento oportuno, na intimidade de seu coração: faze isto, evita aquilo. O homem tem no coração uma lei escrita pelo próprio Deus; sua dignidade está em obedecer-lhe, e por ela é que será julgado. A consciência é o centro mais secreto e o santuário do homem, no qual se encontra a sós com Deus, cuja voz se faz ouvir na

---

[19] Santos, Benedito Beni dos. CNBB. A Evangelização a serviço do mundo. In: CNBB. Documento 03. 68º Assembleia do CONSER-Sul 1, p. 02-03. Disponível em: <http://www.cnbbsul1.org.br/.../a_evangelizacao_servico_mundo_doc>. Acesso em 23.10.2009.

[20] Hummes, Cláudio. Fundamentos teológicos e eclesiológicos da *Gaudium et Spes*. In: *Revista de Cultura Teológica*, 51, 2005, p. 9-21.

intimidade de seu ser. Graças à consciência, revela-se de modo admirável aquela lei que se realiza no amor de Deus e do próximo. Pela fidelidade à voz da consciência, os cristãos estão unidos aos demais homens, no dever de buscar a verdade e de nela resolver tantos problemas morais que surgem na vida individual e social. Quanto mais, portanto, prevalecer a reta consciência, tanto mais as pessoas e os grupos estarão longe da arbitrariedade cega e procurarão conformar-se com as normas objetivas da moralidade. Não raro, porém, acontece que a consciência erra, por ignorância invencível, sem por isso perder a própria dignidade. Outro tanto não se pode dizer quando o homem se descuida de procurar a verdade e o bem e quando a consciência se vai progressivamente cegando, com o hábito do pecado.[21]

Essa dignidade vivida na intimidade mais profunda do sujeito moral é inviolável. É imperativo que a pessoa siga sua consciência. Esta consciência deverá ser educada para que o juízo moral possa sempre ser esclarecido. Busca-se uma consciência reta e verídica, para que os julgamentos sejam segundo a razão e de acordo com o bem verdadeiro querido por Deus.

Diante da realidade que a sociedade apresenta, a Constituição Pastoral com a doutrina da consciência evidencia que a formação deste núcleo íntimo e sagrado do humano é uma tarefa para toda a vida. A Palavra de Deus é a luz que deve iluminar essa formação. Outras instâncias formativas se tornam necessárias para que os juízos morais possam corresponder às exigências evangélicas. Esses outros elementos auxiliarão a pessoa a interpretar os dados da experiência e dos sinais dos tempos.

## 5. A atualidade da *Gaudium et Spes* na *Caritas in Veritate*

Os mais importantes documentos da Doutrina Social da Igreja sempre foram publicados por ocasião do aniversário da *Rerum Novarum*. O

---
[21] GS 16.

papa Bento XVI, seguindo a mesma tradição, em 22 de junho de 2009, publica sua encíclica social *Caritas in Veritate* – Caridade na Verdade –, celebrando os quarenta anos da *Populorum Progressio*. Esta nova encíclica parte do verdadeiro sentido do amor, demonstrando que este constitui a força motriz para o verdadeiro desenvolvimento da humanidade. Esse amor oferece a toda pessoa a motivação e a ousadia necessária para assumirem um compromisso concreto com a construção de uma sociedade onde a justiça e a paz estejam presentes. O tema do amor já havia sido abordado em sua primeira encíclica, a *Deus Caritas est* – Deus é amor. Bento XVI afirma que o amor é o eixo no qual gravitam todos os princípios da Doutrina Social da Igreja. Tendo como referência primeira a parábola do Bom Samaritano, constata-se que o amor é o vínculo necessário para resgatar a dignidade humana negada. É o amor, expresso concretamente através de cada escolha, de cada decisão tomada, que pode dar vida plena a todos aqueles que estão caídos pelas feridas causadas por um sistema individualista. Em *Deus caritas est* o papa afirma que a forma por excelência da caridade é a política. A política tem o poder de estender nossos braços aonde fisicamente eles não alcançam. É a forma de alcançarmos as estruturas que o DAp nos solicita.

Novamente Bento XVI retoma o amor (*Caritas*) e acresce a categoria da verdade (*Veritas*) para tratar dos problemas sociais. Em *Caritas in Veritate* o papa afirma que a caridade está profundamente ligada à verdade. A verdade deve iluminar o amor e o amor deve iluminar a verdade. Um verdadeiro vínculo amoroso se estabelece. Todo vínculo traz em si exigências. Muito mais profundas serão as exigências que brotam da relação entre amor e verdade. Dentro dela a questão social vem compreendida hoje como questão antropológica. Esta transformação, depois da queda dos sistemas econômicos e políticos. O fenômeno da globalização se impõe, o que provoca um repensar do desenvolvimento mundial. O pressuposto dessa nova encíclica social é o desenvolvimento, como resposta do homem a sua vocação transcendente.²² Paulo VI, na encíclica *Populorum Progressio*, diante da evidente divisão econômica entre os povos, anunciava esse desenvolvimento integral da pessoa. O desenvolvimento não podia ser compreendido somente como um desenvolvimento socioeconômico, mas deveria abraçar todas as dimensões da pessoa humana, assim alcançaríamos uma integral promoção da dignidade humana.

Não faremos uma análise detalhada de toda a *Caritas in Veritate*. Sendo uma encíclica recente, os teólogos e cientistas da área ainda se debruçam sobre seu estudo. O que nos interessa para o escopo desta pesquisa é a interação entre a *Caritas in Veritate* e a *Gaudium et Spes*. Isto pode ser constatado em dois momentos: o primeiro por meio das referências da *Caritas in Veritate* e o segundo modo pelas intuições e eixos que de forma transversal permeiam o documento de Bento XVI, remetendo-nos à Constituição Pastoral. Encontramos no texto da *Caritas in Veritate* dez referências à Constituição Pastoral que atestam, em nível documental, a continuidade das orientações conciliares. Podemos agora fazer uma comparação dos textos citados da *Gaudium et Spes* e os textos da *Caritas in Veritate* e verificar o grau de continuidade. Vejamos:

| Gaudium et Spes<br>Texto do documento | Caritas in Veritate<br>Notas-referências |
|---|---|
| **26.** A interdependência, cada vez mais estreita e progressivamente estendida a todo o mundo, faz com que o bem comum – ou seja, o conjunto das condições da vida social que permitem, tanto aos grupos como a cada membro, alcançar mais plena e facilmente a própria perfeição – torne-se hoje cada vez mais universal e que, por esse motivo, implique direitos e deveres que dizem respeito a todo o gênero humano. | **7.** Ao lado do bem individual, existe um bem ligado à vida social das pessoas: o bem comum. É o bem daquele "nós – todos", formado por indivíduos, famílias e grupos intermédios que se unem em comunidade social,[4] |

---

²² CIV 17.

Nesta primeira referência da *Caritas in Veritate*, vemos exposto o princípio do bem comum. Sendo este um dos princípios basilares da Doutrina Social da Igreja (DSI), o texto da encíclica de Bento XVI faz referência ao número 26 da *Gaudium et Spes*, no qual podemos observar que o apelo dos padres conciliares já naquele tempo propunham o "bem comum" como princípio norteador de toda a humanidade. Este princípio concorre para uma estrutura que respeite cada um dos cidadãos singulares, dotando-o de direitos e deveres. Apresentar esse princípio diante do sistema neoliberal vigente, que tem seu coração na expressão máxima do capitalismo financeiro, é continuar a mesma exigência ética que a Constituição Pastoral trará como fruto de toda a tradição social da Igreja que nasce com as Escrituras Sagradas.

| | |
|---|---|
| **36.** No entanto, muitos de nossos contemporâneos parecem temer que a íntima ligação entre a atividade humana e a religião constitua um obstáculo para a autonomia dos homens, das sociedades ou das ciências. Se por autonomia das realidades terrenas se entende que as coisas criadas e as próprias sociedades têm leis e valores próprios, que o homem irá gradualmente descobrindo, utilizando e organizando, é perfeitamente legítimo exigir tal autonomia. Para além de ser uma exigência dos homens de nosso tempo, trata-se de algo inteiramente de acordo com a vontade do Criador. Pois, em virtude do próprio fato da criação, todas as coisas possuem consistência, verdade, bondade e leis próprias, que o homem deve respeitar, reconhecendo os métodos peculiares de cada ciência e arte. Por esta razão, a investigação metódica em todos os campos do saber, quando levada a cabo de um modo verdadeiramente científico e segundo as normas morais, nunca será realmente oposta à fé, já que as realidades profanas e as da fé têm origem no mesmo Deus | **9.** A Igreja não tem soluções técnicas para oferecer e não pretende "de modo algum imiscuir-se na política dos Estados"[11]; mas tem uma missão ao serviço da verdade para cumprir, em todo o tempo e contingência, a favor de uma sociedade à medida do homem, de sua dignidade, de sua vocação [10]. |

## 9 – Igreja em diálogo com o mundo moderno

A segunda nota da Encíclica se refere ao parágrafo 36 da Constituição Pastoral. Lendo os dois documentos, encontramos uma exaltação à Verdade e à Liberdade. Na *Gaudium et Spes*, os padres conciliares nos convidam a não ter medo da verdade. A autonomia das realidades terrestres não deveria nos amedrontar, mas deveríamos oferecer elementos necessários para a formação de uma consciência reta através do uso da razão. Com isso, toda pesquisa, descoberta, conquistas, toda autonomia não poderia jamais ser contrária à fé, pois tudo tem sua origem no mesmo Deus. Bento XVI reforça o mesmo princípio quando vincula essa verdade e liberdade à questão da globalização. A grande interdependência traz em si um risco, porém será o amor que, iluminado pela razão e pela fé, poderá apontar as medidas para a construção de uma sociedade mais humana. Como podemos ver, a Igreja jamais deverá se posicionar em campo técnico ou em política de Estado diretamente, mas através desse iluminar oferecer subsídios ou dinamizar as consciências que ela indiretamente influencia. Muitos homens e mulheres pautam seu compromisso social a partir da iluminação que recebem do Magistério da Igreja.

| | |
|---|---|
| 22. Na realidade, o mistério do homem só no mistério do Verbo encarnado se esclarece verdadeiramente. Adão, o primeiro homem, era efetivamente figura do futuro (20), isto é, de Cristo Senhor. Cristo, novo Adão, na própria revelação do mistério do Pai e de seu amor, revela o homem a si mesmo e descobre-lhe a sua vocação sublime. Não é por isso de admirar que as verdades acima ditas tenham nele a sua fonte e nele atinjam a plenitude. "Imagem de Deus invisível." | 18. ... mas contando apenas com Cristo, a quem há de fazer referência toda a autêntica vocação ao desenvolvimento humano integral. *O Evangelho é elemento fundamental do desenvolvimento*, porque lá Cristo, com "a própria revelação do mistério do Pai e de seu amor, revela o homem a si mesmo". [45] |

Bento XVI afirma que, para o desenvolvimento integral, é necessário o respeito à verdade. Ele remete à *Populorum Progressio*, na qual Paulo VI diz que desenvolvimento autêntico significa uma promoção da pessoa em sua integralidade. Esse conceito de desenvolvimento atesta o valor dessa pessoa e a fé cristã compreende esse desenvolvimento a partir do Cristo. A *Gaudium et Spes* afirma que, em Cristo, todas as verdades se encontram, pois sendo Ele a imagem do Deus invisível[23] é também homem perfeito. Neste parágrafo da Constituição Pastoral os padres conciliares dizem que isto vale "não somente para os cristãos, mas também para todos os homens de boa vontade, em cujo coração trabalha a graça de modo invisível". E, sendo filhos no Filho, fomos impelidos pelo Espírito a dizer *Abba*! Pai! Isto exige dos cristãos a busca por um mundo transformado pelo testemunho de fé. Exige a busca de um desenvolvimento que contemple todas as pessoas em sua integralidade, refletida primeiro como *imago Dei* e, posteriormente, como irmãos através do mistério da encarnação. A consequência disso é que experimentamos a realidade da paternidade divina. Fica evidente, assim, como a Igreja e o mundo estão intimamente unidos e vivendo suas próprias identidades.

Com isso, o desenvolvimento toma uma importância muito grande. Como é possível aceitar que imagens de Deus, que irmãos, filhos do mesmo Pai, possam sofrer a negação de suas identidades mais profundas. Os dois documentos coincidem porque essas afirmações fazem parte da própria doutrina católica fundamentada nas Sagradas Escrituras e na Tradição da Igreja.

---

[23] Cl 1,15.

> **63.** Também na vida econômica e social se devem respeitar e promover a dignidade e a vocação integral da pessoa humana e o bem de toda a sociedade. Com efeito, o homem é o protagonista, o centro e o fim de toda a vida econômico-social..... Mas não faltam motivos de inquietação. Não poucos homens, com efeito, sobretudo nos países economicamente desenvolvidos, parecem dominados pela realidade econômica; toda a sua vida está penetrada por certo espírito economístico, tanto nas nações favoráveis à economia coletiva como nas outras. No preciso momento em que o progresso da vida econômica permite mitigar as desigualdades sociais, se for dirigido e organizado de modo racional e humano, vemo-lo muitas vezes levar ao agravamento das mesmas desigualdades e até em algumas partes a uma regressão dos socialmente débeis e ao desprezo dos pobres. Enquanto multidões imensas carecem ainda do estritamente necessário, alguns, mesmo nas regiões menos desenvolvidas, vivem na opulência e na dissipação. Coexistem o luxo e a miséria. Enquanto um pequeno número dispõe dum grande poder de decisão, muitos estão quase inteiramente privados da possibilidade de agir por própria iniciativa e responsabilidade, e vivem e trabalham em condições indignas da pessoa humana.

> **25.** Queria recordar a todos, sobretudo aos governantes que estão empenhados a dar um perfil renovado aos sistemas econômicos e sociais do mundo, que o *primeiro capital a preservar e valorizar é o homem, a pessoa, em sua integridade*: "com efeito, o homem é o protagonista, o centro e o fim de toda a vida econômico-social". [61]

Esta talvez seja, de todas as referências, a que mais evidencia a continuidade entre a *Caritas in Veritate* e a *Gaudium et Spes*. O documento conciliar evidencia neste parágrafo que, ao invés de encontrarmos uma sociedade onde as desigualdades sociais são mínimas, como fruto de uma vida econômica ordenada, constatamos que as desigualdades sempre aumentam, proporcionando um distanciamento cada vez maior entre grupos humanos. Alguns vivem em uma situação de miséria, indigna, enquanto outros em grande opulência. Estas disparidades se estendem nas diversas categorias sociais e mesmo dentro do mesmo país. A Constituição Pastoral já alertava para uma reforma das estruturas e principalmente para uma mudança de mentalidade diante da vida. Para estabelecer o diálogo com o mundo foi necessário não só conhecê-lo, mas também a coragem de dizer onde ele errava. Nessa ousadia, o documento conciliar enfrentou as estruturas que se consolidavam através não somente da exploração, mas, principalmente, no fato de implantar de modo subliminar uma cultura cada vez mais individualista, em que a pessoa centrada em si mesma não conseguisse perceber o desastre humano que estava ocorrendo.

A *Caritas in Veritate*, seguindo a mesma intuição conciliar, percebe o mundo atual e sente a dificuldade de se alcançar uma sociedade justa socialmente. Quando o papa analisa o mercado dentro do processo de globalização, ele constata o giro que os países já ricos fazem em busca de novas áreas onde pudessem alcançar novos lucros. Com isso instalou-se novas formas de competição, nas quais claramente os povos mais pobres eram os mais atingidos. E não só eles, mas também as ilhas de pobreza existente nos próprios países de economias centrais. Esse giro trouxe empobrecimento para diversas classes, como a dos trabalhadores, que perderam direitos conquistados ao longo de séculos às custas de muita luta e mesmo de tantos que entregaram suas próprias vidas pela causa da justiça. A grande insistência é em afirmar que a pessoa é o centro de qualquer instituição, seja ela qual for. Como podemos perceber a continuidade documental também se encontra aqui.

## 9 – Igreja em diálogo com o mundo moderno

| | |
|---|---|
| **82.** É, portanto, claro, que nos devemos esforçar por todos os meios por preparar os tempos em que, por comum acordo das nações, se possa interditar absolutamente qualquer espécie de guerra. Isto exige, certamente, a criação duma autoridade pública mundial, por todos reconhecida e com poder suficiente para que fiquem garantidos a todos a segurança, o cumprimento da justiça e o respeito dos direitos. Porém, antes que esta desejável autoridade possa ser instituída, é necessário que os supremos organismos internacionais se dediquem com toda a energia a buscar os meios mais aptos para conseguir a segurança comum. Já que a paz deve antes nascer da confiança mútua do que ser imposta pelo terror das armas, todos devem trabalhar porque se ponha, finalmente, um termo à corrida aos armamentos e porque se inicie progressivamente e com garantias reais e eficazes a redução dos mesmos armamentos, não unilateral evidentemente, mas simultânea e segundo o que for estatuído | **14.** O homem, ser uno, composto de corpo e alma, sintetiza em si mesmo, por sua natureza corporal, os elementos do mundo material, os quais, por meio dele, atingem a sua máxima elevação e louvam livremente o Criador (5). Não pode, portanto, desprezar a vida corporal; deve, pelo contrário, considerar seu corpo como bom e digno de respeito, pois foi criado por Deus e há de ressuscitar no último dia. Todavia, ferido pelo pecado, o homem experimenta as revoltas do corpo. É, pois, a própria dignidade humana que exige que o homem glorifique a Deus em seu corpo (6), não deixando que este se escravize às más inclinações do próprio coração. Não se engana o homem, quando se reconhece por superior às coisas materiais e se considera como algo mais do que simples parcela da natureza ou anônimo elemento da cidade dos homens. Por sua interioridade, transcende o universo das coisas: tal é o conhecimento profundo que ele alcança quando reentra em seu interior, onde Deus, que perscruta os corações (7), o espera e onde ele, sob o olhar do Senhor, decide da própria sorte. Ao reconhecer, pois, em si uma alma espiritual e imortal, não se ilude com uma enganosa criação imaginativa, mero resultado de condições físicas e sociais; atinge, pelo contrário, a verdade profunda das coisas. |
| **75.** Além do crescimento material, o desenvolvimento deve incluir o espiritual, porque a pessoa humana é "um ser uno, composto de alma e corpo" [156], nascido do amor criador de Deus e destinado a viver eternamente. [156] | **67.** (...) comprometer-se na realização de um autêntico desenvolvimento humano integral inspirado nos valores da caridade na verdade. Além disso, uma tal Autoridade deverá ser reconhecida por todos, gozar de poder efetivo para garantir a cada um a segurança, a observância da justiça, o respeito dos direitos.148 |

Novamente os dois documentos apelam para uma autoridade supranacional, que tenha credibilidade suficiente para ter, não somente respeito de todas as nações, mas que tenha peso suficiente de influência. O que se constata hoje é que a sonhada ideia conciliar e depois defendia com galhardia por Paulo VI, representada pela ONU, não cumpriu o papel específico que lhe cabia: ser um fórum de discussão e debate, mas também de busca de equilíbrio econômico e de desenvolvimento entre as nações. Hoje a ONU está sob o comando dos países de hegemonia econômica e também de poderio militar. O clamor por uma verdadeira Autoridade que crie verdadeiros vínculos com os países é urgente e mais do que nunca necessário. Está aqui em jogo a paz no mundo e a defesa do próprio planeta.

Nessa última referência nos deparamos com um dado muito interessante. Os dois textos se encontram em uma perspectiva circular. O texto conciliar se refere à constituição da pessoa e está no início do documento, enquanto o texto do papa fala sobre a dimensão antropológica da questão social e está no fim do documento. A *Gaudium et Spes* afirma categoricamente que a pessoa, em sua integralidade, é superior ao mundo material. Seu interior é maior que todo o universo. Esta interioridade se revela quando este homem e esta mulher se reencontram no interior de seu coração com o próprio Deus que os aguarda. Do mesmo modo, guardando as devidas proporções determinadas pelo tempo que separa os dois documentos, Bento XVI nos diz, sobre esse mesmo homem e mulher, que tem a mais refinada técnica em suas mãos. Hoje a possibilidade de manipular a vida de muitas formas levou esse homem e mulher a acreditar que chegaram às raízes dos mais profundos mistérios. O papa afirma que, hoje, *a questão social se tornou radicalmente antropológica*. Uma cultura de morte se apodera da humanidade. As diversas formas de degradação humana são expostas diariamente diante de uma humanidade que aparentemente perdeu a sensibilidade perceptiva e crítica. Parece-nos que o questionamento que Bento coloca

## 9 – Igreja em diálogo com o mundo moderno

neste parágrafo da *Caritas in Veritate* encontra sua resposta no início da *Gaudium et Spes*. Poderemos encontrar as respostas para um desenvolvimento justo e equilibrado, resgatando pessoas e o próprio planeta se tivermos a mesma ousadia que os padres conciliares tiveram quando colocaram a Igreja em diálogo com o mundo. O que talvez seja necessário nesse momento da história humana é encontrar as formas de estabelecer um diálogo entre as espiritualidades que estão dentro de cada pessoa, para que juntas possam buscar compreender novamente este mundo em mudança constante.

Em toda a *Caritas in Veritate,* podemos perceber a presença da Constituição Pastoral *Gaudium et Spes*, ainda que não haja referências específicas. As principais categorias da Constituição Pastoral atravessam todo o documento. O desenvolvimento necessita de um humanismo verdadeiro, aquele que se abre ao Absoluto; uma vocação que responda a esse apelo em liberdade e responsabilidade; uma vocação social que busque um desenvolvimento humano fundamentado na fraternidade. Os "sinais do tempos" retornam também na encíclica de Bento XVI. Diante do mundo visto pelo papa, uma profunda reflexão nasce de uma verdade da qual não se pode negar e nem fugir: a vida é um dom.

Quando já se começava a anunciar a impossibilidade da utilização da Constituição Pastoral, por parte de grupos extremistas, observamos que para nossos enfrentamentos pastorais diante dos novos problemas sociais, o papa Bento XVI, na profundidade de seu conhecimento teológico, brinda-nos com a *Caritas in Veritate*, reafirmando não só a excelência da *Gaudium et Spes*, como também a atualidade do Vaticano II. A categoria do diálogo permanece como profundamente necessária.

Na *Gaudium et Spes* encontramos a atualidade da antropologia cristã que nos impele a ir ao encontro de cada homem e mulher situados historicamente com suas alegrias e esperanças, testemunhando a veracidade da presença das sementes do Verbo. A linguagem do documento não obstaculariza o espírito que o sustenta, nem diminui seu impacto.

O que nos cabe é sua decodificação, para que seja compreendido na realidade de hoje. Esta é uma tarefa para os teólogos e teólogas, comprometidos com o Reino. A *Gaudium et Spes* continua a ser um firme alicerce, no qual todos aqueles que têm a consciência de seu compromisso batismal, devem basear-se para construir o mundo querido por Deus.

Podemos afirmar que, apesar de terem se passado quase cinquenta anos de sua publicação, a Constituição Pastoral *Gaudium et Spes* é atual, pertinente e necessária para a Igreja e para o mundo do século 21. As intuições e leituras em relação ao mundo dos anos 1960, salvaguardando as mudanças epocais, permanecem atuais. Parece-nos que as razões de fundo não mudaram. Mudaram sim os cenários. Atualizaram-se as ciências. Modernizaram-se as tecnologias, porém a essência humana não mudou. Os problemas de fundo continuam os mesmos, com roupagens diferentes. Sem dúvida que esse homem e mulher conquistaram novos caminhos que naquele tempo apenas se anunciavam, os problemas se tornaram mais complexos, mas as raízes dos problemas atuais continuam na espetacular pessoa humana, capaz de mudar sua vida e seu destino.

## Bibliografia

ALBERIGO, Giuseppe. Cristianesimo e storia nel Vaticano II. In: *Cristianesimo nella storia* 5 (1984).

BARAÚNA, Guilherme (dir.). *A Igreja no mundo de hoje*. Petrópolis: Vozes, 1967.

BENTO XVI. *Carta Encíclica Deus é amor*. São Paulo: Paulus-Loyola, 2005.

_____. *Carta Encíclica Caritas in Veritate:* São Paulo: Paulinas, 2009.

CAMACHO, Ildefonso. *Doutrina social da Igreja. Abordagem histórica*. São Paulo: Loyola, 1995.

CATECISMO DA IGREJA CATÓLICA. São Paulo: Loyola, 2000.

CHENU, Marie-Dominique. A missão da Igreja no mundo de hoje. In: BARAÚNA, Guilherme. *A Igreja no Mundo de Hoje*. Petrópolis: Vozes, 1967.

CONCÍLIO ECUMÊNICO VATICANO II. *Documentos*. 2. ed. São Paulo: Paulus, 2002.

*Credere Oggi. Dossiers di orientamento e aggiornamento teologico. Ripensare la "Gaudium et Spes"*. Padova: Messaggero 1/1995.

FRANÇA MIRANDA, Mario de. Igreja e sociedade na Gaudium et Spes e sua incidência no Brasil. In: *REB* 66 (2006).

HÄRING, Bernard. Vistas e perspectivas novas que a Constituição abre para o futuro. In: BARAÚNA, Guilherme. *A Igreja no Mundo de Hoje*. Petrópolis: Vozes, 1967.

HUMMES, Cláudio. Contribuições da *Gaudium et Spes* para a compreensão pastoral do homem de hoje. In: *Teocomunicação* 150 (dez. 2005).

_____. Fundamentos teológicos e eclesiológicos da *Gaudium et Spes*. In: *Revista de Cultura Teológica*, 51, 2005. p. 9-21.

JOÃO XXIII. *Constituição Apostólica Humanae Salutis*. Bologna: Dehoniane, 1985.

_____. *Discurso inaugural do Concílio Vaticano II*. 20.10.1962.

_____. *Radiomessaggio A Tutti i Fedeli Cristiani ad un mese Dal Concilio*. 11 di settembre di 1962.

MARTINA, Giacomo. *História da Igreja. De Lutero a nossos dias*. 4 vol. São Paulo: Loyola, 1996-1997.

SOUZA, Ney. Contexto e desenvolvimento histórico do Concílio Vaticano II. In: GONÇALVES, Paulo Sergio; BOMBONATTO, Vera. *Concílio Vaticano II: análises e prospectivas*. São Paulo: Paulinas, 2004.

TURBANTI, Giovanni. *Un Concilio per il mondo moderno. La redazione della costituzione pastorale "Gaudium et Spes" del Vaticano II*. Bologna: Il Mulino, 2000.

VIER, Frederico; KLOPPENBURG, Boaventura (org.). *Compêndio do Vaticano II*: Constituições, Decretos, Declarações. Petrópolis: Vozes, 1987.

ZILLES, Urbano. A *Gaudium et Spes* e as ciências. In: *Teocomunicação* 150 (dez. 2005).

# 10
# A REFORMA LITÚRGICA

*Sacrosanctum Concilium I*

*Valeriano dos Santos Costa*
Doutor em Liturgia pelo Instituto Sant'Anselmo – Roma
Professor na Faculdade de Teologia Nossa Senhora da Assunção da PUC-SP
Presbítero da Arquidiocese de São Paulo

No centro da liturgia não está o rito, mas o mistério pascal de Jesus Cristo, que age na Igreja pelos sacramentos. Com tal abordagem, o Concílio renovou a forma litúrgica a partir do *mysterion* celebrado, caracterizando a liturgia como verdadeira oração, memória viva do Senhor ressuscitado e atualização da obra salvadora de Deus no meio de seu povo reunido. São repensadas as fórmulas, a estética e a espiritualidade litúrgicas, incrementando o sacerdócio comum dos fiéis e a dimensão pastoral do culto.

A Constituição *Sacrosanctum Concilium* sobre a Sagrada Liturgia é composta de sete capítulos, além de um proêmio que indica um conteúdo eminentemente teológico.

Nosso estudo se detém apenas no primeiro capítulo, devido a sua densidade e repercussão em todo o documento.

O primeiro capítulo trata dos princípios gerais que devem nortear a reforma dos sacramentos e sacramentais, do Ofício Divino, do ano litúrgico, bem como da música sacra, da arte e dos objetos sagrados em seu caráter litúrgico. Esses princípios são importantes para orientação da reforma, cujo objeto é garantir a celebração do mistério pascal de Cristo, e não simplesmente "modernizar" uma liturgia que, segundo opinião de grandes liturgistas, tinha degenerado em uniformidade, rubricismo e fixismo.[1]

São cinco os princípios gerais: a natureza e a importância da liturgia na vida da Igreja; a formação e a participação litúrgicas; a reforma litúrgica; a vida litúrgica nas dioceses e paróquias; e, por fim, a pastoral litúrgica.

## 1. A natureza e a importância da liturgia na vida da Igreja

O primeiro princípio se desenvolve em oito itens: a obra da salvação; sua continuidade na Igreja pela liturgia; a presença de Cristo

---

[1] Cf. GOENAGA, José Antônio; BASURKO, Xavier. A vida litúrgico-sacramental da Igreja em sua evolução histórica. In: BOROBIO, Dioniso. *A celebração na Igreja*. Vol. 1. Liturgia e sacramentologia fundamental, São Paulo: Loyola, 1990, p. 137.

na liturgia; a liturgia na terra e no céu; a liturgia é a fonte e o cume da vida da Igreja; que o coração acompanhe as palavras; liturgia e oração pessoal; outras práticas de piedade. Só por aí já se vê, "esse primeiro capítulo é o mais longo e de maior importância".[2]

A forma como a *Sacrosanctum Concilium* aborda a natureza da liturgia é uma aula magna de teologia, antropologia e pedagogia. Em primeiro lugar, parte da Teologia e, mais especificamente, da soteriologia: a liturgia tem um lugar privilegiado na obra da salvação, que se torna então o ponto de partida e o critério para a reforma litúrgica.[3]

O primeiro item – a obra da salvação – é uma pedra angular para se pensar a liturgia. Feita a consideração, no proêmio, de que "na liturgia a obra de nossa salvação se realiza" (SC 2),[4] pois "dia após dia, a liturgia vai nos transformando interiormente em templos santos do Senhor e morada espiritual de Deus" (SC 2), o primeiro capítulo inicia sua preleção com o texto de 1Tm 2,4: "Deus quer que todos os homens sejam salvos e alcancem o conhecimento da verdade". Esse texto estabelece o fundamento teológico da liturgia, enquanto realização da obra da salvação, pois é em virtude desse desejo que Deus envia o Verbo encarnado e o Espírito Santo, cujas missões são fundamentalmente soteriológicas. Porém, a salvação tem necessariamente uma dimensão histórico-profética: "Falou outrora a nossos pais, pelos profetas (Hb 1,1). Quando veio a plenitude dos tempos, enviou seu Filho, Verbo encarnado, ungido pelo Espírito Santo, para evangelizar os pobres e curar os corações feridos, como médico do corpo e da alma, mediador entre Deus e os homens" (SC 5). "Evangelizar os pobres" tem uma dimensão profética

---

[2] Ibidem, p. 136.

[3] Nesse sentido, as críticas ferozes que foram feitas ao longo destes 50 anos contra a reforma litúrgica promovida pelo Concílio Vaticano II não são centradas na obra da salvação. Por isso não explicitam que o que está em jogo é salvação, mas deixam transparecer motivações periféricas, como se o gosto por celebrar de certa maneira fosse intocável. O que deve contar é a experiência de Deus e a participação em seu amor que a liturgia promove por natureza.

[4] "Todas as vezes que celebramos este sacrifício, torna-se presente a nossa redenção": *Missal Romano*, 2º Domingo do Tempo Comum, Oração sobre as oferendas, p. 346.

com uma repercussão social evidente, porém "curar os corações feridos" tem uma dimensão que ultrapassa as condições sociais, chegando ao mais íntimo da pessoa, ali onde bloqueios e traumas estabelecem verdadeiras doenças da alma e origem de atitudes patológicas, muitas vezes, julgadas somente do ponto de vista meramente moral. Assim, o Libertador age como médico do corpo e da alma na totalidade da pessoa, pacificando-a com Deus, com o cosmo e consigo mesma. Como afirma o Sacramentário Veronense, pela liturgia se dá a perfeita reconciliação do homem com Deus e se abre ao humano a plenitude do culto divino.[5] Por fim, no mesmo parágrafo inicial aparece a dimensão antropológica da salvação: a humanidade de Cristo, unida à pessoa do Verbo, foi instrumento de nossa salvação. No dizer de Jean Corbon, "a partir de agora, em Jesus, toda a Energia do Amor impregna a energia humana, com uma unção que assume e vivifica".[6]

Na intersecção da dimensão soteriológica, histórico-profética e antropológica da salvação surge o Mistério Pascal, que culmina com a paixão, morte e ressurreição do Filho de Deus, de cujo lado ferido na Cruz nasce o "admirável sacramento da Igreja". O primeiro item do princípio geral referente à natureza da liturgia termina lançando luzes em direção a uma eclesiologia que também está intimamente referida à salvação em sua mais profunda dimensão pascal.

Uma vez colocada a salvação como pedra fundamental da obra de Cristo, o segundo item afirma que ela continua na Igreja pela liturgia, pois desde os apóstolos, a Igreja continua anunciando que o Filho de Deus, por seu mistério pascal, libertou-nos de satanás e da morte, fazendo-nos entrar no Reino do Pai. É exatamente nesta realidade salvífica que os sacramentos nos introduzem e mantêm (SC 6). De Pentecostes à Parusia, a Igreja continua a se reunir para celebrar o mistério pascal, lendo o que dele se fala em todas as Escrituras (Lc 24,27), celebrando a

---

[5] MOHLBERG, Leo Kunibert. *Sacramentário Veronense*. 1265.

[6] CORBON, Jean. *Liturgia fundamental*. Madrid: Ediciones Palabra, 2001, p. 47.

Eucaristia, em que se representa seu triunfo e sua vitória sobre a morte, dando igualmente graças a Deus pelo dom inefável (2Cor 9,15) em Cristo Jesus, para louvor de sua glória (Ef 1,12), na força do Espírito Santo (cf. SC 6). Falando do dia da ressurreição de Cristo, Jean Corbon afirma que "neste dia de nascimento, o rio da Vida, difundindo-se desde o túmulo até nós no Corpo incorruptível de Cristo, transforma-se em LITURGIA".[7] Nesse sentido, Xavier Zubiri também afirma que "a interna unidade entre o mistério de Cristo e os ritos litúrgicos é o que de um modo mais especial e estrito São Paulo chamou de mistério".[8] Então, a passagem dos fatos existenciais da paixão e ressurreição de Cristo para os atos litúrgicos é imediata e, desde então, a morte se tornou vida, e a vida se tornou liturgia. Portanto, as ações do Ressuscitado em nossa história são, em primeiro plano, ações litúrgicas. Isso só acontece porque "a liturgia, como mediadora, faz entrar o tempo terreno no tempo de Jesus Cristo.[9] E, por causa disso, a economia da salvação também se converteu em liturgia.[10] Daí é que se entende porque os cristãos que haviam mergulhado nesse rio da Vida agarravam-se de tal forma a esse Mistério que arriscavam a vida desafiando os interditos imperiais de não celebrarem a eucaristia. Um exemplo famoso são os mártires da Abitina, cidade a África Proconsular, onde foram martirizadas, em 304, cerca de cinquenta pessoas, que, apesar das proibições, foram surpreendidas celebrando a eucaristia.[11]

Para que a obra da salvação seja realizada na liturgia, o item seguinte – a presença de Cristo – é fundamental. Um grande avanço teológico foi ressaltar a sacramentalidade da liturgia, mostrando que toda a ação litúr-

---

[7] Ibidem, p. 60.

[8] ZUBIRI, Xavier. *Naturaleza, historia, Dios.* Madrid: Alianza Editorial, 13. edição, 2007, p. 461.

[9] RATZINGER, Joseph. *Teologia della liturgia*: la fondazione sacrametnale dell'esistenza Cristiana. In: *Opera Omnia*. Vol XI; Città del Vaticano: Libreria Editrice Vaticana, 2010, p. 69.

[10] Cf. Ibidem, p. 62.

[11] Cf. SAXER, V. Abitina (mártires da). In *Dicionário patrístico e de antiguidades cristãs*. São Paulo: Vozes/ Paulus, 2002, p. 28.

gica é mediadora da presença de Cristo.¹² Assim como Cristo histórico era sacramento do Pai, pois "quando Cristo fala, seus ouvintes escutam o homem Jesus, mas é o Pai quem fala em seu Verbo encarnado",¹³ assim também agora, quando celebramos a liturgia, captamos pelos cinco sentidos do corpo os sinais do rito, porém é Cristo que fala e atua por meio da liturgia. Evidentemente, a presença de Cristo nas espécies consagradas será sempre ressaltada, mas não exclusivamente.

Nesta altura, a Constituição faz uma referência escatológica entre a liturgia na terra e a liturgia no céu, para esclarecer que esta última é a fonte da primeira. Nesta relação, tão ressaltada em toda a obra de Jean Corbon,¹⁴ desponta já uma preocupação com a beleza e a ordem que estão no coração da liturgia.¹⁵ Nesse sentido, o Rio da Vida que sai do trono de Deus tem seu fluxo inexorável até os confins do mundo, mas também tem seu refluxo sagrado de retorno a Deus; esse refluxo é a liturgia.

Mesmo sendo a liturgia da terra uma cópia da liturgia celeste, não devemos esquecer-nos de que a liturgia não é, porém, a única atividade da Igreja. É preciso considerar que a obra da evangelização precede e acompanha a liturgia.

Depois desse item, a Constituição dá o salto para o axioma que imortalizou a *Sacrosanctum Concilium*: a liturgia é o cume e a fonte da vida da Igreja. Evidentemente, isto se dá na centralidade da eucaristia: "a liturgia renova e aprofunda a aliança do Senhor com os homens, na eucaristia, fazendo-os arder no amor de Cristo" (SC 10). Aqui vemos ressaltada uma

---

[12] Ler: COSTA, Valeriano Santos. *Viver a ritualidade litúrgica como momento histórico da salvação*: a participação litúrgica segundo a *Sacrosanctum Concilium*. São Paulo: Paulinas, 2. edição, 2010; BUYST, Ione. *O segredo dos ritos*: ritualidade e sacramentalidade da liturgia cristã. São Paulo: Paulinas, 2011.

[13] SAXER, V. *Dicionário patrístico e de antiguidades cristãs*. São Paulo: Vozes/ Paulus, 2002, p. 28.

[14] CORBON, Jean. *Liturgia fundamental*. Madrid: Ediciones Palabra, 2001, passin.

[15] E o estudo teológico sobre a beleza na liturgia tornou-se uma preocupação muito presente depois do Concílio Vaticano II. Para este tema, propomos: CASSIGENA-TRÉVEDY, François. *La belleza de la liturgia*. Salamanca: Sígueme, 2008; BOROBIO, Dionisio. *La dimensión estética de la liturgia*: arte sagrado y espacios para la celebración. In: *Quadermos Phase*, 180. Barcelona: Centre de Pastoral litúrgica, 2008; ROUET, Albert. *Arte e liturgia*. Città del Vaticano: Libreria Editrice Vaticana, 1994; PASTRO, Claudio. *O Deus da beleza*: a educação através da beleza. São Paulo: Paulinas, 2008; ASSEMBLEIA PLENÁRIA DOS BISPOS. *Via Pulchritudinis*: o caminho da beleza: caminho privilegiado de evangelização e diálogo. São Paulo: Loyola, 2007; NAVONE, John. *Em busca de uma teologia da beleza*. São Paulo: Paulus, 1999.

dimensão que carece de maiores estudos, que é o ágape – amor de Deus – e sua função na liturgia. A liturgia da terra é, então, "esse imenso refluxo de Amor em que tudo se converte em vida".[16] É refluxo porque se movimenta no contrafluxo, isto é, em direção ao trono de Deus.

O item seguinte – que o coração acompanhe as palavras – recoloca o princípio da introspecção na prática litúrgica. Esse princípio, já ressaltado na Regra de São Bento, dá o primeiro passo para a afirmação da participação litúrgica: "além de observar as exigências da validade e liceidade das celebrações, os fiéis participem da liturgia de maneira ativa e frutuosa, sabendo o que estão fazendo" (SC 11). Participar na liturgia é, fundamentalmente, mergulhar no mistério celebrado; é uma atitude muito mais mística do que externa. Aqui se fez muita confusão ao longo dos cinquenta anos que ora celebramos. Participar na liturgia da Palavra, por exemplo, é ouvir com o coração. Esse é o ponto mais alto da participação litúrgica durante a proclamação da Palavra de Deus. Liturgia é, portanto, uma ação essencialmente introspectiva, que estabelece um movimento centrípeto, para evitar a dispersão do movimento centrífugo. Daí, a necessidade do silêncio como condição para que a oração litúrgica flua.

Porém, a consciência da centralidade da liturgia na vida da Igreja e de cada fiel não substitui, mas incentiva, a oração pessoal e nem limita outras práticas de piedade, sobretudo aquelas que são vivamente recomendadas pela Igreja.

Todos esses itens estão incluídos no princípio que discorre sobre a natureza da liturgia, como realização atual da obra da salvação em nossa história.

## 2. A formação e a participação litúrgicas

O segundo princípio – a formação e a participação litúrgicas – ressalta que uma liturgia dessa natureza, sendo de uma eficácia salvífica tão

---

[16] RATZINGER, Joseph. *Teologia della liturgia*: la fondazione sacramentale dell'esistenza Cristiana. Op. cit., p. 69.

grande, necessita em todos os níveis de uma formação adequada, em vista da participação de todo o povo. Esse princípio é apresentado em seis itens, sendo o carro-chefe a necessidade de formação, começando pelos professores de liturgia e estendendo-se aos candidatos ao sacerdócio, aos sacerdotes encarregados na cura das almas, aos fiéis em geral e àqueles que se ocupam da transmissão da liturgia pela mídia.

## 3. A reforma litúrgica

O terceiro princípio trata da reforma litúrgica, estabelecendo quatro tipos de normas: normas gerais, normas da ação litúrgica da hierarquia e da comunidade, normas didáticas e pastorais, normas provenientes da índole e tradição do povo.

Com respeito às normas gerais, destaca-se que a regulamentação da liturgia compete à hierarquia, que saberá respeitar a Tradição litúrgica, tanto em sua dimensão conservadora quanto evolutiva, sempre em íntima conexão com a Bíblia. Dentro dessas normas devem ser revistos todos os livros litúrgicos.

Entre as normas da ação litúrgica da hierarquia e da comunidade, se estabelece que o espírito comunitário deve prevalecer como expressão da natureza da liturgia. Celebrar é uma ação essencialmente comunitária. A dignidade da celebração é ressaltada, e mais uma vez a participação litúrgica é devidamente colocada

Entre as normas didáticas e pastorais emerge o princípio da assembleia como sujeito da celebração: "o sacerdote preside à assembleia em nome de Cristo. As preces que dirige a Deus são feitas em nome do povo e de todos os presentes" (SC 33). Por isso, o sacerdote ordenado não celebra para seus irmãos, mas celebra com eles, e junto com eles constitui a assembleia litúrgica, que é o sujeito do culto divino. Isso fica muito claro quando em toda a liturgia, mas sobretudo na oração eucarística, que é o cume da oração da Igreja e da presidência eucarística, jamais se ouve o pronome pessoal no singular *eu*, mas o mesmo pronome no plural: *nós*. Por isso, o sacerdote ordenado não está nem acima, nem contra a comunidade com a qual celebra a eucaristia, já que ele, além de cabeça da comunidade, é também membro do corpo.

Também se afirma que o rito deve ser caracterizado pela "nobre simplicidade" (SC 34). Destacam-se alguns princípios que relacionam a Bíblia, a pregação e a catequese. Desponta o conceito de catequese mistagógica: "a catequese seja feita em continuidade com a liturgia" (SC 35). Também se ressalta a importância dada à celebração da Palavra de Deus na ausência de ministros ordenados (SC 35).[17]

Entre as normas provenientes da índole e tradições do povo, destaca-se que a liturgia, respeitados os princípios já colocados, deve ser flexível e inculturável.

Mas para que a liturgia possa adaptar-se às justas condições culturais e históricas, é preciso conhecer o *espírito da liturgia*. Um dos temas de grande alcance que começa a ser trabalhado no princípio da reforma litúrgica é justamente o *espírito da liturgia*. Essa expressão aparece sete vezes na *Sacrosanctum Concilium*: SC 14; 17 (duas vezes); 23; 29; 37 (espírito litúrgico); 127. Para Bento XVI, o espírito da liturgia tem a ver com natureza mesma da liturgia, com o tempo e espaço, com a arte e ritualidade.

Desvelar o espírito da liturgia é descobrir sua natureza, sua conexão com o tempo e o espaço, sua dimensão enquanto arte e sua ritualidade como um todo. Na natureza da liturgia distingue-se em primeiro plano sua dimensão de culto a Deus e santificação humana. Isso tem a ver com a salvação.

O culto tem uma forte dimensão antropológica. Porém essa dimensão na liturgia tem um caráter extático, isto é, de saída de si mesmo em direção ao transcendente e ao imanente a partir do transcendente. Esse é o êxtase da liturgia, caracterizado por uma verdadeira saída de

---

[17] A *Sacrosanctum Concilium* foi a inspiração para que a Celebração Dominical da Palavra de Deus na ausência de ministros do presbítero se tornasse uma experiência viva em nossa realidade, devido à escassez de padres.

si, estabelecendo um processo permanente de êxodo. Por isso, o êxtase é um êxodo cultual, um sair de si como princípio e método de existir. Só o Amor-Ágape pode estabelecer esse êxodo contínuo da criatura em direção ao Criador e a toda a criação, ou seja, em direção ao Outro e aos outros. Como diz o Papa Bento XVI:

> Sim, o amor é "êxtase"; êxtase não no sentido de um instante de inebriamento, mas como caminho, como êxodo permanente do eu fechado em si mesmo para a libertação no dom de si e, precisamente dessa forma, para o reencontro de si mesmo, mais ainda para a descoberta de Deus.[18]

Esse é o jogo intuído por Romano Guardini,[19] cuja obra, que se tornou clássica, intui que a liturgia tem uma dimensão lúdica, pois é desprovida de interesses imediatos, para entrar numa dinâmica em que se faz com prazer, como brincadeira de meninos.

A natureza da liturgia como êxtase ou como êxodo do amor em direção ao outro está intuída no Antigo Testamento, quando Deus manda Moisés dizer ao faraó: "Deixa o meu povo partir para que me sirva no deserto" (Êx 7,16). Então se o culto é êxtase, é porque exige um êxodo. Portanto, "a terra é dada para que seja um lugar de adoração",[20] e adoração exige saída de si. Esse é o culto teológico. Ele nos coloca imersos em Deus: "Em Deus vivemos, nos movemos e existimos" (At 17,28). Já o culto antropológico coloca o homem girando em torno de si mesmo, cultuando-se como se fosse deus. Um dos exemplos bíblicos mais contundentes é o do bezerro de ouro (Êx 32,8). Porém é o mais diabólico, porque tenta exaltar o culto humano travestido de culto a Deus, ao afirmarem que aquele bezerro de ouro os tinha tirado do Egito. Era uma apostasia ao Deus vivente travestida com um manto de sacralidade.[21]

---

[18] Bento XVI. *Carta Encíclica Deus caritas est*. São Paulo: Paulus/Loyola, 2006, n. 6.

[19] Guardini, Romano. *Lo spirito della liturgia*. Brescia: Morcelliana, 1961.

[20] Ratzinger, Joseph. *Teologia della liturgia*: La fondazione sacramentale dell'esistenza cristiana. Opera Omnia, vol. XI. Città del Vaticano: Libreria Editrice Vaticana, 2010, p. 30.

[21] Cf. Ibidem, p. 36

O êxodo do êxtase ou o êxodo do amor é necessário como busca da revelação. Moisés tinha subido à montanha em busca da revelação. O povo se fechou em si e buscou um culto a si mesmo por meio do bezerro de ouro. Pela aliança, Deus se mostra ao homem. Portanto o culto a Deus está na natureza da liturgia e compõe seu espírito.

### 4. A vida litúrgica nas paróquias e dioceses

O princípio que trata da vida litúrgica nas dioceses e paróquias é muito simples e exageradamente reduzido. Seu principal objetivo é afirmar o papel sacerdotal do bispo e seu presbitério em dar uma total atenção à liturgia, da qual são guardiões. Apesar da concisão, esse princípio traz uma preocupação muito forte em relação ao modo como as liturgias são celebradas, como se não fossem o lugar teológico de expressão e formulação da fé. Se a celebração for uma forma de cumprir ritos e obrigações, deixará de ser o grande espaço da salvação.

### 5. Pastoral litúrgica

Por fim, o princípio da pastoral litúrgica aponta para a necessidade de se criar uma verdadeira e autêntica pastoral na Igreja, estabelecendo comissões em âmbito diocesano e paroquial, bem como comissões de música e arte sacra. Embora, também seja um princípio apresentado de forma reduzida, lança uma fecunda iniciativa que coloca a liturgia no eixo da pastoral da Igreja. A celebração e a formação litúrgica são partes da pastoral litúrgica que a Igreja deve implantar como fruto maduro do Concílio Vaticano II.

## 6. Considerações finais

Podemos dizer que o primeiro capítulo é a pedra angular do documento. Do ponto de vista teológico não deixa nada a desejar e estabelece as bases seguras para as sugestões práticas da reforma que se seguirão nos outros capítulos.

A natureza da liturgia como o grande princípio geral tem sua base mais profunda sedimentada na soteriologia: liturgia é uma questão de salvação; é parte integrante da obra da salvação. Por isso mesmo a formação e a participação litúrgicas, segundo princípio, constituem a ação decorrente do mistério celebrado. Diante disso, a reforma litúrgica, terceiro princípio, segue normas gerais, nas quais o papel da hierarquia e o papel da comunidade devem ser entrelaçados e bem definidos, ambos sempre guiados pelo espírito da liturgia. A dignidade da celebração e a participação dos fiéis são critérios que devem unir a hierarquia e a comunidade.

## Bibliografia

Assembleia Plenária dos Bispos. *Via Pulchritudinis*: o caminho da beleza: caminho privilegiado de evangelização e diálogo. São Paulo: Loyola, 2007.

Bento XVI. *Carta Encíclica Deus Caritas Est*. São Paulo: Paulus/Loyola, 2006.

Borobio, Dionisio. La dimensión estética de la liturgia: arte sagrado y espacios para la celebración. In: *Quadermos Phase*, 180. Barcelona: Centre de Pastoral litúrgica, 2008.

Buyst, Ione. *O segredo dos ritos*: ritualidade e sacramentalidade da liturgia cristã. São Paulo: Paulinas, 2011.

Cassigena-Trévedy, François. *La belleza de la liturgia*. Salamanca: Sígueme, 2008.

Concílio Vaticano II. *Constituição Sacrosanctum Concilium sobre a Sagrada Liturgia*. São Paulo: Paulinas, 10. ed., 2010.

Corbon, Jean. *Liturgia fundamental*. Madrid: Ediciones Palabra, 2001.

Costa, Valeriano Santos. *Viver a ritualidade litúrgica como momento histórico da salvação*: a participação litúrgica segundo a *Sacrosanctum Concilium*. São Paulo: Paulinas, 2. ed., 2010.

Goenaga, José Antônio; Basurko, Xavier. A vida litúrgico-sacramental da Igreja em sua evolução histórica. In: Borobio, Dioniso. *A celebração na Igreja*. Vol. 1, Liturgia e sacramentologia fundamental, São Paulo: Loyola, 1990.

Guardini, Romano. *Lo spirito della liturgia*. Brescia: Morceliana, 1961.

*Missal Romano*. Restaurado por Decreto do Concílio Ecumênico Vaticano Segundo e promulgado pela autoridade do Papa Paulo VI, tradução português da 2. edição típica para o Brasil. 6. edição. São Paulo: Paulus,1992.

Mohlberg, Leo Kunubert. *Sacramentario Veronense*. Roma: Herder, 1994.

Navone, John. *Em busca de uma teologia da beleza*. São Paulo: Paulus, 1999.

Pastro, Claudio. *O Deus da beleza*: a educação através da beleza. São Paulo: Paulinas, 2008.

Ratzinger, Joseph. Teologia della liturgia: la fondazione sacramentale dell'esistenza Cristiana. In: *Opera Omnia*. Vol. XI; Città del Vaticano: Libreria Editrice Vaticana, 2010.

Rouet, Albert. *Arte e liturgia*. Città del Vaticano: Libreria Editrice Vaticana, 1994.

Saxer, V. Abitina (mártires da). In: *Dicionário patrístico e de antiguidades cristãs*. São Paulo: Vozes/Paulus, 2002.

Zubiri, Xavier. *Naturaleza, historia, Dios*. Madrid: Alianza Editorial, 13. edição, 2007.

# 11
# IMPLEMENTAÇÃO DA REFORMA LITÚRGICA NO BRASIL

*Sacrosanctum Concilium II*

*Márcio Leitão*
Mestre em Liturgia pela PUC-SP
Professor na Faculdade de Teologia Nossa Senhora da Assunção da PUC-SP
Presbítero da Arquidiocese de São Paulo

O Concílio promoveu a avaliação e aprimoramento das práticas litúrgicas e do quanto elas implicam, como a catequese, a formação pastoral, o exercício dos ministérios e os meios de comunicação social. No Brasil isto exigiu uma série de ações e esforços. Nem sempre a aplicação da "Reforma Litúrgica" foi serena e pacífica. Ainda hoje vivemos em processo de renovação litúrgica, em diferentes cenários culturais.

O Concílio Vaticano II, sem dúvida alguma, foi o maior e mais importante acontecimento eclesial dos últimos séculos. Um grande Pentecostes, "um furacão do Espírito",[1] que aconteceu no coração da Igreja. E certamente a constituição dogmática *Sacrosanctum Concilium*, sendo o primeiro documento, marcou fortemente o Concílio, dando-lhe um ritmo para sua continuidade. Alguns acham que a constituição teve uma desvantagem, a de ter sido o primeiro documento escrito e aprovado, apontando o fato de nela não estar contemplada a nova compreensão teológica litúrgica, a partir da "eclesiologia presente na *Gaudium et Spes*".[2]

Os padres conciliares brasileiros que estavam em Roma, ao retornarem para ao Brasil, animados com sua conferência (CNBB), criaram a Secretaria Nacional de Liturgia e escolheram para ser seu secretário Dom Clemente José Carlos de Gouvea Isnard, bispo de Nova Friburgo, com a incumbência de compor uma equipe com bispos que tivessem um interesse todo especial na implantação da liturgia na vida da Igreja do Brasil. Esse trabalho foi gigantesco, em face do empenho para aplicar o Concílio no contexto de uma Igreja brasileira que viveu mais as rebarbas do Concílio de Trento, sem a devida evangelização e aprofundamento teológico do mesmo concílio... Um Brasil catequizado, porém, não evangelizado.

---

[1] WEBER, José Henrique. A CNBB e a renovação do canto litúrgico no Brasil. Recuperação da memória histórica. In: MOLINARI, Paula (org.). *Música brasileira na Liturgia II*. São Paulo: Paulus, 2009, p. 14.

[2] Cf. BECKHÄUSER, Alberto. *Concílio Vaticano* II. 25 anos depois. Petrópolis: Vozes, 1989, p. 11.

A então comissão nacional: Dom Clemente Isnard, Dom José Lamartine Soares, bispo auxiliar de Olinda e Recife, Dom Bernardo José Bueno Miele, bispo auxiliar de Campinas e Dom José Alberto Lopes de Castro Pinto, bispo auxiliar do Rio de Janeiro. Como secretário, foi escolhido para essa comissão o Cônego Amaro Cavalcanti de Albuquerque Filho, do clero do Rio de Janeiro, grande incentivador da liturgia e do canto litúrgico. Posteriormente, outros assessores da CNBB deixaram um rico material escrito e testemunhal, participando efetivamente das conclusões do Vaticano II na Igreja do Brasil, principalmente na paciente realização da implantação da *Sacrosanctum Concilium*.[3]

## 1. As dificuldades e desafios na reforma pós-conciliar no Brasil

Muitas luzes não nos faltaram para a animação da vida litúrgica no Brasil, mas também sombras tristes e profundas a envolveram. Sendo assim, a liturgia conciliar se propôs a oferecer a luz que emana da celebração memorial do Mistério de Cristo,[4] retornando suas fontes tão esquecidas ou adormecidas na prática milenar. A luz com certeza dissipa as trevas e a escuridão, e ao fazermos memória desta rica e tão profunda caminhada da *Sacrosanctum Concilium*, vimos que, para a execução da reforma litúrgica, existiram e existem ainda hoje correntes vanguardistas e conservadoras e outras situações emblemáticas.

### 1.1. Os grupos conservadores

Muitos cardeais, já na aplicação da SC, defenderam insistentemente o uso do latim como "verdadeira língua romana", "puro des-

---

[3] Cf. Centro de Liturgia Pontifícia Faculdade de Teologia Nossa Senhora da Assunção. *A implantação da reforma litúrgica do Concílio Vaticano II*. Descrita por Dom Clemente Isnard. São Paulo: Paulus, 2003, p. 13-14 (Cadernos de Liturgia 10).

[4] Cf. NEUNHEUSER, Burkhard. *História da Liturgia através das épocas culturais*. São Paulo: Loyola, 2007, p. 259-263.

conhecimento histórico! Pois, na verdade, a Liturgia de Pio V não é liturgia romana pura. Ela vem marcada de elementos de origem franco-germânica herdados do século IX".[5] A não aceitação, pelo Cardeal Antonio Bacci, da língua vernácula nas celebrações litúrgicas era bem evidente.

O *Coetus Internationalis Patrum* (Grupo Internacional de Padres do Concílio) foi um grupo de estudo/trabalho que reunia alguns dos participantes do Concílio Vaticano II. Dom Marcel Lefebvre, Superior-Geral dos padres espiritanos e fundador da Fraternidade Sacerdotal São Pio X, Dom Antonio de Castro Mayer, bispo de Campos, Dom Geraldo de Proença Sigaud, arcebispo de Diamantina,[6] Dom Giuseppe Siri, cardeal de Gênova, Dom Alfredo Ottaviani, Prefeito da Congregação para a Doutrina da Fé, o cardeal Dom Arcadio Maria Larraona, Dom Ernesto Ruffini, cardeal de Palermo, o cardeal Dom Michael Brown e o cardeal Dom Antonio Bacci faziam parte do *Coetus*, assim como 250 outros prelados participantes do Concílio. Esse grupo formou-se em reação contra as influências progressistas manifestadas no Concílio.

> Como membro das Comissões preparatórias do Concílio Vaticano II, Dom Lefebvre colaborou na elaboração de assuntos sujeitos à discussão dos padres conciliares. Depois da primeira sessão do Concílio, de outubro a dezembro de 1962, alguns prelados ficaram inquietados perante a orientação progressista que tomavam as discussões dos assuntos apresentados. Esses prelados reuniram-se e criaram um grupo de estudo, para estudarem as propostas conciliares, sendo auxiliados por alguns teólogos de renome. Esse grupo ficou conhecido por *Coetus Internationalis Patrum* e foi instituído *ex officio* em outubro de 1964.[7]

---

[5] Cf. SILVA, José Ariovaldo da. Um olhar panorâmico no contexto histórico geral da liturgia: dificuldades, realizações, desafios. In: CNBB. A Sagrada Liturgia. 40 anos depois. São Paulo: Paulus, 2003, p. 33-51 (Estudos da CNBB 87).

[6] *Cadernos de Liturgia* 10, p. 15.

[7] Cf. CALDEIRA, Rodrigo Coppe. *Os Baluartes da Tradição*: O conservadorismo católico brasileiro no Concílio Vaticano II. Curitiba: CRV, 2011.

Caso típico foi o do arcebispo francês, Dom Marcel Lefebvre, e aqui no Brasil, Dom Antonio de Castro Mayer, então bispo da diocese de Campos-RJ.[8] Alimentaram e fomentaram a liturgia tridentina e pré-Vaticano II, na compreensão de uma participação da assembleia como aquela que assiste e contempla o que está sendo celebrado e não a de uma participação ativa e consciente como o documento conciliar apresenta (SC 48), distante do ensinamento da Igreja Corpo Místico de Cristo, Igreja povo de Deus (LG 9).

### 1.2. Os grupos "afoitos e apressados"

"No desejo de realizar os anseios do Concílio foram cometidos graves abusos e desvios."[9] Muitos padres chegaram ao absurdo de quebrar igrejas, pintar igrejas escondendo os afrescos e obras de artes de renomadíssimos artistas, derrubara preciosos altares-mor e laterais, obras de artes centenárias, alijara e jogara para fora dos recintos sagrados as imagens dos santos, tudo isso sob pretexto de uma autêntica reforma litúrgica.[10]

O afrontamento de padres à religiosidade e à cultura religiosa popular desconsiderou toda uma história vivenciada pelo povo, mesmo que tenha sido com seus modelos medievais e pós-tridentinos (queiramos ou não, foi o que o alimentou espiritualmente até agora). A reforma litúrgica do Vaticano II tem tido enormes dificuldades em embrenhar-se no catolicismo popular.

### 1.3. Os Mass Media e o poder da mídia atual

Muitíssimos meios de comunicação desconhecem até hoje o espírito do Concílio Vaticano II, principalmente a *Sacrosanctum Concilium*, mas também outros documentos conciliares, justificando assim um cle-

---

[8] Cf. NEUNHEUSER, Burkhard. *História da Liturgia*, p. 227-229.

[9] Cf. SILVA, José Ariovaldo da. *Um olhar panorâmico no contexto histórico geral da liturgia*, p. 40.

[10] Cf. Ibidem, p. 41.

ricalismo e o individualismo religioso. Em seus programas televisivos apresentam modelos de sacerdotes muitas vezes desconectados com a realidade do povo ou, também, coniventes com o *status quo* dos que detêm o poder. Ou, ainda, padres em crises existenciais e vocacionais; quase nunca padres bem resolvidos e felizes no exercício de seu ministério e na conduta de sua vida.

### 1.4. Nas celebrações litúrgicas, o uso dos folhetos litúrgicos

Esta iniciativa é louvável, pois se reconhece todo um esforço e zelo pastoral para adequar a assembleia celebrante com o que se está celebrando, persistindo no grande desejo da SC em fazer com que se saiba que o que se está celebrando não é meramente um rito/ritual, mas sim o Mistério de Cristo.

### 1.5. Missas de massa e missas eletrônicas

Os meios de comunicação social são colocados a serviço da desinformação, da propaganda enganosa, dos interesses escusos, dos preconceitos nacionais, étnicos, raciais e religiosos, da avidez material, das falsas ideologias, levando as pessoas a viver muitas vezes relações hedonistas e descartáveis, distanciando-as do sentido primeiro do amor e do respeito mútuo.[11] Grande perigo ocorre quando a religião e a mensagem cristã são manipuladas pelos meios de comunicação, colocando-as num processo de secularização crescente: seus cultos, seus símbolos, sua linguagem se tornam categorias de consumo, busca de bens imediatos, descartáveis.

As missas ditas eletrônicas (televisivas/irradiadas) inserem-se também em uma grande dificuldade num processo de evangelização. Sabe-se com certeza que a veiculação das missas, tanto na televisão quanto

---

[11] Cf. João Paulo II. Mensagem para o 37º dia mundial das comunicações sociais, 2003. In: Adriano, José. *Missas eletrônicas e a mensagem cristã*, 2004, p. 119 (Revista de Cultura Teológica, Vol. 12, n. 46 – jan/mar 2004).

nas rádios, tem favorecido muitos fiéis a poderem participar da liturgia da Eucaristia, como também dos demais sacramentos, porém trouxe ao mesmo tempo comodismo a muitos.

Os midiáticos que exercem tal serviço estão cometendo um desserviço à Igreja e à evangelização, pois apresentam liturgias desencarnadas de uma comunidade viva, com práticas litúrgicas contrárias às normas oficiais da Igreja. Que dizer da falsa compreensão de como deve ser a liturgia em sua comunidade... "Eu vi que o padre fulano fez isso na Missa na televisão, não podemos fazer também aqui?"

1. O sacerdote (emissor/comunicador) tem, eticamente, a obrigação e o compromisso de transmitir a verdade. O conteúdo da mensagem evangélica deve ser sempre verdadeiro e fiel à natureza dessa mesma mensagem. Deve ter firmeza e clareza de doutrina.

2. Os meios (sinais, símbolos, linguagem etc.) devem-se prestar à transmissão da mensagem em sua inteireza e realidade profunda [...]

3. [...] a TV comercial busca audiência, mesmo sem conteúdo ético; a mensagem evangelizadora veiculada pela TV espera atingir os "próximos" e os "distanciados", conscientizando-os e fazendo deles igreja-comunidade. [...]

4. Os padres das Missas Eletrônicas (telemáticos) não podem – e de fato não possuem a autoridade moral – para alienar ou enganar os fiéis, incutindo dúvidas, ambiguidades e outros atentados a sua fé...

5. Nossos padres telemáticos são colhidos – sem o saber ou com pouca consciência – pela estrutura e pelos mecanismos da economia de mercado, fazendo o jogo do concorrente, desejando ter mais adeptos. Com isso, incorrem no perigo de deixarem de ser fiéis à verdade, ao conteúdo e à natureza da mensagem evangélica à qual deveriam servir.[12]

---

[12] ADRIANO, José. *Missas eletrônicas e a mensagem cristã*. Vol. 12, n. 46 – jan/mar 2004, p. 125-127.

## 1.6. A liturgia em vernáculo pedia também cânticos em vernáculo

Uma nova mentalidade ia criando-se na liturgia e na música a partir do Concílio. O grande conflito entre os "esteticistas" e os "pastoralistas". Os esteticistas exigiam uma música mais elaborada, mais erudita para as celebrações litúrgicas; já os pastoralistas buscavam estilos mais populares, mais despojados e funcionais. Assim nasceu essa nova expressão: canto pastoral.[13]

Em todo esse percurso muito se estudou, muito se refletiu, e uma grande riqueza de músicas e melodias foram brotando. Uma riqueza, sem dúvida, mas o empobrecimento veio pelo excesso de criatividade e pouca profundidade teológica, litúrgica e musical.[14]

> [...] é na liturgia que a música ocupa seu lugar mais alto, pois a relação da Igreja, quando celebra, é com seu próprio Fundador, o mesmo que criou todas as coisas e fez o homem e a mulher a sua imagem e a sua semelhança, dando-lhes, por isso, a capacidade de se expressar [...] como os vários ministérios relacionados com a música litúrgica precisam passar por um aprimoramento que depende de conhecimento e prática. [...] exigem formação litúrgico-musical.[15]

Diante da realidade que hoje estamos vivendo e das enormes contradições com relação aos cantos litúrgicos, sua produção e sua musicalidade, seria fundamental um novo documento oficial, como foi a seu tempo o documento em forma de Motu Proprio *Tra le sollecitudini* de São Pio X (22/11/1903).[16]

---

[13] WEBER, José Henrique. *A CNBB e a renovação do canto litúrgico no Brasil.* Recuperação da memória histórica, p. 13-25.

[14] Cf. INSTITUTO SUPERIOR DE LITURGIA DE BARCELONA. "La importancia del canto" en la tercera edición del Misal Romano. In: PHASE. *Revista Bimestral de Pastoral Litúrgica.* Barcelona: Centre Pastoral Litúrgica, Año XLIV, 2004, n. 261, p. 254.

[15] COSTA, Valeriano dos Santos. Prefácio. In: FONSECA, Joaquim. *Quem canta? O que cantar na liturgia?* São Paulo: Paulus, 2008, p. 7-8.

[16] Cf. PHASE, Año XLIV, 2004, n. 261, p. 257.

### 1.7. Diretório para Missas com Grupos Populares

O secretariado litúrgico nacional, ouvindo as inquietações de Dom Isnard e as novidades encontradas em Roma, resolveu propor para o Brasil um Diretório da missa com grupos populares. Os bispos na XV Assembleia Geral da CNBB (1977) aprovaram esse documento, mas quando levado a Roma, foi recusado. Contudo, como já havia sido impresso e distribuído nas livrarias católicas, muitos adquiriram e colocaram em prática esse documento do episcopado brasileiro. Roma exigiu que esse documento fosse recolhido. Toda essa indisposição foi motivada porque Dom Afonso Lopes Trujillo, na época bispo auxiliar de Bogotá e secretário-geral da Conferência Episcopal Latino-Americana – CELAM –, estava tendo problemas com a chamada "Iglesia Popular", e, como essa situação era sempre assunto de pauta e discussão no CELAM, resolveram então atendê-lo, sem antes se perguntar se o documento vinha ao encontro dessa realidade. A Igreja do Brasil se sentiu profundamente humilhada e, segundo Dom Isnard, ele não tinha nada que desabonasse ou ferisse a ortodoxia da Igreja.[17]

> Este diretório não tem caráter preceptivo, mas visa apenas oferecer às Igrejas Particulares pistas que ofereçam a participação popular na Liturgia da Missa. Os frutos pastorais que dele se esperam, dependem do cuidado com que suas orientações forem introduzidas, com adequada preparação dos celebrantes e das comunidades populares, observando diligentemente os limites estabelecidos para as adaptações.[18]

A Igreja carregará essa ferida aberta, mas não se pode ficar de braços abertos, há a necessidade de se ter uma linguagem e uma interação maior com os grupos populares e da periferia dos grandes centros urbanos.

---

[17] Cf. *Cadernos de Liturgia* 10, p. 46-47.

[18] CNBB. *Diretório para missas com grupos populares.* São Paulo: Paulinas, 1977, p. 21.

## 2. Conquistas na implantação da reforma litúrgica

### 2.1. Participação ativa dos fiéis na liturgia

A história da liturgia mostra que, ao longo dos séculos, passamos de uma rica vivência participativa a um profundo esquecimento e indiferença na participação dos fiéis. Podemos até dizer que houve uma "involução" quanto ao que se ascendia na Igreja primitiva. Sendo assim, os padres conciliares perceberam que de fato a participação dos fiéis na liturgia deveria ser uma das grandes preocupações do Concílio; por isso é que o primeiro grande elemento proposto pela *Sacrosanctum Concilium* (e que continua dia a dia nos desafiando) é sem dúvida a participação ativa, consciente e plena dos fiéis na vida litúrgica.

A constituição repete com tanta insistência a necessidade de uma participação de todos os fiéis na liturgia, que a repete em pelo menos 25 artigos (através do verbo "participar" ou do substantivo "participação" aparecem promovendo ou apoiando a participação viva e ativa dos fiéis).[19]

> A genuína participação na liturgia implica uma transformação seja da própria pessoa, seja da comunidade eclesial onde ela se situa, ou ainda do mundo no qual deve incidir seu testemunho cristão. Nossa liturgia renovada tem alcançado tal objetivo?[20]

O desafio ainda continua e caberá a todos os fiéis (ministros ordenados e leigos) não deixar morrer essa grande retomada às fontes, isto é, uma Igreja mais participativa, em que todos têm seu espaço na vida da Igreja, tanto em seu agir como em seu celebrar, de forma ativa, plena e consciente.

---

[19] Cf. SCHMIDT, Herman. *La costituzione sulla sacra liturgia*. Testo, genesi, commento documentazione. Roma: Herder, 1966, p. 332.

[20] MELO, José Raimundo de. Desafios atuais para a aplicação dos princípios da Constituição *Sacrosanctum Concilium*. In: *Revista de Cultura Teológica*, Ano XII – n. 48 – jul/set 2004, p. 38.

## 2.2. Formação litúrgica

No início da implantação do Concílio era bem visível o reduzido número de pessoal especializado para ajudar na formação litúrgica, uma urgência. A falta de formação litúrgica, principalmente nas décadas de 60, 70 e início da 80, em todos os níveis tem sido uma das grandes dificuldades para levar adiante o processo de reforma litúrgica.

A CNBB, buscando aplicar as orientações conciliares, resolveu fundar os Institutos de Pastoral. O primeiro foi o ISPAC – Instituto Superior de Pastoral Catequética, o segundo, o ISPAL – Instituto de Pastoral Litúrgica, e, finalmente, o ISPAV – Instituto de Pastoral Vocacional. Funcionavam no Rio de Janeiro, sempre cercados de muitas críticas da ala conservadora. A orientação do ISPAL era totalmente na linha conciliar.

A partir daí foram surgindo em todo o Brasil grupos de formação, nos quais se colocavam em prática todas as aspirações do Concílio. Não foi nada fácil, ou melhor, não tem sido fácil, pois de maneira equivocada, cada bispo, cada padre tem seu modelo de liturgia e a emprega segundo seus anseios e compreensões.

Vimos a todo momento cursos para bispos, padres, religiosos, religiosas e leigos, em nível de atualização, especialização, pós-graduação, com mestrado e doutorado na área de Liturgia. Por exemplo, o Centro de Liturgia da Pontifícia Faculdade de Teologia Nossa Senhora da Assunção – São Paulo contribuiu muito com a formação de muita gente. Hoje ele se encontra parado, mas logo retornará com nova metodologia para contribuir com a animação litúrgica do Brasil. Nasceu posteriormente o Centro de Liturgia Dom Clemente Isnard em parceria com o Campus Pio XI – UNISAL – São Paulo com a mesma preocupação em formar lideranças para animação da vida litúrgica nas paróquias e dioceses. Poderíamos citar mais e mais núcleos formativos existentes em todo o Brasil e fora dele, mas o importante é que o grande objetivo da SC está sendo realizado.

## 2.3. A tradução dos textos litúrgicos

A Santa Sé exigia que Portugal e Brasil entrassem em acordo sobre a tradução dos textos litúrgicos. O trabalho foi exaustivo entre as comissões para a redação do Ordinário da Missa e um dos problemas encontrados se dava em relação ao pronome de tratamento direcionado a Deus, *"tu"* ou *"vós"*. O acordo com Portugal consagrou o *"vós"* e agradou uma parcela do episcopado brasileiro mais conservador, que assim o queriam. E outras partes do Ordinário da Missa foram mudadas com a aceitação das duas comissões.

Ao se tratar das Preces Eucarísticas, Roma permitiu que pudesse haver uma tradução em Portugal e outra no Brasil, mas as respostas do povo deveriam ser idênticas: *Dominus vobiscum* (O Senhor esteja convosco) e a resposta: "E com o teu Espírito". Após o acordo, foi aprovado *Ele está no meio de nós*. E assim foi feito.[21]

Na tradução da terceira edição típica do Missal, que ainda está em andamento, alguns bispos brasileiros apresentaram como emenda/proposta que se voltasse a tradução anterior, mas felizmente a maioria dos bispos votaram pela continuidade, segundo o que se havia aprovado na edição brasileira da segunda edição típica.

## 2.4. A Oração Eucarística V de Manaus

Animados com o IX Congresso Eucarístico Nacional Brasileiro em Manaus -1975, o setor de Liturgia da CNBB solicitou ao Pe. Jocy Neves Rodrigues, do clero de São Luís-MA, e a Dom Isnard prepararem uma Oração Eucarística, e diante das duas propostas escolheram a de Pe. Jocy, dizendo que era mais poética. Apresentada à CEP – Comissão Episcopal de Pastoral – com pequenas correções, foi aprovada e enviada aos bispos e depois à Congregação para o Culto Divino. Com certeza

---

[21] Cf. Isnard, Clemente. Os Primórdios da Reforma Litúrgica no Brasil. In: CNBB. *A Sagrada Liturgia*. 40 anos depois. São Paulo: Paulus, 2003, p. 22-32 (Estudos da CNBB 87); Cadernos de Liturgia 10, p. 18.

não agradou a todos, mas como disse Dom Clemente Isnard: "Eu não vejo nenhuma heresia. Uso bastante".[22]

### 2.5. Aclamações nas Orações Eucarísticas

A Igreja do Brasil é privilegiada, pois com esforço conseguiu a autorização da Santa Sé para a aprovação das aclamações nas orações eucarísticas. Muitas outras conferências episcopais as solicitaram, mas não tiveram licença para utilizarem tais aclamações nas Orações Eucarísticas. Com a revisão da terceira edição típica do Missal Romano, havia certa preocupação, achando-se que o episcopado do Brasil não autorizaria a continuidade das aclamações. Isso, todavia, não passou de mera especulação, pois quando a Equipe de Tradução do Missal Romano as apresentou, revisadas, à CETEL (Comissão Episcopal para os Textos Litúrgicos), ela as aprovou. Apresentadas aos bispos em Assembleia Geral, com pouquíssimas ressalvas foram também aprovadas.

Temos agora um desafio: como fazer com que as aclamações de fato venham ao encontro de sua finalidade, isto é, em fazer com que a assembleia celebrante cante e participe interagindo com o presidente da celebração.

### 2.6. Aprovação do Cânon Romano com suas simplificações

A Igreja da França fez uma tradução bem livre do Cânon Romano, mas foi recusada por Roma, pois ela não era literal, conforme o original latim. A pedido de Dom Isnard, o monge beneditino Dom Timóteo Amoroso Anastácio, abade do Mosteiro São Bento, em Salvador, foi incumbido de fazer a tradução brasileira do Cânon Romano inspirado na tradução francesa.

Talvez pelo desconhecimento ou por falta de especialistas da língua portuguesa na Cúria Romana, a belíssima tradução brasileira foi aprovada

---

[22] *Cadernos de Liturgia* 10, p. 27.

e até hoje é muito utilizada. É bem verdade que para a tradução da terceira edição típica, alguns bispos requereram que ela fosse feita conforme o original latino, mas os bispos aprovaram o texto apresentado pela CETEL. Falta ainda agora ser aprovada por Roma, mas pensa-se que como a edição brasileira da segunda edição típica já foi aprovada, possivelmente Roma não fará objeções às pouquíssimas alterações recém-introduzidas.

### 2.7. Uso da comunhão sob as duas espécies

Dom Clemente Isnard consultou o então secretário da Congregação para o Culto Divino, Dom Geraldo Majella Agnelo, e disse de seu desejo de pedir permissão de dar a comunhão sob as duas espécies, sempre. Antes de requisitar à Congregação autorização para o uso nas celebrações da comunhão sob as duas espécies, deu-lhe o texto aprovado para a Conferência Episcopal Italiana, e a partir do texto aprovado fez também o Brasil sua solicitação, conseguindo a permissão. A autorização chegou rapidamente.[23]

A Instrução *Sacramentali Communione*, de 29 de junho de 1970, da Sagrada Congregação para o Culto Divino[24] já alertava com relação ao uso da comunhão sob duas espécies, mas apesar dessa instrução houve certos abusos e uso inadequado, o que provocou nova manifestação de Roma através da Congregação para o Culto Divino e Disciplina dos Sacramentos, através da Instrução *Redemptionis Sacramentum* (RS) n. 100-107.[25]

> [...] como pressuposto e o incessante acompanhamento de uma devida catequese sobre os princípios dogmáticos fixados pelo Concílio Ecumênico de Trento (cf. DS 1725-1729; SC 55; IGMR 282-283) [...] (RS 100) não

---

[23] *Cadernos de Liturgia* 10, p. 24-25.

[24] CONGREGAÇÃO PARA O CULTO DIVINO E A DISCIPLINA DOS SACRAMENTOS. *Instrução Sacramentali Communione*. São Paulo: Paulinas, 1970, p. 3-5.

[25] Idem. *Instrução Redemptionis Sacramentum*. Sobre alguns aspectos que se deve observar e evitar acerca da Santíssima Eucaristia. São Paulo: Paulinas, 2004, p. 58-62.

se administre aos fiéis leigos o cálice, quando esteja presente um número de comungantes tão grande que se torne difícil avaliar a quantidade de vinho necessário para a Eucaristia e houver o risco de "permanecer uma quantidade de Sangue de Cristo superior ao necessário e que deveria ser consumido no término da celebração" (RS 102).

Alguns bispos, cientes de sua responsabilidade, têm acompanhado de perto suas comunidades onde, nas missas, foi permitido o uso da comunhão sob as duas espécies. Isso tem dado às comunidades e a seus padres certa segurança. E como sua aplicação tem sido positiva, observando as normas estabelecidas, elas valorizam mais vivamente o Corpo e Sangue de Cristo celebrados e comungados.[26] Algumas argumentações em que se diz que o povo não sabe se comportar ou que a missa se alonga demasiadamente não correspondem à realidade de uma comunidade bem acompanhada.

É uma pena saber que muitos bispos e padres proibiram em suas dioceses e paróquias o exercício do Ministério extraordinário da Sagrada Comunhão. Com certeza fizeram isso por causa de problemas encontrados, caso contrário não haveria motivos para tanto, pois a Santa Sé, através da Instrução *Immensae Caritatis,* de 1973,[27] reconhece e anima o Ministério extraordinário da Sagrada Comunhão e até no Missal Romano há uma bênção própria para o exercício *ad hoc* desse ministério. Mas simplesmente negá-lo ou dispensá-lo não seria a melhor solução; identificar as causas de algum erro e corrigi-las, talvez fosse o melhor caminho.

### 2.8. Ministérios litúrgicos, exercício de corresponsabilidade

Há um notável esforço por parte do Concílio de nos apresentar a grande parceria existente na íntima realidade de Deus, a Santíssima Trindade, lugar central e fontal, espelhando diante dos crentes (minis-

---

[26] Cf. *Cadernos de Liturgia* 10, p. 24-25.

[27] CONGEGAÇÃO PARA O CULTO DIVINO E A DISCIPLINA DOS SACRAMENTOS. *Instrução Immensae Caritatis para facilitar a comunhão sacramental.* São Paulo: Paulinas, 1973, p. 6-9.

tros ordenados e ministros leigos) como deveria ser a corresponsabilidade. Todos se nutrindo do mesmo sacerdócio de Jesus Cristo. Não admira, portanto, que neste esforço a comunhão eclesial apareça profundamente marcada na comunhão em sua ação salvífica.[28]

A *Sacrosanctum Concilium*, bem como outros documentos conciliares, trazem à tona a preocupação com os fiéis leigos e por diversas vezes apresentam a necessidade de destacar sua participação ativa, plena e consciente.[29] Desde sua permanência no templo, como também no exercício de ministérios instituídos, extraordinários, reconhecidos e confiados.[30]

Como nem tudo é tão bom, temos presenciado comunidades que estão deixando de lado o exercício ministerial e centralizando tudo novamente na pessoa do ministro ordenado. Isso com certeza é um retrocesso. Em hipótese alguma o ministro ordenado deveria sentir-se ameaçado e muito menos o ministério leigo poderia ser algo ameaçador; pelo contrário, quanto mais pessoas ajudando, mais tempo ter-se-á para o investimento pastoral nas vastas responsabilidades de uma comunidade eclesial (cf. At 6,1-6).

### 2.9. A Liturgia das Horas e o Ofício Divino das Comunidades

Não resta dúvida que a renovação do Ofício Divino não parecia aos padres conciliares uma questão vital para a Igreja. A maioria desejava a reforma do breviário, mas não havia acordo unânime sobre as adaptações necessárias para realizá-lo. A observação mais significativa veio do Cardeal Augustin Bea, dizendo com toda clareza o quanto fazia falta à Igreja Católica uma verdadeira teologia do Ofício Divino.[31]

---

[28] LEITÃO, Márcio. *Ministérios Litúrgicos Leigos. Corresponsabilidade ao ministério ordenado* (dissertação de mestrado). São Paulo: Pontifícia Faculdade e Teologia Nossa Senhora da Assunção: texto digitado, 2007, p. 26-31.

[29] COMPÊNDIO DO VATICANO II. *Lumen Gentium*, 1-2; *Ad Gentes*, 1-2; *Sacrosanctum Concilium*, 2; 11; 19; 26; 30; 48; 100; *Unitatis Redintegratio*, 1-2; *Christus Dominus*, 1; *Dei Verbum* 1-2; *Presbyterorum Ordinis*, 1; *Gaudium et Spes*, 1. Petrópolis: Vozes, 1991.

[30] CNBB. *Missão e Ministérios dos Cristãos Leigos e Leigas*. São Paulo: Paulinas, 1999, p. 69-77. (DOC. CNBB 62)

[31] REYNAL, Daniel de. *Teologia da Liturgia das Horas*. São Paulo: Paulinas, 1981, p. 264.

Aqui no Brasil o Pe. José Henrique Weber ficou incumbido de fazer a tradução da *Liturgia Horarum*; foi-lhe solicitado uma tradução exata, recitável e naturalmente bela. E segundo Dom Isnard: "O Brasil pode se gloriar de ter a melhor versão dos livros da Liturgia das Horas, melhor que a França, a Espanha e a Itália".[32]

O Ofício Divino das Comunidades foi publicado em 1988 e era claro que se tratava de uma proposta inacabada e que deveria completar-se com a ajuda das pessoas que eventualmente viessem assumir o ofício em sua prática de oração.

> [...] Nestes anos, acompanhando grupos e comunidades que rezam o Ofício, em vários lugares do país, ouvimos críticas e sugestões que resultaram nesta 7ª edição revisada e ampliada. [...] essa 7ª edição, apesar de ainda não ser algo definitivamente acabado, representa um passo significativo na busca da inculturação da Liturgia das Horas nas comunidades populares.[33]

As tentativas bem-sucedidas de inculturação da Liturgia das Horas à índole da maioria dos brasileiros, quem sabe, deveriam ser divulgadas e fazer com que toda Igreja louve o Senhor com seus salmos, hinos e cantos.

## 2.10. O canto e a música litúrgica (SC 112-121)[34]

A maior conquista da renovação litúrgica proposta pelo Concílio foi a participação dos fiéis, e uma das melhores expressões dessa participação reside na música litúrgica, pois onde há a manifestação de vida comunitária, existe canto; onde há canto, celebra-se a vida. Por isso, a CNBB tem se debruçado diversas vezes sobre essa realidade, colaborando e proporcionando meios para que a música litúrgica se desenvolva

---

[32] Cf. Isnard, Clemente. *Estudos da CNBB 87*, p. 22-32; *Cadernos de Liturgia* 10, p. 18.

[33] Carpanedo, Maria da Penha; Souza, Marcelo de Barros (orgs.). *Ofício Divino das Comunidades*. São Paulo: Paulus, 13. edição, 2005, p. 20.

[34] Cf. Beckhäuser, Alberto. *Cantar a Liturgia*. Petrópolis: Vozes, 2004, p. 25

de modo sério e progressivo. Os Estudos da CNBB 12 (1976) – Estudo sobre os cantos da Missa; CNBB 79 (1998) – A música litúrgica no Brasil e o Documento da CNBB 7 – Pastoral da Música Litúrgica no Brasil (1976) são provas dessa preocupação.[35]

Avançou-se muito na composição dos cânticos litúrgicos após a *Sacrosanctum Concilium* e também na valorização dos instrumentos musicais, permitindo a entrada na celebração das constantes melódicas, rítmicas e harmônicas ligadas à cultura dos povos; elas promovem a participação ativa de todos (SC 119). Mas constata-se uma grande confusão entre muito do que vem sendo composto e as normas estabelecidas nos documentos da Igreja. Não se tem sabido distinguir entre canto religioso e canto litúrgico, deslocando para várias partes da celebração canções inapropriadas, não ajudando a comunidade chegar ao Mistério que se celebra.[36]

O Relatório do Seminário Nacional sobre os quarenta anos da Sagrada Liturgia propõe:

> 5. Manter um diálogo mais amistoso com as novas realidades eclesiais, os líderes dos grupos, comunidades de vida e movimentos emergentes (RCC, Neocatecumenato, Canção Nova...) para que adotem os critérios básicos da *Sacrosanctum Concilium* quanto à escolha e formação de repertório litúrgico, tanto nas celebrações privadas, quanto naquelas transmitidas pelo rádio e televisão.[37]

Uma grande ajuda para a boa escolha dos cânticos e hinos para as celebrações é o Hinário Litúrgico da CNBB, hoje já atualizado e revisado; ele ajuda a orientar a criatividade musical das equipes de cantos e dos fiéis: contribui para "cantar a liturgia e não cantar na liturgia".[38]

---

[35] Cf. WEBER, José Henrique. *A CNBB e a renovação do canto litúrgico no Brasil*. Recuperação da memória histórica, p. 14-21.

[36] Cf. MELO, José Raimundo de. Desafios atuais para a aplicação dos princípios da Constituição *Sacrosanctum Concilium*. In: Revista de Cultura Teológica, Ano XII – n. 48 – jul/set 2004, p. 41-42.

[37] Estudos da CNBB 87, p. 116-117.

[38] WEBER, José Henrique. *A CNBB e a renovação do canto litúrgico no Brasil*. Recuperação da memória histórica, p. 23-24.

## 2.11. Os sacramentos e sacramentais

A Constituição *Sacrosanctum Concilium* restabelece o catecumenato de adultos e indica critérios para a reforma dos ritos do batismo e da confirmação. O mesmo acontece com os demais sacramentos. No Brasil tivemos a felicidade que em vários rituais fossem autorizados ritos adaptados para índole de cada comunidade; isso ajudou imensamente a inculturação de tais ritos, não ficando somente na esfera do "assistir à celebração", mas de viver e participar.

Com relação aos sacramentais, deu-se um novo incremento para que pudéssemos compreender cada vez melhor o significado global dos sacramentais. Os sacramentais se distinguem claramente dos sacramentos, mas têm a estrutura parecida com a deles.[39]

A novidade é que muitos sacramentais podem ser presididos e/ou dirigidos por ministros leigos, como, por exemplo, o Ritual de Bênçãos por Ministros Leigos aprovado e confirmado por Roma em 1989.

## 2.12. O ano litúrgico

O capítulo V da *Sacrosanctum Concilium* é dedicado ao ano litúrgico e acrescenta uma declaração sobre a revisão do calendário litúrgico, principalmente com relação à data da Páscoa. O ano litúrgico enriqueceu-se com uma teologia acentuada no Mistério Pascal de Cristo, como seu único objeto de celebração.

A reforma litúrgica, obediente às exigências da SC 10, propiciou uma profunda revisão do ano litúrgico; a publicação do Motu Proprio *Mysterii paschalis* aprovava o calendário litúrgico romano, ordenando assim com outros documentos *Calendaria particularia* para a revisão dos calendários litúrgicos particulares e dos próprios da Missa e da Li-

---

[39] Cf. POUILLY, Alfredo. Os Sacramentais. In: CELAM. *Manual de Liturgia*. Volume IV. *A Celebração do Mistério Pascal*. São Paulo: Paulus, 2007, p. 187-191.

turgia das Horas. Posteriormente, Paulo VI publicou a Exortação Apostólica *Marialis cultus*.

Apesar de todo o empenho dedicado ao cumprimento dos anseios da SC, percebemos ainda que muitos fiéis se concentram na celebração e festa dos santos e dos exercícios de piedade popular, que ainda ocupam o lugar principal, infelizmente sem consciência da centralidade do mistério de Jesus Cristo.[40] Há ainda uma necessidade profunda de fazer com que a Igreja em seus vários níveis de organização reflita sobre a liturgia e mais ainda sobre o ano litúrgico.

Uma tarefa de tremenda envergadura é a inculturação da liturgia,[41] em particular, do ano litúrgico; a campanha da fraternidade na Quaresma; a da evangelização no Advento; as prioridades pastorais que ocupam o calendário litúrgico; meses temáticos (mês de Maria, da vocação, da Bíblia, da missão...).[42]

## Conclusão

O Concílio Vaticano II, como já foi dito nas primeiras páginas deste texto, foi um grande furacão dentro da Igreja (Pe. Weber), foi "o pé que ficou na porta" (Dom Clemente Isnard), e a *Sacrosanctum Concilium* foi o documento que abriu portas e horizontes, somando com os demais documentos conciliares, para uma nova primavera da Igreja. Bendito seja Deus por este grande acontecimento!

Com o passar dos tempos, com a estruturação da Igreja e a clericalização dos ministérios, estes foram sendo direcionados em vista do

---

[40] Cf. MELO, José Raimundo de. *Desafios atuais para a aplicação dos princípios da Constituição Sacrosanctum Concilium*, p. 46-47.

[41] Cf. CHUPUNGCO, Anscar J. *Inculturação Litúrgica. Sacramentais, religiosidade e catequese*. São Paulo: Paulinas, 59-60.

[42] Cf. ROSAS, Guillermo. O Ano Litúrgico a partir da reforma do Vaticano II. In: CELAM. *Manual de liturgia*. Volume IV. *A celebração do mistério pascal*. São Paulo: Paulus, 2007, p. 27-28.

ministério ordenado, os leigos foram saindo de cena e sua participação ficou cada vez mais no "assistir e receber os sacramentos". A inquietação do Movimento Litúrgico reacendeu novamente a chama de uma urgente e necessária mudança e, com todos os outros movimentos existentes no início do século XX, deu ao bom João XXIII o impulso necessário para convocar este grande Pentecostes. E a novidade chegou numa preparação de três anos, estudando, refletindo e amadurecendo. Por fim, chegamos à realização do Concílio Vaticano II. Se João XXIII não pôde encerrá-lo em vida, o Espírito Santo nos deu seu sucessor Paulo VI, incumbido de levar adiante essa grande responsabilidade.

Os documentos conciliares, mais ainda o documento sobre a Liturgia, deram um convite e um impulso para se voltar às fontes, ver a "magia e o encantamento" que levou milhares de homens e mulheres a aderirem a Jesus Cristo e sua proposta de implantação, aqui e agora, de seu Reino. Uma Igreja toda ela ministerial, onde "os fiéis participem da liturgia de maneira ativa e frutuosa, sabendo o que estão fazendo" (SC 11).

No meio desta alegria renovadora, é necessário também adotar uma atitude de autenticidade, dominar os impulsos e a ânsia de resultados imediatos, fundamentar criteriosamente as opções, contar com a realidade e possibilidade de engano. Como vimos, existe o perigo de não se medirem as consequências com relação à história e aos passos dados pelo outro. De que adianta termos uma Igreja extremamente organizada e planejada, com seus serviços e ministérios, liturgias belíssimas... se não respondem às necessidades de uma assembleia reunida e ouvida. A beleza está em viver uma espiritualidade toda voltada ao Mistério do Cristo, em seus vários momentos, vivendo a pascalidade do Cristo no tempo, o que a Igreja sabiamente chamou de Ano Litúrgico.

Claro que temos desafios a serem enfrentados ainda, mas – caminhando juntos – descobriremos meios para solucioná-los. Por exemplo, como acolher as várias juventudes que hoje encontramos em nossa sociedade? A resposta não poderia ser tão simplista: "Vamos dar espaço ou uma Missa para eles". São necessárias novas linguagens, novos métodos e novas abordagens: ouvi-los e aprender com eles, não ter solução pré-definida para tudo, esse é o caminho.

Outro desafio que enfrentamos em grande escala. Numa celebração eucarística temos todos os tipos de pessoas, batizadas, não batizadas, frequentadoras assíduas, itinerantes... muitos dos que foram batizados receberam os sacramentos, mas infelizmente não foram devidamente evangelizados, não fizeram a experiência do encontro com Jesus Cristo, enfim, não mergulharam no Mistério; outros, ainda, já esqueceram o que receberam; outros, enfim, nunca o conheceram. Na Igreja primitiva somente os que receberam os sacramentos da iniciação é que podiam celebrar a Eucaristia. Dom Cláudio Hummes, quando cardeal da Igreja de São Paulo, provocava-nos, dizendo: "É necessário ir ao encontro de quem não vem à igreja". Este é nosso desafio, este é o mandato de Jesus.

Encerramos aqui, agradecendo a todos e todas que fizeram acontecer o Concílio Vaticano II. Somente Deus é capaz de lhes dar o que realmente merecem. De nossa parte, nosso muito obrigado e nosso "conte conosco", na continuidade deste Pentecostes.

## Bibliografia

ADRIANO, José. Missas eletrônicas e a mensagem cristã. In: *Revista de Cultura Teológica.* Vol. 12, n. 46 – jan/mar 2004.

BECKHÄUSER, Alberto. *Concílio Vaticano II:* 25 anos depois. Petrópolis: Vozes, 1989.

CALDEIRA, Rodrigo Coppe. *Os baluartes da tradição:* o conservadorismo católico brasileiro no Concílio Vaticano II. Curitiba: CRV, 2011.

CARPANEDO, Maria da Penha; SOUZA, Marcelo de Barros (orgs.). *Ofício divino das comunidades.* 13. ed. São Paulo: Paulus, 2005.

CELAM. *Manual de liturgia IV*. São Paulo: Paulus, 2007.

Centro de Liturgia. *A implantação da reforma litúrgica do Concílio Vaticano II – descrita por Dom Clemente Isnard*. São Paulo: Paulus, 2003 (Cadernos de Liturgia 10).

Chupungco, Anscar J. *Inculturação litúrgica:* sacramentais, religiosidade e catequese. São Paulo: Paulinas, 2007.

CNBB. *Diretório para missas com grupos populares*. São Paulo: Paulinas, 1977.

_____. *Missão e ministérios dos cristãos leigos e leigas*. São Paulo: Paulinas, 1999. (Documentos da CNBB 62).

Concílio Vaticano II. *Compêndio do Vaticano II*. Petrópolis: Vozes, 1991.

Congregação para o Culto Divino e a Disciplina dos Sacramentos. *Instrução "Immensae Caritatis" para facilitar a comunhão sacramental*. São Paulo: Paulinas, 1973.

_____. *Instrução "Sacramentali Communione"*. São Paulo: Paulinas, 1970.

_____. *Instrução "Redemptionis sacramentum" sobre alguns aspectos que se deve observar e evitar acerca da Santíssima Eucaristia*. São Paulo: Paulinas, 2004.

Fonseca, Joaquim. *Quem canta? O que cantar na liturgia?* São Paulo: Paulus, 2008.

Instituto Superior de Liturgia de Barcelona. La importancia del canto en la tercera edición del Misal Romano. In: *PHASE Revista Bimestral de Pastoral Litúrgica* – Centre Pastoral Litúrgica, Año XLIV, n. 261, 2004.

Isnard, Clemente. Os Primórdios da Reforma Litúrgica no Brasil. In: CNBB. *A sagrada liturgia 40 anos depois*. São Paulo: Paulus, 2003 (Estudos da CNBB 87).

Leitão, Márcio. *Ministérios litúrgicos leigos: corresponsabilidade ao ministério ordenado*. São Paulo: Pontifícia Faculdade de Teologia Nossa

Senhora da Assunção, 2007. Dissertação de Mestrado – Pontifícia Faculdade de Teologia Nossa Senhora da Assunção.

MELO, José Raimundo de. Desafios atuais para a aplicação dos princípios da Constituição "Sacrosanctum Concilium". In: *Revista de Cultura Teológica*, Ano XII – n. 48 – jul/set 2004.

NEUNHEUSER, Burkhard. *História da liturgia através das épocas culturais*. São Paulo: Loyola, 2007.

REYNAL, Daniel de. *Teologia da liturgia das horas*. São Paulo: Paulinas, 1981.

SCHMIDT, Herman. *La Costituzione sulla sacra liturgia:* testo, genesi, commento, documentazione. Roma: Herder, 1966.

SILVA, José Ariovaldo da. Um olhar panorâmico no contexto histórico geral da liturgia: dificuldades, realizações, desafios. In: CNBB. *A sagrada liturgia:* 40 anos depois. São Paulo: Paulus, 2003, p. 33-51 (Estudos da CNBB 87).

WEBER, José Henrique. A CNBB e a renovação do canto litúrgico no Brasil. Recuperação da memória histórica. In: MOLINARI, Paula (org.). *Música brasileira na liturgia II*. São Paulo: Paulus, 2009.

# 12

# A UNIDADE DOS CRISTÃOS: PRINCÍPIOS E FRUTOS

*Unitatis Redintegratio I*

*José Bizon*
Mestre em Ecumenismo pela Universidade Santo Tomás de Aquino – Roma
Professor na Faculdade de Teologia Nossa Senhora da Assunção da PUC-SP
Presbítero da Arquidiocese de São Paulo

A unidade dos cristãos não é algo externo à Igreja, nem apenas um programa de ação, mas decorre do ser mesmo da Igreja enquanto comunhão (*communio/koinonia*). "Que todos sejam um" é princípio evangélico basilar "para que o mundo creia" (Jo 17,21-23). O Concílio recolhe os fundamentos da unidade da Igreja, compreendida ao mesmo tempo como dom do Espírito e vocação a ser realizada. Nascem as instâncias e projetos ecumênicos, com frutos significativos e desafios ainda abertos.

Foi na festa litúrgica da conversão do apóstolo Paulo, de 1959, que o papa João XXIII anunciou ao "mundo" a convocação do 21º Concílio Ecumênico Vaticano II, no contexto do mundo moderno, da constituição do Conselho Mundial de Igrejas, CMI, em Amsterdam, Holanda, e da promulgação da Declaração Universal dos Direitos Humanos, pela Assembleia Geral da Organização das Nações Unidas, ONU. A abertura do Concílio ocorreu no dia 11 de outubro de 1962. De 1959 a 1962 foi um período de intensa preparação. João XXIII participou apenas da primeira sessão, devido a seu falecimento, aos 3 de junho de 1963. O Concílio foi desenvolvido em quatro sessões,[1] e foram promulgados dezesseis documentos, sendo: quatro Constituições, nove Decretos e três Declarações. O encerramento se deu no dia 8 de dezembro de 1965, pelo então papa Paulo VI e os padres conciliares, começando assim uma nova etapa na história da Igreja Católica, com seus desafios e perspectivas.

O papa João XXIII, recém-escolhido para suceder o papa Pio XII, no dia 28 de outubro de 1958, surpreendeu a todos, ao anunciar a realização do Concílio, após a Celebração Eucarística, na patriarcal Basílica de São Paulo, fora dos muros, em Roma. Foi surpresa, para alguns, pois deveria ser um pontificado de "transição", em vista de sua idade avançada. A expectati-

---

[1] Sessão de Abertura: 11 de outubro de 1962.
2ª Sessão – 28 de setembro a 3 de dezembro de 1963, convocada por Paulo VI, após morte de João XXIII.
3ª Sessão: 12 de setembro a 21 de novembro de 1964.
4ª Sessão: 13 de setembro a 8 de dezembro de 1965.

va era a de eleger um papa mais jovem que ajudasse a Reforma e que levasse a Igreja Católica a corresponder aos anseios do mundo moderno.

No dia 21 de novembro de 1964, com 2.137 votos favoráveis e 11 votos contrários, dos padres conciliares, o Papa Paulo VI promulgou o Decreto *Unitatis Redintegratio,* sobre o Ecumenismo. "Um dos principais objetivos do Concílio, promover a unidade dos cristãos"[2] e "favorecer, tudo o que possa contribuir para a união dos que creem em Cristo".[3] O decreto afirma que: "a solicitude para instaurar a unidade se impõe a toda a Igreja, tanto aos fiéis, como aos pastores, e afeta a cada um em particular, de acordo com sua capacidade, quer na vida cristã cotidiana, quer nas investigações teológicas e históricas..."[4]

O esforço para restaurar a unidade visível da Igreja compromete fiéis e pastores, na ação pastoral, nas pesquisas teológicas e históricas, no estudo, no testemunho e na vivência do dia a dia, segundo o decreto conciliar.

Sendo a finalidade do Concílio "a unidade dos cristãos", o papa João XXIII instituiu, no dia 5 de junho de 1960, na festa de pentecostes, daquele mesmo ano, com o Motu Proprio *Superno Dei Nutu,* o Secretariado para a Promoção da Unidade dos Cristãos e convidou o Cardeal Augustin Bea, SJ, para ser o presidente. Convencido de que todo o trabalho do Concílio deveria ser imbuído do desejo de restabelecer a unidade, João XXIII quis, como um sinal evidente desse desejo, a presença de observadores anglicanos, ortodoxos e protestantes, no próprio Concílio.

"O Vaticano II quis ser um Concílio 'ecumênico'. Entende-se aqui a palavra não no sentido tradicional de 'universalidade' ou 'catolicidade', mas na acepção moderna de favorecer a unidade dos cristãos. Desde o primeiríssimo aviso oficial sobre o Concílio... se comunicava: 'Pelo que se refere à celebração de um Concílio Ecumênico, este, segundo o pensamento do Santo Padre, não somente tende à edificação do povo cristão, mas também

---

[2] Decreto *Unitatis Redintegratio* n. 1 (as seguintes notas serão pela sigla UR).

[3] *Sacrosanctum Concilium* n. 1.

[4] UR 5.

quer ser um convite às Comunidades separadas para a busca da unidade pela qual hoje em dia muitas almas anseiam em todos os pontos da terra'."[5]

Também, no dia 21 de novembro de 1964, foram promulgados outros dois documentos: A Constituição Dogmática *Lumen Gentium* sobre a Igreja e o Decreto *Orientalium Ecclesiarum* sobre as Igrejas Orientais Católicas. Podemos afirmar que para compreender bem e colher bons frutos, na busca da unidade tão sonhada por Jesus, *"que todos sejam um... para que o mundo creia"* (Jo 17,21). O decreto *Unitatis Redintegratio* precisa ser lido e interpretado no contexto do Vaticano II. É sempre bom recordar o provérbio, *"não tire o texto de seu contexto"*.

## 1. O que diz o Decreto *Unitatis Redintegratio*

O Decreto Conciliar exorta fiéis e pastores a participar na busca da plena unidade dos cristãos. A solicitação, portanto, é para todos, através dos meios que o decreto apresenta:

> Visto que hoje em muitas partes do mundo, mediante o sopro da graça do Espírito Santo, pela oração, pela palavra e pela ação, empreendem-se muitas tentativas daquela plenitude de unidade que Jesus Cristo quis, este Santo Sínodo exorta os fiéis católicos a que, reconhecendo os sinais dos tempos, solicitamente participem no trabalho ecumênico.[6]

Antes do Concílio Vaticano II, na Igreja Católica não havia indicação de um programa ou de um trabalho ecumênico organizado. Pelo contrário, as orientações indicavam a não aproximação, resultado da "teologia do retorno". O Decreto *Unitatis Redintegatio* torna-se a Carta Magna Ecumênica e dá início às orientações básicas, fundamentais e

---

[5] Introdução Geral do Compêndio Vaticano II.

[6] UR 4.

necessárias para a promoção do espírito e da ação ecumênica na Igreja Católica, bem como das relações com outros cristãos.

Para melhor compreender, o Decreto:

**Reconhece:**

– "Que a divisão, sem dúvida, contradiz abertamente a vontade de Cristo e se constitui um escândalo para o mundo, como também prejudica a santíssima causa da pregação do Evangelho a toda criatura".[7]

– "Que é por obra do Espírito Santo, que surgiu, entre nossos irmãos separados, um movimento sempre mais amplo para restaurar a unidade de todos os cristãos. Este movimento de unidade é chamado de movimento ecumênico".[8]

**Entende:**

– "Por 'Movimento Ecumênico' as atividades e iniciativas suscitadas e ordenadas em favor das várias necessidades da Igreja... no sentido de favorecer a unidade dos cristãos".[9]

**Exorta:**

– "A eliminar palavras, juízos e ações que, segundo a equidade e verdade, não correspondem à condição dos outros cristãos".[10]

– "Os fiéis católicos, na ação ecumênica, preocupem-se com os irmãos separados,[11] rezando por eles... dando os primeiros passos em direção a eles".[12]

---

[7] UR 1.

[8] UR 1.

[9] UR 4.

[10] UR 4.

[11] A expressão "irmãos separados" é própria do Decreto Conciliar *Unitatis Redintegratio*, mas no mesmo decreto utiliza-se a expressão "irmãos no Senhor" e a Encíclica *Ut Unum Sint* no n. 48 usa a expressão "outros cristãos". Yves Congar diz: "eles são separados nem de Deus, nem de outros irmãos seus".

[12] UR 4.

– "A sagrada teologia e as outras disciplinas, principalmente as históricas, devem ser ensinadas também do ponto de vista ecumênico".[13]

– "Que os futuros pastores e sacerdotes estejam instruídos numa teologia perfeitamente elaborada".[14]

– "Os fiéis evitem toda leviandade ou imprudência que possam prejudicar o caminhar para a unidade".[15]

**Pede:**

– "A renovação da Igreja peregrina e a contínua reforma, enquanto instituição humana e terrena, de que se tem necessidade, no campo dos costumes e da disciplina eclesiástica e também no modo de anunciar a doutrina".[16]

– "A conversão interior, a união na oração, a oração comum, a prática do diálogo e a formação ecumênica".[17]

– "Aos católicos que reconheçam, com alegria, e estimem os bens verdadeiramente cristãos, oriundos do patrimônio comum, que se encontram entre os irmãos separados de nós, que dão testemunhos de Cristo, até o derramamento de sangue".[18]

– "A unidade no que é necessário. Mas é indispensável que se conserve também a liberdade".[19]

**Afirma:**

– "Não há verdadeiro ecumenismo sem conversão interior".[20]

---

[13] UR 10.

[14] UR 10.

[15] UR 24.

[16] UR 6.

[17] UR 8.

[18] UR 4.

[19] UR 4.

[20] UR 7.

– "Não se deve esquecer tudo o que a graça do Espírito Santo realiza nos irmãos separados, pois pode contribuir também para nossa edificação".[21]

– "O modo e o método de enunciar a fé católica não deve de forma alguma ser obstáculo para o diálogo com os irmãos".[22]

– "O Batismo constitui o vínculo sacramental da unidade que liga todos os que foram regenerados por ele".[23]

– "Os anseios de unidade nascem e amadurecem da renovação da mente, da abnegação de si mesmo e da libérima efusão da caridade".[24]

**Declara:**

– "Estar consciente de que o santo propósito de reconciliar todos os cristãos na unidade de uma só e única Igreja de Cristo excede as forças e os dotes humanos".[25]

– "A solicitude para instaurar a unidade se impõe a toda a Igreja, tanto aos fiéis, como aos pastores, e afeta a cada um em particular, de acordo com sua capacidade, quer na vida cristã cotidiana, quer nas investigações teológicas e históricas".[26]

**Princípios católicos do ecumenismo:**

– "O batismo é o vínculo sacramental de unidade".[27]

– "Os irmãos separados de hoje não podem ser acusados do pecado de separação".[28]

---

[21] UR 3.

[22] UR 11.

[23] UR 22.

[24] UR 7.

[25] UR 24.

[26] UR 5.

[27] UR 22.

[28] UR 3.

– "Os batizados são reconhecidos pela Igreja como irmãos no Senhor".[29]
– "Há elementos edificantes fora do âmbito da Igreja Católica".[30]
– "O Espírito Santo pode servir-se de outras Igrejas como meios de salvação".[31]
– "A Igreja Católica tem a plenitude dos meios da salvação".[32]

Desde a promulgação do Decreto *Unitatis Redintegratio*, a Igreja Católica vem esforçando-se num crescente compromisso com o empenho ecumênico, mas podem ter surgido dificuldades ao longo desta caminhada. Nesse processo de formação e informação, foram publicados outros documentos que muito têm ajudado na recepção e aplicação do Decreto *Unitatis Redintegratio*. Entre eles, apresento:

– O *Diretório para a Aplicação dos Princípios e Normas sobre o Ecumenismo* tem uma característica específica: foi publicado no Brasil, com notas próprias do local e isso tem ajudado muito na reflexão e na prática. "O Diretório dirige-se aos pastores da Igreja Católica, mas destina-se também a todos os fiéis chamados a orar e a trabalhar pela unidade dos cristãos, sob a direção de seus bispos."[33]

– A *Dimensão Ecumênica na Formação dos que trabalham no Ministério Pastoral*, outro documento muito importante na área da formação, afirma a necessidade de uma formação ecumênica de todos os fiéis:

> A formação cristã é necessária em todos os níveis e em todos os momentos da vida cristã. É preciso, portanto, pensar no modo de assegurar a dimensão ecumênica nos diferentes tipos de formação. É também indispensável que os que têm importante responsabilidade na animação de tal formação tenham recebido

---

[29] UR 3.

[30] UR 3.

[31] UR 3.

[32] UR 3.

[33] Diretório para a aplicação dos princípios e normas sobre o ecumenismo n. 4.

uma formação ecumênica profunda. Pensa-se, principalmente nos pastores, nos membros de Institutos de vida consagrada, Sociedades de vida apostólica, catequistas e em todas as pessoas diretamente comprometidas no ensino religioso, assim como nos responsáveis pelos novos movimentos e Comunidades Eclesiais.[34]

– É preciso enfatizar também o valor e a contribuição da carta encíclica *Ut Unum Sint* sobre o Empenho Ecumênico. "*Ut Unum Sint*! O apelo à unidade dos cristãos, que o Concílio Ecumênico Vaticano II repropôs com tão ardoroso empenho, ressoa com vigor cada vez maior no coração dos crentes..."[35]

## 2. Frutos do Decreto *Unitatis Redintegratio*

### 2.1. Conselho Nacional de Igrejas Cristãs

O Conselho Nacional de Igrejas Cristãs foi fundado em 1982, Porto Alegre, RS, marco histórico para a caminhada ecumênica no Brasil, do qual a Igreja Católica é membro fundador. Atualmente, o Conselho Nacional de Igrejas Cristãs conta com 18 Representações Regionais, em diferentes estados do país e oito Organismos Membros Fraternos. Sua definição: "Uma associação fraterna de Igrejas que confessam o Senhor Jesus Cristo como Deus e Salvador, segundo as Escrituras e, por isso, procuram cumprir sua vocação comum para a glória de Deus Uno e Trino, Pai, Filho e Espírito Santo, em cujo nome administram o Santo Batismo".

### 2.2. Campanhas da Fraternidade Ecumênica

– A de 2000 com o tema: *Dignidade Humana e Paz* e o lema: *Novo Milênio Sem Exclusões*. Objetivo: "unir as Igrejas cristãs no tes-

---

[34] A dimensão ecumênica na formação dos que trabalham no ministério pastoral n. 3.

[35] *Ut Unum Sint*, carta encíclica sobre o empenho ecumênico n. 1.

temunho comum da promoção de uma vida digna para todos, na denúncia das ameaças à dignidade humana e no anúncio do Evangelho da paz".[36]

– A de 2005 com o tema: *Solidariedade e Paz* e o lema: "*Felizes os que promovem a paz" Mt 5,9*. Objetivo: "unir Igrejas cristãs e pessoas de boa vontade na superação da violência, promovendo a solidariedade e a construção de uma cultura de paz".[37]

– A de 2010 com o tema: *Economia e Vida* e o lema: "*Vocês não podem servir a Deus e ao Dinheiro" Mt 6,24*. Objetivo: "colaborar na promoção de uma economia a serviço da vida, fundamentada no ideal da cultura de paz, a partir do esforço conjunto das igrejas cristãs e de pessoas de boa vontade, para que todos contribuam na construção do bem comum em vista de uma sociedade sem exclusão".[38]

Todas as Campanhas da Fraternidade Ecumênicas foram ecumênicas em sua essência. Elas não foram sobre o ecumenismo, mas desde a escolha do lema, do tema e da elaboração de todos os subsídios tudo foi pensado e elaborado da maneira mais ecumênica possível, e posso afirmar, com toda a certeza, que elas já produziram seus frutos. O testemunho de pessoas de diferentes denominações cristãs trabalhando juntas pela *Dignidade Humana, Solidariedade e Paz e por uma Economia a Serviço da Vida* já é uma ação ecumênica.

### 2.3. Comissões Bilaterais

No Brasil, assim como em outras partes do mundo, aos poucos vão surgindo e se fortalecendo trabalhos ecumênicos, fruto do esforço de várias pessoas, organizações e de Igrejas. Em nível internacional são várias

---

[36] Texto-Base CFE 2000 n. 23.

[37] Texto-Base CFE 2005 n. 14.

[38] Texto-Base CFE 2010 n. 16.

as Comissões.[39] Nesse parágrafo mencionarei, de forma bem explícita, as Comissões Bilaterais Brasileiras. Constituídas há mais tempo, são três Comissões: a do Diálogo Religioso Católico Judaico, com mais de 25 anos de atividades. E duas ecumênicas: Católicos e Luteranos e Anglicanos e Católicos. Além de informações sobre as duas Comissões, quero também apresentar dois importantes documentos[40] internacionais, entre tantos outros já publicados, frutos de anos de reflexão e de caminhada.

## 2.4. Comissão Nacional Anglicano-Católica Romana

A Comissão Internacional de Diálogo entre a Comunhão Anglicana e a Igreja Católica Romana é resultado do compromisso assumido pelo papa Paulo VI e pelo arcebispo de Cantuária, Dr. Michael Ramsey, em 1966. Desde aquele encontro, a Igreja Católica Romana e a Comunhão Anglicana entraram num processo de diálogo fecundo, que se tem caracterizado pela descoberta de significativos elementos de fé, que compartilhamos, e por um desejo de manifestar o que temos em comum, conjuntamente, através do testemunho, da oração e do serviço. A Comissão Nacional Anglicano-Católica Romana – CONAC – desfecho de muitas reuniões preparatórias realizadas no ano anterior, foi formalmente organizada, no Brasil, em 1982, pela Conferência Na-

---

[39] A Igreja Católica, desde 1966, iniciou, progressivamente, alguns diálogos bilaterais, na seguinte ordem cronológica, com:
 – Comunhão Anglicana 1966.
 – Federação Luterana Mundial 1967.
 – Conselho Metodista Mundial 1967.
 – Aliança Reformada Mundial 1970.
 – Comunidades e Líderes Pentecostais 1972.
 – Igreja Copta Ortodoxa 1973.
 – Díscipulos de Cristo 1977.
 – Aliança Evangélica Mundial 1984.
 – Igreja Ortodoxa em seu conjunto 1980.
 – Igreja Síria da Índia 1989.
 – Conferência Mundial Menonita 1998.

[40] *Declaração Conjunta Católica Romana – Evangélica Luterana, da Doutrina da Justificação por Graça e Fé* e a *Declaração Maria: Graça e Esperança em Cristo.*

cional dos Bispos do Brasil e pelo Sínodo da Igreja Episcopal Anglicana do Brasil.[41] Como frutos desse diálogo, a CONAC organizou três encontros[42] entre bispos anglicanos e católicos romanos e participou de um no Canadá.[43]

Passo importante, significativo e resultado de anos de diálogo é a Declaração *Maria: Graça e Esperança em Cristo*. Conhecida como a *Declaração de Seattle*, é a publicação mais recente da Comissão Internacional Anglicano-Católica Romana (ARCIC). A ARCIC é o instrumento oficial do diálogo teológico da Igreja Católica Romana e da Comunhão Anglicana.

A Declaração *Maria: Graça e Esperança em Cristo* é o resultado de cinco anos de trabalho da Comissão Internacional. É uma importante declaração conjunta, realizada por um diálogo bilateral entre as duas Igrejas, que trata da fé cristã e, sobretudo, da devoção à Maria. É o primeiro documento de uma Comissão Internacional Bilateral que tem como tema central o papel da Virgem Maria na Igreja. Esse documento irá proporcionar debates, estudos, reflexões, seminários... e ajudará, certamente, na caminhada ecumênica e na abertura para o diálogo com outras denominações cristãs para tratar desse assunto tão delicado entre as diferentes confissões cristãs. A "Declaração de Acordo sobre a bem-aventurada Virgem Maria como exemplo de graça e esperança é um eficiente reflexo de nossos esforços para encontrar o que temos em conjunto e celebrar aspectos importantes de nossa herança comum".[44] Ela é interessante e oportuna não somente para o diálogo Anglicano-Católico Romano, mas também para o diálogo com outras Comunidades.

---

[41] Unidos no Diálogo, Anglicanos e Católicos, p. 73ss.

[42] Os três encontros entre bispos anglicanos e católico-romanos foram em 2001, 2003 e 2006, para estudo e debate de questões referentes ao Diálogo entre as duas Igrejas.

[43] Encontro Internacional em Mississauga, Canadá, em 2000.

[44] *Maria: graça e esperança em Cristo*, p. 5. Prefácio dos Copresidentes.

## 2.5. Comissão Bilateral Católico-Luterana

O diálogo entre católicos e luteranos, em São Leopoldo, RS, teve início antes do Concílio Vaticano II, diálogo entre estabelecimentos de formação teológica, luteranos e católicos. A fundação da Comissão Mista Nacional Católico-Luterana ocorreu em janeiro de 1974. Na década de 70, a Comissão Nacional Católico-Luterana, viveu sua primeira fase.[45] Em 1975, iniciou-se uma série de Encontros de Dirigentes de igrejas cristãs. É a partir desses encontros que surge o Conselho Nacional de igrejas cristãs. Entre outros seminários organizados pela Comissão, realizou-se em Porto Alegre, em 1998, o Seminário sobre a Hospitalidade Eucarística. Alguns fatos marcam a história desse diálogo.[46] Como na CONAC, mencionamos a importância da Declaração *Maria: Graça e Esperança em Cristo*, mencionamos, também, a contribuição da Assinatura da Declaração Conjunta, que é de fundamental importância para o diálogo católico-luterano e para outros possíveis diálogos bilaterais e multilaterais.

## 3. Justificação por graça e fé

A assinatura da Declaração Conjunta Católica Romana – Evangélica Luterana, da Doutrina da Justificação por Graça e Fé aconteceu depois de mais de 30 anos de diálogo. O Pontifício Conselho para a Unidade dos Cristãos do Vaticano e a Federação Luterana Mundial chegaram a um acordo sobre a Doutrina da Justificação. A doutrina da justificação teve importância central para a Reforma luterana do século XVI.

---

[45] Tradução do Relatório de Malta (Doc. do Diálogo Católico-Luterano Internacional). Realização do Seminário Ecumênico no Rio de Janeiro. Publicação do livro "Desafio às Igrejas". Realização de vários seminários de pastores e padres.

[46] Assinatura da Declaração Conjunta em 31 de outubro de 1999; I. Encontro Nacional – maio de 2002 – Porto Alegre/RS; dezembro de 2002, São Leopoldo/RS; – Tema: Comunhão, Ministérios e Sacramentos; Seminário Bilateral – novembro de 2004 – Porto Alegre/RS, Tema: Sucessão Apostólica.

## 12 – A UNIDADE DOS CRISTÃOS: PRINCÍPIOS E FRUTOS

O monge agostiniano Martin Lutero afixava na porta da Igreja de Wittenberg as 95 teses, na cidade de Augsburgo, aos 31 de outubro de 1517, data histórica da Reforma. A partir de 31 de outubro de 1999 essa data toma uma outra conotação. É uma data histórica na qual católicos e luteranos assinam a Declaração Conjunta, anulando assim as condenações mútuas surgidas entre Lutero e o Papado.

Essa assinatura é um passo importante na vida das Igrejas Católica e Luterana, e cremos que também será fundamental na vida de outras denominações cristãs.[47] A assinatura da Declaração não significa a união entre as duas famílias denominacionais ou a concordância da comunhão mútua, mas um passo na direção da busca da verdade e da unidade. O secretário-geral da Federação Luterana Mundial, Ishmael Noko, afirmou: "a Declaração Conjunta não representa a vitória de uma ou de outra posição, mas nela se alcançou o consenso sobre aspectos fundamentais de uma doutrina que é também básica para outras denominações cristãs".

Durante esse período da história ocorreram muitas controvérsias, mas não podemos esquecer-nos de que também houve muito esforço de diversas pessoas para superar essa divisão entre católicos e luteranos. Portanto, a assinatura da Declaração Conjunta é a culminância de diálogo iniciado há muitos anos. O cardeal Cassidy disse "que a Declaração Conjunta é uma das maiores conquistas do movimento ecumênico moderno, o que estamos fazendo não é importante apenas para a Federação Luterana Mundial ou para a Igreja Católica, mas para todo o movimento ecumênico".

Passaram-se quase cinco séculos desde a Reforma até os dias de hoje. Não podemos negar os fatos e nem a situação que a Igreja atraves-

---

[47] Em 2001, pela primeira vez, luteranos e católicos juntos convidaram outros, metodistas e reformados, para a consulta sobre "Unidade e Fé" – A Declaração Conjunta sobre a Doutrina da Justificação no Contexto Ecumênico Amplo. Essa consulta considerou como outras comunhões podiam relacionar-se com os acordos atingidos na Declaração Conjunta. Como resultado, uma afirmação teologicamente bem aprofundada da Declaração Conjunta está sendo preparada pelo Conselho Mundial Metodista.

sava naquele momento histórico, mas devemos olhar para frente; não lamentar o passado, mas buscar nele projeção para o futuro; não com saudosismo, mas com um olhar sempre para a frente, para não cometer os mesmos erros e ter a coragem de pedir perdão pelos erros cometidos. Afinal, os cristãos têm uma grande dádiva de Deus que é a reconciliação e o perdão. É o que rezamos na oração do Pai-nosso: "perdoai nossas ofensas, assim como nós perdoamos a quem nos tem ofendido".

Afirma a declaração: "temos a convicção de que a compreensão comum alcançada oferece uma base sólida para esse esclarecimento. As Igrejas Luteranas e a Igreja Católica Romana continuarão empenhando-se em aprofundar a compreensão comum e fazê-la frutificar nas doutrinas e na vida eclesiais. Por isso, damos graças ao Senhor por esse passo decisivo rumo à superação da divisão da Igreja. Rogamos ao Espírito Santo que nos conduza adiante para aquela unidade visível que é a vontade de Cristo".[48]

Já foram mencionados alguns frutos, como exemplo, mas não podemos deixar de mencionar a ação da Igreja Católica, particularmente no Brasil, onde se têm desenvolvido trabalhos ecumênicos, em níveis diversos. Por exemplo: – Semana de Oração pela Unidade dos Cristãos. – Celebrações Ecumênicas em diversas circunstâncias. – Romarias da Terra e da Água. – Pastoral da Criança. – Estudo e Reflexão Bíblica. – Encontro Intereclesial das Comunidades Eclesiais de Base. A CNBB convida para as Assembleias Gerais bispos e presidentes das Igrejas Anglicanas, Ortodoxas e Históricas, para participarem como observadores, e um dia da Assembleia é dedicado ao ecumenismo.

## Conclusão

O objetivo central do Decreto *Unitatis Redintegratio,* "promover a unidade dos cristãos", continua presente nos esforços de muitas pesso-

---

[48] *Declaração Conjunta sobre a Doutrina da Justificação*, n. 43 e 44

as e nos trabalhos realizados, no dia a dia, de diferentes organizações, instituições, grupos, comissões e conselhos ecumênicos, de Igrejas e de Comunidades Eclesiais, presente nas diversas atividades, tais como: encontros, reuniões e cursos de convivência e formação organizados e promovidos pelos diferentes grupos ecumênicos. Realmente há um esforço cada vez mais intenso em derrubar muros para construir pontes, encurtar as distâncias na busca da unidade, já presente no coração e no testamento de Jesus "que todos sejam um... para que o mundo creia...". Isso vem exatamente ao encontro do pronunciamento do papa Bento XVI quando abriu seu pontificado dizendo: "Não bastam manifestações de bons sentimentos. Fazem falta gestos concretos que penetrem nos espíritos e sacudam as consciências, impulsionando cada um à conversão interior, que é o fundamento de todo progresso no caminho do ecumenismo".[49] E ainda no *Documento de Aparecida,* vamos encontrar as seguintes afirmações: "necessitamos de mais agentes de diálogo e melhor qualificados..., tornar mais conhecidas as declarações que a própria Igreja Católica tem subscrito no campo do ecumenismo desde o Concílio..., estudar o *Diretório ecumênico* e suas indicações em relação à catequese, à liturgia, à formação presbiteral e à pastoral".[50]

A Carta Apostólica *Novo Millennio Ineunte* afirma, "o caminho ecumênico continua certamente fatigante, e talvez longo, mas anima-nos a esperança de sermos guiados pela presença do Ressuscitado e pela força inexaurível de seu Espírito, capaz de surpresas sempre novas".[51] E a Encíclica Ut Unum Sint diz: "este caminho para a unidade visível necessária e suficiente, na comunhão da única Igreja querida por Cristo, exige ainda um trabalho paciente e corajoso".[52] Com certeza este tem sido o etinerário das muitas Comissões Bilaterais, Organismos Interconfessionais e

---

[49] *Documento de Aparecida*, n. 234.

[50] *Documento de Aparecida*, n. 231.

[51] Novo Millennio Ineunte, n. 12.

[52] Carta Encíclica *Ut unum sint* (UUS), n. 78.

Conselhos de Igrejas – existentes desde a promulgação do *Decreto Unitatis Redintegratio* – com avanços teológicos importantes. A Exortação Apostólica Pós-Sinodal *Verbum Domini* confirma que "é bom incrementar o estudo, o diálogo e as celebrações ecumênicas da Palavra de Deus".[53]

Como fruto da caminhada, as Comissões Bilaterais brasileiras continuam dialogando e aprofundando temas relativos a sua especificidade, sempre na busca da unidade, da compreensão e do respeito mútuo. A Comissão Episcopal para o Ecumenismo da CNBB tem projetos em andamento para novas Comissões.[54] As Campanhas da Fraternidade Ecumênicas abriram um caminho de testemunho e de profecia, oxalá não cesse jamais essa prática. Está na hora de iniciar outras atividades utilizando todos os meios de comunicação e com certeza há pessoas e grupos de nossas entidades e organizações abertas e disponíveis para a colaboração e participação.

Sendo "o batismo que constitui o vínculo sacramental da unidade", ele é a porta de entrada para o restabelecimento da unidade tão sonhada por Jesus "que todos sejam um... para que o mundo creia". A busca fraterna da superação das divisões que existem no seio das denominações cristãs é o caminho para restabelecer o vínculo sacramental da unidade. Trabalhar em prol da unidade é acreditar no diálogo, apesar das dificuldades.

## Bibliografia

BENTO XVI. *Verbum Domini. Sobre a palavra de Deus na Vida e na Missão da Igreja*. São Paulo: Paulinas, 2010.

BEOZZO, José Oscar. *A Igreja do Brasil no Concílio Vaticano II*: 1959-1965. São Paulo: Paulinas, 2005.

---

[53] Exortação Apostólica Pós-Sinodal *Verbum Domini*, n. 46.

[54] Duas Comissões Ecumênicas: Católica-Presbiteriana Unida e Católica-Pentecostal e duas Comissões Inter-religiosas: Católica-Candomblé e Católica-Muçulmana.

Bizon, J, Drubi, R. *A Unidade na Diversidade. Coletânea de artigos em comemoração aos 40 anos do Decreto Unitatis redintegratio sobre o ecumenismo*. São Paulo: Edições Loyola, 2004.

Bizon, José; Drubi, Rodrigo; Dariva, Noemi. *Ecumenismo:* 40 anos do Decreto *Unitatis Redintegratio* – 1964-2004. São Paulo: Paulinas, 2004.

CELAM. *Documento de Aparecida*. Texto Conclusivo da V Conferência Geral do Episcopado Latino-Americano e do Caribe. São Paulo: Edições CNBB, Paulus e Paulinas, 2007.

Comissão Internacional Anglicano-Católica Romana. *Maria*: graça e esperança em Cristo. São Paulo: Paulinas, 2005.

_____. *O Dom da Autoridade*. São Paulo: Paulinas, 1999.

_____. *Vida em Cristo – Moral, Comunhão e a Igreja*. São Paulo: Paulinas, 2001.

Compêndio do Vaticano II: *Constituições, Decretos e Declarações*. Petrópolis: Editora Vozes, 1984.

CONIC e CLAI. *Diversidade e Comunhão. Um convite ao ecumenismo*. São Paulo: Sinodal e Paulinas, 1998.

Conselho Nacional de Igrejas Cristãs. *Texto-Base. Campanha da Fraternidade – 2000 Ecumênica. Dignidade Humana e Paz Novo Milênio sem Exclusões*. São Paulo: Salesianas, 2000.

_____. *Texto-Base. Campanha da Fraternidade – 2005 Ecumênica. Felizes os que promovem a paz. Solidariedade e Paz*. São Paulo: Sinodal e Salesina, 2005.

_____. *Texto-Base. Campanha da Fraternidade – 2010 Ecumênica. Vocês não podem servir a Deus e ao Dinheiro. Economia e Vida*. Brasília: Edições CNBB, 2010.

Comissão Católica Romana e Federação Luterana Mundial. *Declaração Conjunta sobre a Doutrina da Justificação*. São Paulo: Paulinas e Sinodal, 1999.

João Paulo II. *Carta Apostólica Novo Millennio Ineunte. No Início do Novo Milênio*. São Paulo: Paulinas, 2001.

Porto, Humberto; Schlesinger, Hugo. *Dicionário Enciclopédico das Religiões*. Vol. I e II. Petrópolis: Editora Vozes, 1995.

Seminário Bilateral Misto Católico Romano-Evangélico Luterano. *Hospitalidade Eucarística*. Porto Alegre: EDIPUCRS, 2000.

Vv.Aa. *Vaticano II, 40 anos depois*. São Paulo: Paulus, 2005.

Wolff, Elias. *Caminhos do ecumenismo no Brasil. História, Teologia e Pastoral*. São Paulo: Paulus, 2002.

# 13

# O CAMINHO ECUMÊNICO: TEOLOGIA E PERCURSOS

## *Unitatis Redintegratio II*

*Marcial Maçaneiro*
Doutor em Teologia pela Pontifícia Universidade Gregoriana – Roma
Professor na Faculdade de Teologia Nossa Senhora da Assunção
da PUC-SP e na Faculdade Dehoniana
Presbítero da Congregação dos Padres do Sagrado Coração de Jesus (dehonianos)

A partir de *Unitatis redintegratio* desenvolveu-se uma promissora Teologia da Unidade, que perpassa tanto o âmbito católico (com *Ut unum sint*) quanto as demais Confissões cristãs (famílias confessionais e conselhos de Igreja). Destacam-se: a Trindade como paradigma teológico da comunhão; a Igreja enquanto *koinonia*; o protagonismo do Espírito Santo; as ênfases complementares da experiência cristã (em que se inclui a experiência do "novo pentecostes") e a plenitude multiforme da Igreja, que se realiza como unidade em diversidade. O diálogo católico-pentecostal traz novas perspectivas para o cenário ecumênico, enquanto que o serviço da unidade se consolida como "ministério de reconciliação" entre os discípulos de Jesus (cf. 2Cor 5,18).

Aos cinquenta anos do Concílio Vaticano II, seria pretensão fazer um balanço exaustivo do caminho ecumênico, consideradas sua complexidade, desenvolvimentos e prospectivas. Para ser mais precisos, tomamos o decreto *Unitatis redintegratio* (UR) como ponto de partida e nos concentramos nas realizações ecumênicas mais significativas no cenário católico internacional, incluindo aqui a encíclica *Ut unum sint* (UUS) de João Paulo II. Abordamos em primeiro lugar a "teologia da unidade" que floresceu a partir do Concílio, animada pela espiritualidade ecumênica. Esclarecemos a visão eclesiológica que distingue Igrejas e Comunidades eclesiais. Apresentamos a concepção de *unidade na diversidade* coerente com a comunhão multiforme da Igreja (*koinonia*). Destacamos os pontos essenciais do recente diálogo católico-pentecostal e, por fim, algumas indicações para a formação e o agir ecumênicos, considerando a realidade brasileira.

## 1. A Teologia da Unidade

Desde *Unitatis redintegratio* em 1964 até nossos dias, o magistério, a teologia, a pastoral e a reflexão ecumênica têm construído uma luminosa "teologia da unidade". Participaram dessa construção as Igrejas e Comunidades mais empenhadas no diálogo, na oração perseverante, os Conselhos e Assembleias ecumênicos, os teólogos e pastores que prosseguem as perspectivas abertas pelo movimento ecumênico internacional e pelo

Concílio Vaticano II, as instituições interconfessionais, as comunidades consagradas à unidade como Taizé, Chevetogne, Bose, Focolari e outras, sem esquecer a participação do povo de Deus nas várias Comunhões cristãs. Em geral, a "teologia da unidade" tem um compasso ternário: a Trindade (princípio da comunhão), a Igreja (ícone da Trindade) e a humanidade redimida (chamada em Cristo à unidade salvífica entre as pessoas e destas com Deus Uno e Trino). Com esse triplo compasso teológico, executamos a sinfonia da unidade – da qual *Unitatis redintegratio* é como uma partitura. Comecemos, então, com algumas de suas notas.

### *1.1. A koinonia trinitária*

Já nas primeiras linhas o Decreto *Unitatis redintegratio* define o ecumenismo como "movimento da unidade" e diz que "dele participam os que invocam o Deus Trino e confessam a Jesus como Senhor e Salvador".[1] A "invocação" da Trindade, aqui citada, remonta ao "patrimônio comum" a todas as "comunhões" cristãs.[2] A fé trinitária é eminentemente bíblica, sugerida nas Escrituras Judaicas e explicitada pelos autores do Novo Testamento. As primeiras gerações cristãs acolheram a revelação de Deus Trino, aplicando-lhe o olhar da contemplação e a inteligência da fé. Exemplo disso são a teologia patrística e o magistério inicial da Igreja, que desenvolveram brilhantemente a doutrina de Deus Uno e Trino – Pai, Filho e Espírito – três hipóstases na *koinonia* de uma só divindade.[3]

A fé na Trindade que todos nós cristãos confessamos, segundo as Escrituras, é um dos alicerces da Igreja Una. Na comunhão do Pai, do Filho e do Espírito Santo, que juntos (co)operam para a salvação universal, encontra-se a *arché* (princípio), donde se desenvolve e manifesta o mistério da Igreja: sua natureza e sacramentalidade, seu significado

---

[1] Decreto *Unitatis redintegratio* 1 (a seguir, indicada pela sigla UR).

[2] UR 4 e 12, respectivamente.

[3] Cf. UR 2, final do parágrafo.

e realização, vinculam-se fontalmente à *koinonia* trinitária.⁴ A Igreja é esboçada no desígnio salvífico do Pai, fundada historicamente pelo Messias Jesus e manifestada universalmente pelo Espírito Santo em Pentecostes. "Desta maneira aparece a Igreja toda como o povo reunido na unidade do Pai e do Filho e do Espírito Santo."⁵

## 1.2. O *"depositum fidei"* e a *"communio"* da Igreja Indivisa

A expressão *Igreja indivisa* engloba o primeiro milênio do cristianismo, antes do cisma entre Ocidente e Oriente, em 1054.⁶ Hoje, cheios de esperança, voltamos o olhar a esse primeiro milênio cristão.⁷ Ali todos nós – católicos, ortodoxos, reformados, anglicanos e evangélicos – nos situamos num terreno comum, que foi semeado pela tradição apostólica, fértil de intuições teológicas, florescente na liturgia e exemplar pela *comunhão plural* que tal época soube manter. Pois, nas Igrejas do primeiro milênio, ritos e disciplinas diferentes conviviam sem romper a unidade sacramental. Celebravam-se sínodos e os *episkopoi* exerciam fraterna colegialidade. As sedes episcopais de Jerusalém, Antioquia, Alexandria e Constantinopla se reconheciam mutuamente, ao lado de Roma, que as presidia na caridade.⁸ O texto de *Unitatis redintegratio* nos recorda:

> Durante muitos séculos, as Igrejas do Oriente e do Ocidente seguiram por caminhos próprios, porém unidas pela comunhão fraterna e sacramental. Quando entre elas surgiam dissenções em questão de fé e disciplina, a Sé romana as dirimia de comum consenso.⁹

---

⁴ Cf. especialmente na Constitutição Dogmática *Lumen Gentium* 1-4 (a seguir, indicada pela sigla LG).

⁵ LG 4.

⁶ Cf. UR 14.

⁷ Procedimento de João Paulo II, na Encíclica *Ut Unum Sint* 54-55 (a seguir, indicada pela sigla UUS).

⁸ Jerusalém, Antioquia, Alexandria, Roma e Constantinopla: patriarcados apostólicos da chamada "pentarquia". Com o tempo, acrescentaram-se outros.

⁹ UR 14.

Obviamente, acolher os valores do primeiro milênio cristão não significa transplantar, de modo anacrônico, certos esquemas. Mas o *depositum fidei* que aquele período preservou (registrado na litrugia, na teologia patrística, nas proclamações conciliares, na tradição monástica, na arte e na vida espiritual) e a *communio ecclesiarum* daqueles séculos (cultivada pela caridade, pela coparticipação nos sacramentos, pelo colégio episcopal e pelo martírio) são um referencial permanente e inspirador para nossas Igrejas e Comunidades cristãs.

### 1.3. O caminho ecumênico, via de regeneração e unidade

> Nisto se manifestou a caridade de Deus para conosco, a saber: que o Filho Unigênito de Deus foi enviado ao mundo pelo Pai, a fim de que – feito homem – remisse todo o gênero humano e assim o regenerasse e unificasse.[10]

A busca da unidade é nossa resposta à Trindade e constitui uma pedra de toque para a *veracidade* do cristianismo ao longo dos tempos: ou a fé cristã se realiza como proposta de comunhão entre os seres humanos e destes com Deus, ou deixa de ser autêntica. A própria Igreja se inclui nesta condição de autenticidade evangélica quando proclama a si mesma "sacramento de união",[11] destinado a "regenerar e unificar" a todos em Cristo.[12] Deste modo, o amor comunional dos batizados já realiza entre eles a unidade (chamada a manifestar-se sempre mais plenamente) e brilha no mundo como sinal indicativo da comunhão de todos na una humanidade reconciliada. Por isso, o movimento ecumênico não se satisfaz com as resultados já alcançados, mas se amplia evangelicamente a todas as igrejas e, destas, à humanidade inteira. O ecumenismo tem alcance universal, não por estratégia ou vontade humana,

---

[10] UR 2, remetendo a 1Jo 4,9; Cl 1,18-20 e Jo 11,52.

[11] Cf. LG 1 e 48, especialmente.

[12] UR 2.

mas porque o Evangelho de Jesus é universal, bem como a comunidade messiânica que ele fundou (cf. Mt 28,19). A proposta de unidade é essencial à identidade cristã e constitui o horizonte trinitário modelar de cada Igreja e Comunidade concreta: "Que todos sejam um" (Jo 17,21). Mas, como sugere *Unitatis redintegratio*, há situações em que a unidade só será possível se nossas comunidades passarem por uma processo de regeneração de sua fé, esperança e caridade.

### *1.4. Concepção teológica da "ecumene"*

Para os gregos, *ecumene* designava a Terra habitada. Compreensão que o cristianismo herdou e reelaborou teologicamente. No âmbito da fé, o adjetivo *ecumênico* significa mais do que extensão geográfica. Significa coparticipação salvífica. Unidade. Comunhão. Em uma palavra: *koinonia*.[13] Pois toda relação "ecumênica" vincula-se à *koinonia* trinitária de modo fontal: o ecumenismo se compreende na ação regeneradora e unificante que a própria Trindade exerce no mundo (pela mediação da Igreja primeiramente, mas também além da Igreja). Na comunhão trinitária o ecumenismo tem sua raiz; na união dos cristãos tem sua realização:

> Lembrem-se todos os fiéis de Cristo que tanto melhor promovem e até exercem a uniãos dos cristãos, quanto mais se esforçarem por levar uma vida mais pura conforme o Evangelho. Quanto mais unidos estiverem em comunhão estreita com o Pai, o Verbo e o Espírito, tanto mais íntima e facilmente conseguirão aumentar a mútua fraternidade.[14]

---

[13] *Koinonia* é o termo grego correlato ao latim *communio*. Aproxima-se também da noção de *sobornost* da Igreja Ortodoxa Russa. A compreensão de *koinonia* engloba unidade, interação, convivialidade, participação e inclusão. Não significa singularismo, monismo ou uniformidade, mas sim a conciliação de diferenças numa comunhão duradoura e includente, plasmada pelo amor. Neste sentido o termo é abordado por João Paulo II: UUS 9 e 82-85.

[14] UR 7.

## 1.5. O protagonismo do Espírito Santo

Desde 1948, quando surgia o Conselho Mundial de Igrejas, a Santa Sé observava a evolução dos fatos, entre reservas e esperanças. Diante deste quadro histórico, o Concílio dá um passo significativo ao reconhecer o diálogo ecumênico como evento pneumatológico. Na iniciativa conjunta das confissões cristãs, o texto de *Unitatis redintegratio* discerne o protagonismo do Espírito Santo.

Primeiramente de forma implícita, ao dizer que o ecumenismo provém da "compunção de coração" e do sincero "desejo de união"[15] – graças "derramadas" por Deus sobre os cristãos e cristãs. O verbo "derramar" acena à ação do Paráclito, conforme linguagem bíblica (cf. Rm 5,5) e seu uso pneumatológico em *Unitatis redintegratio* 2. Assim como em Pentecostes, "muitos homens, por toda a parte, sentiram o impulso desta graça".[16] Depois explicitamente, quando diz: "E também, por obra do Espírito Santo, surgiu, entre nossos irmãos separados, um movimento sempre mais amplo para restaurar a unidade de todos os cristãos. Este movimento de unidade é chamado movimento ecumênico".[17] Ao dizer isto, o Concílio introduz a Igreja Católica oficialmente neste movimento, encontrando-se com os "irmãos separados" no mesmo "desejo de restaurar a unidade entre todos os discípulos de Cristo".[18]

O Paráclito é dom pascal que o Crucificado-Ressuscitado nos envia da parte do Pai. Foi prometido por Jesus e derramado em sua glorificação messiânica. Por este mesmo Espírito, Jesus chamou e congregou na unidade da fé, da esperança e da caridade, o Povo da nova aliança, que é sua *ekklesía* (Igreja).[19] O batismo é o *sacramento desta unidade*:

---

[15] UR 1.

[16] Ibidem.

[17] Ibidem.

[18] Ainda UR 1.

[19] UR 2.

"Com efeito, 'todos quantos fostes batizados em Cristo, vos revestistes de Cristo [...]. Pois todos vós sois um em Cristo Jesus' (Gl 3,27-28)".[20]

Sacramento cuja eficácia é garantida *na* e *pela* economia do Pneuma, sendo ele o *princípio da unidade*: "O Espírito Santo, que habita nos crentes, que enche e governa toda a Igreja, é quem realiza aquela admirável comunhão dos fiéis e une todos tão intimamente em Cristo, de modo a ser o princípio da unidade da Igreja".[21] Sob sua ação, o povo de Deus cresce no amor e consolida a "comunhão na unidade (*communio in unitate*) na profissão de uma única fé, na comum celebração do culto divino e na fraterna concórdia da família de Deus".[22] Portanto, a vocação e realização da Igreja de Cristo na unidade acontece *na* e *pela* economia do Espírito Santo, mediante sua atuação: ele vivifica, santifica e une.

### 1.6. O primado espiritual

O primado espiritual (ou o primado da oração, em senso estrito) é o tópico que coroa de modo admirável a "teologia da unidade". É também a plataforma de sustentação do diálogo entre as Igrejas e Comunidades cristãs. Pois a oração em comum corrobora a comunhão espiritual que nos une em Cristo, sustenta o testemunho e possibilita um diálogo teológico frutuoso. Deste modo, a graça é acolhida pelas mentes e corações dos que se dedicam ao estudo e discernimento ecumênico da verdade cristã. Investigar temas doutrinais em conjunto supõe orar em conjunto, para que o Espírito Paráclito – artífice da unidade – presida os esforços ecumênicos com sua sabedoria e luz. É um dado de fé irrenunciável por todos os que servem à causa ecumênica, sobretudo pastores e teólogos.

A oração, porém, não aparece sozinha nas recomendações do magistério católico. *Unitatis redintegratio* e *Ut unum sint* relacionam ora-

---

[20] UR 2.

[21] Ibidem.

[22] Ibidem.

ção, conversão e reforma da Igreja como fios que tecem a unidade cristã.[23] Por sua vez, *Lumen gentium* 4 e 8 coloca a conversão e a renovação da Igreja sob a ação carismática do Espírito Santo. Desse modo, podemos dizer que a oração caminha lado a lado com a conversão interior, ambas promovendo a renovação ou reforma da Igreja. Esta reforma não é vista como um fato luterano ou calvinista, circunscrito ao século XVI e XVII, mas sim como evento pneumatológico e dimensão permanente da vida da Igreja, que é *ecclesia semper reformanda*.[24]

Por isso, a oração perseverante e a conversão interior constituem o cerne espiritual do ecumenismo. João Paulo II diz:

> No magistério conciliar há um nexo claro entre renovação, conversão e reforma: "a Igreja peregrina é chamada por Cristo a essa reforma perene. Como instituição humana e terrena, a Igreja necessita perpetuamente dessa reforma. Assim, se em vista das circunstâncias das coisas e dos tempos houve deficiências, tudo seja reto e devidamente restaurado no momento oportuno" (UR 6). Nenhuma Comunidade cristã pode furtar-se a este apelo.[25]
>
> Depois:
>
> Esta conversão do coração e esta santidade de vida, juntamente com as orações particulares e públicas pela unidade dos cristãos, devem ser consideradas a alma de todo o movimento ecumênico e com razão podem ser chamadas de "ecumenismo espiritual" (UR 8)[26]

Pois "quando os cristãos rezam juntos, a meta da unidade fica mais próxima. A longa história dos cristãos, marcada por múltiplas fragmentações, parece recompor-se tendendo para a Fonte de sua unidade que é Jesus Cristo. Ele 'é sempre o mesmo, ontem, hoje e por toda a eternidade' (Hb 13,8). Na comunhão de oração, Cristo está realmente presente. Ele ora em nós, conosco e por nós. É ele que guia nossa oração no

---

[23] Cf. UR 6-8 e UUS 15-17.

[24] Cf. UR 6 e Constituição Pastoral *Gaudium et Spes* 43, final.

[25] UUS 16.

[26] UUS 21.

Espírito Consolador, que prometeu e deu a sua Igreja no cenáculo de Jerusalém, quando a constituiu em sua unidade original".[27]

Na verdade, quando os cristãos intercedem juntos para melhor receber o dom da unidade, eles não só pedem, mas já expressam o dom, pelo fato de que essa intercessão não é uma prece a mais, entre outras, mas *participação dos batizados na oração messiânico-sacerdotal do Filho de Deus.* A oração a fim de "que sejam um, para que o mundo creia" é, primeiramente, oração do próprio Cristo (Jo 17,21-23), à qual nos associamos como membros vivos de seu Corpo. Por isso, no rito romano, é a única oração da celebração eucarística que se faz diretamente à pessoa de Jesus, pedindo "paz e unidade" instantes antes da comunhão sacramental.

### 1.7. Batismo e eucaristia, sacramentos da unidade

A participação na graça e na verdade salvadora – que o Espírito Santo concede a todos os cristãos – é sustentada na fé em Jesus Cristo pela escuta da Palavra de Deus, pela celebração memorial da Ceia do Senhor, pela oração e pela vida em comunidade eclesial, florescendo ainda nas virtudes teologais. Tudo isso importa ecumenicamente e é afirmado em *Unitatis redintegratio*.[28] É quando o documento trata da importância do batismo, sacramento que nos incorpora a Cristo e início de nossa participação na graça e na verdade comunicadas pelo Espírito do Ressuscitado: "Justificados pela fé no batismo, eles são incorporados a Cristo e, por isso, com razão, honrados com o nome de cristãos e merecidamente reconhecidos pelos filhos da Igreja Católica como irmãos no Senhor".[29]

Donde a unidade e igualdade essencial, no plano salvífico-trinitário, entre nós católicos e os demais cristãos batizados: "O batismo, pois, constitui o vínculo sacramental da unidade que liga todos os que foram

---

[27] UUS 22.

[28] Cf. UR 3.

[29] Ibidem.

regenerados por ele".³⁰ Por isso, todos nós batizados vivemos numa "real comunhão, embora imperfeita". Ainda que nos falte a plena comunhão que nos permitiria comungar juntos a Ceia do Senhor, permanece aquela real comunhão garantida sacramentalmente pelo batismo.

## 1.8. Ecumenismo e catolicidade da Igreja

A definição de diálogo ecumênico em sentido estrito (diálogo de batizados em vista da plena comunhão da Igreja de Cristo) inclui em sua compreensão a humanidade inteira e una, na diversidade das línguas, culturas e nações, diante das quais a Igreja se apresenta como "sacramento ou sinal e instrumento da íntima união com Deus e da unidade de todo o gênero humano".³¹ Neste sentido, o ecumenismo promove a "plena catolicidade" da Igreja,³² ao contemplar, desde a comunidade batismal, todas as comunidades humanas. Quanto mais for promovida e restaurada aquela unidade que Cristo confiou a sua *ekklesía*, mais plenamente a Igreja cumprirá sua missão de congregar num só povo de Deus todos os remidos, "do justo Abel ao último dos eleitos".³³ Igreja una e universal, porque destinada à una humanidade, como também una é a Trindade da qual provém.³⁴ Disto podemos concluir que a Igreja é chamada a ser ecumênica, tanto quanto o ecumenismo é chamado a ser eclesial, porque ambos se encontram no *mysterium unitatis* que o Pai decretou, o Filho inaugurou e o Espírito suscita continuamente, nos coraçãos e nas comunidades.³⁵

---

[30] UR 22.

[31] LG 1 e 48.

[32] UR 4.

[33] Pensamento de Agostinho, apud LG 3. Sobre o novo e universal povo de Deus, veja LG 13.

[34] Cf. LG 2-4.

[35] Ibidem.

## 2. Igrejas e comunidades eclesiais

O magistério católico qualifica como *Igrejas em sentido próprio* as comunidades cristãs que preservaram íntegra a substância eucarística, em virtude do sacramento da Ordem inserido na sucessão apostólica.[36] Em muitos aspectos, esta afirmação polemiza com outras noções de igreja, diferentes da perspectiva católica.[37] Em vista do diálogo responsável, esclarecemos aqui que o magistério católico distingue *Igrejas* e *Comunidades eclesiais* com base nesses dois elementos (sucessão apostólica no episcopado e eucaristia), mas *não despreza os outros elementos da Igreja de Cristo presentes nas comunidades reformadas ou evangélicas* – como listamos a seguir. Vejamos, então, como o magistério católico tematiza tal questão, em quatro afirmações:

a) *A Igreja de Cristo é una, santa, católica e apostólica:* Na teologia católica, o título de "Igreja" se refere antes de tudo à "Igreja de Cristo" (*Ecclesia Christi*) – una, santa, universal e apostólica –, que comporta, além de sua consequente manifestação histórica, os elementos espirituais-sacramentais que o próprio Senhor lhe concedeu e que nela se renovam pelo sopro do Espírito Santo. A Igreja de Cristo é a comunidade messiânica da nova aliança. Qual videira que Deus cultiva, ela foi plantada no tempo com a encarnação do Verbo, floresceu em sua Páscoa e frutificou admiravelmente a partir de Pentecostes. De um lado, a *ekkesía* identifica-se com Cristo porque está sacramentalmente incorporada a ele pelo batismo e pela eucaristia: ela é seu Corpo. De outro, a *ekklesía* distingue-se de seu Senhor, enquanto comunidade dos remidos, sempre serva e peregrina: ela é Esposa, a caminho das núpcias escatológicas.

b) *A Igreja de Cristo subsiste integralmente na Igreja Católica:* Parte-se do exame "onde estaria, hoje, a Igreja de Cristo? Onde continuaria a *ekklesía* una, santa, universal e apostólica que Jesus iniciou

---

[36] Cf. UR 15-16 e Declaração *Dominus Iesus* 17 (adiante, indicada pela sigla DI).

[37] Cf. WOLFF, Elias. *Caminhos do ecumenismo no Brasil*. São Paulo: Paulus, 2002, p. 233-257.

com os Doze, sob a Unção do Paráclito?" – A resposta do Concílio não se baseia na simples identificação, mas esclarece que a Igreja Católica "é" a Igreja de Cristo, no sentido em que a Igreja de Cristo "subsiste na" Igreja Católica (*subsistit in*).[38] A intenção do Concílio é pontual: quer afirmar que a Igreja de Cristo – una, santa, universal e apostólica, instituída por Jesus em sua Páscoa e manifestada pelo Espírito Santo em Pentecostes – perdura integral e historicamente na Igreja Católica, presidida pela Sé episcopal petrina.[39] O magistério usa justamente a expressão *subsiste*, porque Igreja de Cristo – ao mesmo tempo em que perdura integralmente na Igreja Católica – é uma realidade que abraça as demais Igrejas Ortodoxas e Orientais em função da eucaristia que elas celebram, e alcança inclusive os cristãos reformados e evangélicos, em função do batismo que eles validamente ministram. Estes vínculos sacramentais unem os fiéis a Cristo de tal modo que eles são realmente congregados em sua Igreja – enquanto comunhão espiritual que une todos os batizados no único Corpo de Cristo (Igreja em mistério). É uma realidade espiritual e efetiva, faltando, porém, a visibilidade de uma comunidade eucarística que congregue todos na mesma Ceia do Senhor. Chegar a essa visibilidade eucarística – ainda em falta – é o objetivo mais nobre da busca da unidade entre os cristãos. Enquanto damos passos pacientes nesta direção, já podemos partilhar a comunhão batismal que nos faz irmãos em Jesus. Por causa do batismo e da ação do Espírito Santo, todos nós cristãos – católicos, ortodoxos, reformados, evangélicos e pentecostais – já possuímos uma "real comunhão, embora imperfeita".[40] Urge, pois, termos consciência disso, para darmos um testemunho fraterno comum.

---

[38] LG 8 e UR 4.

[39] Cf. SULLIVAN, Francis A. El significado y la importancia del Vaticano II de decir, a propósito de la Iglesia de Cristo, no *que ella es*, sino que ella *subsiste en* la Iglesia católica romana. In: LATOURELLE, René (ed.). *Vaticano II: balance y perspectivas*. Salamanca: Sígueme, 1990, p. 608-616.

[40] UUS 96.

c) *A Igreja de Cristo mantém uma "presença operante" nas demais Confissões cristãs:* Por causa da eucaristia (caso dos ortodoxos e orientais) e do batismo (caso das demais Comunidades que o ministram validamente) – sem esquecer a graça santificante do Espírito Santo –, a Igreja de Cristo mantém uma "presença operante" nas demais Igrejas e Comunidades cristãs.[41] Esta "presença" da Igreja de Cristo nas outras Confissões cristãs não diminui em nada sua plena subsistência na Igreja Católica. Ao contrário, afirma a extensão universal da Igreja (sua "catolicidade") e mostra o quanto nossas divisões são uma ferida lamentável no Corpo de Cristo. Portanto, como nos diz João Paulo II, "para além dos limites da comunidade católica não existe o vazio eclesial. Pois muitos elementos – e alguns de grande valor – que estão integrados na Igreja Católica, na plenitude de meios salvíficos e dons de graça que a edificam, encontram-se também nas outras Comunidades cristãs".[42]

d) *Há verdadeiros elementos da Igreja de Cristo nas comunidades batismais não católicas:* Considerando o sacramento do batismo, a ação do Espírito Santo e a Palavra de Deus vivida e proclamada, a Igreja Católica reconhece "autênticos valores eclesiais presentes nas outras Igrejas e Comunidades cristãs"[43] – além da eucaristia validamente celebrada pelas Igrejas Ortodoxas e Orientais. O decreto *Unitatis redintegratio* chega mesmo a enumerar esses "valores eclesiais" presentes nas demais Confissões cristãs:

- o sacramento do batismo;
- a Palavra de Deus ouvida e proclamada;
- o kerigma e o discipulado;
- a vida da graça;

---

[41] UUS 11.

[42] UUS 13.

[43] COMISIÓN TEOLÓGICA INTERNACIONAL. Temas selectos de eclesiología. In: *Documentos*. Madrid: BAC, 1998, p. 368 – alusão a UR 3 e UUS 13.

- as virtudes teologais (fé, esperança, caridade);
- carismas e dons do Espírito Santo;
- o rito memorial da Ceia do Senhor;
- a contemplação do mistério de Cristo na Palavra meditada;
- a oração;
- o culto de louvor, perdão e adoração;
- o zelo pela justiça;
- a fé operante, testemunhada pela caridade;
- o martírio.[44]

Donde a conclusão: em seu conjunto, esses elementos "produzem realmente a vida da graça" e dão acesso à "comunhão salvífica" com Deus Trino.[45] Todos esses elementos são dons do Senhor Jesus para a edificação de seu Corpo, no Espírito Santo: "elementos com os quais, em seu conjunto, a própria Igreja é edificada e vivificada".[46] É por meio deles que a Igreja de Cristo mantém uma "presença operante" nas demais Igrejas e Comunidades eclesiais, além da Igreja Católica.[47]

### 2.1. Igrejas e Comunidades eclesiais

Assim, as confissões cristãs nascidas da Reforma – embora distintas na doutrina – cultivam a vida da graça, fazem memória do Senhor no rito da Ceia e possuem elementos constitutivos da Igreja de Cristo (embora em medidas diversas) – motivo pelo qual são chamadas Comunidades *eclesiais*. Dizer que não sejam Igreja em "sentido próprio" não significa que não sejam Igreja em "sentido nenhum", pois são Igreja em sentido batismal, teologal, congregacional, carismático, martirial

---

[44] Cf. UR 1, 3, 4, 21, 22, 23 e 24.

[45] UR 23.

[46] UR 3.

[47] Como afirma UUS 11.

etc. À falta dos dois elementos distintivos – a sucessão apostólica e a eucaristia conforme a fé católica – as comunidades evangélicas se edificam eclesialmente com os demais elementos (batismo, graça, kerigma, confissão de Jesus como Redentor, dons e carismas, martírio etc.). Já as comunidades ortodoxas e orientais – em virtude da sucessão apostólica e da eucaristia que preservam integralmente – são chamadas *Igrejas* em sentido pleno e, inclusive, *Igrejas irmãs* em relação à Igreja Católica, por sua origem apostólica comum.

## 3. A "plenitude multiforme" da Igreja

Contemplando a Trindade, que é una na diversidade das três Pessoas, entendemos que a unidade não se faz pela uniformidade, mas pela comunhão. A tese da *unidade na diversidade* é coerente com a fé trinitária e dela se deduz. Por isso é postulada repetidamente nos documentos eclesiais e na reflexão teológica.[48] Igualmente no Decreto *Unitatis redintegratio*: a *koinonia* do Pai e do Filho e do Espírito Santo é designada "modelo supremo" da unidade da Igreja.[49] Depois acrescenta que a unidade da Igreja na variedade de ministérios é obra do Espírito Santo.[50] Sem esquecer que o Paráclito é princípio de unidade, o documento adverte que o mesmo Paráclito é também princípio da diversidade.[51] Afinal, unidade e diversidade se conjugam na mesma comunhão. Não é este o exemplo da *pericorese* trinitária? Similarmente, não é a variedade de membros que forma o corpo? E nem por isso a diversidade significa

---

[48] Cf. UUS 61.

[49] UR 2.

[50] "É Ele (o Espírito Santo) quem opera a distribuição das graças e dos ministérios, enriquecendo a Igreja de Jesus Cristo com diferentes dons 'a fim de capacitarem os santos para a tarefa do ministério, na edificação do corpo de Cristo (Ef 4,1) (UR 2).

[51] Como se conclui de UR 2, citado acima, em sintonia com LG 4. No Novo Testamento, são clássicos os textos paulinos, sobretudo Rm 12,3-8 e 1Cor 12,4-11.

divisão, ou a variedade de membros impede o movimento conjunto e articulado de todo o corpo (cf. 1Cor 12,12-30). É claro que *Unitatis redintegratio* não cita todas as expressões de pluralidade eclesial. Mas apresenta cinco aspectos importantes:

a) *Diversidade de meios de salvação:* a expressão "meios de salvação"[52] corresponde ao que Pedro denomina "multiforme graça de Deus" (1Pd 4,10) e o magistério traduz como *consilia salutis*: as diversas disposições da Sabedoria divina em benefício da salvação humana.[53] Há um só plano de salvação (*designium salutis*) executado mediante vários instrumentos da graça (*consilia salutis*). Estes instrumentos pluriformes da graça – presentes na Igreja Católica – promovem a salvação também nas outras Confissões cristãs:

> Mesmo as Igrejas e Comunidades separadas, embora creiamos que tenham deficiências, de modo algum estão destituídas de significado e importância no mistério da salvação. O Espírito Santo não recusa empregá-las como meios de salvação, embora a virtude desses derive da mesma plenitude de graça e verdade que foi confiada à Igreja Católica.[54]

b) *Um só batismo, na variedade de Comunhões cristãs:* Apesar da divisão visível das igrejas, o batismo nos une em Cristo sacramentalmente, garantindo uma unidade espiritual efetiva entre todos os cristãos: "Pois o batismo constitui o vínculo sacramental da unidade que liga todos os que foram regenerados por ele".[55] Por isso, é importantíssimo que as Confissões cristãs esclareçam sua doutrina com base nas Escrituras, dialoguem mais e oficializem o reconhecimento mútuo do batismo por elas ministrado, evitando rebatismos abusivos.

---

[52] UR 3.

[53] 1Pd 4,10 e Ef 3,10 apontam para a multiforme ação salvífica de Deus. A expressão *consilia salutis* está na Declaração *Nostra aetate* 1.

[54] UR 3, retomado em DI 17.

[55] UR 22.

c) *Uma Igreja, muitos ministérios:* embora o documento não descreva os ministérios existentes na Igreja e outras Confissões cristãs, diz claramente que a "unidade da Igreja" se realiza "na diversidade de ministérios", por "obra do Espírito Santo".[56]

d) *Uma só fé, diferentes expressões:* "Há um só Senhor, uma só fé e um só batismo" (Ef 4,4-5) expressos segundo a graça plural do Espírito Santo.[57] A variedade de tematizações teológicas, ritos litúrgicos e tradições espirituais realça ainda mais "as insondáveis riquezas de Cristo" (Ef 3,8)[58] confiadas à Igreja:

> Resguardando a unidade nas coisas necessárias, todos na Igreja, segundo o *munus* dado a cada um, conservem a devida liberdade, tanto nas várias formas de vida espiritual e de disciplina, quanto na diversidade de ritos litúrgicos, e até mesmo na elaboração teológica da verdade revelada. Mas em tudo cultivem a caridade. Agindo assim, manifestarão sempre mais plenamente a verdadeira universalidade e apostolicidade da Igreja.[59]

e) *Doutrina única, com disciplinas distintas:* falando às Igrejas Ortodoxas e Orientais, *Unitatis redintegratio* esclarece que

> [...] longe de obstacular a unidade da Igreja, certa diversidade de usos e costumes antes aumenta-lhe o decoro e contribui positivamente para que ela cumpra sua missão. Por isso, este sagrado sínodo, para tirar toda dúvida, declara que as Igrejas do Oriente, lembradas da necessária unidade de toda a Igreja, têm a faculdade de se governar segundo as disciplinas próprias, mais conformes à índole de seus fiéis e mais aptas para atender ao bem das almas. A observância deste tradicional princípio, nem sempre respeitado, é condição prévia indispensável para a restauração da união.[60]

---

[56] UR 2.

[57] A unidade da fé na pluralidade de expressões está em UR 2.

[58] Consideradas veladamente em UR 4 e claramente em UR 11.

[59] UR 4.

[60] UR 16.

Inspirado na noção de *communio* retomada pelo Concílio, João Paulo II usou a expressão "unidade na diversidade".[61] Mais recentemente, Bento XVI reafirmou essa perspectiva e declarou: "A unidade não significa uniformidade em todas as expressões da teologia e da espiritualidade, nas formas litúrgicas e na disciplina", mas requer o "respeito pela plenitude multiforme da Igreja".[62]

## 4. Diálogo católico-pentecostal

O encontro de cristãos marcados pela experiência pentecostal teve expressões modestas já no começo do século XX, com incremento significativo nos anos 60 e 70. Nestes anos, crescem entre os evangélicos a sensibilidade ecumênica e a articulação do movimento pentecostal em assembleias e conferências. Entre os católicos, temos a recepção do Concílio Vaticano II e o florescimento da Renovação Carismática Católica (RCC). Nos dois meios emerge, ainda, uma Teologia do Espírito Santo de fonte bíblica, em diálogo com a experiência denominacional, preocupada com a dimensão profético-escatológica da Igreja de Cristo. O meio evangélico – herdeiro da Reforma, do pietismo protestante e do movimento de santidade – desenvolveu sua doutrina do avivamento (*revival*) e do batismo no Espírito Santo acompanhado do falar em línguas e de sinais de poder divino. O meio católico – herdeiro da tradição patrística, da *lectio divina* e da liturgia sacramental – desenvolveu a espiritualidade de renovação carismática (*renewal*), com o batismo no Espírito Santo relacionado com os sacramentos de iniciação cristã, acompanhado do falar em línguas e/ou de outros frutos do Espírito.[63]

---

[61] UUS 61.

[62] Respectivamente, *Discurso por ocasião do encontro ecumênico no palácio episcopal de Colônia* (19-8-2005) e *Discurso à delegação do Patriarcado Ecumênico de Constantinopla* (30-6-2005). Disponíveis em <http://www.vatican.va>, acessado em 8-11-2005.

[63] Cf. COMISSÃO INTERNACIONAL DE DIÁLOGO CATÓLICO-PENTECOSTAL. *Tornar-se cristão* (Parte V). Brasília: Edições CNBB, 2010, p. 115-144.

## 4.1. Desenvolvimentos

A partir dos anos 70, católicos e evangélicos aprofundaram suas perspectivas teológicas, esclarecendo as distinções e percebendo as convergências. Hoje o diálogo multilateral entre a Igreja Católica e os representantes das Igrejas Pentecostais clássicas converge na aceitação da Palavra de Deus como normativa para a vida cristã; na leitura conjunta do Novo Testamento à luz de uma hermenêutica de comunhão; na afirmação de que a ação do Paráclito na Igreja tem sido dinâmica e constante; no reconhecimento mútuo dos frutos da graça; no discernimento fraterno sobre os carismas e o batismo no Espírito Santo; na explicitação da dimensão pneumatológica da Igreja; no chamado comum à conversão; enfim, na consciência de que o Espírito do Ressuscitado nos conduz a "ser um, para que o mundo creia" (Jo 17,21-23). Para nós católicos, é imprescindível a recepção e aprofundamento da *eclesiologia de comunhão* explicitada pelo Concílio Vaticano II e documentos posteriores, base na qual nos movemos em todo diálogo ecumênico.[64]

Outro dado importante: as convergências expostas acima superam a velha "opinião cessionista" – de que os carismas teriam cessado logo após o período apostólico e o fim da era dos mártires – e demonstram, com discernimento acurado e revisão teológica da História da Igreja, que o Paráclito sempre atuou no Corpo eclesial, concedendo dons e carismas a todo o povo de Deus.[65] Esses dons e carismas "ora simples, ora eminentes" nunca cessaram absolutamente, mas se manifestaram com proporções e intensidade diversas, segundo a multiforme graça de Deus:[66] às vezes em sujeitos chamados a uma missão específica, outras vezes em movimentos espirituais; outras ainda incrementando os mi-

---

[64] Cf. João Paulo II. *Ut unum sint*; Pontifício Conselho para a Unidade dos Cristãos, *Diretório ecumênico*.

[65] Cf. Grasso, Domenico. *I carismi nella Chiesa: teologia e storia*. Brescia: Queriniana, 1982, especialmente os Capítulos 4, 5 e 6.

[66] Perspectiva do magistério recente da Igreja Católica, em *Lumen Gentium* 12.

nistérios já constituídos ou renovando nos crentes a vida teologal (fé, esperança e caridade). Um dos relatórios do Diálogo afirma:

> Tanto os católicos como os pentecostais reconhecem a importância do derramamento do Espírito Santo na vida da Igreja. Partilhamos a convicção de que o Espírito Santo tem sempre estado presente na Igreja com sua graça, sinais e dons. Afirmamos e acolhemos os carismas como uma dimensão importante na vida da Igreja.[67]

O despertar carismático mais recente, do qual ainda fazemos parte, caracteriza-se pela manifestação coletiva dos dons – além das fronteiras denominacionais – acompanhada do batismo no Espírito Santo, do encontro vivo com Jesus Cristo e do testemunho vivaz do Reino de Deus. O reconhecimento desses sinais da graça é mais potente entre nós do que as divisões herdadas do passado: Como acolher a ação universal do Paráclito, sem nos penitenciar pelas divisões? Como não tratar fraternalmente os outros, a quem o Espírito ornou com os mesmos dons? Como não ir ao encontro daqueles que, em igrejas distintas, testemunham o mesmo Pentecostes? – Cientes do quanto ainda nos separa, católicos e pentecostais reconhecemos a unção do Paráclito em nossas Comunidades e nos abrimos à graça da reconciliação:

> Em lugar de nos combater um ao outro, não podemos dialogar, orar juntos, cooperar, cessar de opor-nos? Concretamente, precisamos buscar formas para cristãos alcançarem a unidade a que os discípulos de Cristo são chamados (cf. Jo 17,21). A começar pelo respeito absoluto ao outro, aprendendo a amar um ao outro. [...] O chamado do Senhor à Igreja não pode ser ignorado. O apóstolo Paulo renovou-o quando exortou os efésios a fazer de tudo para "manter laços de paz, para conservar a unidade do Espírito" (Ef 4,3). Os cristãos que foram reconciliados com Deus e encarregados do ministério da reconciliação (cf. 2Cor 5,18) precisam ser reconciliados uns com os outros para exercer

---

[67] COMISSÃO INTERNACIONAL DE DIÁLOGO CATÓLICO-PENTECOSTAL. *Tornar-se cristão: inspiração da Escritura e dos textos da Patrística com algumas reflexões contemporâneas.* Brasília: Edições CNBB, 2010, p. 115 (n. 193).

seu ministério de forma eficaz. As divisões persistindo comprometem o impacto da Boa Nova.[68]

Com tal atitude e os meios adequados, poderemos individuar os fatores não teológicos da divisão dos cristãos e tratar dos aspectos que nos distinguem do ponto de vista da hermenêutica bíblica, linguagem teológica, iniciação cristã e exercício dos próprios carismas. Pois o diálogo ecumênico entre católicos e pentecostais não tem compromisso com a divisão, mas sim com a vocação comum à santidade e à unidade em Jesus Cristo, pelo Espírito Santo. Esta postura teologal nos possibilita consolidar as convergências e superar gradativamente as atitudes de desprezo, agressão e proselitismo, exercendo o "ministério da reconciliação" em obediência à Palavra de Deus (2Cor 5,18-20).[69]

### 4.2. Participantes e agenda do diálogo católico-pentecostal

O Diálogo Internacional Católico-Pentecostal, promovido pelo Pontifício Conselho para a Unidade dos Cristãos e representantes pentecostais clássico, é organizado em "fases", com agenda temática definida por sua Comissão própria. Desde sua abertura em 1972, cumpriram-se seis fases, sendo que a atual se estende até 2015:

1ª fase – O batismo no Espírito Santo e a iniciação cristã; relação entre Escritura e Tradição; pessoa, dons e carismas (1972-1976).
2ª fase – A fé, a experiência religiosa e o falar em línguas; o papel de Maria (1977-1982).
3ª fase – Perspectivas sobre *koinoinia*: a comunhão cristã (1985-1989).

---

[68] PONTIFÍCIO CONSELHO PARA A UNIDADE DOS CRISTÃOS. *Diálogo católico-pentecostal*. São Paulo: Paulinas, 1999. Aqui nos referimos aos n. 79 e 107.

[69] O magistério da Igreja Católica inclui a conversão do coração e o reconhecimento das convergências no método do diálogo ecumênico: *Unitatis redintegratio* 7-11 e *Ut unum sint* 15-39.

4ª fase – Evangelização, proselitismo e testemunho comum (1991-1997).[70]

5ª fase – Tornar-se cristão: iniciação cristã, batismo no Espírito Santo e discipulado (1998-2006).[71]

6ª fase – Carismas na Igreja: significado espiritual, discernimento e implicações pastorais (2010-2015).

As denominações participantes da Comissão, nos mandatos de 1972 até o presente, são:

- Igreja Assembleia de Deus (Estados Unidos).
- Igreja Internacional do Evangelho Quadrangular (América do Norte).
- Igreja Pentecostal de Santidade (Estados Unidos).
- Igrejas de Deus (América do Norte).
- Assembleias Pentecostais do Canadá (Canadá).
- Igreja Bíblia Aberta (Estados Unidos).
- Igreja Missão Pentecostal (Chile).
- Igreja do Deus da Profecia (Estados Unidos e Alemanha).
- Missão de Fé Apostólica (África do Sul).
- Comunidade Pentecostal na Holanda (Holanda).
- Igreja Reformada (Holanda).
- Igreja Pentecostal Elim (Grã-Bretanha).
- Igreja do Pentecostes / Conselho de Igrejas Pentecostais de Gana (Gana).
- Igreja Católica / Pontifício Conselho para a Unidade dos Cristãos (Santa Sé).

---

[70] Cf. Pontifício Conselho para a Unidade dos Cristãos. *Diálogo católico-pentecostal.* São Paulo: Paulinas, 1999.

[71] Cf. Comissão Internacional de Diálogo Católico-Pentecostal. *Tornar-se cristão: inspiração da Escritura e dos textos da Patrística com algumas reflexões contemporâneas.* Brasília: Edições CNBB, 2010.

## 4.3. Plataformas nacionais e internacionais

Mais recentemente, o meio carismático-pentecostal viu nascer uma série de plataformas ecumênicas e/ou comunidades focadas no "ministério da reconciliação" (2Cor 5,17-18) para que os cristãos "sejam um" (Jo 17,21-23):

- Comunità di Gesù, Itália.
- The Ark Community, Grã-Bretanha.
- Comunidade Coração Novo, Brasil.
- Comunidade Bom Pastor, Brasil.
- Comunidade Adorai, Brasil.
- KAIRÓS para Europa.
- CRECES para Argentina.
- ENCRISTUS para o Brasil.
- UNITED IN CHRIST para a América do Norte.

## Conclusão

*a)* Repetindo o que a Igreja recomenda, insistimos na necessidade de formar agentes qualificados de diálogo, entre clero, religiosos e laicato. Nem sempre verificamos o devido cuidado a esse respeito. No campo formativo, em que atuam Faculdades, Institutos e Centros teológico-pastorais, devemos superar a impressão de que os responsáveis pelo diálogo sejam os professores de ecumenismo. É sempre bom lembrar que os primeiros responsáveis são os bispos, de quem a Santa Sé solicita o estabelecimento de Comissões Diocesanas de Diálogo[72]. A decisão de cumprir essa solicitação – aliada à formação qualificada oferecida pelos Institutos e Faculdades teológicas – é primordial para que o ecumenismo se torne parte integrante do cotidiano das dioceses.

---

[72] Cf. *Diretório ecumênico* n. 42.

*b)* Na via da unidade, é importante articular oração, estudo e ação – na linha dos três níveis ecumênicos indicados em *Unitatis redintegratio* 4: espiritual, teológico e pastoral. As orientações do *Diretório ecumênico* e *Ut unum sint* neste sentido merecem ser conhecidas, assimiladas e praticadas.

*c)* No atual cenário religioso, mesclam-se denominações autônomas, desconexas do Protestantismo reformado. Diante disso, o diálogo ecumênico pede discernimento e informação: Quais os grupos cristãos presentes em nosso meio de atuação? A qual família confessional eles se ligam? Conhecemos suas características, linguagem e propostas? Distinguimos de modo respeitoso quem é quem, segundo sua identidade diferenciada de reformado, luterano, anglicano, metodista, batista ou pentecostal? O diálogo começa pela definição dos interlocutores, segundo sua identidade, disposição e reciprocidade.

*d)* Parece-nos importante recordar que, respeitado o âmbito das Igrejas Locais e as diretrizes da Conferência Episcopal, se inserem no diálogo ecumênico os fiéis e os organismos que – fundados no Evangelho e respondendo a um carisma peculiar – se sentem movidos pelo sincero desejo da unidade dos cristãos. Daí o nascimento das comunidades ecumênicas como Taizé, Focolari e outros. Perguntemo-nos se tais experiências têm recebido a devida atenção e acompanhamento, para brotar e frutificar de modo adequado em terreno católico.

*e)* Nos vários continentes crescem as "igrejas livres", pentecostais e pós-pentecostais. Estamos informados a respeito deste fenômeno? Conhecemos as fases e os resultados do diálogo internacional católico-pentecostal? Aplicamos um olhar teológico e de discernimento pastoral sobre o pentecostalismo? Ou nos limitamos a atitudes defensivas, miméticas e antiecumênicas? Recentemente, o Pontifício Conselho para a Unidade dos Cristãos promoveu simpósios (inclusive no Brasil) sobre o pentecostalismo. É oportuno estudar o fenômeno, sem esquecer a dimensão pneumatológica e carismática da Igreja Católica e sua capacidade de oferecer respostas pastorais.

## Bibliografia

Bizon, José; Dariva, Noemi; Drubi, Rodrigo (orgs.). *Ecumenismo:* 40 anos do decreto "Unitatis redintegratio" 1964-2004. São Paulo: Paulinas, 2004.

Burgess, Stanley; Van Der Maas, Eduard (eds.). *The New International Dictionnary of Pentecostal and Charismatic Movements.* Grand Rapids: Zondervan, 2002.

Comisión Teológica Internacional. Temas selectos de eclesiología. In: *Documentos.* Madrid: BAC, 1998.

Comissão Fé e Constituição. *Documento de convergência sobre batismo, eucaristia e ministérios.* São Paulo: CONIC, 2001.

Comissão Internacional de Diálogo Católico-Pentecostal. *Tornar-se cristão: inspiração da Escritura e dos textos da Patrística com algumas reflexões contemporâneas.* Brasília: Edições CNBB, 2010.

Concílio Vaticano II. *Compêndio do Vaticano II.* Petrópolis: Vozes, 1968.

Equipe Encristus. Diálogo católico-pentecostal no Brasil. In: *TQ – Teologia em Questão* 14 (2008), p. 95-102.

Grasso, Domenico. *I carismi nella Chiesa: teologia e storia.* Brescia: Queriniana, 1982.

João Paulo II. *Ut unum sint: carta encíclica sobre o empenho ecumênico.* São Paulo: Paulinas, 1995.

Kärkkäinen, Veli-Matti. O Espírito derramado sobre toda carne: testemunhos pentecostais e experiências do Espírito Santo. In: *Concilium* 342 (2011), p. 75-84.

Latourelle, René (ed.). *Vaticano II: balance y perspectivas.* Salamanca: Sígueme, 1990.

Lossky, Nicholas et alii (Eds.) *Dicionário do movimento ecumênico.* Petrópolis: Vozes, 2005.

Pontifício Conselho para a Unidade dos Cristãos. *Diálogo católico-pentecostal.* São Paulo: Paulinas, 1999.

SUENENS, Leo Josef (coord.). *Orientações teológicas e pastorais da Renovação Carismática Católica*. 3. ed. São Paulo: Loyola, 1979.

WOLFF, Elias. *Caminhos do ecumenismo no Brasil*. São Paulo: Paulus, 2002.

# 14

# AS IGREJAS ORIENTAIS CATÓLICAS

## Orientalium Ecclesiarum

*Marcial Maçaneiro*
Doutor em Teologia pela Pontifícia Universidade Gregoriana – Roma
Professor na Faculdade de Teologia Nossa Senhora da Assunção
da PUC-SP e na Faculdade Dehoniana
Presbítero da Congregação dos Padres do Sagrado Coração de Jesus (dehonianos)

Desde Roma, o Concílio abre uma janela para o Oriente: Jerusalém, Alexandria, Antioquia, Armênia, Constantinopla, Líbano, Síria... Países que partilham conosco a herança apostólica e o tesouro dos primeiros Pais da Igreja. Ali nasceram as Igrejas do Oriente, com seu patrimônio teológico, litúrgico e espiritual próprio. Hoje presentes em todo o mundo, nos locais de origem ou na diáspora, essas Igrejas dinamizam o testemunho, compõem a unidade multifome da Igreja e participam do diálogo ecumênico.

As Igrejas Orientais Católicas ocupam um espaço muito peculiar no cenário geral da Igreja Católica – que é uma comunhão universal de sede romana. Isto, por muitas razões, das quais destacamos três:

a) Primeiramente, por sua referência direta à Igreja Indivisa do primeiro milênio cristão: as Igrejas Orientais Católicas se reconhecem neste terreno, historicamente remoto, mas teologicamente atual, quando a *communio ecclesiarum* (a comunhão das Igrejas) formava uma só *koinonia* (unidade orgânica), na diversidade de suas tradições espirituais, ênfases teológicas e expressões litúrgicas. Qual videira de muitos ramos, as Igrejas partilhavam a mesma seiva do Espírito de Cristo em medidas diferentes, com extensões e cepas diferentes, mas resultando juntas no "bom vinho" do Reino de Deus. Essas antigas Igrejas nasceram do período apostólico e foram o berço dos Padres do Oriente, como Basílio, Cirilo, João Crisóstomo, Ireneu, Mássimo, Dionísio Areopagita e João Damasceno. De Jerusalém a Alexandria, de Éfeso a Antioquia, de Roma a Constantinopla, os cristãos orientais se irmanavam com os cristãos ocidentais, na comunhão de uma só fé (com diversas espiritualidades), uma mesma economia sacramental (com diferentes ritos) e uma mesma autoridade episcopal (com sínodos e jurisdições próprios). O bispo de Roma presidia as Igrejas na caridade, como servo da comunhão universal.

b) Em segundo lugar, no contexto pós-cisma de 1054, as Igrejas Orientais Católicas são peculiares por sua referência às Igrejas Irmãs correspondentes, no cenário global de nossos dias. Com exceção da Igreja Maronita (de origem libanesa), as demais Igrejas Orientais Católicas têm uma Igreja ortodoxa-oriental correspondente, com as quais repartem o idioma, a cultura, a liturgia, o pensamento teológico e, em muitos casos, a nacionalidade. Isto coloca as Igrejas Orientais Católicas numa posição ecumênica ímpar, na qualidade de interlocutoras privilegiadas entre as expressões orientais do Cristianismo e as demais realizações da Igreja de Cristo, especialmente a Sede de Roma, onde está o sucessor de Pedro.

c) Em terceiro lugar, no que se refere a seu percurso histórico, cultural e geopolítico, as Igrejas Orientais Católicas têm sido provadas pelos grandes dramas humanos, como guerras, alterações de fronteira, perseguições, migrações e, por fim, o testemunho do Evangelho em países como Síria, Egito, Turquia, Jordânia, Iraque, Líbano e Irã – onde predomina o credo islâmico – ou Israel, Estado judaico consolidado a partir de 1948. Enquanto se distinguem de judeus e muçulmanos pela profissão de fé em Jesus Cristo, Filho de Deus Salvador, os católicos orientais se aproximam deles pela herança abraâmica, ascendência semita, familiaridade linguística, territorialidade e até mesmo a nacionalidade. No caso da Índia, Armênia, Etiópia e Romênia, os católicos orientais são geralmente minoritários, mas totalmente envolvidos em suas sociedades.[1] Este contexto político-religioso com seus dramas não trouxe apenas desventuras para as comunidades orientais católicas, mas forjou-lhes a esperança, persistência e solidariedade, além da disposição missionária de testemunhar o Evangelho em seu território e além dele. A presença cristã no Egito, Irã, Etiópia, Líbano, Síria e Índia é resultado do movimento missionário que promoveram e regaram com o sangue de seus mártires.

---

[1] O contexto religioso, político e cultural em que as Igrejas Orientais Católicas se fazem presentes fez parte dos debates do Sínodo dos Bispos para o Oriente Médio, em 2010: cf. *Instrumentum laboris* n. 4-6 e 32-40, com olhar sobre o Islã nos n. 41-42.

Essas razões mostram a importância litúrgica e cultural, teológica e global das Igrejas Orientais Católicas, hoje espalhadas pelos cinco continentes – mas pouco percebidas por seus irmãos católicos latinos da Europa e Américas, onde muitas vezes "oriental" significa "migrante" ou "turco" (no falar inexato dos brasileiros). Este particular espaço dos orientais no cenário católico tem sido reconhecido pela Igreja de Roma em seus documentos (*Orientalium dignitas* de Leão XIII, *Unitatis redintegratio* do Vaticano II, *Orientale lumen* de João Paulo II), no serviço da Sagrada Congregação para as Igrejas Orientais, na consolidação do Pontifício Instituto Oriental (Roma), na promulgação do *Código de Cânones das Igrejas Orientais* e no Sínodo dos Bispos para o Oriente Médio (Roma, 2010).

No contexto de jubileu do Concílio Vaticano II, vamos revisitar o texto de *Orientalium ecclesiarum* – o decreto sobre as Igrejas Orientais Católicas, promulgado por Paulo VI no dia 21 de novembro de 1964. Propomos uma releitura didática, apoiada em documentos posteriores ao Vaticano II e com perspectivas finais que nos convidam a abrir nossas janelas para a luz do Oriente.[2]

## 1. As Igrejas Orientais no corpo da Igreja Universal

O Concílio abre o documento declarando apreço pelas "instituições, ritos litúrgicos, tradições eclesiásticas e disciplina cristã das Igrejas Orientais" que constituem parte do "patrimônio divinamente revelado e indiviso da Igreja Universal" (n. 1). Como sugerem *Lumen gentium* n. 8 e *Unitatis redintegratio* n. 1, o adjetivo "católico" não se aplicará apenas à Igreja de Roma e aos fiéis de rito romano, mas a todos os membros da Igreja Universal e Apostólica, resgatando o sentido original de

---

[2] No texto, usamos as seguintes siglas: OE – *Orientalium ecclesiarum*; UR – *Unitatis redintegratio*; PC – *Perfectae caritatis*; UUS – *Ut unum sint*; OL – *Orientale lumen*; CCEO – *Codex canonum ecclesiarum orientalium*.

*katholiké ekklesía*: Ocidente e Oriente compõem um mesmo Corpo na *communio* da Igreja Católica de Cristo, que abraça romanos e armênios, ambrosianos e maronitas, moçárabes e coptas, melquitas e bizantinos. Este Corpo é místico e histórico, espiritual e institucional; sua variedade de membros se realiza de modo orgânico e manifesta, ao mesmo tempo, a unidade e a catolicidade da Igreja:

> A santa Igreja Católica – corpo místico de Cristo – consta de fiéis que se unem organicamente no Espírito Santo pela mesma fé, pelos mesmos sacramentos e pelo mesmo regime. Juntando-se em vários grupos unidos pela hierarquia, constituem as Igrejas Particulares ou os ritos. Entre elas vigora admirável comunhão, de tal forma que a variedade na Igreja, longe de prejudicar-lhe a unidade, antes a manifesta (n. 2).

> Este Concílio não só honra tal patrimônio eclesiástico e espiritual com estima e justo louvor, mas também o considera firmemente um patrimônio da Igreja Universal de Cristo. (n. 5)

Dito isso, o Concílio declara a intenção geral do documento: "que permaneçam salvas e íntegras as tradições de cada Igreja Particular ou rito" (n. 2). Intenção que reafirma a legitimidade da "liturgia, disciplina eclesiástica e patrimônio espiritual" das Igrejas Orientais, as quais partilham com as demais Igrejas Particulares uma "igual dignidade, os mesmos direitos e as mesmas obrigações, inclusive no que concerne à pregação do Evangelho em todo o mundo, sob a direção do pontífice romano" (n. 3).

O decreto recorda e defende, ainda, as peculiaridades da liturgia e disciplina eclesial dos orientais:

> Tanto as Igrejas do Oriente como as Igrejas do Ocidente têm o direito e o dever de se regerem conforme as próprias disciplinas peculiares, enquanto se recomendam por veneranda antiguidade, sendo mais adequadas aos costumes de seus fiéis e mais aptas para se buscar o bem das almas (n. 5).

Esta postura segue o princípio da "unidade na diversidade" vigente na Igreja Indivisa do primeiro milênio,[3] inspirado na eclesiologia do Corpo de Cristo (cf. 1Cor 12 e Rm 12). Como lemos em *Unitatis redintegratio* (UR), trata-se de um princípio de comunhão válido para todos os fiéis, latinos ou orientais:

> Guardando a unidade nas coisas necessárias, todos na Igreja – segundo o múnus dado a cada um – conservem a devida liberdade nas varias formas de vida espiritual e de disciplina, como na diversidade de ritos litúrgicos e até mesmo na elaboração teológica da verdade revelada. Mas em tudo cultivem a caridade. Por este modo de agir, manifestarão sempre melhor a autêntica catolicidade e apostolicidade da Igreja. (UR 4)
>
> E novamente, mais adiante:
>
> Este Concílio declara que todo este patrimônio espiritual, litúrgico, disciplinar e teológico [dos orientais], em suas diversas tradições, faz parte da plena catolicidade e apostolicidade da Igreja. (UR 17)

De fato, ao longo dos séculos, "no estudo da verdade revelada, o Oriente e o Ocidente usaram métodos e modos diferentes para conhecer e expressar os mistérios divinos. Não admira, por isso, que alguns aspectos do mistério revelado sejam por vezes apreendidos mais convenientemente e posto em melhor luz por um do que por outro. Nestes casos, deve dizer-se que aquelas várias fórmulas teológicas em vez de se oporem, muitas vezes se completam mutuamente" (UR 17, retomado em OL 5). Oriente e Ocidente transmitem a mesma Palavra com ênfases distintas; professam o mesmo credo com categorias teológicas complementares; celebram os mesmos sacramentos com ritos diferentes; cantam um só louvor com melodias variadas. "Não podemos deixar de agradecer a Deus, com profunda emoção, a admirável

---

[3] Em consonância com *Unitatis redintegratio*: "Durante muitos séculos as Igrejas do Oriente e do Ocidente seguiram por caminhos próprios, porém unidas pela fraterna comunhão de fé e vida sacramental. Quando entre elas surgiam dissensões acerca da fé ou da disciplina, a Sede de Roma as dirimia de comum consenso" (n. 14). João Paulo II também se refere à *communio ecclesiarum* (comunhão de Igrejas) do primeiro milênio cristão, quando ocidentais e orientais respiravam "a dois pulmões" o mesmo espírito de unidade (cf. *Ut unum sint* n. 55).

variedade com que permitiu a composição, com tesselas diferentes, de um mosaico tão rico e variegado" (OL 5).

## 2. Patrimônio litúrgico e espiritual, com disciplina própria

A posição do Concílio leva em conta não só a existência das Igrejas Orientais em seus territórios de origem, mas também a presença delas em terras ocidentais – como Europa e Américas – onde convivem lado a lado com as dioceses latinas e também com as Igrejas Ortodoxas. É nesses ambientes que os orientais mantêm e desenvolvem seu patrimônio litúrgico, espiritual e disciplinar, tão característico. Desta constatação se desdobram elementos pastorais, sacramentais e administrativos importantes para a identidade e o funcionamento das Igrejas Orientais.

### 2.1. Organização e autonomia dos ritos orientais (n. 4)

– Que se proveja à tutela e incremento de todas as Igrejas Particulares; e onde for necessário para o bem espiritual dos fiéis, constituam-se paróquias e hierarquia próprias.

– Os hierarcas[4] das várias Igrejas Particulares com jurisdição no mesmo território procurem, mediante encontros periódicos, favorecer a unidade de ação e, unindo forças, ajudem as obras comuns, a fim de promover mais abertamente o bem da religião e mais eficazmente a disciplina do clero.

---

[4] Na organização das Igrejas Orientais Católicas, o ministério episcopal tem a mesma natureza teológico-sacramental que o episcopado da Igreja Romana e/ou demais Igrejas antigas apostólicas (Bizantina, Copta, Armênia, Assíria Oriental etc.). Mas distingue-se no modo de exercer sua jurisdição, com as seguintes categorias: Patriarca (bispo primaz de uma inteira comunhão de Igrejas locais chamadas eparquias, com seus bispos próprios); Arcebispo Maior (primaz de uma inteira comunhão de eparquias; embora não tenha título de patriarca, exerce íntegra autoridade primacial); Eparca (bispo de Igreja local, chamada eparquia; equivale ao bispo diocesano no uso latino); Metropolita (eparca de uma Igreja-sede de província eclesiástica dentro do território patriarcal; assemelha-se aos arcebispos metropolitanos da Igreja latina); Exarca (bispo de Igreja Particular sem estatuto de eparquia; assemelha-se ao bispo das prelazias da Igreja latina). Cf. *Código de Cânones das Igrejas Orientais* (CCEO): can. 56 e 58 (patriarca); 133 (metropolita); 151 (arcebispo maior); 177-178 (eparca); 311-313 (exarca).

– Todos os clérigos e os que vão ascendendo às ordens sacras sejam bem instruídos acerca dos ritos e principalmente das normas práticas das matérias inter-rituais; também os leigos, na catequese, sejam instruídos acerca dos ritos e suas normas.

– Todos e cada um dos católicos, bem como os batizados de qualquer Igreja ou Comunidade não católica que ingressarem na plena comunhão católica, mantenham em toda a parte o próprio rito, cultivem-no e observem-no o quanto possível.

– Nos casos peculiares de pessoas, comunidades ou regiões, permanece o direito de se recorrerem à Sé Apostólica que, na qualidade de árbitro, proverá às necessidades em espírito ecumênico, por si mesma ou por meio de outras autoridades, dando normas, decretos ou rescritos para cada caso.[5]

### 2.2. Patrimônio litúrgico e espiritual (n. 6)

– Os católicos orientais sempre podem e devem observar seus legítimos ritos litúrgicos e sua disciplina; e não serão introduzidas modificações a não ser em razão do progresso próprio e orgânico; caso indevidamente os tenham abandonado em vista das circunstâncias de tempo e pessoas, procurem regressar às tradições históricas.

– Todos os que, por motivos do ofício ou do ministério apostólico, têm contato frequente com as Igrejas Orientais ou seus fiéis, busquem um melhor conhecimento e prática dos ritos, da disciplina, da doutrina, da história e da índole dos orientais, conforme a importância do cargo que exercem.

– Às Ordens e Congregações religiosas de rito latino que atuam nos países do Oriente ou entre fiéis orientais, recomenda-se que constituam Casas ou Províncias de rito oriental, para maior eficácia do apostolado.

---

[5] Estas diretrizes de *Orientalium ecclesiarum* n. 4 foram posteriormente confirmadas e detalhadas pelo *Código de Cânones das Igrejas Orientais* (CCOE), especialmente os títulos IV, V, VI e VII, sobre a organização hierárquica e exercício do episcopado dos orientais.

Ainda a respeito do patrimônio espiritual dos orientais, observamos que o decreto não cita explicitamente o monaquismo, que de fato caracteriza a história e o cotidiano de muitas dessas Igrejas. A vida monástica do Oriente é mencionada brevemente em outro documento do Vaticano II, o decreto *Perfectae caritatis* sobre a renovação da vida consagrada (cf. PC n. 9). Mais tarde, porém, João Paulo II apreciará devidamente o tema, ao dizer que "no Oriente, o monaquismo não foi visto apenas como uma condição à parte, própria de uma categoria de cristãos, mas particularmente como ponto de referência para todos os batizados, na medida dos dons oferecidos a cada um pelo Senhor, propondo-se como uma síntese emblemática do cristianismo" (OL n. 9).

## 2.3. Dignidade e jurisdição dos patriarcas (n. 7-11)

– Pelo título de Patriarca oriental entende-se o bispo que no próprio território ou rito tem a jurisdição de primaz sobre os demais bispos (incluindo os Metropolitas), o clero e o povo, de acordo com a norma do direito e salvo o primado do romano pontífice.

– Onde quer que se constitua um hierarca, fora dos limites do território patriarcal, esse hierarca de um determinado rito permanece agregado à hierarquia do Patriarcado do mesmo rito, de acordo com as normas do Direito.

– Independentemente da antiguidade histórica, todos os Patriarcas das Igrejas Orientais são iguais em razão da dignidade patriarcal, salva a precedência de honra que eles mesmos instituem legitimamente, entre si.[6]

– Sejam restaurados os direitos e privilégios dos Patriarcas orientais, de acordo com as tradições de cada Igreja e os decretos dos Concílios Ecumê-

---

[6] A dignidade episcopal é reconhecidamente a mesma entre os patriarcas e arcebispos maiores. Já a precedência de honra segue o critério da antiguidade das Igrejas-sede de Patriarcados: "A ordem de precedência entre as antigas sedes patriarcais das Igrejas do Oriente é que, em primeiro lugar, está a sede de Constantinopla; depois desta, aquela de Alexandria; em seguida, a sede de Antioquia; enfim aquela de Jerusalém" (CCEO can. 59 / 2).

## 14 – As Igrejas Orientais Católicas

nicos; tais direitos e privilégios são os que vigoravam no tempo da união do Oriente e Ocidente, embora devam ser adaptados às condições hodiernas.[7]

– Os Patriarcas com seus Sínodos constituem a instância suprema para todos os assuntos do Patriarcado, incluindo o direito de constituir novas eparquias e de nomear bispo de seu rito dentro dos limites do território patriarcal – salvo o direito de intervenção do romano pontífice, se necessário.

– O que foi dito dos Patriarcas vale também, de acordo com as normas do direito, para os arcebispos maiores que presidem a uma Igreja Particular ou rito.

– Onde for necessário sejam erigidos novos Patriarcados, cuja constituição é reservada ao Concílio Ecumênico ou ao romano pontífice.[8]

### 2.4. Disciplina dos sacramentos (n. 13-18)

– Seja plenamente restaurada a disciplina referente ao ministro do Crisma vigente entre os orientais desde a antiguidade; por isso, os presbíteros podem conferir esse sacramento com o óleo abençoado pelo Patriarca ou pelo bispo.

---

[7] Patriarca significa literalmente "primeiro pai" e é título dos bispos das antigas Igrejas apostólicas (Constantinopla, Alexandria, Antioquia e Jerusalém). Outros bispos têm dignidade patriarcal por sua herança apostólica (como o Patriarca da Igreja Apostólica Armênia em Cilícia), por processos canônicos (como o Patriarca da Igreja Ortodoxa da Etiópia, no passado arcebispo ligado ao Patriarca copta do Egito) ou por importância geoeclesial (como o Patriarca da Igreja Ortodoxa Russa, no passado arcebispo ligado ao Patriarca de Constantinopla). Na Igreja Romana – de regime canônico latino – pode ocorrer que algum Patriarca oriental católico ingresse no Colégio de Cardeais, conforme o Cân. 350, parágrafo 3. Entretanto, "os Patriarcas orientais católicos têm adotado com frequência uma atitude de desconfiança e reserva em face do Colégio dos Cardeais. De fato, vários deles se têm negado a receber o barrete cardinalício, alegando que se tratava de uma instituição da Igreja diocesana de Roma e não precisamente da Igreja Universal" (HORTAL, Jesús. Comentários ao cânone 350, apud *Código de Direito Canônico*, São Paulo: Loyola, 2001).

[8] Os Patriarcados mais antigos são as sedes episcopais de Constantinopla (por vezes chamada Bizâncio), Antioquia, Alexandria e Jerusalém, às quais se acrescentou Roma, sede do sucessor de Pedro. Essas cinco sedes formavam a Pentarquia. Na praxe dos ortodoxos as Igrejas da Pentarquia teriam uma função colegiada no governo da Igreja Universal por serem sedes apostólicas: Paulo em Antioquia; Marcos em Alexandria; Pedro em Roma; Tiago em Jerusalém; André em Constantinopla. Muitas dessas cidades são também sedes de Patriarcas ou Arcebispos orientais católicos, que repartem o título com seus homônimos ortodoxos. A essas sedes se juntam outras como Babilônia dos Caldeus (oriental católica) e Cilícia dos Armênios (armênia ortodoxa). Recentemente, o papa Bento XVI renunciou ao título de Patriarca do Ocidente para privilegiar sua dignidade e jurisdição de bispo de Roma, sucessor na cátedra de Pedro e primaz da Igreja Universal.

– Todos os presbíteros orientais podem administrar o sacramento do Crisma a todos os fiéis de qualquer rito, incluindo o latino, quer juntamente com o batismo, quer separadamente, observado o que o direito prescreve para sua liceidade.

– Também os presbíteros de rito latino, segundo as faculdades que receberam para administrar o Crisma, podem administrar este sacramento aos fiéis das Igrejas Orientais sem prejuízo do tiro, observado o que o direito prescreve para sua liceidade.

– Os fiéis estão obrigados nos domingos e dias de festa a participar da divina liturgia ou, conforme prescrições e usos próprios do rito, da celebração dos divinos louvores; para melhor cumprirem essa obrigação, estabelece-se que o tempo útil para executar o preceito dominical vai da tarde da vigília até o fim do domingo ou da festa celebrada. Recomenda-se aos fiéis que, nessas ocasiões ou até diariamente, recebam a eucaristia.

– Devido ao convívio diário dos fiéis das diversas Igrejas Particulares num mesmo território oriental, a faculdade dos presbíteros de qualquer rito de ouvir confissões se estende a todo o território daquele que concede e também aos lugares e fiéis de qualquer rito no mesmo território, a não ser que isso seja negado pelo hierarca do lugar com relação às áreas de seu rito.

– Que seja restaurada a instituição do diaconado permanente entre os orientais; quanto ao subdiaconado e às ordens menores, que seja providenciado pelas autoridades legislativas de cada Igreja Particular.

– Para evitar matrimônios inválidos quando católicos orientais casam com não católicos orientais batizados e para garantir a indissolubilidade e santidade dos casamentos e a paz doméstica, este Concílio estabelece que a forma canônica de celebração para tais matrimônios obriga tão somente para liceidade; para sua validade é suficiente a presença do ministro. Há ainda a possibilidade de os Patriarcas e outros bispos dispensarem da forma canônica e sanarem "in radice" os defeitos de forma, segundo o direito.

Como percebemos, o Concílio tinha uma preocupação situada no contexto da época, marcado pelo peso da tradição romana em detrimento das tradições orientais. Era necessário estabelecer parâmetros e encaminhar processos de conhecimento, apreço e revitalização do patrimônio litúrgico, teológico e disciplinar das Igrejas Orientais Católicas.

Mais tarde, João Paulo II acrescentou a esses parâmetros o olhar teologal (afinal, como ele mesmo diz, trata-se de um Papa eslavo, vizinho da tradição oriental)[9] e perfilou os valores da Liturgia e vida sacramental dos Ritos orientais: o batismo como princípio da *koinonia*; a consagração monástica como síntese pedagógica do itinerário cristão; a centralidade da Palavra de Deus, identificada liturgicamente com o Cristo-Verbo; a beleza como via de experiência de Deus; o vínculo profundo entre Palavra e Eucaristia no culto divino; a paternidade espiritual-comunitária dos abades; a graça deificante dos sacramentos; o silêncio adorante da tradição apofática (cf. OL n. 10-16).

## 2.5. Culto litúrgico (n. 19-23)

– Além da Santa Sé, compete também aos Sínodos patriarcais e arquiepiscopais constituir, transferir ou suprimir os dias de festa para cada Igreja Particular, levando em conta toda a região e as demais Igrejas Particulares.

– Enquanto se busca o desejado acordo entre todos os cristãos acerca de um único dia em que todos celebrem a festa da Páscoa, para favorecer a unidade entre os que vivem numa mesma região ou nação, confia-se aos Patriarcas e autoridades maiores do lugar que, por consenso e depois de ouvidas as opiniões dos interessados, convenham sobre a celebração da Páscoa no mesmo domingo.

---

[9] "Um Papa, filho de um povo eslavo, sente particularmente no coração o apelo daqueles povos aos quais se dirigiram os dois santos irmãos Cirilo e Metódio, exemplo glorioso de apóstolos da unidade, que souberam anunciar Cristo na procura da comunhão entre Oriente e Ocidente, embora no meio das dificuldades que já, por vezes, contrapunham os dois mundos. Várias vezes me detive sobre o exemplo de suas ações, dirigindo-me também a todos aqueles que são seus filhos na fé e na cultura" (*Orientale lumen* n. 3).

– Os fiéis que residem fora da região ou território do próprio rito podem conformar-se inteiramente com a disciplina vigente no lugar onde moram; nas famílias de rito misto é lícito observar esta norma segundo um só e mesmo rito.

– Os ministros e religiosos orientais celebrem os Divinos Louvores segundo os preceitos e tradições da própria disciplina; o quanto possível, os fiéis leigos participem dos Divinos Louvores.

– Ao Patriarca com o Sínodo (ou à autoridade maior de cada Igreja e seus Conselhos) compete regular o uso das línguas nas celebrações litúrgicas, bem como aprovar as versões dos textos em língua vernácula, depois de dar notícia à Santa Sé.[10]

Essas diretrizes e prerrogativas são coerentes com a *communio ecclesiarum* dos primeiros séculos da Igreja, atestadas pela literatura patrística e pelos Concílios Ecumênicos. Recentemente, foram adequadamente normatizadas no *Código de Cânones das Igrejas Orientais*,[11] como acenamos nas notas de rodapé.

## 3. Relações ecumênicas dos orientais com os ortodoxos

### 3.1. Igrejas irmãs, herdeiras da fé apostólica

No decreto *Unitatis redintegratio* (sobre a unidade dos cristãos), o Concílio já havia contemplado a relação entre católicos e ortodoxos com base em sua comum herança apostólica.

Esse Concílio exorta a todos, sobretudo aos que pretendem dedicar-se à restauração da plena comunhão desejada entre as Igrejas Orientais e a

---

[10] Essas diretrizes foram confirmadas e detalhadas, mais recentemente, pelo *Código de Cânones das Igrejas Orientais* (CCOE), especialmente os títulos XVI e XVII, sobre o culto divino e a disciplina dos sacramentos.

[11] Codex Canonum Ecclesiarum Orientalium (CCEO). In: *Enchiridion Vaticanum*, vol. 12 / Seção II. Bologna: EDB, 1992, p. 3-937. Esta edição traz um glossário e uma sinopse entre os Cânones orientais e o Código de Direito Canônico da Igreja latina (CIC).

## 14 – As Igrejas Orientais Católicas

Igreja Católica, a que tenham na devida consideração a peculiar condição de origem e desenvolvimento das Igrejas do Oriente e da índole das relações que vigoravam entre elas e a Sé romana antes da separação. Procurem apreciar retamente todos esses fatores. Cuidadosamente observadas, essas coisas contribuem muito para o desejado diálogo ecumênico (n. 14).

De sua parte, *Orientalium ecclesiarum* faz uma recomendação específica aos católicos orientais: "as Igrejas Orientais que vivem em comunhão com a Sé apostólica de Roma têm a peculiar obrigação de favorecer a unidade de todos os cristãos, principalmente os orientais" (n. 24). E propõe seis meios para isso:

– oração;
– exemplo de vida;
– fidelidade religiosa para com as antigas tradições orientais;
– melhor conhecimento mútuo;
– colaboração;
– estima fraterna.[12]

Afinal, as comunidades orientais católicas e ortodoxas não são estranhas entre si, mas são verdadeiras "Igrejas irmãs" (UR 14, OL 20, UUS 55), pois partilham o mesmo patrimônio espiritual, teológico e sacramental herdado dos Apóstolos e dos Pais da Igreja do Oriente (cf. OL 21). Se a divisão entre elas é sentida como "uma dilaceração dramática na própria carne" (OL 21), mais forte deve ser o "ímpeto da caridade" e "a exigência de envidar todos os esforços para que chegue o dia em que participaremos juntos do mesmo Pão e do mesmo Cálice" (OL 19). Efetivamente "conhecer, venerar, conservar e fomentar o rico patrimônio litúrgico e espiritual dos orientais é da máxima importância para guardar fielmente a plena tradição cristã e realizar a reconciliação dos cristãos orientais e ocidentais" (UR 15).

---

[12] Essas indicações de OE n. 24 são retomadas e ampliadas, com ênfase pessoal, por João Paulo II em *Orientale lumen* n. 21-25, como veremos ao concluir este capítulo.

## 3.2. A partilha dos sacramentos entre orientais e ortodoxos

A partilha dos sacramentos (*communicatio in sacris*) não ocorre apenas entre católicos latinos e orientais, mas também entre esses orientais e os ortodoxos – já que nas Igrejas Ortodoxas "se conservou o sacerdócio válido" (n. 25). O decreto *Unitatis redintegratio* havia mencionado esta possibilidade:

> Como essas Igrejas [Ortodoxas], embora separadas, têm verdadeiros sacramentos e, principalmente, em virtude da sucessão apostólica, o sacerdócio e a eucaristia, ainda se unem conosco muito intimamente. Por isso, certa *communicatio in sacris* não só é possível, mas até aconselhável, em circunstâncias oportunas e com a aprovação da autoridade eclesiástica (UR 15).

Seguindo essa linha, *Orientalium ecclesiarum* tem um duplo cuidado: primeiro, adverte sobre o erro de uma partilha sacramental irresponsável; depois, pondera sobre sua prática pastoral e oportuna nas "várias circunstâncias das pessoas nas quais nem é lesada a unidade da Igreja, nem há perigos a evitar, mas urgem a necessidade de salvação e o bem espiritual das almas" (n. 26). Nessas circunstâncias é possível e oportuna a partilha sacramental entre orientais e ortodoxos, entendida como "acesso aos meios de salvação e testemunho da caridade" (n. 26). Deste modo, o decreto retoma os "dois princípios" de discernimento já propostos em *Unitatis redintegratio* a respeito da partilha sacramental entre católicos e cristãos de outras Confissões: "A necessidade de testemunhar a unidade da Igreja e a necessidade de participar dos meios da graça. O testemunho da unidade frequentemente a proíbe; mas a busca da graça às vezes a recomenda" (UR 8).

É a partir desses princípios que *Orientalium ecclesiarum* diz que "podem ser conferidos aos orientais de boa-fé que se acham separados da Igreja Católica os sacramentos da penitência, eucaristia e unção dos enfermos, quando espontaneamente pedem e estão bem dispostos" (n.

27). Em via de reciprocidade, "também aos católicos é permitido pedir os mesmos sacramentos aos ministros não católicos em cuja Igreja haja sacramentos válidos, sempre que a necessidade ou a verdadeira utilidade espiritual o aconselhar e o acesso ao sacerdote católico se torne física ou moralmente impossível" (n. 27).[13]

Essas indicações foram assimiladas pela disciplina latina (*Código de Direito Canônico*) e oriental (*Código de Cânones das Igrejas Orientais*), sendo claramente dispostas no *Diretório Ecumênico* da Santa Sé. Reaparecem também na encíclica *Ut unum sint* n. 58, obedecendo aos mesmos princípios de discernimento, em atenção à unidade do Corpo de Cristo e ao acesso dos fiéis batizados aos meios da graça. Como dizem os bispo reunidos no Concílio, trata-se de "um modo de agir mais suave [...] para não sermos, devido à severidade da sentença, um impedimento àqueles que se salvam" (n. 26).

Tal ponderação não tem apenas um caráter pastoral, mas teológico, pois os ortodoxos – além de terem direito aos sacramentos em virtude de seu batismo – mantêm a íntegra eucaristia, como nós católico-romanos e católico-orientais. Além disso, há casos particulares em que o acesso mútuo aos sacramentos é necessário e até testemunhal, como ocorre entre os fiéis da Igreja Caldeia (católica) e da Igreja Assíria do Oriente (ortodoxa): por causa da grave situação em que se encontram suas comunidades, especialmente no Irã e adjacências, os Patriarcados caldeu e assírio-oriental concordaram em partilhar a eucaristia mutuamente, como prática aberta entre os fiéis das duas Igrejas.[14]

---

[13] Importa recordar que, além dos ortodoxos, também os cristãos anglicanos, reformados, evangélicos e pentecostais validamente batizados podem ter acesso à confissão, eucaristia e unção dos enfermos – em circunstâncias particulares de necessidade, em ordem à salvação – se o pedem livremente e manifestam crer naquilo que a Igreja Católica celebra (cf. *Diretório Ecumênico* n. 130-132 ; *Ut unum sint* n. 46).

[14] Cf. *Diretrizes sobre a Admissão à Eucaristia entre fiéis da Igreja Caldeia e da Igreja Assíria do Oriente.* Disponível em <http://www.vatican.va>.

## Conclusão

Considerando o que disse o decreto *Orientalium ecclesiarum* e também o que tem sido dito a partir dele, não cremos justo terminar com alguma conclusão, mas com algumas perspectivas – melhor, algumas provocações urgidas pela *koinonia* do Corpo de Cristo – nas palavras de João Paulo II:

### a) Respeitar a identidade dos cristãos orientais

Muitas vezes já se afirmou que união plena das Igrejas Orientais Católicas com a Igreja de Roma não deve comportar, para elas, uma diminuição na consciência da própria autenticidade e originalidade. Nos casos, porém, que isso ocorreu, o Concílio Vaticano II exortou-as a redescobrir plenamente sua identidade, tendo elas o direito e o dever de se regerem segundo as próprias disciplinas peculiares, enquanto se recomendam por veneranda antiguidade, são mais conformes aos costumes de seus fiéis e resultam mais aptas a buscar o bem das almas.

### b) Converter-se decididamente à unidade

Estas Igrejas trazem em sua carne uma dilaceração dramática, porque é ainda impedida uma comunhão total com as Igrejas Orientais Ortodoxas, com as quais, contudo, partilham o patrimônio de seus pais. *Uma conversão constante e comum é indispensável,* para que elas procedam decididamente e com desassombro para a compreensão recíproca. E conversão é pedida também à Igreja Latina, para que respeite e valorize plenamente a dignidade dos Orientais, e acolha com gratidão os tesouros espirituais de que as Igrejas Orientais são portadoras para proveito da inteira comunhão católica; mostre concretamente, muito mais do que no passado, quanto estima e admira o Oriente cristão e quanto considera essencial seu contributo para que seja vivida plenamente a universalidade da Igreja.

## 14 – As Igrejas Orientais Católicas

### c) Encontrar-se, conhecer-se e servir juntos

Grande é o meu desejo de que as palavras que São Paulo dirigia do Oriente aos fiéis da Igreja de Roma ressoem hoje nos lábios dos cristãos do Ocidente a respeito de seus irmãos das Igrejas Orientais: "Em primeiro lugar, dou graças ao meu Deus, por Jesus Cristo, a respeito de vós, porque a vossa fé é conhecida em todo o mundo" (Rm 1,8). E logo depois o Apóstolo das Gentes declarava com entusiasmo seu propósito: "Na verdade, desejo-vos ver, para vos comunicar alguma graça espiritual, a fim de vos fortalecer, ou antes, para convosco me reconfortar no meio de vós, pela fé que nos é comum a vós e a mim" (Rm 1,11-12). Eis, portanto, delineada admiravelmente a dinâmica do encontro: o conhecimento dos tesouros de fé dos outros – que procurei descrever – produz espontaneamente o estímulo para um novo e mais íntimo encontro entre irmãos, que seja de autêntico e sincero intercâmbio recíproco. É um estímulo que o Espírito suscita constantemente na Igreja e que se torna mais insistente precisamente nos momentos de maior dificuldade. [...] Desejo afirmar fortemente que as comunidades do Ocidente estão prontas para favorecer em tudo – e não são poucas aquelas que já trabalham neste sentido – a *intensificação deste ministério de diaconia*, pondo à disposição de tais Igrejas a experiência adquirida em anos de exercício mais livre da caridade.

### d) Promover o testemunho ecumênico

Vejo como fundamental o apelo do Senhor a trabalhar de todas as maneiras para que todos os crentes em Cristo testemunhem juntos a própria fé, sobretudo nos territórios onde é mais consistente a convivência entre os filhos da Igreja Católica (latinos e orientais) e os filhos das Igrejas Ortodoxas. Após o martírio comum padecido por Cristo sob a opressão dos regimes ateus, chegou o momento de sofrer, se for necessário, para nunca faltar ao testemunho da caridade entre cristãos, porque, se entregarmos nosso corpo a fim de ser queimado, mas não tivermos caridade, de nada nos servirá (cf. 1Cor 13,3). Teremos de rezar intensamente para que o Senhor toque nossas mentes e os nossos corações e nos dê a paciência e a mansidão.

### e) Estudar as Igrejas do Oriente, inclusive no curso de Teologia

Penso que uma forma importante de crescermos na compreensão recíproca e na unidade consiste precisamente em melhorar nosso conhecimento uns dos outros: [...] conhecer a liturgia das Igrejas do Oriente; aprofundar o conhecimento das tradições espirituais dos Padres e Doutores do Oriente cristão; seguir o exemplo das Igrejas do Oriente na inculturação da mensagem do Evangelho; combater as tensões entre Latinos e Orientais e estimular o diálogo entre Católicos e Ortodoxos; formar, em instituições especializadas sobre o Oriente cristão, teólogos, liturgistas, historiadores e canonistas, que, por sua vez, possam difundir o conhecimento das Igrejas do Oriente; oferecer, nos seminários e faculdades teológicas, um ensino adequado sobre tais matérias, sobretudo aos futuros presbíteros. São indicações sempre muito válidas, sobre as quais insisto com ênfase particular.

### f) Vivenciar encontros entre latinos e orientais

Além do conhecimento, julgo muito importante o *contato recíproco*. Faço votos por que uma ação particular seja exercida pelos mosteiros, precisamente pelo papel muito especial que reveste a vida monástica no interior das Igrejas e pelos muitos pontos que unem a experiência monástica, e, portanto, a sensibilidade espiritual, no Oriente e no Ocidente. Uma outra forma de encontro é constituída pelo acolhimento de docentes e estudantes ortodoxos nas Universidades Pontifícias e outras instituições acadêmicas católicas. Continuaremos a fazer todo o possível para que tal acolhimento possa assumir maiores proporções. Que Deus abençoe, também, o nascimento e o desenvolvimento de lugares destinados precisamente à hospitalidade de nossos irmãos do Oriente, também nesta cidade de Roma, que guarda a memória viva e comum dos chefes dos apóstolos e de tantos mártires.[15]

---

[15] Palavras de João Paulo II: *Orientale lumen* n. 21-25.

## Bibliografia

BIZON, José; DRUBI, Rodrigo. *A unidade na diversidade*. São Paulo: Loyola, 2004.

CAÑELLAS, Juan Nadal. *Las Iglesias apostólicas de Oriente*. Madrid: Ciudad Nueva, 2000.

Codex Canonum Ecclesiarum Orientalium. In: *Enchiridion Vaticanum* vol. 12 / Seção II. Bologna: EDB, 1992, p. 3-937.

*Código de Direito Canônico*. São Paulo: Loyola, 2001.

CONCÍLIO VATICANO II. *Compêndio do Vaticano II*. 14. ed. Petrópolis: Vozes, 1968.

LEÃO XIII. Carta apostólica *Orientalium dignitas*. In: *Leonis XIII Acta*, vol. 14. Vaticano: Editrice Poliglota Vaticana,1894, c. 358-370.

JOÃO PAULO II. *Carta apostólica "Orientale lumen"*. São Paulo: Paulinas, 1995. (A voz do papa, 141).

_____. *Carta Encíclica "Ut unum sint"*. São Paulo: Paulinas, 1995. (A voz do papa, 142).

## ANEXO

**Elenco das Igrejas Orientais Católicas conforme o Rito:**

### 1. Rito bizantino

Com um só rito, o bizantino:
– Igreja Católica Bizantina Albanesa.
– Igreja Católica Bizantina Bielorrussa.
– Igreja Greco-Católica Búlgara.
– Igreja Greco-Católica Croata.
– Igreja Católica Bizantina Grega.
– Igreja Greco-Católica Melquita.

- Igreja Greco-Católica Húngara.
- Igreja Católica Ítalo-Albanesa.
- Igreja Católica Bizantina Macedônia.
- Igreja Greco-Católica Romena unida com Roma.
- Igreja Católica Russa.
- Igreja Católica Rutena.
- Igreja Greco-Católica Eslovaca.
- Igreja Greco-Católica Ucraniana.

## 2. Rito armênio

Com um só rito, o armênio:
- Igreja Católica Armênia.

## 3. Rito alexandrino

Com um só rito, o alexandrino:
- Igreja Copta Católica.
- Igreja Etiópica Católica.

## 4. Rito sírio

Com três ritos de mesma raiz, o sírio-oriental (também chamado caldeu ou assírio), o sírio-ocidental (também chamado siríaco) e o maronita:

a) Rito sírio-oriental:
- Igreja Caldeia (ou Caldaica).
- Igreja Malabar (ou Sírio-Malabar).

b) Rito sírio-ocidental:
- Igreja Siríaca (ou Sírio-Católica).
- Igreja Malankar (ou Sírio-Malankar).

c) Rito Maronita:
- Igreja Maronita.

**Obs.** Com exceção da Igreja Maronita, as demais Igrejas Orientais Católicas possuem uma Igreja correspondente separada de Roma, podendo ser ortodoxa ou não, dependendo de quais Concílios Ecumênicos aceitou doutrinalmente ao longo da história: se aceitar os sete primeiros concílios ecumênicos, é dita *ortodoxa*; se aceitar apenas três concílios, é dita *pré-calcedoniana*; se aceitar apenas os dois primeiros, é dita *pré-efesiana*. Por exemplo: a Igreja Melquita tem como correspondente a Igreja Ortodoxa Antioquena; a Igreja Católica Armênia tem como correspondente a Igreja Armênia Apostólica; a Igreja Caldeia tem como correspondente a Igreja Assíria do Oriente.

Desde os anos 1970, o diálogo teológico entre as Igrejas ortodoxas e a Igreja Católica dirimiu muitas dúvidas e esclareceu consensos doutrinais, sobretudo quanto à Trindade e a Jesus Cristo. Hoje, essas Igrejas professam a mesma fé cristológica, ainda que preservem certas ênfases e particularidades na linguagem teológica e nas expressões litúrgicas.

# 15
# DA MISSÃO AO POVO PARA O POVO EM MISSÃO

## *Ad Gentes*

*Sérgio Conrado*
Doutor em Teologia Pastoral pela Universidade Lateranense – Roma
Professor na Faculdade de Teologia Nossa Senhora da Assunção da PUC-SP
Presbítero da Arquidiocese de São Paulo

A missão da Igreja nasce da *missio Dei*: o agir salvador do Pai, por Cristo, no Espírito Santo. De tal modo, que a Igreja evangeliza como sinal ou sacramento de Deus para a humanidade. Assim, a missão constitui essencialmente a comunidade eclesial, enviada às nações para proclamar a Boa-Nova do Reino de Deus. Além da perspectiva universal (às nações), eclesial (testemunho em comunidade) e dialógica (em diálogo e anúncio), a missão tem raiz batismal, fazendo de todos os leigos e leigas verdadeiros responsáveis e agentes da ação evangelizadora. O Concílio volta à Bíblia e propõe uma passagem estratégica: vai da "missão ao povo" para o "povo em missão".

O Concílio Vaticano II foi o acontecimento maior da Igreja no século XX e, sem dúvida, traçou rumos novos para a caminhada eclesial. Seus dezesseis documentos se tornaram o grande farol norteador para o ser e para o agir da Igreja nos tempos atuais e futuros. Seguramente, ainda é preciso usufruir muito mais das correntes bíblico-teológicas e pastorais que, de alguma forma, prepararam a Nova Primavera eclesial da década de 1960. Assim, com o Vaticano II, a Igreja se abriu mais ao mundo, às culturas, às outras denominações cristãs e religiosas e a toda humanidade,

> [...] porque a Igreja é em Cristo como que o sacramento ou o sinal e o instrumento da íntima união com Deus e da unidade de todo o gênero humano, ela deseja oferecer a seus fiéis e a todo o mundo um ensinamento mais preciso sobre sua natureza e sua missão universal [...].[1]

O papa João XXIII, ao convocar o Concílio, declarou que se tratava de um Concílio Pastoral, portanto, não para combater algum inimigo da fé ou da Igreja, mas para iluminar todos os povos, manifestar a Boa-Nova de Jesus Cristo com novas roupagens, linguagem mais adequada a todas as culturas em seus respectivos contextos. Além disso, o Concílio não se restringiu aos católicos romanos, mas convidou pessoas pertencentes a todas as Igrejas cristãs a participar.

---

[1] LG 1.

A Igreja abria-se, com o Concílio, para o mundo cristão e não cristão, e para que essa nova primavera da Igreja pudesse se concretizar, foram elaborados no decurso de quatro encontros de outono, entre 1962 e 1965, dezesseis documentos, frutos da inspiração do Espírito Santo, do trabalho árduo dos teólogos, bispos e papa, e do reflexo da realidade de Igreja e de mundo em que se vivia. Esses documentos foram responsáveis por muitas mudanças na Igreja: no esclarecimento do conteúdo dogmático, no resgate de elementos eclesiológicos e pastorais, bem como na aproximação mais efetiva dos povos.

Sem dúvida, o Concílio foi determinante para que a Igreja promovesse uma renovação permanente de duas dimensões eclesiais fundamentais: a institucional, relativa à estrutura da Igreja; e a individual, relativa a cada um dos cristãos e sem romper com sua tradição viva:

> A Igreja tem a obrigação de examinar em todas as épocas os sinais dos tempos e interpretá-los à luz do Evangelho; para que assim possa responder de modo apropriado para cada geração às eternas perguntas dos homens acerca do sentido da vida presente e da futura, e da relação entre ambas. É por isso necessário conhecer e compreender o mundo em que vivemos.[2]

Trata-se de um processo permanente, simultaneamente visível e espiritual, tendo Cristo como referência e alicerce, pois é Ele que: "sustenta aqui na terra Sua Santa Igreja, comunidade de fé, esperança e caridade, como organismo visível pelo qual difunde a verdade e a graça a todos".[3]

Os dezesseis documentos do Concílio, à luz da Palavra de Deus e de uma nova eclesiologia, mostram algumas mudanças fundamentais: visão positiva do mundo, como criação e manifestação de Deus; o res-

---

[2] GS 4.

[3] LG 8.

peito às diferentes culturas; abertura à participação dos leigos na Igreja e na sociedade; diálogo com outras religiões cristãs e não cristãs, às pessoas sem religião, ou seja, a toda humanidade.

Pois bem, dentre os documentos do Concílio Vaticano II que formam hoje a plataforma do ser e do agir eclesial, o Decreto *Ad Gentes*, tendo como pano de fundo a *Lumen Gentium* sobre a Igreja e a Constituição Pastoral *Gaudium et Spes*, sobre a Igreja no mundo de hoje, com suas luzes e sombras, torna-se o manual de todo cristão, uma vez que a missão da Igreja hoje não está mais circunscrita a territórios e pessoas, mas é um dever de cada batizado onde estiver, pois o mundo hoje, mesmo as civilizações cristãs, em seus específicos contextos, tornaram-se "terra de missão", missão vinculada à evangelização que deve ser permanente: missão *Ad Gentes* e nova evangelização.

Nosso objetivo é apresentar alguns pontos de reflexão sobre o Decreto *Ad Gentes*, quarenta e seis anos após o Concílio, quanto a sua doutrina missionária, as diretrizes gerais do decreto e suas implicações teológico-pastorais. Isso vai ajudar-nos a perceber ainda mais como o agir missionário da Igreja lhe é constitutivo e sua ação está destinada não só aos povos e culturas não cristãos, mas também aos cristãos afastados da fé ou marcados pelo indiferentismo.

## 1. Aspectos doutrinais

O documento *Ad Gentes* emergiu de muitas reflexões teológicas, eclesiológicas e litúrgicas respaldadas por novas práticas pastorais. Sem dúvida, além das diferentes correntes teológicas e ações concretas que, de alguma forma, prepararam o Concílio, *Ad Gentes* é a abertura da Igreja a todos os povos para o anúncio do Evangelho de Jesus Cristo[4] e está fun-

---

[4] Cf. AG 9.

damentada na doutrina exposta nas Constituições sobre a Igreja (*Lumen Gentium, Gaudium et Spes*) e a Liturgia (*Sacrosanctum Concilium*), nos Decretos sobre o Ecumenismo (*Unitatis Redintegratio*) e a Vocação dos Leigos (*Apostolicam Actuositatem*) e nas Declarações sobre a Liberdade Religiosa (*Dignitatis Humanae*) e as Religiões não cristãs (*Nostra Aetate*):

> Enviada por Deus às nações para ser o sacramento, sacramento universal da salvação,[5] esforça-se a Igreja por anunciar o Evangelho a todos os homens. Fá-lo a partir das exigências íntimas da própria catolicidade e em obediência à ordem de seu Fundador".[6]

A doutrina sobre a Igreja missionária perpassa por todo o Decreto em seis capítulos com 42 artigos.

A reflexão teológica se inicia afirmando que a Igreja, enviada por Deus, cumpre o mandato de seu Fundador, dos Apóstolos, seus sucessores, que pregaram a Palavra em todas as partes e geraram Igrejas.[7]

O envio em nome de alguém já está presente no AT, isto é, a noção de que Deus envia está presente, de modo singular, nas narrações de vocação profética (cf. Êx 3,10; Jr 1,7; Ez 2,3s.; 3,41). A ideia fundamental é que com os profetas nasce a esperança de que as nações se convertam à fé no Deus único:

> "No final dos tempos, o monte do templo de Javé estará firmemente plantado no mais alto dos montes, e será mais alto que as colinas. Para lá correrão todas as nações. Para lá irão muitos povos [...]".[8]

Essa afirmação do chamado e do envio se realiza plenamente na pessoa de Jesus Cristo, o enviado de Deus no meio dos homens; e nesse

---

[5] LG 48.

[6] AG 1.

[7] Cf. AG 1.

[8] Is 2,1ss.

envio se baseia a autoridade de Jesus, Filho enviado pelo Pai: "De fato, Deus enviou seu Filho ao mundo, não para condenar o mundo, e sim para que o mundo seja salvo por meio dele" (Jo 3,17).

A missão de Jesus não se esgota em Israel, pois possui também uma dimensão universal que se manifesta, sobretudo em sua atitude para com os excluídos, marginalizados, pagãos, e quando se senta à mesa com os pecadores e se mostra livre diante das estritas normas do judaísmo farisaico (cf. Mc 7,15; Lc 10,8). Os discípulos de Jesus também são enviados, já antes da Páscoa, e encarregados de um mandato comparável ao do Mestre para pregar e curar. Esse mandato é renovado na Páscoa (cf. Mt 28,19; 1Cor 15,5-8; Jo 20,21ss.). No entanto, a missão plena dos apóstolos só começará depois de Pentecostes, quando os dons do Espírito Santo se derramam sobre os apóstolos, dons que se tornam condição indispensável de seu apostolado.

Graças ao Espírito do Ressuscitado recebido em Pentecostes pelos apóstolos e transmitido sacramentalmente pelo batismo, a missão do Filho é continuada na Igreja e pela Igreja. Com a missão do Espírito, a missão de Cristo se eternizou no tempo e no espaço. A Igreja foi enviada pela recepção do Espírito Santo a continuar entre os homens o que histórica e temporalmente veio a fazer Jesus. Essa missão é a que identifica a Igreja e lhe dá a razão mais profunda de sua unidade no mundo: "A Igreja peregrina é por sua natureza missionária. Pois ela se origina da missão do Filho e da missão do Espírito Santo, segundo o desígnio de Deus Pai".[9]

Por isso, ao falarmos de missão da Igreja, temos de afirmar, antes de tudo, que seu ser depende do acontecimento total de Cristo; está em estreita dependência da globalidade de seu mistério. Daí podermos afirmar: a Igreja é mistério derivado do único mistério que é Cristo.[10]

---

[9] AG 2.

[10] Cf. LUBAC, H. *Paradoja y misterio de la Iglesia*. Salamanca, 1967, p. 34-35.

A pregação apostólica, a partir da vida de Jesus, com sua morte e ressurreição e também Pentecostes, faz surgir uma comunidade eclesial cujas características essenciais têm sido consideradas normativas para a Igreja de todos os tempos.[11]

Portanto, o ensinamento doutrinal da missionariedade da Igreja se ajusta à ação criadora ou histórico-salvífica da segunda e terceira pessoas da Trindade, dentro do plano salvífico de Deus:

> Jesus disse de novo para eles: A paz esteja com vocês. Assim como o Pai me enviou, eu também envio vocês. Tendo falado isso, Jesus soprou sobre eles, dizendo: "Recebam o Espírito Santo" (Jo 20,21-23).

Assim, a Igreja, nascida do coração de Cristo e dinamizada por seu Espírito, não pode deixar de ser missionária, pois ela é enviada pelo próprio Cristo. Assim como Ele o foi pelo Pai (cf. Jo 20,21) e enviou os apóstolos a todo o mundo, dizendo:

> Ide, pois, fazei discípulos meus todos os povos, batizando-os em nome do Pai e do Filho e do Espírito Santo, ensinando-os a observar tudo quanto vos mandei (Mt 28,19s.).

Para tanto, Cristo enviou o Espírito Santo da parte do Pai, a fim de que propagasse a Igreja; foi em Pentecostes que a Igreja se manifestou publicamente. O Espírito Santo mantém a Igreja unida na comunhão e no ministério,[12] dotando-lhe com vários dons e carismas. Ao propagar a Boa Nova do Evangelho, a Igreja continua e desdobra a missão do próprio Cristo, enviado a evangelizar os pobres. Daí a Igreja impelida pelo Espírito de Cristo deve seguir os mesmos passos de Cristo, isto é, o caminho da obediência, da pobreza, do serviço, da disponibilidade até à morte se preciso for.

---

[11] SCHNACKENBOURG, R. *La Théologie du Nouveau Testament*. Bruxelas, 1961, p. 43.

[12] Cf. AG 4.

Cristo, ao instituir a Igreja, dotou-a de qualidades tais que, por sua própria natureza, ela é missionária, propagadora do Evangelho. Essa atividade missionária que é inerente à Igreja vem da vontade do Pai que

> [...] quer que todos os homens sejam salvos e venham ao conhecimento da verdade. Porque um é Deus, um também o mediador entre Deus e os homens, o homem Cristo Jesus, que se entregou para redenção de todos (1Tm 2,4-5).

Pela pregação da Igreja todos podem chegar ao conhecimento de Deus em Jesus Cristo. Se foi assim no passado, cabe à Igreja, nos tempos atuais, o dever e também o sagrado direito de evangelizar: "Por isso, a atividade missionária hoje como sempre conserva íntegra sua força e necessidade".[13] A causa dessa atividade missionária é a vontade de Deus que deseja que todos os homens e mulheres respondam positivamente a sua proposta amorosa de salvação.

## 2. Linhas fundamentais do *Ad Gentes*

No Decreto *Ad Gentes*, a fundamentação doutrinal toma todo o primeiro capítulo, bem como a reflexão sobre as razões e a necessidade da atividade missionária na vida da Igreja e na história humana. Já no segundo (10-18), o Decreto reflete sobre a obra missionária da Igreja, obra esta que é atualíssima e deve atingir os povos que ainda não conhecem o Evangelho de Jesus. No entanto, o Decreto é enfático ao afirmar que é necessário metodologias novas e indica três:

- a primeira é o testemunho que transparece na vida dos cristãos enraizados na fé, na esperança e abertos e ligados às questões sociais, ao diálogo e à prática da caridade;

---

[13] AG 7.

- a segunda é a pregação do Evangelho e a reunião do povo de Deus pela evangelização, conversão do coração e uma adequada iniciação cristã à modo de catecumenato, tarefa essa não de alguns, mas de todos os batizados (cf. AG 14);
- a terceira indicação é a formação da comunidade cristã que, por suas funções sacerdotal, profética e régia, se torna sinal da presença de Deus no mundo. Insiste no respeito às pessoas, seus próprios dons e ministérios e cada vez mais no trabalho em conjunto do clero com os fiéis cristãos sob a coordenação do bispo local. Há uma colocação muito clara a respeito da atuação dos fiéis cristãos como testemunhas de Cristo no mundo: "Mas ao povo cristão não lhe basta o estar presente e constituído nalguma nação, nem lhe basta exercer o apostolado do exemplo. Está constituído e acha-se presente para anunciar Cristo aos concidadãos não cristãos, por palavras e obras, e ajudá-los a recebê-lo plenamente" (AG 15). Para tanto, a formação permanente dos fiéis é necessária para o aprofundamento da doutrina e preparação para dar as razões de sua fé.

Em seguida, no terceiro capítulo (19-22), o Decreto trata das Igrejas Particulares, de modo especial, das igrejas jovens que buscam seu amadurecimento e que apelam para as outras igrejas já bem estabelecidas:

> Estas Igrejas, muitas vezes situadas nas regiões mais pobres do mundo, em geral ainda sofrem da mais premente falta de sacerdotes e de recursos materiais. Razão por que muito necessitam que a ininterrupta ação missionária da Igreja inteira forneça aqueles auxílios indispensáveis, sobretudo ao crescimento da Igreja local e ao amadurecimento da vida cristã (AG 19).

Trata-se, sem dúvida, de um apelo à comunhão católica entre as jovens igrejas e as mais amadurecidas: "em virtude da comunhão católica que une todas as Igrejas Particulares em uma mesma história, as jovens igrejas consideram o passado das igrejas que lhes deram nascimento como uma parte de sua própria história. No entanto, o ato decisivo de interpretação que assinala sua maturidade espiritual consiste em reconhecer esta anterioridade como originária e não só histórica.[14]

O quarto capítulo (23-27) apresenta os agentes da missão, isto é, os missionários-discípulos de Cristo: sacerdotes, religiosos, leigos, bem preparados para a missão, através de uma verdadeira espiritualidade missionária. Mostra, por outro lado, a importância dos Institutos dedicados ao serviço missionário.

A organização geral das missões, através do Colégio Episcopal, dos Sínodos e Conferências Episcopais, é o assunto do quinto capítulo (28-34), culminando com o sexto (31-45), no qual a cooperação na missão evangelizadora é função de todos os batizados:

> Dado que a Igreja é toda ela missionária e a obra de evangelização, dever fundamental do povo de Deus, eis porque o Santo Sínodo convida todos à profunda renovação interior para, fazendo-se vivamente conscientes da própria responsabilidade na difusão do Evangelho, tomem o devido lugar na obra missionária entre os povos (AG 35).

A essa responsabilidade o Decreto conclama as comunidades cristãs, os bispos, presbíteros, leigos e Institutos de perfeição, pois se trata de um trabalho no qual todos os cristãos têm sua parcela de responsabilidade, cada qual dentro de seu próprio contexto.

Assim temos, resumidamente, as grandes linhas do Decreto que nos ajuda a perceber melhor a grande importância de nos sentirmos verdadeiros missionários em nosso contexto de vida, mas não descuidarmos da ação missionária *ad extra*, como diz João Paulo II, na celebração dos 25 anos do Concílio: "Antes de tudo está a ação missionária, denominada missão *Ad Gentes* pelo decreto conciliar: trata-se de uma atividade primária e essencial da Igreja, jamais concluída. Com efeito, a Igreja não pode eximir-se da missão permanente de levar o Evangelho a quantos ainda não conhecem Cristo Redentor do homem".[15]

---

[14] COMISSÃO TEOLÓGICA INTERNACIONAL. *A fé e a inculturação*. Documento n. 16, 1987.

[15] JOÃO PAULO II. *Carta Encíclica Redemptoris Missio* 10. São Paulo: Paulinas, 1991.

No entanto, na conjuntura religiosa atual é preciso acrescentar o processo de nova evangelização, isto é, um renovado anúncio do Evangelho nos países e culturas de antiga tradição cristã que está tremendamente atingida pelo secularismo e indiferentismo religioso. Esta reflexão sobre o Decreto *Ad Gentes* nos dá a oportunidade de refletir sobre a missão aos povos não cristianizados, mas também sobre a urgência de uma nova evangelização junto aos povos batizados que não estão mais dando o testemunho de sua fé e nem explicando por sua vida as razões pelas quais creem. Hoje se juntam mais ainda à missão *ad extra* e à missão *ad intra*, função de todos os batizados. O papa Bento XVI relembra essa realidade hoje em sua Carta Apostólica *Porta Fidei*:

> Não podemos aceitar que o sal se torne insípido e a luz fique escondida (cf. Mt 5,13-16), também o homem contemporâneo pode sentir de novo a necessidade de ir como a Samaritana ao poço, para ouvir Jesus que convida a crer nele e a beber em sua fonte donde jorra água viva (cf. Jo 4,14). A questão, posta por aqueles que escutavam Jesus, é a mesma que colocamos, nós também hoje. 'Que havemos nós de fazer para realizar as obras de Deus? (cf. Jo 6,28). Conhecemos a resposta de Jesus: 'A obra de Deus é esta: crer naquele que Ele enviou (cf. Jo 6,29). Por isso, crer em Jesus Cristo é o caminho para se poder chegar definitivamente à salvação.[16]

## 3. Implicações teológico-pastorais

Não há dúvida de que o Decreto *Ad Gentes* sobre a atividade missionária da Igreja conseguiu, após vários esquemas, reformulações, intensos debates[17] reunir as correntes que se formaram a respeito do conceito "missão": de um lado, a concepção estritamente jurídico-territorial de missão, que visa os países não cristãos, e de outro uma concepção mais

---

[16] BENTO XVI. Carta Apostólica sob forma de Motu Próprio Porta Fidei, in *L'Osservatore Romano*. Edição Semana em português, ano XLII, n. 43 (2183), p. 4-7.

[17] Cf. ALBERIGO, Giuseppe. *História dos Concílios Ecumênicos*. São Paulo: Paulus, 1995, p. 439.

teológica, que fundamentava o conceito de missão na natureza trinitária de Deus. Na realidade, missão é a própria essência da Igreja. O *Ad Gentes*, na atualidade, em um mundo globalizado, não diz respeito a alguns povos, mas sim a todos.[18]

Claramente o Decreto oferece uma visão teológica da missão radicada no plano de Deus decorrente da missão do Filho como seu modelo e mais aberta à ação do Espírito Santo. Não se trata de um acréscimo à Igreja, mas de algo constitutivo à própria natureza eclesial. Sem descaracterizar o sentido da missão *Ad Gentes*, o Decreto amplia o horizonte do ser missionário a todos os batizados, em virtude da participação no tríplice múnus de Jesus Cristo. De modo especial os leigos devem colaborar na missão salvífica da Igreja, seja nas terras já cristãs, seja nas terras de missão. Missão hoje é explicar a razão da própria fé, mostrando Jesus Cristo, o Filho de Deus, único salvador da humanidade. Permanecermos fechados em nossas igrejas poderia dar-nos alguma consolação, mas tornaria vão o Pentecostes.[19]

Além da abertura teológica do conceito missão, o Decreto insiste que para desempenhar corretamente a função de missionários, tanto os fiéis cristãos como os presbíteros devem ter uma preparação espiritual e técnica apropriadas. Pastoralmente sabemos o transtorno acarretado pelo envio de pessoas mal capacitadas, sem falar dos desvios teológicos.

A colaboração missionária passou a ser vista, sobretudo, como intercâmbio de pessoas e recursos humanos, e não só recursos econômicos.

Outro elemento fundamental ressaltado pelo Decreto é a insistência de que a Igreja local é o sujeito da missão (cf. LG 26; AG 20), não apenas em seu contexto vital, mas também da missão universal.

A nova visão teológico-pastoral apresentada pelo Decreto mostra que as diferenças de atividade, no âmbito da única missão da Igreja, nascem não de motivações intrínsecas à missão, mas sim das diversas circunstân-

---

[18] RASCHIETTI, Estêvão. *Ad Gentes* – Texto e comentário 1.3. São Paulo: Paulinas, 2011.

[19] Cf. Primeiro Encontro Internacional Promovido pelo Pontifício Conselho para Promoção da Nova Evangelização, no Vaticano, 15/10/2011 – cf. *L'Osservatore Romano*. Ed. Semanal em Português, ano XLII, n. 43 (2.183) p. 11. 2011.

cias às quais ela se exerce (cf. AG 6). Daí termos três situações distintas. Aquela à qual se dirige a atividade missionária da Igreja: povos, grupos humanos e contextos nos quais Cristo e seu Evangelho não são conhecidos. Em seguida, as comunidades cristãs que, com adequadas estruturas eclesiais, vivem a fé e se tornam fermento na sociedade. Finalmente, a situação intermediária, sobretudo nos países de antiga tradição cristã, onde grupos de batizados perderam o sentido vivo da fé, não se sentindo mais membros da Igreja. Com isso, o Decreto reforça a certeza de um trabalho missionário em todas as frentes, sem excluir ninguém.

Além disso, *Ad Gentes* deu oportunidade para que se refletisse no trabalho missionário as iniciativas de promoção humana como parte integrante da ação evangelizadora da Igreja como a promoção da justiça, da paz, da ecologia, o diálogo e a colaboração entre os povos.

Como dissemos no início de nossa reflexão, *Ad Gentes* não pode ser trabalhado sem os outros dois documentos do Vaticano II que mais anteciparam as questões de nosso tempo – os documentos sobre a Igreja *Lumen Gentium* e *Gaudium et Spes* sobre a Igreja no mundo. Temos visto e vivido a transformação que *Ad Gentes* provocou na Igreja e em seu agir missionário, a ponto de a V Conferência de Aparecida pautar seu documento final na teologia da missão e deixar bem claro para o continente americano:

> Necessitamos de um novo Pentecostes! Necessitamos sair ao encontro das famílias, das pessoas, das comunidades e dos povos para lhes comunicar e compartilhar o dom do encontro com Cristo [...]. Não podemos ficar tranquilos em espera passiva em nossos templos, mas é urgente ir em todas as direções [...].[20]

O decreto *Ad Gentes* tornou-se um marco fundamental na mudança de paradigma na atividade missionária da Igreja. Sua influência e inspiração continuam atualíssimas e têm motivado maiores esclareci-

---

[20] DAp 548.

mentos sobre o verdadeiro sentido de missão, sua execução por todos os membros da Igreja, seja entre os povos não cristãos, seja no trabalho atual de Nova Evangelização. Além dos institutos e congregações fundados para específico labor entre as culturas não cristãs, o Decreto hoje faz a Igreja mudar de perspectiva: passagem da "missão ao povo" para o "povo em missão". Missão hoje deve estar presente em todos os lugares para uma ação pastoral mais inovadora, por exemplo: na cultura, nas migrações, na comunicação, na família, na liturgia, na política e na pastoral ordinária das comunidades eclesiais.

O Decreto *Ad Gentes* continua sendo o grande farol que iluminou o Papa Paulo VI na *Evangelii Nuntiandi*, em 1975, ao iniciar o processo da Nova Evangelização e incrementar a ação missionária na contemporaneidade. E não deixou de contextualizar as intuições proféticas do Beato João Paulo II sobre a necessidade da missão *Ad Gentes* como a responsabilidade dos cristãos hoje e, por fim, impulsionou o papa Bento XVI a instituir, em 2010, o "Pontifício Conselho para a Promoção da Nova Evangelização, isto é, para um renovado anúncio do Evangelho nos países de antiga tradição cristã, e a missão *Ad Gentes* aos povos e aos territórios onde o Evangelho ainda não lançou raízes".[21]

Assim, só por intermédio de homens e mulheres plasmados pela presença de Deus, a Palavra de Deus continuará seu caminho no mundo dando seus frutos. Ser evangelizador *ad extra* e *ad intra*, não é um privilégio, mas um compromisso que provém da fé. À pergunta que o Senhor dirige aos cristãos: "quem enviarei e quem irá por mim?" Respondamos com a mesma coragem e a mesma confiança do Profeta: "eis-me aqui, Senhor, envia-me!" (Is 6,8).

---

[21] BENTO XVI. Recitação do *Ângelus*, 16/10/2011, in *L´Osservatore Romano*, Ano XLII, n. 43 (2183) p. 11.

**Bibliografia**

ALBERIGO, G. *Storia del Vaticano II*. Bologna: Il Mulino, 1999.

CONCÍLIO ECUMÊNICO VATICANO II. Decreto *Ad Gentes* sobre a atividade missionária da Igreja. In: *Documentos do Concílio Vaticano II (1962-1965)*. São Paulo: Paulus, 2001.

_____. Constituição dogmática *Lumen Gentium* sobre a Igreja. In: *Documentos do Concílio Vaticano II (1962-1965)*. São Paulo: Paulus, 2001.

JOÃO PAULO II. Carta encíclica *Redemptoris Missio* 10. São Paulo: Paulinas, 1991.

LUBAC, H. *Paradoja y Misterio de la Iglesia*. Salamanca. 1967.

SCHNAKENBURG, R. *La théologie du Nouveau Testament*. Bruxelas, 1961, p. 43.

RASCHIETTI, E. *Ad Gentes*: texto e comentário. São Paulo: Paulinas, 2011. (Coleção Revisitar o Concílio).

CELAM. V Conferência Geral do Episcopado Latino-Americano e do Caribe. *Documento de Aparecida*. Brasília/São Paulo: CNBB/Paulus/Paulinas, 2007.

# 16

# OS BISPOS NA IGREJA: SENTINELAS DA COMUNHÃO

*Christus Dominus*

*Edson Chagas Pacondes*
Doutor em Direito Canônico pela Universidade Lateranense – Roma
Professor do Instituto de Direito Canônico "Pe. Dr. Giuseppe Benito Pegoraro" de SP
Presbítero da Arquidiocese de São Paulo

Herdeiros da fé e da missão dos apóstolos, os bispos são caracterizados, já nas palavras de Paulo, como supervisores da comunhão (*episkopoi*). Partilham esta responsabilidade colegialmente, vinculados entre si pelo "afeto colegial" e com Cristo, em cujo nome apascentam as Igrejas locais, tendo por primaz o bispo de Roma – sucessor de Pedro. Ensinar, santificar e reger sintetizam o ministério dos bispos, desafiados pelos "sinais dos tempos" a promover uma nova evangelização.

O Decreto Conciliar *Christus Dominus* de 28 de outubro de 1965 se refere explicitamente sobre o Múnus Pastoral dos bispos na Igreja, como o próprio título que o Compêndio do Concílio Vaticano II traz.[1] Diz-se que o Concílio Vaticano I traz em seus documentos e focaliza o Primado Papal, já o Vaticano II focaliza o papel do bispo na Igreja Católica Apostólica Romana, que até seria o próximo Concílio sobre o Presbítero e ainda um quarto sobre o Laicato.

## 1. Ministério dos Bispos nos Documentos Pontifícios

Depois de 50 anos do início do Concílio Vaticano II, fazendo uma releitura da caminhada conciliar por longas cinco décadas à luz do Decreto Conciliar *Christus Dominus,* vamos percebendo que o papel do bispo em nossa Igreja vem sendo cada vez mais valorizado e tido como importantíssimo para este povo de Deus, afinal de contas o Romano Pontífice, como sucessor de Pedro, foi instituído por Cristo Senhor, Pastor para apascentar o rebanho com poder supremo, pleno, imediato e universal.[2] Por sua vez, os bispos, constituídos pelo Espírito Santo, são os sucessores dos Apóstolos como pastores das almas, formando com o Sumo Pontífice e sob sua autoridade, a continuarem a perpetuar a obra

---

[1] CD 1.

[2] CD 1.

de Cristo.³ Temos aqui a constituição divina e a sucessão apostólica dos bispos, bem como os fundamentos teológicos do ofício e as condições teológica, jurídica, hierárquica para seu reto desempenho.⁴

A Constituição Dogmática *Lumen Gentium* sobre a Igreja, do mesmo Concílio, em seu capítulo III já focalizava a Constituição Hierárquica, de modo especial o episcopado, em seu próprio título, inclusive dando base para o documento que estamos trabalhando.

Ao longo destes anos temos recebido alguns documentos sobre o papel do bispo, em que procura evidenciar seu ministério na Igreja, presente nestes tempos hodiernos. No próprio Decreto Conciliar vem explícita uma determinação para se levarem em conta na reforma do Código de Direito Canônico, que entraria em vigor somente em 1983, leis eficientes, às normas estatuídas no Decreto.⁵ De 30 de setembro a 27 de outubro de 2001 aconteceu o Sínodo dos bispos que tratou exatamente sobre a figura do bispo, e no dia 16 de outubro de 2003 João Paulo II publica a Exortação Apostólica Pós-Sinodal *Pastores Gregis*, sobre o bispo, servidor do Evangelho de Jesus Cristo para a esperança do mundo.⁶ No ano de 2007 é emanado pela Congregação para os bispos, o Diretório para o Ministério Pastoral dos Bispos,⁷ como também o Catecismo da Igreja Católica. Temos também outros Dicastérios da Cúria Romana em que encontramos documentos que citam os bispos enquanto exercem o Magistério em nome da Igreja,⁸ pois o fazem constituídos verdadeiros e autênticos mestres da Fé, Pontífices e Pastores.⁹

---

³ CD 1. CIC c. 375, §1. Catecismo da Igreja Católica, 77. Congregação para a Doutrina da Fé. Instrução sobre a vocação eclesial do teólogo, 13-20.

⁴ CIC, c. 375, §2.

⁵ CD 44.

⁶ João Paulo II. Exortação Apostólica Pós-Sinodal *Pastores Gregis*, 2003.

⁷ Congregação para os Bispos. *Diretório para o Ministério Pastoral dos Bispos*, 2007.

⁸ Catecismo da Igreja Católica 77.

⁹ CD 2.

## 2. Bispos enquanto Sucessores dos Apóstolos

Em sua missão que é também da Igreja de salvar as almas e que só terminará quando se consumar os tempos, sempre haverá sucessores dos Apóstolos nesta sociedade que está hierarquicamente estabelecida e organizada pelo Cristo Senhor.[10] Por isso enquanto a Igreja existir sempre haverá os bispos, sucessores dos Apóstolos, que em sua humanidade continuarão a obra iniciada pelo grupo dos doze, com Jesus Cristo. Os Apóstolos que foram enviados pelo Senhor podem e devem enviar outros após eles, porque a missão deve permanecer após sua morte. O princípio da sucessão apostólica está no fato de que se a missão estivesse limitada à pessoa dos Apóstolos, não se poderia nem mesmo batizar. Portanto, aquilo que foi confiado aos Apóstolos deve ser exercido mediante um ministério recebido ou derivado deles.

Geraldo Luiz Borges Hackmann cita Y. Congar ao definir conceitualmente a questão da apostolicidade: é a propriedade graças à qual a Igreja conserva, através dos tempos, a identidade de seus princípios de unidade como ela os recebeu de Cristo na pessoa dos apóstolos, isto é, aqueles que encontramos indicados em Mt 28,19-20 e At 2,42: unidade mediante a comunhão de doutrina, sacramentos, vida comunitária na Igreja, sob a guia dos pastores, que receberam seu ministério apostólico.[11]

Dizemos sucessão apostólica para designar uma herança que obtivemos, enfim, que herdamos dos Apóstolos, recebida por Jesus Cristo, em outras palavras, um legado. Citando o Evangelho de São João, a Introdução Geral da Ordenação dos Bispos diz que "Cristo, a quem o Pai santificou e enviou ao mundo, fez os bispos participantes de sua consagração e missão, através dos apóstolos, de quem são sucessores".[12]

---

[10] LG 20.

[11] HACKMANN, Geraldo Luiz Borges. *A Amada Igreja de Jesus Cristo*, p. 129.

[12] LG 20. CNBB. *Pontifical Romano*, 2004. Introdução Geral, n. 2.

A sacramentalidade da Ordenação Episcopal é afirmada na Constituição Dogmática *Lumen Gentium*, uma vez que com ela é conferida a plenitude do sacramento da Ordem, sendo, portanto, dada ao ordenado, a graça do Espírito Santo e nele impresso o caráter sagrado.[13] O múnus a ele confiado é um verdadeiro ministério, que para ser assumido se faz necessária a comunhão apostólica ou hierárquica como Sucessor de Pedro. A legitimidade da Ordenação é dada pela livre nomeação feita pelo Romano Pontífice ou através da confirmação que este dá à legítima eleição do bispo, ou ainda pelo mandato pontifício, quando não é o Romano Pontífice quem consagra o eleito.[14] A segunda nota explicativa prévia da *Lumen Gentium* explicita que com a *missio canônica*, o consagrado tem o poder livre para o exercício,[15] exigida na Ordenação do bispo, manifestando assim a comunhão com a hierarquia eclesiástica.

## 3. A Colegialidade do Ministério Episcopal

O Decreto Conciliar *Christus Dominus* em seu parágrafo terceiro evidencia o caráter da colegialidade do Ministério dos bispos enquanto estiverem em comunhão com o Sumo Pontífice e nunca sem ele quanto ao magistério e ao governo pastoral, assim o fazem quando participam de Concílios e Sínodos.[16] Pela consagração episcopal e a comunhão hierárquica, com a cabeça da Igreja que é o Sumo Pontífice e com os demais membros, o bispo se faz membro do Colégio Episcopal. Portanto não existe a figura no plural de colégios episcopais, mas um único Colégio Episcopal, embora algumas dioceses ou Arquidioceses possuam mais de dois bispos.

---

[13] LG 21.

[14] GHIRLANDA, G. *O Direito na Igreja*: mistério de comunhão, p. 287.

[15] LG nota explicativa 2ª, referente ao n. 24. CIC, c. 1013.

[16] CD 3. CIC c. 336s.

Segundo a LG 19, Jesus quis escolher os doze e os fez como grupo, colégio, para que primeiro ficassem com Ele e depois os enviassem por todo o mundo a pregar o Reino de Deus, enquanto grupo estável, tendo Pedro à frente, ao povo de Israel e depois a todos os povos, fazendo-os seus discípulos, santificando-os e governando-os. Assim sendo como São Pedro constituíram com os outros Apóstolos, por vontade do Senhor, um único colégio apostólico; assim o Romano Pontífice, sucessor de Pedro, e os bispos, sucessores dos Apóstolos, formam o Colégio dos bispos.[17] O Colégio dos bispos pode ser assim explicado: "Os Apóstolos foram a semente do novo Israel e ao mesmo tempo a origem da sagrada hierarquia", conforme nos ensina a LG 22.

O Pontifical Romano quando se refere à ordenação episcopal indica que: "De acordo com um costume milenar, o bispo ordenante principal seja acompanhado de ao menos mais dois bispos na Ordenação a ser celebrada. É muito conveniente, porém, que todos os bispos presentes participem da Ordenação do novo eleito ao ministério do sumo sacerdócio, imponham as mãos sobre ele, rezem a parte própria da Prece de Ordenação e o saúdem com o abraço da paz. Deste modo, na própria Ordenação de cada bispo, manifesta-se a índole colegial da Ordem Episcopal".[18] A homilia proposta no ritual de ordenação do bispo faz toda a referência dos elementos teológicos do ministério episcopal, suas origens bíblicas, de seu tríplice múnus, da vivência das virtudes para a solicitude pastoral, da colegialidade e unidade e, por fim, pelo povo de Deus a ele confiado.[19]

O Colégio Episcopal tem infalibilidade no magistério quando os bispos, juntamente com o Romano Pontífice, os exercem reunidos em Concílios Ecumênicos e, como doutores e juízes da fé e dos costumes, declaram definitivamente para toda a Igreja o que se deve observar.[20]

---

[17] João Paulo II. Exortação Apostólica Pós-Sinodal *Pastores Gregis*, 8.

[18] CNBB. *Pontifical Romano*, n. 16.

[19] CNBB. *Pontifical Romano*, 39.

[20] LG 25. CIC c. 749 §2.

Outra forma do exercício da Colegialidade Episcopal é o chamado *afeto colegial* quando os bispos reúnem-se para promover uma ação pastoral comum de diversas dioceses próximas ou uma Conferência dos Bispos, Regional, Provincial, a Cúria Romana, as Visitas *ad limina*, a colaboração missionária etc.[21]

## 4. O Tríplice Ministério dos Bispos: Ensinar, Santificar e Reger

Aquilo que Jesus havia dito em Mateus 28,18-20: "Foi-me dado todo o poder no céu e na terra: Ide, pois, ensinai todas as nações, batizando-as em nome do Pai, do Filho e do Espírito Santo, ensinando-as a cumprir tudo quanto vos tenho mandado. E eu estarei sempre convosco até o fim do mundo". Todo o ministério pastoral pode ser visto como que articulado segundo a tríplice função de ensinamento, santificação e guia. Trazidos como reflexo da tríplice dimensão do serviço e da missão de Cristo. Portanto os bispos participam na missão de Jesus Cristo que é Profeta, Sacerdote e Rei, no plano da ação, constituem o tríplice múnus pastoral que recebem com a consagração episcopal. Estão presentes os três múnus do bispo quando exerce qualquer um deles. Portanto não há distinção, se misturam, não tem como separá-los, estão intimamente ligados e por esta razão o bispo quando ensina, ao mesmo tempo santifica e governa o povo de Deus; quando santifica, também ensina e governa; quando governa, também ensina e santifica.[22]

As orientações quanto ao momento da Ordenação do bispo manifestam todos os conteúdos presentes nos símbolos ali utilizados: "Pela imposição do livro dos Evangelhos sobre a cabeça do Ordinando, enquanto a Prece de Ordenação é pronunciada, e sua entrega nas mãos do Ordenado, fica bem claro que a pregação da Palavra de Deus é a princi-

---

[21] CIC c. 431-434. Exortação Apostólica Pós-Sinodal *Pastores Gregis*, 8.

[22] João Paulo II. Exortação Apostólica Pós-Sinodal *Pastores Gregis*, 9. Denzinger 4145.

pal missão do bispo; a unção da cabeça significa a especial participação do bispo no sacerdócio de Cristo; a colocação do anel significa a fidelidade do bispo para com a Igreja, esposa de Deus; a imposição da mitra, o esforço na busca da santidade; a entrega do báculo de pastor significa seu encargo de reger a Igreja a ele confiada. O abraço que o Ordenado recebe do bispo ordenante principal e de todos os outros bispos é como um sinal para sua aceitação no Colégio dos bispos".[23]

### 4.1. Múnus de Ensinar

No Múnus de Ensinar a Pregação do Evangelho ocupa posição de destaque na missão conferida por Cristo ao bispo, já que são os pregoeiros da fé que levam novos discípulos a Cristo. São os mestres autênticos dotados da autoridade de Cristo que pregam ao povo a eles confiado a fé que deve ser crida e praticada.[24] Os bispos enquanto Mestres autênticos da fé devem mostrar particular solicitude em instruir os fiéis sobre o direito e o dever que têm de trabalhar, a fim de que a mensagem divina da salvação chegue sempre mais aos homens de todo tempo e do mundo inteiro;[25] a responsabilidade no que se refere aos escritos e ao uso dos meios de comunicação social no âmbito de seu dever de vigiar e de guardar intacto o depósito da fé.[26]

Em sua função de ensinar cabe ao bispo instruir o povo de Deus naquilo que seja necessário para sua salvação, acompanhando-o para que este não se desvie do reto caminho, que é um só, Jesus Cristo, já que são os principais responsáveis pela sã doutrina.[27] O Diretório para o Ministério Pastoral dos bispos diz que os bispos, junto com o

---

[23] CNBB. *Pontifical Romano*, 26.

[24] LG 25. CD 12.

[25] CIC cc. 211; 375 e 753.

[26] CIC cc. 386 e 747.

[27] CIC cc. 386; 392; 753 e 756.

Romano Pontífice, são diretamente responsáveis pela evangelização do mundo,[28] citando *Redemptoris Missio*, 63, principalmente dentro do território de sua diocese. O número 13 da *Christus Dominus* fala dos métodos de ensino, explicando com métodos apropriados às necessidades dos tempos, isto é, que respondam às dificuldades e aos problemas que mais preocupam e angustiam os homens. Ir ter com a sociedade humana e provocar o diálogo, aliando sempre a verdade com a caridade. Devem utilizar-se dos vários meios de que dispõem pela pregação e formação catequética, como também nas escolas e centros culturais, conferências por meio da imprensa e de reuniões de todo gênero para anunciar o Evangelho de Cristo.

Pela instrução catequética que se orienta para que a fé, ilustrada pela doutrina, se torne viva, explícita e operosa nos homens, os bispos vigiem para que seja cuidadosamente ministrada às crianças e aos adolescentes, quer aos jovens, quer aos adultos.[29]

### 4.2. Múnus de Santificar

O Múnus de Santificar no ministério pastoral do bispo, por estar revestido da plenitude do sacramento da Ordem, é o administrador da graça do supremo sacerdócio, principalmente na Eucaristia, símbolo do amor e da unidade do corpo místico, sem o qual não pode haver salvação, que ele mesmo oferece ou delega a outro para que seja oferecida, pela qual vive e cresce a Igreja.[30] Portanto, por meio dos sacramentos, santificam os fiéis, cuja distribuição é sempre ordenada por sua autoridade. Exercem em primeiro lugar a função de santificar, os bispos, como grandes sacertotes e principais dispensadores dos mistérios de Deus.[31]

---

[28] CONGREGAÇÃO PARA OS BISPOS. *Diretório para o ministério pastoral dos bispos*, 17.

[29] CD 14. CIC cc. 775 e 776.

[30] JOÃO PAULO II. Exortação Apostólica Pós-Sinodal *Pastores Gregis*, 37.

[31] CIC c. 835.

O bispo tem, por seu ministério de santificação, por objetivo a santidade do povo de Deus que é dom da graça divina e manifestação do primado de Deus na vida da Igreja,[32] fomentando incansavelmente uma verdadeira e própria pastoral e pedagogia da santidade, uma vez que toda a humanidade é chamada à santidade.

Na Exortação Apostólica Pós-Sinodal *Pastores Gregis*, n. 41, o Papa João Paulo II conclama os bispos, por ocasião do início do terceiro milênio, a fazerem despontar testemunho de santidade e pôr em evidência os sinais de santidade e das virtudes heroicas que ainda hoje se manifesta, especialmente quando se trata de fiéis leigos, cônjuges cristãos de forma a encorajá-los a promoverem os processos de canonização, como uma forma de presença permanente da graça nos acontecimentos humanos.

O próprio Decreto Conciliar em questão, no n. 15, já dá orientações aos bispos para promoverem a santidade de seus clérigos, religiosos, lembrando-se da obrigação que têm de dar exemplo de santidade pela caridade, humildade e simplicidade de vida. Orientações estas que possam favorecer o sentir de toda a Igreja de Cristo. O Diretório para o Ministério Pastoral dos bispos orienta que esse ministério deve manifestar a paternidade de Deus, a bondade, a solicitude, a misericórdia, a doçura e a confiança de Cristo que veio para dar sua vida. A imagem do Pastor particularmente eloquente manifesta e ilustra o conjunto do ministério episcopal e remete a Cristo, que recomenda ao bispo a fidelidade cotidiana à própria missão, a plena e serena consagração à Igreja, a alegria de conduzir para o Senhor o povo de Deus que lhe é confiado.[33]

### 4.3. *Múnus de Reger*

O Múnus de Reger do bispo está ligado ao poder que é exercido em nome de Cristo e que, segundo o Direito, lhe é entregue pela *missio*

---

[32] João Paulo II. Exortação Apostólica Pós-Sinodal *Pastores Gregis*, 41.

[33] Congregação para os Bispos. *Diretório para o ministério pastoral dos bispos*, n. 1-2.

*canônica*,[34] assim o bispo diocesano tem o direito sagrado e, diante de Deus, o dever de legislar sobre os próprios fiéis, de emitir julgamentos e de regrar tudo aquilo que diz respeito à organização do culto e do apostolado.[35] Daí se origina a distinção das funções legislativa, executiva e judiciária dentro do próprio poder episcopal.[36]

A exemplo de Cristo Bom Pastor, o bispo, enquanto caminha juntamente com seu povo, ajuda-o a ir em frente, animando-o, como um pai que orienta seus filhos, como quem serve, modelo vivido por Jesus na cena do lava-pés.[37] O bispo é enviado, em nome de Cristo, como pastor para cuidar de uma determinada porção do povo de Deus. Aqui derivam para o bispo a representação e o governo da Igreja que lhe foi confiada com o poder necessário para exercer o ministério pastoral recebido sacramentalmente como participação da própria consagração e missão de Cristo.[38] Os bispos governam as Igrejas Particulares que lhes foram confiadas como vigários e legados de Cristo, por meio de conselhos, persuasões, exemplos, mas também com autoridade e poder sagrado que exercem unicamente para edificar o próprio rebanho na verdade e na santidade.

Se em nome de Cristo ele é exercido este poder é próprio, ordinário e imediato, embora seu exercício seja superiormente regulado pela suprema autoridade da Igreja e possa ser circunscrito dentro de certos limites para utilidade da Igreja ou dos fiéis. Por virtude deste poder, têm os bispos o sagrado direito e o dever, perante o Senhor, de promulgar leis para seus súditos, de julgar e de orientar todas as coisas que pertencem à ordenação do culto e do apostolado. Assim, em virtude do ofício

---

[34] CIC c. 1013.

[35] LG 27.

[36] CIC c. 391, §1.

[37] LG 27. CD 16. João Paulo II. Exortação Apostólica Pós-Sinodal *Pastores Gregis,* 42. Congregação para os Bispos. *Diretório para o ministério pastoral para os bispos,* 159.

[38] LG 27.

que lhe foi confiado, o bispo está investido de poder jurídico objetivo, destinado a exprimir-se em atos de poder pelos quais realiza o ministério de governo, múnus pastoral recebido no sacramento.[39]

No dever de apascentar e reger do bispo tanto as orientações do Decreto Conciliar *Christus Dominus,* como a Constituição Dogmática *Lumen Gentium,* de Paulo VI; a Exortação Apostólica Pós-Sinodal *Pastores Gregis,* de João Paulo II, e o Diretório para o ministério pastoral dos bispos *Apostolorum Successores,* da Congregação para os bispos, também no Pontificado de João Paulo II estão sempre presentes a preocupação e cuidados espirituais, intelectuais e materiais, procurar conhecer a realidade que deve ter o bispo Diocesano com aqueles que o auxiliam em seu ministério, como os bispos coadjutores, bispos auxiliares, o presbitério de sua Igreja Particular, os fiéis leigos, religiosos e religiosas.

## Bibliografia

CATECISMO DA IGREJA CATÓLICA. *Constituição Apostólica Fidei depositum.* São Paulo: Vozes, 1993. 744p.
COMPÊNDIO DO VATICANO II. *Constituições, Decretos e Declarações.* 21. Ed. Petrópolis: Vozes, 1991. 743p.
CONGREGAÇÃO PARA A DOUTRINA DA FÉ. Instrução sobre a vocação eclesial do teólogo. In: *Documenta; Documentos publicados desde o Concílio Vaticano II até nossos dias (1965-2010).* Edições CNBB, 2011, p. 358-373.
CIC. *Codex Iuris Canonici,* 1983. 2. ed. São Paulo: Loyola, 1987. 837p.
CNBB. Pontifical Romano – Tradução portuguesa para o Brasil das edições típicas. 2. ed. São Paulo: Paulus, 2004.
CONGREGAÇÃO PARA OS BISPOS. *Diretório para o ministério pastoral dos bispos.* São Paulo: Loyola, 2005.

---

[39] JOÃO PAULO II. Exortação Apostólica Pós-Sinodal *Pastores Gregis* 43.

DENZINGER. *Compêndio dos símbolos, definições e declarações de fé e moral.* Traduzido da 40. ed. Alemã (2005). Freiburg, 2007.

JOÃO PAULO II. *Exortação Apostólica Pós-Sinodal Pastores Gregis.* 2. ed. São Paulo: Paulinas, 2003.

POVEDA, Antonio Benlloch (Org.). *Código de Derecho Canónico.* 10. ed. Valencia: Edicep, 2002.

UNIVERSIDAD DE NAVARRA. *Manual de derecho canónico.* 2. ed. Pamplona: Eunsa, 1991.

# 17
# IDENTIDADE E MISSÃO DOS PRESBÍTEROS

*Presbyterorum Ordinis*

*Cícero Alves de França*
Mestre em Teologia Espiritual pela Universidade Gregoriana – Roma
Reitor do Seminário de Teologia Bom Pastor – São Paulo
Presbítero da Arquidiocese de São Paulo

Assinalado por Deus para o serviço dos irmãos, o presbítero será sempre discípulo do Mestre Jesus, ouvinte da Palavra e homem da comunhão. A exemplo do Cristo Bom Pastor, o presbítero marcará sua vida pela dedicação em servir, participando do múnus de santificar, ensinar e reger ao lado dos bispos. Para isto, renovará todo dia sua resposta vocacional, nutrir-se-á da Palavra e da eucaristia e seguirá itinerário de formação continuada, avaliando seu serviço, aprimorando seus talentos e abrindo-se a novas frentes evangelizadoras.

O presbítero é muito presente na eclesiologia do Vaticano II. E muito atual nos dias de hoje, quando somos convidados a refletir, cinquenta anos depois do Concílio, sobre o ministério sacerdotal à luz dos horizontes abertos por ele. A reflexão conciliar se condensou no Decreto *Presbyterorum Ordinis*, promulgado por Paulo VI no dia 7 de dezembro de 1965, sobre o ministério e a vida dos presbíteros. Este documento, portanto tem como espírito de fundo ter presbíteros novos, para uma igreja realmente nova.

O Decreto *Prsbyterorum Ordinis* acentua que os presbíteros têm de renovar sua vida, buscando a santidade. Estes devem ter claro que, "em virtude da sagrada Ordenação e da missão que recebem dos bispos, são promovidos ao serviço de Cristo Mestre, Sacerdote e Rei, de cujo ministério participam e mediante o qual a Igreja continuamente é edificada em povo de Deus, corpo de Cristo e templo do Espírito Santo".[1]

Enfim, a *Presbyterorum Ordinis* fala sobre a natureza e a identidade dos presbíteros, seu múnus ministerial, na pessoa de Jesus Cristo, nosso Senhor.[2]

## 1. O desafio da identidade presbiteral:

Já nas primeiras linhas do Decreto *Presbyterorum Ordinis* o Concílio Vaticano II nos lembra que os presbíteros têm uma alta dignidade: "Este

---

[1] PO 1.

[2] PO 2.

sagrado Concílio já por várias vezes chamou a atenção de todos para a excelência da Ordem dos presbíteros na Igreja".³ Mas, esta alta dignidade não significa distinção de nobreza ou mesmo de superioridade, mas antes, um serviço de Cristo em favor do povo de Deus, pois o presbítero "deve aprender também com o Cristo que o que importa em sua vida não é sua autorrealização nem o sucesso. Deve aprender a não construir uma vida interessante e agradável para si, a não criar uma comunidade de admiradores e seguidores para, mas a trabalhar para Cristo, centro único de toda pastoral".⁴ Isso nos leva a perguntar sobre a identidade presbiteral.

Esse tema da identidade presbiteral foi tratado no II Encontro Nacional dos Presbíteros do Brasil, realizado de 20 a 25 de outubro de 1987, com o tema: "Ser padre, novos desafios para uma vocação que permanece".⁵

A identidade representa uma questão crucial no processo e na realização e maturação do ser humano. Perguntas como: quem sou eu? O que me motiva e define? Como me posiciono no mundo? Que valores e objetivos me orientam? Que forças movem meus sentimentos, minhas ideias, minhas opções de fundo? Onde estão as certezas que dão fundamentação e rumo à minha ação? Quem é o outro para mim? A quem amo? Para quem e para que existo? Que transcendência a experiência me ensinou como realidade última? Quem é o Deus em que acredito?

Perguntas como estas constituem a substância e matéria-prima da definição da identidade pessoal de cada ser humano, como ser-no-mundo. Há aqui uma complexidade e um mistério irretratável à penetração racional. A essas perguntas não se podem dar respostas de uma só vez. Essas perguntas são, antes, "mistério", para o qual existe não uma resposta exata, mas um sentido que o homem pode encontrar dentro da irrepetibilidade de seu existir.

---

³ PO 1.

⁴ RATZINGER, J. *Compreender a Igreja hoje, vocação para comunhão.* Petrópolis, 2005, p. 71.

⁵ COMISSÃO NACIONAL DOS PRESBÍTEROS. *Presbíteros do Brasil, construindo história,* 47.

Falar da identidade do presbítero é falar também de sua alma. Não que a identidade tenha a ver somente com as questões internas da pessoa, mas a faz entrar na dimensão do mistério: "a questão da identidade do sacerdote agarra-se às raízes de sua alma e, ao mesmo tempo, alicerça-o em seu papel eclesial como presbítero e inspira-o a entrar no mistério de quem ele está se tornando como pessoa chamada a esse caminho de vida único e extraordinário".[6]

Cada presbítero deve ter bem presente que sua identidade ministerial não decorre de seu esforço isolado, de seu aprimoramento em nível pessoal. A identidade do presbítero passa, em sua definição, pela comunhão dos presbíteros entre si e com o bispo no serviço à comunidade. Ela supõe abertura, diálogo e apoio mútuo no nível de fraternidade presbiteral aberta a todos os irmãos. Supõe, ainda, a solidariedade de destino, um carregar em conjunto as preocupações por todas as Igrejas e por todos os homens, especialmente pelos mais pobres, uma vez que foi este o destino que Jesus de Nazaré, na força do Espírito, escolheu como seu caminho ao Pai.[7]

A maturidade do presbítero se dá, necessariamente, pela experiência fundante do Deus de Jesus Cristo. É este o fundamento, é este o ápice de sua personalização e de sua realização humana enquanto sacerdote.

Nesse sentido, assume um papel importante: a fraternidade presbiteral; pois o presbítero vive a dinâmica da comunhão antes de tudo com seus irmãos presbíteros, no presbitério, aos quais está ligado por uma "íntima fraternidade sacramental".[8] Somente partindo de comunhão entre irmãos, o presbítero poderá ser para os outros o sinal da comunhão como homem de Deus. Aqui reside a reflexão sobre o presbitério como instrumento de comunhão que deve estar presente na vida e na ação de cada presbítero.

---

[6] COZZENS, D. B. *A face mutante do sacerdote.* Loyola, São Paulo, 2001, p. 28.

[7] COMISSÃO NACIONAL DOS PRESBÍTEROS. *Presbíteros do Brasil,* 93.

[8] PO 08.

Portanto, é no interior do mistério da Igreja, como comunhão trinitária em tensão missionária, que se revela a identidade cristã de cada um e, portanto, a específica identidade do presbítero e de seu ministério.[9] Sendo assim, não se podem definir a natureza e a missão do sacerdócio ministerial, senão nesta múltipla e rica trama de relações que brotam da Santíssima Trindade, e se prolongam na comunhão da Igreja como sinal e instrumento, em Cristo, da união com Deus e da unidade de todo o gênero humano:[10]

> Neste contexto, a eclesiologia de comunhão torna-se decisiva para explicar a identidade do presbítero, sua dignidade original, sua vocação e missão no seio do povo de Deus e do mundo. De fato, a referência à Igreja é necessária, mesmo se não prioritária na definição da identidade do presbítero [...]. O presbítero encontra a verdade plena de sua identidade no fato de ser uma derivação, uma participação específica e uma continuação do próprio Cristo sumo e único Sacerdote da nova e eterna Aliança: ele é uma imagem viva e transparente de Cristo Sacerdote. O sacerdócio de Cristo, expressão de sua absoluta novidade na história da salvação, constitui a fonte única e o insubstituível paradigma do sacerdócio do cristão e, especialmente, do presbítero. A referência a Cristo é, então, a chave absolutamente necessária para a compreensão das realidades sacerdotais.[11]

Pois bem, o presbítero como ministro ordenado, surge com a Igreja, não é anterior nem mesmo posterior à comunidade eclesial. Como ele faz parte da Igreja-comunhão sua vocação é gestada dentro de um espaço que antes de tudo atende o chamado de seu Senhor a viver a comunhão. É dentro desta ótica da comunhão que encontramos o presbítero, que antes de tudo é um: "[...] cristão batizado, é parte da Igreja-comunhão, recebendo um mistério ordenado. Como parte do povo de Deus, o presbítero é chamado a viver e anunciar a Palavra de Deus, presidir a celebração do culto e dos sacramentos e viver o serviço da

---

[9] PDV 12.

[10] LG 1.

[11] PDV 12.

caridade pastoral. Ao mesmo tempo, o presbítero é, faz e vive tudo isto como homem da comunhão".[12]

O presbítero[13] é escolhido do meio da comunidade para ser construtor e animador da comunhão, ou seja, ele é aquele que dirige a comunidade, anima e confirma na fé o povo a ele confiado. Por isso, ele participa do sacerdócio batismal, pois ele é chamado do meio do povo. De fato, porque primeiro chamado a fazer parte do povo de Deus, através do batismo, como real participante do sacerdócio de Cristo, o presbítero encontra aí um fundamento de sua vida presbiteral. O sacerdócio comum, do qual ele faz parte, é consequência do fato do Povo cristão ter sido escolhido por Deus, como nos recorda o livro de Deuteronômio: "Você é um Povo consagrado ao Senhor teu Deus; o Senhor teu Deus te escolheu para ser seu Povo privilegiado entre todos os povos que estão sobre a terra" (Dt 7,6).

Assim, é deste povo sacerdotal que o Senhor escolheu seus ministros, ou seja, constituiu um sacerdócio ministerial. Por isso mesmo, vale a pena notar o que seja sacerdócio comum e sacerdócio ministerial, ou seja, quais suas semelhanças e diferenças:

> No seio deste povo sacerdotal, o Senhor instituiu, portanto, um sacerdócio ministerial, no qual são chamados alguns fiéis para que sirvam a todos os outros com caridade pastoral e por meio da sagrada potestade. O sacerdócio comum e o sacerdócio ministerial se diferenciam por essência e não só por grado: não se trata somente de uma maior ou menor intensidade de participação ao único sacerdócio de Cristo, mas de participações essencialmente diversas. O sacerdócio comum se fundamenta sobre o caráter batismal, que é o selo espiritual de pertença a Cristo. O sacerdócio ministerial, ao invés, fundamenta-se sobre o caráter impresso do sacramento da Ordem, que configura a Cristo sacerdote, em modo de poder agir em pessoa de Cristo Cabeça com a sagrada potestade.[14]

---

[12] MORO, C. *A formação presbiteral*, p. 73.

[13] Presbítero pode ser traduzido por *ancião*. Das comunidades judias, este apelativo passou para as comunidades cristãs de origem judia, para nelas se converter em nome de um ministro ordenado, característica da estrutura da igreja nos séculos seguintes. Esta definição se encontra em: VANHOYE, A. *Sacerdotes antiguos, sacerdote nuevo, según el nuevo testamento*. Sigueme, Salamanca, 2006, 275.

[14] CONGREGAÇÃO PARA O CLERO. *Il presbítero, pastore e guida della comunità parrochiale*, 06.

Portanto, o sacerdócio comum necessita do sacerdócio ministerial para alcançar a plenitude. Porém, aqui, "necessitar" não significa que um seja mais elevado ou melhor que outro, ambos participam do único Sacerdócio de Cristo, Bom Pastor, pois o sacerdócio ministerial também necessita do sacerdócio comum dos fiéis.[15] Por isso mesmo existe entre ambos uma distinção.

Contudo, é importante lembrar que "distinção não significa separação".[16] Esta realidade é fruto da eclesiologia de comunhão, pois faz com que se possa perceber que o termo sacerdócio não é somente aplicado aos bispos e presbíteros, mas antes é uma realidade de todo batizado. Por esta razão, entende-se o sacerdócio ministerial em relação com o sacerdócio comum de todos os batizados.

Os fiéis são colaboradores do sacerdócio ministerial, ou seja, ajudam os presbíteros a levar a cabo a sua missão: Catequistas, ministros da palavra, visitadores, no auxílio na liturgia, nas diversas pastorais etc. Portanto, é impensável o exercício do ministério do presbitério sem a colaboração e, sobretudo as orações, bem como trabalho a fim de que não faltem vocações para o sacerdócio ministerial.[17] Isso faz a Igreja ser um Povo, uma família, o Corpo de Cristo, no qual todos podem participar e desenvolver seu apostolado. Porém, é importante notar que o fato de uma pessoa desempenhar tal atividade dentro da Igreja não faz dela mais cristã ou menos cristã. Os trabalhos na comunidade não podem ser encarados como terapia ocupacional eclesiástica. Por isso mesmo tudo o que é feito dento da Igreja deve ser visto em seu caráter de puro serviço, subordinado ao essencial.[18] Não se pode cair na tentação de achar que a vida cristã está presa ao fazer, ao ser eficiente. Não é o acréscimo de atividades, de pastorais, de movimentos, que faz com que

---

[15] LORSCHEIDER, A. *Identidade e espiritualidade*, p. 48.

[16] Ibidem.

[17] LG 37.

[18] RATZINGER, J. *Compreender a Igreja hoje, Vocação para a comunhão*. Petrópolis, Vozes, 1992, p. 8.

a Igreja seja sempre mais atuante. Sua atuação se exprime, em primeiro lugar, quando a comunidade eclesial vive da centralidade de seu Senhor. Assim, o bom êxito da atividade do presbítero e dos leigos se deve a tudo fazer juntamente com o Senhor, pois como lembra o evangelista João: "Sem mim nada podeis fazer" (Jo 15,5).

Assim, o presbítero, mediante o sacramento da ordem, é promovido ao serviço de Cristo, por isso desempenha publicamente o ofício sacerdotal em nome de Cristo e em favor dos homens.[19] Assim, não se pode cair no erro de dizer que o sacerdócio ministerial é o mesmo sacerdócio comum, de todos os fiéis. Os presbíteros fazem parte do sacerdócio comum, porém são chamados a um vínculo ontológico que os unem a Cristo Sumo Sacerdote, "mediante a ordenação sacramental por meio da imposição das mãos e da oração consecratória por parte do bispo, estabelece-se no presbítero um vínculo ontológico específico que une o sacerdote a Cristo, Sumo Sacerdote e Bom Pastor".[20] Portanto, "o presbítero é verdadeiro sacerdote porque participa do Sacerdócio de Cristo".[21]

Quando se fala da identidade do presbítero, parte-se do princípio que identidade "é um dom a construir, ou melhor, um dom recebido de Deus e a conquistar porque foi dado por Deus e dele doado como promessa. A identidade é mais um ponto de chegada, irreconhecível perfeitamente, orientado a um dado conhecido ao próprio comportamento".[22]

O ministério presbiteral tem sua origem em Deus, através de um dom do Espírito Santo. Por isso, não é um produto da base, ou seja, não provém de baixo, da comunidade, mas do alto, de Cristo.[23] Esta é, sem dúvida, a

---

[19] PO 02.

[20] CONGREGAÇÃO PARA O CLERO. *Diretório para o ministério e a vida do presbítero*, 02.

[21] DF 63.

[22] COSTA, M. *Tra identità e formazione*, p. 25.

[23] COSTA, M. *Tra identità e formazione*, p. 41.

base da vida do presbítero. Nesse sentido, o presbítero não está, em primeiro lugar, em função do cargo que exerce. Sua ação vai além de ser uma pessoa bem formada em economia, política, sociologia, psicologia etc.[24] Aliás, não é necessário que o presbítero conheça todas as atuais correntes de pensamento, pois o que os fiéis esperam dele é que seja testemunha da eterna sabedoria contida na Palavra revelada. Do presbítero, entende-se uma coisa, que ele seja especialista em promover o encontro do homem com Deus. Dele, portanto, pede-se que seja especialista na vida espiritual.[25]

O presbítero é, antes de tudo, o homem que fez um encontro com Cristo, e é justamente da profundidade deste encontro que está a fonte do ministério presbiteral,[26] pois este encontro não se resume a um estar com Jesus, mas, antes de tudo, é um encontro marcado pela contemplação do rosto de Cristo. E é justamente esta contemplação que motiva, acompanha e dá sentido ao caminho do presbítero, pois, sem isso, a vida do presbítero seria excessivamente pobre.[27] É desta contemplação que surge em nós a pergunta sobre a prioridade ministerial, ou seja, a garantia de que o ministério presbiteral é a certeza que Jesus estará sempre conosco (Mt 28,20), é desta certeza que vem o impulso para a toda a vida cristã. Sendo assim, não é uma fórmula que nos salvará, mas uma Pessoa. Então, não se trata de inventar um novo programa. O programa já existe: aquele de sempre, expresso no Evangelho e na Tradição viva. Isso, em última análise, significa que o presbítero deve concentrar-se no próprio Cristo, quem tem de conhecer, amar, imitar para nele viver a vida trinitária, e com Ele transformar a história até sua plenitude, na Jerusalém celeste.[28]

---

[24] Não que esses aspectos não sejam importantes, pelo contrário, eles devem fazer parte da vida do presbítero; não dizemos, portanto que o estudo não seja parte integrante e essencial da vida presbiteral, mas não é o todo, ou seja, o presbítero não pode estar em função de uma única dimensão, ele deve ser aquele que exercita suas capacidades intelectuais, mas sem esquecer de todo o conjunto.

[25] BENEDETTO XVI. *Cari Sacerdoti*. Shalom, Camerata di Picena, 2006, p. 34.

[26] GAMBINO, V. "Sacerdoti per Il terzo millennio", in *Sacrum Ministerium*, ano 9 (2003), n. 2, 127.

[27] NMI 16.

[28] NMI 29.

Assim, o presbítero encontra em Jesus seu rosto definitivo. Isso significa afirmar que o presbítero não deve buscar outra forma que o caracterize e, ao mesmo tempo, não existe uma divisão do presbítero de ontem para o presbítero de hoje, no sentido que ambos, o de ontem e o de hoje têm um único ponto em comum: Cristo. Sendo assim, Cristo é sua fisionomia essencial. E esta fisionomia não muda: "Certamente, há uma fisionomia essencial do sacerdote, que não muda: o padre de amanhã, não menos que o de hoje, deverá assemelhar-se a Cristo. Quando vivia na terra, Jesus ofereceu em si mesmo o rosto definitivo do presbítero, realizando um sacerdócio ministerial do qual os apóstolos foram os primeiros a ser investidos; aquele é destinado a perdurar, reproduzirem-se incessantemente em todos os períodos da história".[29]

Pode-se dizer, portanto, que na identidade do presbítero estão presentes as quatro dimensões que caracterizam a identificação com Cristo, na comunhão ministerial da Igreja, a saber: Dimensão trinitária, que é sua origem, dimensão cristológica seu fundamento, dimensão pneumatológica sua atualização espiritual e a dimensão eclesiológica sua destinação.[30]

Assim, a *Presbyterorum Ordinis* nos ensina que os presbíteros, mais do que nunca, devem tomar consciência da grandeza de sua vocação, mas sem celebrarem a si mesmos, sem se orgulharem, uma vez que não possuem nada que não tenha sido recebido. De fato, devem ser recordados que "o sacerdote deve velar atentamente para não construir sua Igreja, pois quem se converte por intermédio de Paulo não se torna partidário de Paulo, mas seguidor do Cristo".[31]

## 2. Três deveres fundamentais dos presbíteros:

O Decreto *Presbyterorum Ordinis* indica três deveres ou três múnus fundamentais dos presbíteros: proclamar a Palavra de Deus, celebrar os

---

[29] NMI 5.

[30] CONGREGAÇÃO PARA O CLERO. *Diretório para o ministério*, 12-17.

[31] RATZINGER, J. *Compreender a Igreja hoje, a vocação para comunhão*. Petrópolis, Vozes, 2005, p. 92.

sacramentos, e ser educadores do povo de Deus.[32] Há de se destacar que estes três múnus são interligados e, por isso mesmo, não são sobrepostos um ao outro, mas todos nascem da consagração feita pelo presbítero.

Por meio do ensino da Palavra de Deus,[33] o presbítero deve recordar que sua tarefa não é ensinar sua sabedoria própria, mas a Palavra de Deus. Todavia, o ensinamento não consiste em simplesmente repetir ideias automáticas ou mesmo fórmulas, mas colocar em prática as verdades do Evangelho nas circunstâncias concretas da vida, ou seja, um anúncio feito com os lábios e com atitudes concretas evita que esse anúncio seja meramente genérico ou abstrato. Para começar o presbítero deve aprender desde o Seminário que deverá debruçar, primeiro, na Palavra:

> Embora ao longo de todo o processo formativo seja necessário o cultivo da escuta, da acolhida e da proclamação da Palavra de Deus, através do método da leitura orante da Bíblia (lectio divina), no período de formação teológica deverá ser intensificado o interesse pela Palavra, de modo a aprofundar a condição de autêntico discípulo de Jesus Cristo em vista da missão.[34]

Assim, a Palavra será desde logo seu referencial, seu alimento, seu primeiro pão que deverá distribuir aos outros, não como proprietário, mas sim como servo devotado e convertido, como incansável arauto, como destemido profeta. "Os candidatos ao sacerdócio devem aprender a amar a Palavra de Deus. Por isso, seja a Escritura a alma de sua formação teológica, evidenciando a circularidade indispensável entre exegese, teologia, espiritualidade e missão."[35] Portanto, aquele que se prepara para o presbiterato, ao receber o ministério de Leitor e mais ainda o mi-

---

[32] "A tradição teológica tem explicitado a missão do presbítero em três dimensões: a palavra (profética), os sacramentos (sacerdotal) e a coordenação da comunidade (real)". Cf. CONFERÊNCIA NACIONAL DOS BISPOS DO BRASIL. *Presbítero, Anunciador da Palavra de Deus, Educador da Fé e da Moral da Igreja*, Subsídios doutrinais 5, n. 28.

[33] PO 4.

[34] DF 195.

[35] DV 82

nistério ordenado, não receberá apenas uma investidura oficial, e sim, este gesto comportará a coragem de proferir a Palavra a qualquer custo, em qualquer ocasião e até às últimas consequências.

O múnus de ensinar a Palavra deve levar o presbítero a refletir sobre o valor da homilia, pois esta constitui um grande momento de comunicação da Palavra de Deus e incide na fé do povo. Assim sendo, "devem-se evitar tanto homilias genéricas e abstratas que ocultam a simplicidade da Palavra de Deus, como inúteis divagações, que ameaçam atrair a atenção mais para o pregador do que para o coração da mensagem evangélica. Por isso, é preciso que o pregador tenha familiaridade com a Palavra de Deus".[36] A homilia deve resultar claramente que o centro ali é o Cristo, pois no fim último a homilia é falar de Deus aos irmãos.

Por meio da celebração dos sacramentos,[37] sobretudo da Eucaristia, o presbítero exerce o múnus sacerdotal e colabora na "obra de santificação, porquanto os sacramentos fazem acontecer a salvação de Deus no hoje da história. Todos os sacramentos têm uma relação direta com a Eucaristia, pois ela contém todo o bem espiritual da Igreja.[38] É importante que desde o período do Seminário aquele que deseja ser presbítero crie consciência que os sacramentos são sinais eficazes do agir de Deus e que por isso mesmo o presbítero deve ajudar o povo a ter contato com estes sinais, pelos quais Deus renova sua aliança com o homem:

> Durante os estudos teológicos, seja reservado para cada candidato, tempo especial, com programação pessoal, em que a liturgia, especialmente, a Eucaristia, seja o tema articulador do programa de formação, a fim de ajudar o candidato às ordens sacras, a assumir os traços e atitudes que devem caracterizar os ministros ordenados no serviço do altar, em vista da santificação do povo de Deus.[39]

---

[36] DV 59

[37] PO 5.

[38] CONFERÊNCIA NACIONAL DOS BISPOS DO BRASIL. *Presbítero, anunciador da Palavra de Deus, Educador da Fé e da Moral da Igreja*, Subsídios Doutrinais 5, 30.

[39] DF 197.

Assim, o presbítero deverá se conscientizar que o altar é o lugar santo da Eucaristia, lugar onde não se limita a fazer coisas, mas onde o mistério mais profundo de seu ser cristão se faz presente e que, portanto, está na presença de Jesus, alimento e força de sua vida. Enfim, o elemento essencial na vida e no ministério do presbítero é a Eucaristia que é única e dá sentido a seu ministério.

Através do múnus do governo,[40] o presbítero deve exercer a tarefa de ser o primeiro responsável e animador da comunidade eclesial. Nesse sentido, o presbítero deve ser para a comunidade o primeiro catequista, o primeiro agente de pastoral, enfim, o primeiro a assumir a comunidade como sua família. Exercendo a autoridade de Cristo cabeça e Pastor, o presbítero reúne em nome do bispo a família de Deus, como fraternidade animada por um só objetivo e leva-a a Deus Pai por Cristo no Espírito. O presbítero edifica a comunidade eclesial, para isso é necessário que ele exerça tal múnus com humildade, sem se agarrar ao poder e ao orgulho, agindo não para agradar aos homens, mas segundo as exigências da doutrina e vida cristã, ensinando e admoestando seus fiéis, como a filhos queridos.[41]

O presbítero é chamado a exercer uma liderança numa sociedade aparentemente autossuficiente, que cada vez mais diz não precisar de respostas espirituais para questões práticas. Assim, é de vital importância para o presbítero que exercer liderança retomar o aspecto sobrenatural da teologia para que toda palavra falada, todo conselho dado e toda estratégia desenvolvida possa sair de um coração que conhece Deus intimamente.[42] O presbítero não pode se contentar em ter opiniões bem formadas sobre questões polêmicas de nosso tempo, não me refiro que não deva ter tais opiniões com bases em análises científicas, ao contrário, ele precisa ser um profundo conhecedor das realidades que envol-

---

[40] PO 06.

[41] CONFERÊNCIA NACIONAL DOS BISPOS DO BRASIL. *Presbítero, Anunciador da Palavra de Deus, Educador da Fé e da Moral da Igreja*, Subsídios Doutrinais, 5, 31.

[42] NOUWEN, Henri J. M. *O perfil do líder cristão do século XXI*. Belo Horizonte, Atos, 2002, p. 28.

vem a vida humana, mas o diferencial para suas palavras, conselhos e direções é o permanente relacionamento íntimo com Jesus.

Ainda por meio do múnus de governar, cabe também ao presbítero ser o educador da fé, levando os homens e mulheres a um verdadeiro amadurecimento da experiência cristã. Num processo educativo, a pessoa não é somente o dado a partir de fora, mas a libertação ou realização de dentro da pessoa. A psicologia moderna, e especialmente a psicologia educativa, tem eliminado qualquer dúvida a este respeito. A raiz etimológica da palavra educar, do latim *educare*, sugere este processo de *tirar* as riquezas e os recursos que estão dentro.[43] Assim sendo, o presbítero deve ser um homem perito em gente, deve gostar das pessoas e de estar no meio das pessoas, pois ele é "um homem de relação dentro da Igreja e no meio social. Essa capacidade de relação possibilita ao presbítero efetivar parcerias e cooperação no processo de evangelização, dentro da Igreja e no meio social".[44] Deve estar atento, sobretudo, ao cuidado dos pobres e dos mais fracos.

## 3. A vida do presbítero

A consideração sobre a vida do presbítero deve levar em conta a dimensão humana do chamado, pois o chamado que Jesus faz não cai sobre um terreno vazio, neutro.[45] Deus faz sua escolha, entre pessoas concretas, isto é, o chamado ao sacerdócio, não é feito a anjos, ou criaturas supra-humanas. Mas, este chamado é feito a pessoas concretas, a partir de determinados contextos humanos e eclesiais,[46] que significa dizer que o presbítero é chamado em seu tempo, em sua história, em sua realidade; não é um chamado feito do nada, não é falta de opções

---

[43] ALPHONSO, H. *A vocação pessoal*. Editrice Pontificia Università Gregoriana, Roma, 2002, 63.

[44] DF 72,

[45] RULLA, L. M. *Antropologia della vocazione*, p. 5 (Tradução nossa).

[46] RULLA, L. M. *Antropologia della vocazione*, p. 6.

do homem, mas antes resultado de um processo de amizade, de relação entre Deus e os homens. A vocação não é uma imposição, mas um convite, um chamado à realização plena. A pessoa chamada leva consigo a todas as suas experiências de vida, sejam elas positivas ou negativas, mas tendo como meta a busca da santidade.

A referência fundamental de relacionamento para a vida do presbítero é Jesus. Diante do perigo da dispersão, do estilo de vida atual gerador de estresse, o presbítero só alcançará "a unidade de sua vida, unindo-se a Cristo no conhecimento da vontade do Pai e no dom de si mesmo pelo o rebanho que lhe foi confiado".[47] Neste sentido, o relacionamento com Jesus deve ter lugar central na vida do presbítero, isto significa uma vida espiritual profunda, onde possa a cada dia se deixar "possuir" por Deus e, assim, experimentar Sua força que o faz testemunha de seu amor, seja nos momentos bons ou difíceis, pois "uma vida espiritual intensa permitir-lhe-á entrar mais profundamente em comunhão com o Senhor e ajudá-lo a deixar-se possuir pelo o amor de Deus, tornando-se testemunha em todas as circunstâncias mesmo difíceis e obscuras".[48] O presbítero não só é chamado a desempenhar uma função, mas ele deve ser o homem que conhece Jesus a partir de dentro, que se encontrou com Ele e aprendeu a amá-Lo. Por isso, o presbítero deve ser, antes de tudo, um homem de oração, um homem realmente espiritual.[49]

Isso significa dizer que o presbítero deve perscrutar Deus, para melhor se solidarizar com as preocupações dos homens, e isto se faz com uma oração que se expressa nos caminhos da vida.[50] Uma oração como prioridade, pois só na oração Deus se revela como o Deus vivo e verdadeiro, o Deus do amor e do perdão, o Deus da graça e da salvação. Portanto, toda a Igreja é chamada a ser uma Igreja orante, contempla-

---

[47] PO 14.

[48] SCa 80.

[49] RATZINGER, J. *Compreender a Igreja hoje*, p. 71.

[50] VAN THUAN, F. N. *Testemunhas da Esperança*. Cidade Nova, São Paulo, 2002, p. 124.

tiva, adoradora, doxológica, clelebrante, enfim, uma Igreja espiritual e mística.⁵¹ Isto não é demasiado exigente, mas antes é a medida alta do Evangelho, que o presbítero é chamado a assumir e a testemunhar.

Hoje é decisivo que o presbítero seja espiritualizado, ou seja, é necessário que ele seja, de fato, ungido, "exalando o bom perfume de Cristo" (2Cor 2,15), de modo que as pessoas possam encontrar nele o bom odor de Cristo. Mas, sobretudo, que as pessoas possam encontrar no presbítero um "mestre da vida espiritual".⁵²

De maneira mais efetiva, um presbítero hoje precisa, antes de tudo, ser um mistagogo, isto é, um pastor que saiba iniciar as pessoas a inciar no Mistério, ou seja, que ensine a fazer a experiência de Deus. Entretanto, toda mistagogia exige uma pré-condição essencial: o testemunho de vida do presbítero. Só inicia quem é iniciado. Só a vida comunica vida. Só o amor desperta amor. Somente quem encontrou Jesus pode fazer outros encontrá-lo.⁵³

A *Presbyteroroum Ordinis* exorta que o presbítero no mundo de hoje seja atento a não se dispersar, mas bucar sempre uma unidade de vida:

> Esta unidade de vida não pode ser apenas construída com a ordenação meramente exterior, nem só com a prática dos exercícios de piedade, embora eles concorram para a favorecer. Podem, porém, os presbíteros construí-la, seguindo no desempenho de seu ministério o exemplo de Cristo nosso Senhor, cujo alimento era fazer a vontade daquele que o enviou para relizar sua obra.⁵⁴

Hoje corre-se muito o risco de cair numa certa "esquizofrenia presbiteral", muitas vezes por falta desta unidade de vida. Como se o presbítero vivesse em dois mundos, em duas realidades. O cansaço, os muitos afazeres podem levar a uma certa distância da vida interior. Isso deve

---

⁵¹ BOFF, C. M. "Repartir da realidade ou da fé?", p. 23.

⁵² BOFF, C. M. "Repartir da realidade ou da fé?", p. 24.

⁵³ BOFF, C. M. "Repartir da realidade ou da fé?", p. 25.

⁵⁴ PO 14.

nos levar a olharmos o presbítero, já em sua formação inicial, ou seja no Seminário. *Presbiterorum Ordinis* nos lança o desafio de olharmos sempre para o futuro, para a vida e o ministério do presbítero, e por isso nos motiva a olharmos sua formação.

Não é suficiente na vocação presbiteral somente responder sim, é necessário formar-se para aprofundar o convite que Deus o fez. Hoje, não basta boa vontade, é necessário deixar-se formar, através de uma formação integral, que leve em conta os aspectos: humano, espiritual, intelecutal, comunitário e pastoral-missionário. O presbítero deve constituir um homem maduro, responsável e capaz de lidar com os desafios que o muno de hoje nos apresenta.[55]

Por isso, é preciso olhar a realidade atual, visto que ela exige de nós maior atenção aos projetos de formação dos Seminários, pois os jovens são vítimas da influência negativa da cultura pós-moderna, especialmente dos meios de comunicação, trazendo consigo a fragmentação da personalidade, a incapacidade de assumir compromissos definitivos, a ausência de maturidade humana, o enfraquecimento da identidade espiritual, entre outros, que dificultam o processo de formação de autênticos discípulos e missionários.[56]

O bom êxito de toda formação depende da formação inicial, pois ela lança as bases da identidade presbiteral. O presbítero só dará importância à formação permanente se for despertado já no seminário para um caminho discipular.[57]

## Conclusão

Ao ler e refletir sobre a *Presbyterorum Ordinis*, pode-se concluir que este documento do Concílio Vaticano ainda é muito atual e que as reali-

---

[55] OT 19.

[56] DAp 318.

[57] DF 355.

dades que ele nos apresenta acerca da vida e da identidade do presbítero são ainda muito atuais e que não foram todas colocadas em prática.

Nossa reflexão não quis ser uma síntese do documento, mas antes uma releitura, tendo como base outros pensamentos e documentos tais como: As Diretrizes da formação presbiteral da Igreja no Brasil, pois esta se inicia do mesmo ponto em que a *Presbyterorum Ordinis*, também: a questão da identidade presbiteral e ressaltando a necessidade de se olhar os contextos daqueles que são chamados à vida presbiteral.

Não se pode formar um presbítero sem levar em conta o "lugar" onde se deu o chamado, pois a situação de vida de cada candidato interfere diretamente no processo pedagógico formativo. Isso nos leva a ver ainda que todo o processo formativo, aqui vale apena lembrar que a formação é um processo por toda a vida. Assim sendo, toda formação deve ser personalizada, de pessoa para pessoa, de formador para formando, de bispo para presbítero, de presbítero para presbítero etc.

Enfim, O decreto *Presbyterorum Ordinis* põe em destaque a vida do presbítero como uma pessoa escolhida por Deus, para desempenhar não apenas uma função, mas ser outro Cristo para os outros, testemunhando, sobretudo, por meio da Eucaristia, que Jesus continua caminhando com seu povo.

## Bibliografia

ALFONSO, H. *A vocação pessoal. A transformação em profundidade através dos exercícios espirituais*. Roma: Editrice Pontificia Università Gregoriana, 2002.

BENTO XVI. *Exortação Apostólica. Verbum Domini*. São Paulo: Paulinas, 2010.

_____. *Exortação Apostólica Sacramentum Caritatis*. São Paulo: Paulinas, 2010.

Benedetto XVI. *Cari Sacerdoti, Shalom.* Camerata Picena: Shalom, 2006.

Boff, M. C. Re-partir da realidade ou da experiência de fé? Proposta para o CELAM de Aparecida. In: *REB*, vol. 65, fasc. 265(2007) 5-35.

Comissão Nacional de Presbíteros. *Presbíteros do Brasil, construindo história, instrumentos preparatórios aos Encontros Nacionais de Presbíteros.* São Paulo: Paulus, 2001.

Concílio Ecumênico Vaticano II. Constituição Apostólica Lumen Gentium sobre a Igreja. In: *Documentos do Concílio Vaticano II (1962-1965).* São Paulo: Paulus, 1994.

_____. Decreto *Presbyterorum Ordinis* sobre o ministério e a vida dos presbíteros. In: *Documentos do Concílio Vaticano II (1962-1965).* São Paulo: Paulus, 2001.

Conferência Nacional dos Bispos do Brasil. *Diretrizes para a Formação dos Presbíteros da Igreja no Brasil.* In: Documentos da CNBB 93. Brasília: Edições CNBB, 2010.

Conferência Geral do Episcopado Latino-Americano. *Texto conclusivo da V Conferência Geral do Espiscopado Latino-Americano e do Caribe.* São Paulo: Paulus, 2007.

Congregação para o Clero. *Diretório para o ministério e a vida do presbítero.* São Paulo: Loyola, 1994.

_____. *Il presbitero, pastore e guida della comunità parrocchiale.* Città del Vaticano: Libreria Editrice Vaticana, 2002.

Cozzans, B. D. *A face mutante do sacerdócio. Uma reflexão sobre a crise do sacerdote.* São Paulo: Loyola, 2001.

Costa, Mauricio. *Tra identità e formazione, la spiritualità sacerdotale.* Roma: Edizioni, ADP, 2003.

João Paulo II. *Carta Apostólica Novo Millennio Ineunte.* São Paulo: Paulus/Loyola, 2001.

_____. *Exortação Apostólica Pós-Sinodal, Sobre a formação dos sacerdotes.* São Paulo: Paulinas, 2001.

LORSCHEIDER, A. *Identidade e espiritualidade do padre diocesano.* Petrópolis: Vozes, 2007.

MORO, C. *A formação presbiteral. Em comunhão para a comunhão, perspectivas para as casas de formação sacerdotal.* Aparecida: Santuário, 1999.

NOWEN J. M. Henri. *O perfil do lider cristão do século XXI.* Belo Horizonte: Atos, 2002.

RATZINGER, Joseph. *Compreender a Igreja hoje. Vocação para a comunhão.* Petrópolis: Vozes, 2005.

THUAN, V. X. N. F. *Testemunha da Esperança.* São Paulo, Cidade Nova, 2002.

# 18

# VIDA RELIGIOSA: CARISMA, PROFECIA E SERVIÇO

## *Perfectae Caritatis*

*Moacir Francisco Pedrini*
Mestre em Patrologia pelo Instituto Patrístico Augustinianum
da Universidade Lateranense – Roma
Professor na Faculdade Dehoniana
Presbítero da Congregação dos Padres do
Sagrado Coração de Jesus (dehonianos)

A vida consagrada não se caracteriza essencialmente pelas tarefas e serviços, mas por uma adesão alegre e radical no seguimento de Jesus, a partir do batismo. Desta opção, vivida na Igreja e a partir da Igreja, os votos se tornam sinal e meio, tendo por fim último o crescimento na caridade, a exemplo de Cristo que amou dando sua vida. Tal vocação é vivida organicamente, em comunidades, assinaladas por carismas diversos, ao sopro do Espírito de Deus. Os homens e mulheres consagrados são enviados, sobretudo, aos desertos e fronteiras da evangelização, como profetas e servidores do Reino de Deus.

Antes de tudo é preciso compreender, pelo menos de uma maneira geral, a história da origem da vida consagrada na Igreja no século quarto. O início do cristianismo foi muito empolgante. Os que se convertiam a Cristo tornavam-se pessoas fervorosas, comprometidas, capazes de levar vida heroica, mudar literalmente de vida e isso implicava até mesmo mudança de profissão, de trabalho. Com a perseguição crescente por parte do império romano, os cristãos eram obrigados a viver sua fé às escondidas, nas catacumbas. Ser cristão tornou-se sinônimo de subversivo, desobediente e infidelidade para com a religião e para com o estado romano. Dessa forma cai sobre o cristão o perigo do martírio. Quem tomava a decisão de fazer-se batizar tinha consciência do risco que corria. Portanto, era uma decisão fundamentada na fé. O que mais atraia outros a abraçar a fé cristã era o testemunho de vida exemplar dos convertidos, ao ponto de levar os pagãos a dizer, segundo Tertuliano, "vede como eles se amam".[1] Porém, o que realmente arrastava era o exemplo dos mártires, sua coragem, seu desprendimento dessa vida terrena, por causa de Cristo.

Com o passar dos séculos o império romano perdia força, perdia o controle em relação ao aumento do número de cristãos. Foi então que Constantino, em 313, publicou o assim chamado *Edito de Milão*, em que declarava que todo habitante do império estava livre para esco-

---

[1] Cf. PL 1, col. 471. "Vide, inquiunt, ut invicem se diligant...".

lher um deus. A partir deste momento os cristãos estavam livres para professar sua fé abertamente. Assim eles saíram de seus esconderijos e construíram suas casas e igrejas para a oração e para o culto. O resultado foi o ingresso em massa na fé cristã, pois não havia mais o perigo do martírio e, além disso, o Estado favorecia em todos os sentidos como, por exemplo, elegendo o cristianismo como religião oficial do Império[2] emanando leis contra os heréticos, cismáticos e pagãos, isentando o clero cristão de taxas e impostos etc. O resultado foi muito negativo. Entrava-se no cristianismo sem abandonar a vida passada, sem uma verdadeira conversão. Diminuiu qualquer sinal de radicalidade da fé na Igreja, que antes se manifestava no martírio. O cristão precisava de outros sinais de radicalidade na vivência da fé. Alguns batizados para viver a radicalidade de seu batismo e não encontrando espaço na sociedade decadente, resolveram partir para uma vida de solidão, para o deserto como se costuma dizer. Fugir do mundo. Assim nasceu a vida religiosa. Nasceu sem pretender introduzir na Igreja uma nova estrutura. Mas cedo esses eremitas começaram a atrair outras pessoas e assim começaram a se formar as primeiras comunidades que logo assumiram a forma de monasticismo. Como consequência essas comunidades foram se estruturando e organizando com suas regras monásticas para nortear sua vida e convivência. Viviam num estilo de vida muito simples. Sua origem estava na falta de seriedade na vivência da fé de grande parte dos cristãos e na vontade de viver seu batismo de uma maneira radical. Mas se Cristo não foi o fundador, iniciador, podemos afirmar com segurança que foi seu Inspirador. Portanto, tudo por causa de Cristo.

Podemos dizer que foi da vida monástica que nasceu a vida consagrada, ou que pelo menos nela se inspirou. Com o passar do tempo, o que era simples foi se complicando por culpa dos próprios consagrados. Estes foram esquecendo o essencial, o absoluto que é Deus, que deve

---

[2] Edito de Tessalônica, 381, promulgado pelo imperador Teodósio, o Grande.

ocupar o primeiro lugar, e como consequência a vivência radical do Evangelho vivido no amor a Deus e ao próximo, e indo atrás das coisas secundárias, ou seja, criando estruturas e supraestruturas, tornando a vida rígida e complicada fazendo perder sua simplicidade e encanto.

Assim a vida religiosa foi deixando de ser o que era para se tornar o que não era. Uma visão tradicional compreendia a vida religiosa como um estado de perfeição. Esta visão a encontramos em muitos livros que tratam deste estado de vida. Exclusividade da perfeição. Único modo de alcançá-la era via vida consagrada. Não se podia chegar à perfeição em outros estados de vida como, por exemplo, o matrimônio e até mesmo o sacerdócio. A santidade tornou-se propriedade particular dos religiosos. Já no tempo da patrística discutia-se qual estado de vida era mais elevado, mais sublime. Outra visão parcial foi a suposta fundamentação bíblica da vida consagrada em referência aos conselhos evangélicos, pobreza, obediência e castidade, para provar que Cristo instituiu a vida consagrada. Atualmente, os exegetas dizem que os textos usados não tinham nada a ver com a instituição da vida religiosa e os votos religiosos.

Outra fraqueza que foi entrando na vida religiosa foi o deixar de lado o ser para cair no fazer, ou seja, no ativismo. Foi exatamente o ativismo que levou muitos religiosos a esquecerem o essencial: o Absoluto, a oração, a vida em comunidade. Religioso bom é aquele que muito produz, mostra resultados. O fato é que nenhum fazer é capaz de sustentar o essencial da vida religiosa. Esta atitude provocou muita crise na vida dos religiosos. Passa-se então a dar ênfase na organização nas estruturas. Nas casas e conventos tudo está muito bem organizado. Todo aquele que quer entrar já recebe tudo bem pronto. Questionar a estrutura, a organização, era sinal de rebeldia e prova de incapacidade para este estado de vida. O meio se torna um fim. O secundário se torna o principal. Esses erros fizeram com que a vida religiosa perdesse sua simplicidade, sua originalidade, sua autenticidade, sua identidade e assim as crises não deixaram mais de existir.

Diante de tudo o que até aqui elencamos podemos dizer que de certa forma isto gerou uma crise de identidade na vida religiosa. Os religiosos esqueceram o que são na Igreja e no mundo. O caminho de volta para superar esta crise fundamental é redescobrir de novo a identidade de consagrados na Igreja e no mundo. É preciso superar uma visão tradicional da identidade da vida religiosa que já não corresponde mais a nosso tempo.

## 1. O que disse o Magistério da Igreja?[3]

O Magistério da Igreja se pronunciou muitas vezes em relação aos problemas da vida religiosa. O Concílio de Trento se pronunciou quando a Igreja estava atravessando um período difícil depois da Reforma Protestante. O Concílio se empenhou em colocar a Igreja em ordem teologicamente e em suas estruturas essenciais. Nesse tempo a vida religiosa estava bem viva e compreendia sua identidade e seu lugar dentro da Igreja, mas estava confusa em suas estruturas e, para colocá-las em ordem, o Concílio deixou a entender que os verdadeiros religiosos são aqueles que professam os votos de obediência, castidade e pobreza. Mas como já vimos acima, isto não foi um acerto, porque a vida religiosa não consiste apenas na profissão dos votos. O Concílio não tratou da questão da identidade.

Passaram-se muitos anos e então o Espírito Santo soprou forte sobre toda a Igreja chamando-a para um exame de consciência sobre si mesma, a uma renovação e consequentemente a uma conversão. Era o Concílio Vaticano II. O Espírito soprou, de modo particular, sobre a vida religiosa que atravessava, como toda a Igreja, uma crise de identidade. Os padres conciliares desde a preparação para o Concílio perce-

---

[3] A bibliografia relativa à vida religiosa é muito ampla. Por isso vou restringir-me apenas ao uso de alguns documentos do magistério da Igreja para a elaboração deste capítulo.

beram que em relação à vida religiosa algo não estava bem. Por isso, a Igreja pediu a todas as Congregações, Institutos e Ordens que voltassem a suas raízes para redescobrir seu projeto original. Foi um apelo para que os consagrados redescobrissem sua identidade pessoal e seu lugar na Igreja. A tarefa era urgente e não se podia perder mais tempo, era preciso redescobrir o essencial da vida religiosa.

O Vaticano II abordou a vida religiosa no quadro mais amplo de uma eclesiologia renovada. Não foi fácil colocá-la no debate e ver toda a importância da consagração mediante os conselhos evangélicos e distinguir a vida consagrada religiosa e secular.

A vida religiosa na *Lumen Gentium*[4] se situa, antes de qualquer coisa, na temática da eclesiologia e no contexto da vocação universal à santidade. É uma reação a uma posição que sustentava que a perfeição era reservada a quem professava os conselhos evangélicos. Por exigência de um grupo de padres conciliares, a vida religiosa vem colocada em um capítulo da *Lumen Gentium* em que todos os estados de vida eram contemplados e que recebeu o nome de: os religiosos.[5] Sob este título os padres conciliares se referiram aos conselhos evangélicos, à natureza e importância do estado religioso, a dependência da autoridade e a estima que a profissão dos conselhos evangélicos merece na Igreja. O intuito era fazer toda a Igreja, e de modo particular os religiosos, tomar consciência dos elementos essenciais da vida consagrada. Com isso, acentua-se que os conselhos evangélicos e a variedade dos carismas são um dom do Senhor para toda a Igreja.[6]

O capítulo VI da *Lumen Gentium*, que trata dos religiosos, não o faz de maneira exaustiva. Esta tarefa fica então para ser tratada no Decreto *Perfectae Caritatis*,[7] que tem por objeto a renovação da vida

---

[4] LG 39.

[5] Concílio Ecumênico Vaticano II. "Constituição dogmática Lumen Gentium, sobre a Igreja". In *AAS* 57 (1965), EV 1, 284-456. Cap. VI.

[6] LG 43.

[7] Concílio Ecumênico Vaticano II. "Decreto *Perfectae Caritatis*, sobre a renovação da vida religiosa". In *AAS* 58 (1966), 331-353: EV 1/702-770.

religiosa na Igreja. O Decreto parte da natureza da vida religiosa estabelecendo os princípios gerais para sua renovação e a quem compete realizar a renovação. Trata das exigências fundamentais da vocação religiosa. Trata dos diversos Institutos já existentes e dos novos Institutos de vida que começavam a surgir. Trata também dos Institutos e Mosteiros decadentes e da vida de clausura. O Decreto aborda também a questão dos votos, da vida fraterna, da formação para a vida consagrada, da autoridade, da união entre os Institutos, da promoção das vocações e até do hábito religioso.

A partir do Vaticano II, a vida religiosa abre-se ao novo sopro do Espírito que suscita renovação e mudanças em âmbito de toda a Igreja e consequentemente da Vida Religiosa. No caminho percorrido, a Vida Religiosa sempre tratou de guardar fidelidade às grandes orientações do Magistério da Igreja.

Primeiramente, o Papa Paulo VI, com o Motu Próprio *Ecclesiae Sanctae*,[8] estabelece as normas para a execução do Decreto *Perfectae Caritatis* do Concílio Vaticano II. O Papa aborda na primeira parte do *Motu*, da promoção da vida religiosa, seus primeiros responsáveis pela renovação, da revisão das Constituições e Regras no espírito e finalidade própria dos Fundadores, dos critérios da atualização da vida religiosa estabelecidos de modo especial pelo Decreto *Perfectae Caritatis*. Na segunda parte o Papa trata do que se deve ajustar e renovar na vida religiosa como: ofício divino, a oração, a mortificação, a pobreza, a vida em comum, a clausura das monjas, a formação dos religiosos, a união e supressão dos Institutos e as conferências dos superiores e superioras maiores. Estas normas passam a ser válidas para os religiosos da Igreja toda.

Tendo orientações claras é preciso iniciar a renovação partindo da formação para a vida religiosa. A Sagrada Congregação para os Religiosos e Institutos seculares escreveu para a Igreja sobre a formação para a

---

[8] PAULO VI, Motu Próprio *Ecclesiae Sanctae*, in AAS 58 (1966), 758-787: EV 2 696-769.

vida religiosa[9] como exige o Decreto *Perfectae Caritatis*.[10] A Instrução estabelece alguns princípios e normas especiais destacando o período do noviciado onde o candidato tomará conhecimento das exigências primárias e principais da vida religiosa e comece a praticar os conselhos evangélicos da castidade, pobreza e obediência dos quais professará ao ingresso na vida religiosa.

Na Exortação Apostólica *Evangelica Testificatio*,[11] o Papa Paulo VI reforça ainda mais a necessidade da renovação da vida religiosa. O Papa constata que a aplicação do Concílio está causando incertezas, instabilidades, inseguranças e perturbação na vida de muitos consagrados. Há os que querem condenar todo o passado e a própria vida religiosa, há os que repudiam as exigências do Concílio e há os que são arrojados demais na tentativa de renovação. O Papa adverte para o equilíbrio na renovação. Lembra que de fato muitos elementos exteriores recomendados pelos Fundadores de Ordens e Congregações Religiosas e outras coisas que foram agregadas ao logo do tempo e que tornaram a pesada e rígida a vida religiosa precisam ser deixados de lado ou purificados. É preciso prudência. É preciso beneficiar-se da experiência do passado e da reflexão do presente para conseguir de modo equilibrado a renovação da vida religiosa para nosso tempo. É preciso ater-se ao essencial, isto é, seguir Cristo e consagrar-se totalmente a Ele pela prática dos conselhos evangélicos corretamente interpretados pela Igreja e livremente assumidos.

A vida religiosa não perdeu seu valor e sua importância. Aliás, mais do que nunca, lembra o Papa, a vida religiosa tem que ser testemunha do Evangelho na vivência dos compromissos essenciais, na autêntica e atualizada vivência dos conselhos evangélicos na Igreja e especialmente na sociedade onde os homens precisam de testemunhos verdadeiros que

---

[9] Congregação para os Religiosos e Institutos Seculares. "*Instrução Renovationis causam*, sobre a renovação da formação para a vida religiosa", in *AAS* (1969) 103-120: EV 3, 694-747.

[10] Concílio Ecuménico Vaticano II. "Decreto *Perfectae Caritatis*, sobre a renovação da vida religiosa", in *AAS* 58 (1966), 331-353: EV 1/756-759.

[11] Paulo VI. Exortação Apostólica *Evangelica Testificatio*, in *AAS* (1971), 497-526: EV 4, 996-1058.

os ajudem a encontrar sentido para sua vida. Este testemunho só poderá ser dado e será acolhido se os religiosos forem autênticos e viverem autenticamente o estilo de vida que abraçaram livremente. O testemunho evangélico deve ser vivido na simplicidade e na alegria: "o exemplo da própria vida constitui a melhor recomendação do instituto e o convite mais eficaz para abraçar a vida religiosa".[12]

A Igreja, que continuamente se renova sob o impulso do Espírito Santo, estimula continuamente a própria vida religiosa a uma renovação espiritual e apostólica. Os religiosos, ao mesmo tempo que são instados a permanecerem fiéis ao espírito de seus institutos e fiéis ao Evangelho, são provocados para uma urgência e adequada participação na promoção integral do homem. Neste campo da promoção humana os religiosos são chamados a uma opção em favor dos pobres e da justiça, a desenvolverem atividades e obras sociais, a inserirem-se no mundo do trabalho, a participarem da política no sentido amplo, como organização dinâmica de toda vida social e não como política partidária. Alguns critérios os religiosos devem ter presente em seu trabalho da promoção humana: a fidelidade ao homem e a nosso tempo, a fidelidade a Cristo e ao Evangelho, a fidelidade à Igreja e sua missão no mundo e fidelidade à vida religiosa e ao carisma do próprio Instituto. Para tal engajamento é necessário que se tenha um olhar atento para a formação dos futuros religiosos. Deve haver uma harmonia entre a evangelização e promoção humana.[13]

Em 1984 o Papa João Paulo II, mais uma vez se dirige aos religiosos tanto de vida ativa quanto contemplativa com a Exortação Apostólica *Redemptionis Donum* por ocasião do ano santo, chamando todos os consagrados à conversão e à reconciliação com Deus, em Jesus

---

[12] CONCÍLIO ECUMÊNICO VATICANO II. "Decreto *Perfectae Caritatis,* sobre a renovação da vida religiosa", in *AAS* 58 (1966), 331-353: EV 1/764.

[13] CONGREGAÇÃO PARA OS RELIGIOSOS E INSTITUTOS SECULARES. *Religiosos e promoção humana,* (1980): EV 7, 437-504.

Cristo. Os religiosos são chamados a viverem sua vocação de consagrados a Deus, em Jesus Cristo, pela vivência dos conselhos evangélicos que constituem, na economia da Redenção, os meios mais radicais para transformar o coração e testemunhar o amor. É precisamente deste testemunho de amor que o mundo de hoje tem necessidade. Deste testemunho de amor é que nasce nos consagrados a participação no apostolado da igreja.[14]

O membro de vida consagrada recebe a consagração para a missão na Igreja segundo o carisma do próprio Instituto. O testemunho desta vida consagrada é o primeiro e o mais importante apostolado a que é chamado todo consagrado. Os homens e as mulheres que decidiram seguir Cristo obediente, pobre e casto, são na Igreja e para a Igreja uma resposta profética dos valores evangélicos desconhecidos e até mesmo rejeitados pelo mundo.

Em 1994, o Sínodo dos Bispos afirmou que:

> [...] sem a vossa pobreza e virgindade, sem o testemunho de vossa obediência alegre e libertadora, sem o resplendor do vosso amor desinteressado e eficaz aos mais necessitados, a Igreja perderia sua força evangelizadora, de sua capacidade para mostrar os bens da salvação e ajudar os seres humanos a acolher, em seu coração, Deus.[15]

O desenvolvimento da sociedade influenciou diretamente na vida religiosa em geral e na comunidade religiosa em particular. Influenciaram de modo muito forte: os movimentos de emancipação política e social, a reivindicação da liberdade pessoal e dos direitos humanos, a promoção da mulher, a explosão das comunicações, o consumismo e o hedonismo.[16] Tudo isto gerou mudanças na vida religiosa e nas comunidades religiosas.

---

[14] Cf. JOÃO PAULO II, Exortação Apostólica *Redemptionis Donum*, in *AAS* 76 (1984), 513-546: EV 9/721-758.

[15] A VIDA CONSAGRADA E A SUA MISSÃO NA IGREJA E NO MUNDO. *Mensagem do sínodo dos bispos*. Paulinas, 1994, p. 19.

[16] Cf. CONGREGAÇÃO PARA OS INSTITUTOS DE VIDA CONSAGRADA E SOCIEDADE DE VIDA APOSTÓLICA. *A vida fraterna em comunidade* (1994): EV 14/361-368.

À luz dessas novas situações a Congregação para os Institutos de Vida Consagrada e as Sociedades de Vida Apostólica elaborou o documento sobre a Vida Fraterna em Comunidade para oferecer critérios e assim ajudar todos os religiosos para melhorar a qualidade de sua vida fraterna. A comunidade religiosa é fruto do Espírito e participação na comunhão trinitária. Todos os religiosos devem sentir-se corresponsáveis pela vida fraterna em comum, a fim de testemunhar de modo claro a pertença a Cristo que escolhe e chama homens e mulheres para viver juntos em seu nome.[17]

Passados 30 anos da *Perfectae Caritatis* o Papa João Paulo II escreveu e publicou a Exortação Apostólica pós-sinodal *Vita Consecrata*.[18] Escreve o Papa: "nestes anos de renovação, a vida consagrada atravessou [...] um período delicado e árduo. Foi um período rico de esperanças, de tentativas e propostas inovadoras, visando revigorar a profissão dos conselhos evangélicos. Mas também um tempo com suas tensões e angústias, ao longo do qual experiências até generosas nem sempre foram coroadas de resultados positivos. As dificuldades, porém, não devem levar ao desânimo [...] porque a Igreja necessita da contribuição espiritual e apostólica de uma vida consagrada renovada e vigorosa".[19]

Com a Exortação, o Papa quer dirigir-se às comunidades religiosas e às pessoas consagradas com a esperança de fazer crescer a alegria de todo o povo de Deus e com a confiança de que as pessoas consagradas acolham com cordial adesão esta Exortação. Além disso, com a reflexão, o Papa quer aprofundar o dom da vida consagrada na tríplice dimensão de consagração, de comunhão e de missão a fim de que os consagrados encontrem novos estímulos para enfrentar espiritual e apostolicamente os desafios que forem aparecendo.[20]

---

[17] Cf. Idem, 71 (536).

[18] João Paulo II. Exortação Apostólica pós-sinodal *Vita consecrata*, AAS 88 (1996), 377-486: EV 15/434-775. (Daqui em diante citaremos com abreviação: VC)

[19] VC 13.

[20] Ibid., ibidem.

## 2. Nas fontes cristológico-trinitárias da vida consagrada

Como fundamentação bíblica que percorre toda a Exortação, o Papa faz uso da passagem bíblica de Mt 17,1-9, da Transfiguração do Senhor. O Papa inicia a exortando com a ação de graças a Deus pela vida consagrada, "pelas Ordens e Institutos religiosos dedicados à contemplação ou às obras de apostolado, pelas Sociedades de Vida Apostólica, pelos Institutos seculares, e pelos outros consagrados...",[21] recordando que a vida Consagrada é um dom de Deus à Igreja.

Destacamos como fundamental no primeiro capítulo da Exortação, que o chamado à vida consagrada procede do Pai e requer daqueles que escolhe uma resposta de total e exclusiva doação que conduz ao Pai. Esta entrega se realiza na identificação total a Cristo, casto, pobre e obediente. Esta configuração a Cristo é obra do Espírito Santo.[22] A vida consagrada, portanto, é um dom da Trindade.[23] A vida consagrada implica na vivência dos conselhos evangélicos que são expressão "do amor que o Filho nutre pelo Pai na unidade do Espírito Santo".[24]

Desse modo se contemplam a castidade, a obediência e a pobreza em relação com as pessoas divinas. Nesta mesma perspectiva trinitária é vivida a vida fraterna.[25] Esta insistência sobre a dimensão trinitária em relação à vida consagrada é uma novidade na Exortação em relação ao passado que tinha um acento mais cristológico. Evidentemente que esta dimensão cristológica em nenhum momento foi abandonada, antes, foi sempre acentuada, e também, como resposta às críticas por parte de alguns exegetas que criticam a fundamentação bíblica tradicional em relação à vida consagrada. A este respeito diz a Exortação: "O fundamento evangélico da vida consagrada há

---

[21] Ibid., 2.

[22] Cf. Ibid., 17-19.

[23] Cf. Ibid., 20.

[24] Ibid., 21.

[25] Ibid., 41-42.

de ser procurado naquela relação especial que Jesus, durante sua existência terrena, estabeleceu com alguns de seus discípulos, convidando-os não só a acolherem o Reino de Deus em sua vida, mas também a colocarem a própria existência a serviço desta causa, deixando tudo e imitando mais de perto sua forma de vida".[26] Logo, a vida consagrada constitui memória viva da forma de existir e atuar de Jesus.[27]

A *Vita Consecrata* dá destaque à consagração batismal que é o fundamento da vida consagrada. Por isso, "a profissão religiosa é considerada como um singular e fecundo aprofundamento da consagração batismal, visto que nela a união íntima com Cristo, já inaugurada no Batismo, evolui para o dom de uma conformação expressa e realizada mais perfeitamente através da profissão dos conselhos evangélicos".[28]

Todo batizado é chamado a viver os conselhos evangélicos, porque todos são chamados à santidade, que consiste na perfeição da caridade. No entanto, o batismo, em si mesmo, "não comporta o chamado ao celibato ou à virgindade, a renúncia à posse dos bens, e a obediência a um superior, na forma exigida pelos conselhos evangélicos. Portanto, a profissão destes últimos supõe um dom particular de Deus não concedido a todos, como Jesus mesmo sublinha no caso do celibato voluntário.[29] Portanto, a perfeição não é algo restrito, reservado somente para os que consagrados, mas a todos os batizados. Os Consagrados terão uma obrigação maior. Os consagrados, por sua especial consagração, têm a missão de fazer resplandecer Cristo através do testemunho dos conselhos evangélicos. A profissão dos conselhos evangélicos além se ser um aprofundamento do batismo é também um desenvolvimento da graça do sacramento da Confirmação.[30]

---

[26] Ibid., 14.

[27] Ibid., 22.

[28] Ibid., 30.

[29] Cf. Ibid., 30; Mt 19,10-12.

[30] Ibid., 30.

## 3. A vida consagrada, sinal de comunhão na Igreja

A Igreja é essencialmente um mistério de comunhão. A vida consagrada é um dom feito à Igreja. Os documentos do Magistério recomendam aos consagrados a vivência de um forte senso de pertença à Igreja, de "*sentire cum ecclesia*".[31] Aos consagrados está confiada a tarefa de serem, na Igreja, especialistas em comunhão e praticarem uma espiritualidade de comunhão. A vida de comunhão torna-se um sinal para o mundo cheio de divisões e conflitos. Os consagrados testemunham também esta comunhão eclesial aderindo, de mente e de coração, ao Magistério dos bispos. E o Magistério por sua vez deverá valorizar a contribuição dos consagrados na vida e missão da Igreja tanto universal quanto local. A comunhão deve ser vivida e testemunhada entre os diversos Institutos numa vivência fraterna. Em tudo isto se requer o diálogo animado pela caridade.

Qual é o lugar da vida consagrada na Igreja? A *Lumen Gentium*[32] diz que "a profissão dos conselhos evangélicos pertence indiscutivelmente à vida e à santidade da Igreja". Partindo desta realidade o Papa João Paulo II na *Vita Consecrata* conclui que a "vida consagrada, nunca poderá faltar nela e, portanto, a concepção de uma Igreja composta unicamente por ministros sagrados e por leigos não corresponde às intenções de seu divino Fundador, tais como no-las apresentam os Evangelhos e outros escritos neotestamentários".[33] Como consequência podemos então afirmar que a Igreja não pode ser corretamente concebida e compreendida sem a vida consagrada.

## 4. A vida consagrada, epifania do amor de Deus no mundo

A própria vida consagrada, sob a ação do Espírito Santo, torna-se missão. Podemos assim dizer: consagrados para a missão. A missão,

---

[31] Cf. Ibid., 46.

[32] LG 44.

[33] VC 29.

antes de ser caracterizada pelas obras externas, deve tornar presente o próprio Cristo no mundo através do testemunho pessoal dos consagrados. Assim, afirma a *Vita Consecrata* "que a pessoa consagrada está em missão por força da própria consagração, testemunhada segundo o projeto do respectivo Instituto".[34]

Os consagrados participam na missão de Cristo numa outra peculiaridade própria: a vida fraterna em comunidade para a missão.[35] Este testemunho no mundo diante dos homens é fundamental para o próprio consagrado, para o Instituto e para a Igreja.

Os consagrados devem ler os sinais dos tempos, assim podem dar seu contributo para responderem aos problemas do homem de hoje. O contributo fundamental da vida consagrada à evangelização é "uma vida totalmente devotada a Deus e aos irmãos, à imitação do Salvador que, por amor ao homem, se fez servo".[36] Os consagrados são chamados comunhão no mundo da educação,[37] da cultura,[38] no mundo da comunicação social,[39] no diálogo ecumênico[40] e do diálogo inter-religioso.[41]

O mundo atual, contudo, grita pela presença dos consagrados para uma predileção para com os pobres. Pobres nas várias acepções da pobreza são os oprimidos, os marginalizados, os idosos, os doentes, as crianças, os encarcerados e os refugiados. "Servir os pobres é ato de evangelização e, ao mesmo tempo, sinal de fidelidade ao Evangelho e estímulo de conversão permanente para a vida consagrada."[42] Os consagrados são chamados

---

[34] Ibid., 72.

[35] Cf. Ibid., 72.

[36] Ibid., 75.

[37] Ibid., 96-97.

[38] Ibid., 98.

[39] Ibid., 99.

[40] Ibid., 100-101.

[41] Ibid., 102.

[42] Ibid., 82.

a serem profetas participando da "função profética do próprio Cristo, comunicada pelo Espírito a todo o povo de Deus. De fato, o profetismo é inerente à vida consagrada enquanto tal, devido ao radicalismo do seguimento de Cristo e da consequente dedicação à missão que o caracteriza".[43] A verdadeira profecia nasce de Deus, da escuta da Palavra, da paixão pela santidade e pela dilatação do Reino de Deus.[44]

## 5. Olhando para o futuro – questões relativas à formação

O tema da formação está entre os mais aprofundados nos últimos anos. O Concílio Vaticano II no Decreto *Perfectae Caritatis* chama a atenção para a urgência da renovação da formação dos futuros consagrados.

Em 1969 a Congregação dos Religiosos publicou a Instrução *Renovationis Causam* sobre o adequado Renovamento da Formação para a Vida Religiosa. Este documento destaca de modo particular os princípios e normas que dizem respeito desde a preparação para o ingresso no noviciado, o tempo do noviciado, a preparação para a primeira profissão dos votos e as tarefas do mestre de noviços.[45]

Em 1990, a Congregação para os Institutos de Vida Consagrada e as Sociedades de Vida Apostólica publicou o documento *Potissimum Institutioni*, ou seja, que apresenta Orientações sobre a Formação nos Institutos Religiosos. Nestas orientações manifesta-se a preocupação da Santa Sé a respeito da formação dos futuros religiosos. Trata: da consagração religiosa e formação, dos aspectos comuns a todas as etapas da formação para a vida religiosa, as etapas da formação dos religiosos, a formação nos Institutos integralmente ordenados à contemplação, especialmente as monjas,

---

[43] Ibid., 84.

[44] Ibid., ibidem.

[45] A Congregação para os Religiosos e os Institutos Seculares. Instrução *Renovationis causam*, sobre a renovação da formação para a vida religiosa, in *AAS* (1969) 103-120: EV 3, 694-747.

questões atuais a respeito da formação dos religiosos e finalmente dos religiosos candidatos aos ministérios presbiteral e diaconal. São orientações que fazem um grande avanço em relação a tudo o que se tinha até esta data.[46] Estamos diante de documentos que desejam esclarecer a identidade, o conteúdo e os métodos da formação para a vida consagrada.

Na *Vita Consecrata*, o Papa chama a atenção para a pastoral vocacional. O convite de Jesus: "Vinde ver"[47] continua sendo a regra de ouro desta pastoral. Acentua o aspecto do seguimento a Cristo. Isto exige um empenho de toda a Igreja. Aos que respondem o chamado deve-se dar a necessária formação que tem como "objetivo central a preparação da pessoa para a consagração total de si mesma a Deus no seguimento de Cristo a serviço da missão".[48] Os candidatos "devem acolher com fé as mediações que o Senhor e a Igreja lhe oferecem",[49] para que no itinerário progressivo da formação possam alcançar o fim da vida consagrada que consiste na configuração a Cristo e com sua oblação total.[50] A formação deve ser integral. A *Vita Consecrata* finalmente relembra de cuidar de estruturas adequadas da formação de formadores.[51] Já o documento *Potissimum Institutioni* tratou de uma maneira detalhada sobre a estrutura formativa.

Para o bom êxito da formação é preciso que "todos os Institutos de vida consagrada e as Sociedades de vida apostólica elaborem o mais rápido possível uma *Ratio Institutionis*, isto é, um projeto formativo inspirado no carisma institucional, no qual seja apresentado de forma clara e dinâmica o caminho a seguir para assimilar plenamente a espirituali-

---

[46] Congregação para os Institutos de Vida Consagrada e as Sociedades de Vida Apostólica. *Potissimum Institutioni*, in *AAS* 82 (1990) 470-532: EV 12/1-139.

[47] Jo 1,39.

[48] VC 65.

[49] Ibid., ibidem.

[50] Ibid., ibidem.

[51] Cf. Ibid., 66.

dade do próprio Instituto".[52] A *Ratio Institutionis* deve conter também um projeto de formação permanente dos consagrados.[53]

## Conclusão

A vida religiosa é parte integrante da vida da Igreja. Não é mais possível pensar a Igreja sem ela. Contudo é preciso ter presente que, assim como a Igreja, mantendo-se fiel ao seu fundador e a sua doutrina deve-se atualizar e ler os sinais dos tempos e adaptar-se, também a vida religiosa deve atualizar-se sempre. Foi o que vimos neste capítulo. A preocupação do magistério da Igreja, a começar pelo Concílio Vaticano II, em relação à vida religiosa. A cada época para responder aos sinais dos tempos e as exigências do mundo e da Igreja a vida religiosa teve de buscar sua renovação e atualização mantendo-se sempre fiel ao seu fundador e ao carisma de cada Congregação e de cada Instituto. Como podemos notar ao longo da pesquisa, muitos valores importantes foram mencionados e muitos outros, não menos importantes, sequer mencionados. Fala-se muito da crise da vida religiosa, como um todo, da perda de identidade, crise de autoridade. Fala-se de refundação, de atualização. Congregações e Institutos sofrem de envelhecimento, de falta de vocações. Vocações existem, dizia o Papa João Paulo II, é preciso chamar. É preciso despertar. Daí a grande importância da pastoral vocacional e da formação para os tempos atuais.

---

[52] Ibid., 68.

[53] Cf. Ibid., 69.

## Bibliografia

Concílio Ecumênico Vaticano II. Constituição Dogmática *Lumen Gentium* (21 de novembro 1964), in *AAS* 57 (1965), 5-67: *EV* 1, 284-456.

_____. Decreto *Perfectae caritatis* (28 de outubro 1965), sobre a renovação da vida religiosa, in *AAS* 58 (1966), 331-353: *EV* 1/702-770.

Congregação para os Institutos de Vida Consagrada e Sociedade de Vida Apostólica. *Potissimum Institutioni* (2 de fevereiro 1990), in *AAS* 82 (1990), 470-532: *EV* 12/1-139.

_____. *A vida fraterna em comunidade* (2 de fevereiro 1994): *EV* 14/345-537.

_____. Instrução P*artir de Cristo. Um renovado compromisso da vida consagrada no terceiro milênio* (19 de maio 2002): *EV* 21/372-510.

_____. Instrução *Attenta alle condizioni* (8 dicembre 1998), Sobre a colaboração entre os institutos para a formação: *EV* 17/1806-1895.

Congregação para os Religiosos e os Institutos Seculares – Sagrada Congregação para os Bispos. *Mutuae Relationes* (14 de maio 1978), in *AAS* 70 (1978), 473-506: *EV* 6, 586-717.

Congregação para os Religiosos e os Institutos Seculares I. *Dimensão contemplativa da vida religiosa* (12 de agosto 1980): *EV* 7, 505-541.

Congregação para os Religiosos e os Institutos Seculares. Instrução *Renovationis causam* (6 de janeiro 1969) sobre o adequado renovamento da formação para a vida religiosa, in *AAS* (1969) 103-120: *EV* 3, 694-747.

Congregação para os Religiosos e os Institutos Seculares. *Os Religiosos e a promoção humana* (12 de agosto 1980): *EV* 7, 436-504.

João Paulo II. Exortação Apostólica post-sinodal *Vita Consecrata* (25 de março 1996), in *AAS* 88 (1996), 377-486: *EV* 15/434-775.

_____. Exortação Apostólica *Redemptionis Donum* (25 de março 1984), in *AAS* 76 (1984), 513-546: *EV* 9/721-758.

Paulo VI. Exortação Apostólica *Evangelica Testificatio* (29 junho 1971), in *AAS* (1971), 497-526: *EV* 4, 996-1058.

_____. Motu Próprio *Ecclesiae Sanctae* (6 de agosto 1966), in *AAS* 58 (1966), 758-787: *EV* 2, 696-769.

# 19
# A FORMAÇÃO SACERDOTAL: DESAFIO DO TEMPO PRESENTE

*Optatam Totius*

***Dalton Sebastião Brandão***
Mestre em Teologia pela Universidade Gregoriana – Roma
Professor na Faculdade de Teologia Nossa Senhora da Assunção da PUC-SP
Presbítero da Arquidiocese de São Paulo

Novos tempos solicitam renovada preparação dos evangelizadores, a começar dos que se preparam ao presbiterado. O Concílio retoma os fundamentos bíblicos da vocação e inclui, pedagogicamente, elementos importantes para a formação integral dos futuros sacerdotes: acompanhamento vocacional, espiritualidade, maturidade psicoafetiva, competência filosófico-teológica, habilidades pastorais e formação permanente.

O Concílio Vaticano II fez, para toda a Igreja, uma proposta de renovação, de transformação profunda em seu agir, sem jamais renunciar ao seu patrimônio doutrinal.

Para que haja uma renovação verdadeira é necessário focar e trabalhar bem a formação sacerdotal, pois, em grande parte, a renovação depende, sobretudo, do ministério sacerdotal. A atuação pastoral dos sacerdotes irá possibilitar ou não a pretendida renovação.

## 1. A renovação necessária para a transformação verdadeira

O Decreto *Optatam totius* sobre a Formação Sacerdotal é o documento que apresenta os princípios fundamentais dessa formação, aplicáveis a todo clero de todo e qualquer rito.

Tendo presente que a formação não pode e não deve ser improvisada ou depender da pessoa que está a frente dela, o próprio documento propõe um "Regulamento da Formação Sacerdotal".[1] Esse regulamento precisa ser atualizado para que a própria formação dos sacerdotes responda às necessidades das diversas regiões, contextos culturais, bem como a realidade sócio-político-econômica, nas quais irão desenvolver e exercer o ministério sacerdotal.

---

[1] Cf. OT 1.

Devido à diversidade que encontramos, as leis universais da formação sacerdotal devem ser adaptadas às circunstâncias de cada lugar, tendo presente aquilo que pode e deve ser modificado, principalmente os aspectos socioculturais de cada região (país), e os princípios essenciais que não podem ser modificados, para não se perder o objetivo proposto: sacerdotes bem formados para servir bem ao povo de Deus.

Os elementos principais que devem ser adaptados às circunstâncias de cada lugar são: ordenação do seminário, menor e maior; formação espiritual; método dos estudos; vida comum; disciplina dos alunos e exercícios pastorais (estágio pastoral).[2]

O Decreto "Optatam totius" apresenta quatro partes importantes para que o objetivo proposto, a formação dos futuros sacerdotes, seja realmente alcançado. Em primeiro lugar, uma consistente promoção vocacional que visa favorecer o discernimento e desenvolvimento da vocação em si. Em segundo lugar, a formação com a integração entre a parte acadêmica e a espiritual em profunda harmonia. Depois a preocupação com a pastoral concretamente, pois a formação de pastores é a meta a ser alcançada. Por fim, a consciência da necessidade de uma formação contínua para responder as exigências do mundo atual, com suas mudanças cada vez mais aceleradas.

## 2. Promoção vocacional: compromisso eclesial

Toda formação somente pode acontecer se houver uma preocupação em promover as vocações, responsabilidade de toda a comunidade dos fiéis.[3] Nenhum segmento da comunidade dos fiéis pode se isentar, todos devem acolher e desenvolver, pelo testemunho, o amor às vocações sacerdotais. Família, escola, paróquia, movimentos religiosos, associações religiosas devem valorizar, incentivar as vocações, para que elas possam desenvolver-

---

[2] Cf. Estatutos Gerais, anexos à Constituição Apostólica *Sedes Sapientiae* art. 19, citado em OT 1.
[3] Cf. OT 2.

# 19 – A FORMAÇÃO SACERDOTAL: DESAFIO DO TEMPO PRESENTE

-se e serem acolhidas pela Igreja, que fará o discernimento daquelas que apresentam intenção reta e liberdade plena diante de tão alta dignidade.[4]

Diante do compromisso de todos para promover as vocações sacerdotais, é necessário acentuar alguns meios de cooperação, tais como: oração constante, penitência cristã e formação dos fiéis. Tudo isto deve colaborar para um melhor conhecimento da necessidade, natureza e excelência da vocação sacerdotal. Se o povo de Deus não reconhecer, de modo concreto, a importância de sacerdotes bem preparados para servi-lo, dificilmente se empenhará e valorizará as vocações sacerdotais.

A preocupação com as vocações deve atingir todos os lugares, por isso não devemos pensar somente nos limites da diocese, nação ou das famílias religiosas ou ritos. A Igreja como um todo deve ter essa preocupação, pensando em auxiliar as regiões mais carentes, pois precisam mais e devem ser olhadas e tratadas com carinho.

## 3. O acolhimento das vocações

Tendo as vocações acolhidas, é preciso cuidar da formação começando com os seminários menores. Hoje seria mais aconselhável falar de seminários propedêuticos, pois a realidade é outra. Os princípios podem ser os mesmos: formação espiritual e intelectual. Neles precisamos criar um clima de vida plena e propiciar um crescimento pessoal e comunitário para os seminaristas "conforme a idade, espírito e evolução de adolescentes, segundo as normas da sã psicologia, sem que lhes faltem a devida experiência das coisas humanas e o contato com a própria família".[5]

Na parte intelectual, tão preocupante hoje e sempre e tão fraca, é urgente que os estudos deem condições para uma boa preparação, quer seja

---

[4] Cf. OT 2; *Pastores dabo vobis*: perpassa toda a exortação a preocupação pelas vocações bem acolhidas e desenvolvidas com a colaboração de toda a comunidade eclesial.

5 OT 3.

para os estudos eclesiásticos superiores, quer seja para abraçar um outro estado de vida fora do seminário.[6] Estaremos formando pessoas capazes tanto para o exercício do ministério sacerdotal, bem como para assumir outras profissões dentro de um laicato responsável e comprometido.

Outra recomendação é a atenção com as vocações "adultas" (de idade mais avançada). Não devem estar com os jovens e adolescentes, mas sejam acompanhadas em lugares apropriados para que haja um desenvolvimento mais adequado às mesmas.

Com relação aos seminários maiores para os estudos de Filosofia e Teologia, é muito indicativo a conotação dada para que tenham como finalidade a formação de pastores (finalidade pastoral), privilegiando o ministério da Palavra,[7] do culto e da santificação (importância para a oração e exercício das sagradas funções litúrgicas, principalmente a Eucaristia e demais Sacramentos), a diakonia (aprender a servir, fazendo-se servo de todos), e a integração e harmonia entre a formação espiritual, intelectual e disciplinar (a disciplina como um valor para o respeito dos limites e das responsabilidades).

Na escolha dos formadores (reitores e auxiliares) e dos professores, é preciso selecionar os que tenham uma boa formação na doutrina sólida, na espiritualidade e na pedagogia, que sejam os melhores e sejam exemplo. Haja sempre nos formadores coerência entre pensar e agir, senão o exemplo não fluirá.

O seminário deve criar o clima de família e ser um local acolhedor. O bispo animará os formadores e seminaristas (formandos) para que esse clima aconteça. O seminário é ressaltado como um local muito importante, principalmente para o clero, por isso "todos os sacerdotes considerem o seminário como o coração da diocese e primem em oferecer-lhe a própria ajuda".[8]

---

[6] Cf. ib.

[7] Cf. *Verbum Domini* n. 77-82, que retoma a centralidade da Palavra na vida ministerial do sacerdote.

[8] OT 5.

No trabalho desenvolvido junto aos seminaristas (formandos), cabe aos formadores fazer um exame sobre a reta intenção dos mesmos, levando em consideração os diversos aspectos da formação e a capacidade para o exercício do ministério sacerdotal. Por isso, os formadores têm a responsabilidade de promover somente aqueles que são idôneos, mesmo diante da carência de sacerdotes.

Aqueles que não forem idôneos para o exercício do ministério sacerdotal devem ser encaminhados para outras vocações (apostolado laical), e ajudados para que possam entender e se integrar de forma madura em outra vocação.

Devido à carência de meios e recursos de algumas dioceses, podem ser fundados seminários comuns a várias dioceses. Tenha-se presente a sólida formação dos alunos e a preocupação com a formação pessoal de cada um, ou seja, uma formação personalizada e não de massa, impessoal.

## 4. Vida espiritual aprofundada

A vida espiritual é a verdadeira inserção na vida concreta, contextualizada. Para todos aqueles que querem ser pastores do povo de Deus, ela precisa ser aprofundada senão a orientação poderá ser mais alienação do que propriamente crescimento para a santidade como perfeição da caridade.[9]

A vida espiritual de todos, mas principalmente dos seminaristas, deve primar pela integração com a formação doutrinal e pastoral. Vida espiritual comporta sempre a relação profunda da ortodoxia com a ortopraxia.

Para que a relação seja profunda e frutuosa é necessária, primeiramente, a intimidade com a Palavra de Deus, acentuando a centralidade da pessoa de Jesus Cristo.[10] Quando a intimidade com a Palavra de Deus é profunda, a participação na Eucaristia ganha toda a importância de alimento para levar adiante o projeto do Reino de Deus para a sociedade atual.

---

[9] Cf. LG 39-42.

[10] Cf. DV e VD.

A vida espiritual ganha cada vez mais força e dinamismo com uma verdadeira vida de oração, dando o devido valor para o Ofício Divino (Liturgia das Horas), e precisamente para a leitura orante da Bíblia, tão bem desenvolvida pela "Lectio Divina".

Tudo isso se torna mais verdadeiro a partir do amor a todos, mas principal e preferencialmente aos pobres, às crianças, aos doentes, pecadores e incrédulos.

Quando a vida espiritual ganha seu verdadeiro contorno, descobrimos aquela que é a discípula verdadeira e por excelência, a Virgem Maria, em sua expressão afetiva, carinhosa de Mãe e Mulher.

Na vida espiritual, deve-se cultivar a piedade sem pietismos, para isso nada de devocionismos vazios ou mesmos alienantes, mas verdadeiras devoções ricas de testemunhos evangélicos.

Poderíamos, então, afirmar a finalidade de viver segundo o ideal do Evangelho, tendo presente as virtudes teologais da fé, esperança e caridade como centrais e fundamentais em nossa vida.

Toda vida espiritual não pode ser individualista, mas profundamente comunitária. Devemos educar os seminaristas, mas também a todos, no amor à Igreja, nossa mãe e mestra, sem a qual a caminhada é difícil ou mesmo impossível. No amor à Igreja se desenvolve também a verdadeira obediência, fruto da maturidade, compromisso e responsabilidade. É bom ouvir e deixar ressoar as palavras de Santo Agostinho: "Cada um possui o Espírito Santo tanto quanto ama a Igreja de Cristo".[11]

A caminhada espiritual progride quando a humildade é uma verdadeira virtude na vida pessoal. Por isso, nada de poder nem honras. É necessário cuidar muito para eliminarmos da vida a necessidade de aparecer como expressão da vaidade e orgulho. A grande recomendação é: "se habituem a renunciar generosamente mesmo àquilo que, sendo lícito, não é conveniente, e a conformar-se com Cristo crucificado".[12]

---

[11] Santo Agostinho, *In Io. Tract. 32,8*, citado em OT 9.

[12] OT 9.

Para que a humildade seja cada vez mais trabalhada, o documento faz uma recomendação muito pertinente: "os alunos sejam conscientizados quanto às responsabilidades que hão de tomar, nem se lhes oculte nenhuma das dificuldades da vida sacerdotal".[13]

Em sintonia com toda a formação espiritual, devemos realizar uma educação à castidade, tendo como motivação o amor ao Reino dos Céus. E a renúncia à sociedade conjugal (cf. Mt 19,12) deve ser entendida sempre em favor do Reino e lembrar a todos que, para isso, "obtêm um auxílio muitíssimo útil para o exercício contínuo daquela caridade perfeita, pela qual podem, no ministério sacerdotal, fazer-se tudo para todos".[14]

Não se deve, porém, menosprezar ou desconhecer os deveres e a dignidade do matrimônio cristão (cf. Ef 5,22-23). Entretanto, entendam e compreendam a excelência maior da virgindade consagrada a Cristo, a partir de uma opção livre e madura. Há que se lembrar e chamar a atenção para os perigos reais e constantes que ameaçam a castidade, principalmente na sociedade atual.

A vida espiritual ganha características maduras quando se atinge o domínio de si, através da maturidade adquirida e facilitada em todos os aspectos, levando em consideração as contribuições da psicologia e da pedagogia para que esse fim seja alcançado.

O domínio de si precisa, para ser real e verdadeiro, ter as seguintes características:

1. "Capacidade de tomar decisões ponderadas e ter reto juízo sobre os homens e os acontecimentos".[15]
2. Desenvolvimento das virtudes: "a sinceridade, o sentido da justiça, a fidelidade às promessas, a urbanidade no trato, a reserva e caridade no falar".[16]

---

[13] Ibidem.

[14] Ibidem, n. 10.

[15] Ibidem, n. 11.

[16] Ibidem.

3. A disciplina como um valor para a vivência da obediência e da maturidade. Com disciplina podemos fazer o bom uso da liberdade, tomando iniciativas e tendo responsabilidades, colaborando uns com os outros e também com os leigos.[17]

Por fim, temos o tirocínio pastoral, também, como um momento privilegiado para melhorar a escolha feita e auxiliar no aprofundamento espiritual da vocação.[18] Para que essa etapa possa ajudar realmente, propicie-se um aumento de tempo para o exercício do diaconato antes da promoção ao sacerdócio.[19]

## 5. A formação acadêmico-intelectual

Para atender melhor as necessidades de cada tempo e contexto cultural, é preciso ter presente a revisão dos estudos eclesiásticos, para responder, adequadamente, aos anseios do povo de Deus.

Em primeiro lugar, devemos favorecer uma boa formação cultural que abranja uma formação humanística e científica (base para os estudos superiores), um conhecimento das línguas clássicas e bíblicas (latim, grego e hebraico), bem como da língua litúrgica de cada rito. O bom conhecimento das línguas, principalmente da língua pátria, em nosso caso a língua portuguesa, facilitará a compreensão dos textos a serem estudados, e também sua melhor expressão para os demais (povo de Deus). Cresce também a importância do conhecimento de outras línguas modernas para o estudo e um maior contato com outras culturas.

Depois precisamos apresentar todas as disciplinas quer filosóficas, quer teológicas, de modo coordenado e tratadas harmoniosamente para

---

[17] Cf. OT 11.

[18] Cf. ibidem, n. 12.

[19] Cf. ibidem.

## 19 – A FORMAÇÃO SACERDOTAL: DESAFIO DO TEMPO PRESENTE

uma melhor compreensão do Mistério de Cristo. Razão e Fé precisam ser apresentadas de modo a não se excluírem, mas, ao contrário, colaborarem uma com a outra.

Devido à fragilidade da formação educacional atual, é importante e necessário um curso propedêutico para os estudos eclesiásticos. Poderíamos dizer um reforço para melhorar a formação de base dos alunos, e de modo especial "proponha-se o mistério da salvação, de tal modo que os alunos atinjam o sentido dos estudos eclesiásticos, vejam a ordem e o fim deles, se lhes torne mais fácil fundar na fé e dela impregnar toda a sua vida, e ao mesmo tempo se confirmem em abraçar a vocação com entrega pessoal e alegria íntima".[20]

Dado os primeiros passos, partimos para uma boa formação filosófica, clássica e atual, com o desenvolvimento do senso crítico e preparação para o diálogo com os homens de nosso tempo, com a sociedade, com a cultura atual. Para atingirmos esse objetivo, precisamos de um sólido e coerente conhecimento do homem, do mundo e de Deus.

Quanto à História da Filosofia tão importante para uma verdadeira formação crítica, seja apresentada de tal forma que possibilite reter o que há de verdadeiro e descobrir e refutar as raízes dos erros.[21]

Como princípio didático para o ensino, principalmente da Filosofia, leve-se em consideração o que diz o próprio documento:

> No próprio modo de ensinar, desperte-se nos alunos o amor à investigação, observação e demonstração rigorosa da verdade e ao mesmo tempo o reconhecimento sincero dos limites do conhecimento humano. Atenda-se bem à relação entre a filosofia e os verdadeiros problemas e questões da vida que agitam a mente dos alunos. Ajudem-se também a compreender o nexo entre as matérias da filosofia e os mistérios da salvação, que na teologia são vistos à luz superior da fé.[22]

---

[20] Ibidem, n. 14.

[21] Cf. ibidem, n. 15.

[22] OT 15.

Na formação teológica, todas as disciplinas "sejam ensinadas à luz da fé e sob a direção do magistério da Igreja".[23] A doutrina católica seja o alimento para a vida espiritual e todos os alunos "se tornem capazes de a expor, defender e anunciar no ministério sacerdotal".[24]

A formação teológica deve ter presente que:[25]

1. O estudo da Sagrada Escritura é a alma de toda a Teologia.
2. A Teologia Dogmática parta, em primeiro lugar, dos temas bíblicos, depois contemple a contribuição dos Padres da Igreja e a História do Dogma em sua relação com a História geral da Igreja. Não esquecer que Santo Tomás de Aquino será uma referência nos estudos: "Depois, para aclarar, em tudo o que é possível, os mistérios da salvação, aprendam a penetrá-los intimamente pela especulação e a ver o nexo existente entre eles, tendo por guia Santo Tomás".[26]
3. Haja um aperfeiçoamento da Teologia Moral alimentada pela Sagrada Escritura.
4. O Direito Canônico e a História Eclesiástica tenham presente o que pede a Constituição Dogmática *Lumen Gentium*.
5. A Sagrada Liturgia seja "a primeira e necessária fonte do espírito verdadeiramente cristão",[27] e seja ensinada em conformidade com os números 15 e 16 da Constituição Sacrosanctum Concilium.
6. O estudo do Ecumenismo e do Diálogo Interreligioso aconteça para uma melhor compreensão das igrejas e comunidades separadas, bem como das demais religiões.

---

[23] Ibidem, n. 16.

[24] Ibidem.

[25] Cf. ibidem.

[26] Ibidem.

[27] Ibidem.

Todo esse esforço será frutuoso, observando-se uma revisão dos métodos didáticos e concentrando-se naquilo que é importante, nas questões fundamentais.

Para uma preparação formativa tendo em vista satisfazer às várias necessidades do apostolado, é necessário o envio de sacerdotes para as especializações, pós-graduação, visando sempre o bem do povo de Deus.

## 6. Formação pastoral

A finalidade de toda a formação sacerdotal é pastoral. É fundamental educar tanto para o diálogo como para o espírito missionário, para atender as diversas áreas de atuação da própria pastoral.

Educar para o diálogo é ter a "capacidade de ouvir os outros e de abrir a própria alma em espírito de caridade aos vários aspectos das relações humanas".[28] Sem essa abertura o acolhimento do outro ficará prejudicado.

Educar para o espírito missionário favorecerá e suscitará a ação apostólica dos leigos e, ainda, a promoção das várias e mais eficazes formas de apostolado.[29]

A formação pastoral, guardadas as devidas proporções de idade e circunstâncias dos alunos, deve favorecer a prática pastoral fora do seminário com o acompanhamento de peritos em matéria pastoral, para que o teórico estudado encontre uma prática concreta.

## 7. Formação continuada – permanente

Nosso mundo está em contínua mudança e possui uma dinamicidade enorme, por isso é preciso favorecer e estimular a atualização teórica e prática dos sacerdotes. Essa formação deve responder às exigências do mundo moderno.

---

[28] OT 19.

[29] Cf. ibidem, n. 20.

Não devemos e não podemos continuar a dar respostas sem sentido profundo para a humanidade em nosso hoje concreto. Precisamos perceber as grandes angústias, indagações e sofrimento que o mundo apresenta e dar respostas de fé, esperança e caridade de acordo com a proposta do Reino de Deus, sempre atual e o único, que trará a verdadeira felicidade para todos.

A humanidade espera da Igreja, sacramento do Reino, a verdadeira colaboração para um mundo mais humano e cheio de vida. Nós, Igreja, precisamos dar essa colaboração através do serviço que prestamos a toda a humanidade. Estar em formação continuada-permanente nos capacita para uma resposta mais eficaz, apropriada, e profundamente contextualizada. Os sacerdotes bem formados, atualizados, estarão mais aptos para esse serviço como linha de frente da comunidade eclesial.

Toda a formação dos futuros sacerdotes de Cristo deve estar imbuída do espírito da renovação promovida pelo Concílio Vaticano II, e que todos os frutos aconteçam em favor do povo de Deus. Precisamos tomar a formação sacerdotal como um compromisso de fé diante de toda a comunidade eclesial.

## Bibliografia

BENTO XVI. *Exortação Apostólica Pós-sinodal Verbum Domini*. São Paulo: Paulinas, 2010.

Constituição Dogmática *Dei Verbum*. In: *Documentos do Concílio Ecumênico Vaticano II (1962-1965)*. Lourenço Costa (org.). São Paulo: Paulus, 1997. (Documentos da Igreja).

Constituição Dogmática *Lumen Gentium* sobre a Igreja. In: *Documentos do Concílio Ecumênico Vaticano II (1962-1965)*. Lourenço Costa (org.). São Paulo: Paulus, 1997. (Documentos da Igreja).

Decreto *Optatam Totius* sobre a formação sacerdotal. In: *Documentos do Concílio Ecumênico Vaticano II (1962-1965)*. Lourenço Costa (org.). São Paulo: Paulus, 1997 (Documentos da Igreja).

GIOVANNI PAOLO II. *Esortazione Apostolica Post-Sinodale Pastores dabo vobis*. Città del Vaticano: Libreria Editrice Vaticana, 1992.

# 20
# OS LEIGOS E LEIGAS NA IGREJA E NO MUNDO

*Apostolicam Actuositatem*

*Eduardo Dalabeneta*
Mestrando em Teologia pela PUC-SP
Professor na Faculdade Dehoniana
Leigo

Mais que destinatários, os leigos e leigas são agentes e interlocutores diretos da evangelização, a partir dos campos onde vivem e atuam. O batismo os qualifica como testemunhas de Cristo e de seu Reino, abrindo vias cotidianas de santidade profissional e ação pastoral. Assim, leigos e leigas exercem plenamente seu sacerdócio comum, sustentados pela oração, pela Palavra de Deus e pelos sacramentos que celebram enquanto Igreja. Como ocorreu nas primeiras comunidades cristãs, hoje "novos areópagos" se abrem ao testemunho qualificado dos fiéis leigos.

*Em minha mão levo a vela
sua chama proclama que
tua vida santa arde em mim.*
Santa Edith Stein

A celebração mais eficaz que se pode fazer neste ano jubilar do Concílio Ecumênico Vaticano II é o estudo, a recordação da constelação de assuntos tratados e a vivência das novas perspectivas abertas por seus documentos. O documento *Apostolicam Actuositatem*[1] que tratou sobre o apostolado dos fiéis leigos é uma dessas estrelas que continuam a nos inspirar. Partindo do esquema desse documento conciliar – quem é o fiel leigo, sua vocação e sua missão, os lugares, as formas e a urgente necessidade de formação para o apostolado –, acompanhado das novas pesquisas e dos inúmeros exemplos e testemunhos que encontramos em nossas comunidades, procuraremos apresentar novos desdobramentos sobre a identidade e dignidade laical, carismas e ministérios e uma breve reflexão sobre o ensino da Teologia como apostolado dos fiéis leigos. Essa memória jubilar mostra que o Concílio Ecumênico Vaticano II foi um porto de partida rumo a águas mais profundas.

---

[1] Depois de muitas reformulações pela comissão preparatória, o texto do decreto foi discutido durante a 3ª Sessão conciliar em 1964. Diante das inúmeras críticas, aconteceu ainda uma nova reformulação que foi entregue aos padres conciliares em julho de 1965 para apreciação na 4ª Sessão conciliar. Ainda aparecerão 1.374 votos modificativos, o que obrigou ainda a uma nova redação. Depois disso, o decreto foi aprovado com 2.340 votos a favor e dois votos contras. O documento conciliar *Apostolicam Actuositatem* foi promulgado pelo Papa Paulo VI em 18 de novembro de 1965. Cf. Concílio Ecumênico Vaticano II, "Decreto *Apostolicam Actuositatem* sobre o apostolado dos leigos", in *Documentos do Concílio Ecumênico Vaticano II,* São Paulo, 2004, p. 369.

## 1. Fenomenologia e hermenêutica da identidade laical

A partir dos impulsos dados pelos documentos *Apostolicam Actuositatem* e *Lumen Gentium*, ambos do Concílio Ecumênico Vaticano II, *Christifideles Laici* do Papa João Paulo II, dos documentos da Conferência Episcopal Latino-Americana (Medellín, Puebla, Santo Domingo e Aparecida), como também da Conferência dos Bispos do Brasil (*Missão e ministérios dos cristãos leigos e leigas*), a teologia do laicado deu um grande passo na recuperação de seu lugar dentro da ciência teológica.

Essas contribuições ajudaram a esclarecer a identidade e dignidade da condição laical ao mesmo tempo em que mostraram realidades que precisavam ser aprofundadas. Uma dessas realidades a serem aprofundadas gira em torno da polivalência que a condição laical possui no horizonte teológico, pois ela é utilizada em dois contextos distintos, com perspectivas diferentes: na primeira para salvaguardar elementos fontais da identidade comum de todos os cristãos, e segundo para indicar, de forma negativa, os não ordenados. Qualquer descuido poderá sugerir um dualismo clero-laicado que não compõe e nem encontra fundamento bíblico-teológico, apesar de encontrarmos vestígios dualistas em algumas realidades históricas, que subsistiram por causa dos limites pessoais dos sujeitos, de forma a se evitar a impressão "de que hierarquia e laicado não pertençam à mesma comunhão eclesial, que é toda ela sacramento de salvação no mundo e para o mundo".[2]

O primeiro contexto está em relação com a teologia batismal, onde a condição laical indica a situação ontológica (identidade) daquele que foi batizado: membro do povo de Deus.[3] Aqui podemos sugerir quase que uma equivalência entre ser cristão e ser leigo, visto que a condição laical é a primeira expressão da vocação cristã. De fato "a noção povo de Deus exprime a profunda unidade, a comum dignidade, e a fundamental habi-

---

[2] CNBB, Doc. 62, n. 104.

[3] Cf. LG 9.

litação de todos os membros da Igreja à participação na vida da Igreja e à corresponsabilidade na missão [...] além de toda e qualquer diferenciação carismática e ministerial".[4] Todo aquele que é inserido na vida de Cristo e em sua comunidade discipular participa da identidade crística e dos elementos fontais da comunidade por ele constituída: profeta, rei e sacerdote[5] (1Pd 2,9-10), em vista de uma missão comum: "ide pelo mundo inteiro e pregai o Evangelho" (Mt 28,19). A realidade laical é a primeira expressão dessa existência profética-real-sacerdotal, que se manifesta epifanicamente como filialidade (batismo), liberdade (Confirmação) e a fraternidade (Eucaristia). O seguimento a Cristo segundo essas notas fontais (núcleo da vida laical) é o que "conduz ao desenvolvimento da vocação humana originária que é ser a imagem de Deus".[6]

O segundo horizonte onde a condição laical é estudada é na teologia dos carismas e ministérios. Aqui, diferente do sentido positivo (identidade), em que o termo é utilizado na teologia batismal, a palavra 'leigo' é usada em via negativa (diversidade) para descrever a condição dos cristãos não ordenados.[7] O termo, utilizado agora em chave hierárquica[8] e relacional, adquire sentido de subdivisão dentro do conjunto dos discípulos de Cristo (fiéis de todas as classes [....]).[9]

---

[4] CNBB, Est. 77, n. 65.

[5] Cf. LG 10.

[6] STEIN, Edith. "Vocación del hombre y de la mujer", in *Obras completas* IV – escritos antropológicos y pedagógicos, Burgos; Madrid; Vitoria, 2003, p. 296.

[7] Os fiéis ordenados ao assumirem o ministério (sacerdócio ministerial) em seus diferentes níveis (o epíscopo e seus colaboradores – presbíteros e diáconos) não perdem, eliminam ou diminuem sua existência laical, o que significaria corromper a dignidade comum da iniciação cristã, ou seja, o sacerdócio comum não desaparece para dar lugar ao sacerdócio ministerial (não acontece uma troca ontológica de essências o geraria anulação do ser). Com isso não se quer igualar o sacerdócio ordenado ao sacerdócio comum, mas recuperar que ambos são expressões de um único e mesmo sacerdócio de Cristo (LG 10; CNBB, Est. 77, n. 67-68). Nesse sentido, o sacerdócio ordenado é regido por um protocarisma específico – presidência da comunidade acompanhado por três deuterocarismas reger, ensinar e santificar (CNBB, Doc. 62, n. 87) – e este coloca o sujeito numa relação essencialmente diferente com Cristo (da mesma forma que dois amigos mudam essencialmente a relação depois do casamento e se tornam esposo e esposa). Portanto, "o ministério ordenado não detém o monopólio de toda a ministerialidade da Igreja, não é a síntese dos ministérios, mas o ministério da síntese" (CNBB, Est. 77, n. 73).

[8] Cf. LG 30; CNBB, Doc. 62, n. 104-110.

[9] Cf. LG 13.

Diante desses dois horizontes, a fim de se evitar dualismos, a condição laical precisa ser entendida sob a perspectiva simbólica, como uma realidade que explica dois significantes,[10] um deles a identidade e o outro a diversidade, com um sério prejuízo e esvaziamento se tender apenas para uma das dimensões.

A visibilidade dessa definição pode ser percebida na teologia paulina do corpo (Rm 12,4-8; 1Cor 12,11-31) que articula a individualidade dos sujeitos (diversidade) com realidade comunitária dos mesmos (identidade) em relação a Cristo (unidade). Esse princípio da corporeidade é retomado várias vezes nos documentos citados durante ao correr desse capítulo.[11] Da mesma forma que a corporeidade, em chave antropológica, constitui a primeira expressão do 'eu', da qual emanam as demais expressões,[12] no caso da realidade laical, ela é primeira expressão da existência cristã, visto que não nascemos presbíteros, acólitos, ministros do canto litúrgico, agentes da pastoral social, mas como discípulos missionários. Nesse caso, todo o povo de Deus, por causa da dimensão batismal, participa dessa condição laical, de forma que "todos somos Igreja e desfrutamos da mesma dignidade e fundamental igualdade de filho de Deus e membro do Corpo de Cristo"[13] (Gl 3,26-28).

A proposta paulina pretende superar duas concepções equivocadas: a primeira que supervaloriza a individualidade e, por consequência, apenas alguns ministérios em detrimento a outros, e a segunda que anula as diferenças e a liberdade dos sujeitos massificando os mesmos. Com isso, podemos afirmar que há na Igreja uma base laical, "onde existe uma radical igualdade em dignidade de todos os ministérios, pois

---

[10] A condição laical não explica duas "coisas" ou "objetos" da vida cristã, mas a expressão primária de sua identidade e da multiformidade (cf. Borobio, Dioniso. *A celebração na Igreja – liturgia e sacramentologia fundamental*. São Paulo, 1990, p. 223-339).

[11] Cf. AA 2; AA 3; LG 7; LG 32; CL 12; CL 14; CL 20.

[12] Cf. Stein, Edith. "Introducción a la Filosofia", in *Obras completas II* – escritos filosóficos (etapa fenomenológica), Burgos; Madrid; Vitoria, 2005, p. 788-798.

[13] Geraldo, Márcia Teresinha César Miné. "O laicado no Documento de Aparecida", in *TQ* 16(2009), p. 44.

todos se fundam no mesmo e único batismo. A Igreja é, portanto, povo de Deus, uma comunidade toda ela ministerial".[14]

Essa base laical equilibra forças internas e externas dos sujeitos e comunidades. Será dessa base comum que Paulo organizará os serviços quer no interno ou no externo nas comunidades.

Dessa forma, avançando para além dos dois horizontes apresentados, a realidade laical deve ser entendida como experiência vivencial primária do cristianismo, visto que ela configura a primeira relação que o cristão estabelece com seu Senhor, Jesus de Nazaré, o Cristo. A condição laical é o arquétipo que estará no fundamento de todos os ministérios proporcionando igual potencialidade, igualdade e dignidade.

## 2. Carisma, ministério e apostolado – fundamentos cristológico--pneumatológico

A condição laical deve ser entendida como o fundamento cristológico da existência cristã. Ela é a imagem de Cristo gerado no cristão pelo batismo (Cl 1, 15) e as diversas expressões dessa imagem configuram os ministérios que são ferramentas para o apostolado (serviço). Nesse

---
[14] BRIGHENTI, Agenor. "Vaticano II – Medellín – intuições básicas e eixos fundamentais", in *REB* 69 (2009), p. 10.

caso, a ponte entre o arquétipo laical e os ministérios acontece por meio dos carismas. O carisma equipara-se a um elemento catalisador, a uma "eletrosfera" em torno desse núcleo que é a vida crística.[15] Dependendo como esses elementos fontais são arranjados pela força carismática, temos ministérios diferentes regidos por uma força pneumatológica.

Os carismas presentes na Igreja são os carismas de Cristo suscitados (atualizados) em nós pelo Espírito: "é sempre o único e idêntico Espírito o princípio dinâmico da variedade e unicidade na e da Igreja"[16] (1Cor 12,11). O mesmo Espírito que moveu Jesus, move os cristãos e Ele possibilita continuarmos em nosso presente sua ação salvadora: "contei tudo o que Jesus começou a fazer..." (At 1, 1). Isso significa que os carismas não são 'coisas' do Espírito que possam ser sorteadas entre os cristãos (objetificados), mas é autocomunicação em vista do serviço,[17] "de anunciar e instaurar em todas as gentes o Reino e Cristo e Deus",[18] a fim de que "todos os homens se salvem e cheguem ao conhecimento da verdade (1Tm 2,4). Assim, o cristão de todas as épocas, pela força do Espírito, recebe os mesmos carismas para participar e continuar o mesmo ministério de Cristo (a missão dos cristãos não é uma emenda junto à missão de Cristo, mas continuidade dela). Segundo esse pressuposto, a multiplicidade de serviços, provindos dos carismas, constitue os ministérios. Assim, todo ministério é uma continuidade da realidade laical redefinido por um (ou mais) carisma(s).

Os documentos recentes do magistério definem carisma como dons, impulsos especiais, um dom do alto que torna seu portador apto a desempenhar determinadas atividades[19] e graças do Espírito Santo

---

[15] A partir dos carismas, a teologia vocacional desenvolverá a teologia do chamado. O carisma muito mais que um bem ou uma potencialidade psicológica é um chamado específico para a realização do ser, que quando vivido como serviço à comunidade adquire rosto de ministério.

[16] CL 20.

[17] Todo carisma possui um substrato antropológico que contribui para seu exercício. Porém a realidade carismática não poder ser igualada a uma simples moção natural.

[18] LG 5.

[19] Uma interpretação mais contemporânea sugere que o carisma é um núcleo de força vital – fonte – que se esparrama por sobre as vivências. Essa abordagem explica muitos problemas eclesiais. Os cristãos por

ordenados à edificação da Igreja, ao bem dos homens e às necessidades do mundo.[20] Já os ministérios, seguindo a tradição paulina, são vistos como os carismas colocados a serviço da comunidade cristão:[21] "pode ser considerado ministério o carisma que, na comunidade e em vista da missão, assume uma forma de serviço bem determinado, envolvendo um conjunto mais ou menos amplo de funções [...] e seja acolhido e reconhecido pela comunidade eclesial".[22]

A definição de apostolado provém do documento conciliar *Apostolicam Actuositatem*: "A Igreja nasceu para que, dilatando o Reino de Cristo por toda a terra para a glória de Deus Pai, torne os homens participantes da redenção salvadora e por meio deles todo o mundo seja efetivamente ordenado para Cristo. Toda a atividade do Corpo místico orientada para este fim chama-se apostolado".[23] O apostolado é o que resulta do exercício dos ministérios cristãos, é a atividade, o movimento, a ação do corpo.

Apesar de serem três realidades distintas, carisma, ministério e apostolado precisam ser vistos como uma unidade e não como uma fragmentação da vida do cristão (em Cristo, sua identidade se expressa totalmente em suas ações e vice-versa). Esse equilíbrio entre aquilo que se é e aquilo que se expressa constitui uma dimensão da *Imago Dei* na vida humana: "todo ser finito contém seu arquétipo no 'eu sou divino'".[24] É da Trindade que o ser humano deve aprender esse equilíbrio:

---

desconhecerem seu carisma fontal acreditam que os ministérios se assemelham a produtos de uma gôndola de supermercado, que podem ser apropriados livremente. O que acontece nesses casos é que, cedo ou tarde, por não terem a força carismática que alimenta esse ministério, acontecem a desilusão, a desmotivação e a perda de sentido, ou seja, apropriou-se de uma estrutura de serviço, porém não possui força para sustentá-la. As análises atuais de nossas comunidades ao diagnosticarem que um mesmo fiel leigo desempenha uma infinidade de serviços, muitas vezes para os quais não se sente chamado, mas obrigado por uma situação contextual, exemplificam a questão.

[20] Cf. LG 12; CL 24, CNBB, Est. 77, n. 80.

[21] Cf. CL 56.

[22] CNBB, Est. 77, n. 81.

[23] AA 2.

[24] STEIN, Edith. "Ser finito y ser eterno – Ensayo de una ascensión al sentido del Ser", in *Obras completas III – escritos filosóficos (etapa de pensamiento cristiano)*, Burgos; Madrid; Vitoria, 2007, p. 843.

> Seu "Eu Sou" é um presente eternamente vivo, sem começo nem fim, sem lacunas, sem obscuridade. Este "eu vivente" possui em si e por si toda a plenitude; não recebe nada de outra parte: é a fonte donde todas as demais coisas recebem o que possuem [...] Eu Sou significa: eu vivo, eu sei, eu quero, eu amo; tudo isso como uma sucessão ou justaposição de atos temporais [...] O eu divino não é vazio em si, mas sim, o conteúdo em si, abraça e domina toda plenitude [...]"Eu sou" equivale a "eu me dou inteiramente a ti".[25]

Nesse caso, carisma, ministério e apostolado não são coisas, mas é o próprio dinamismo da vida cristã, como uma corrente de vivências. Nesse caso, o "eu" deve aprender a estar inteiramente nas vivências,[26] viver ativo, pleno e consciente[27] a fim de se romper com estruturas dualistas e superar a possibilidade de uma teoria sem prática e vice-versa, a fim de Cristo se forme neles como já expressou Paulo aos Coríntios: "faço o mal que não quero e deixo de fazer o bem que quero" (Rm 7,19).

## 3. O ensino teológico – carisma e ministério

O ministério do ensino da fé (inclusive em sua forma teológica) tem o "carisma de ensino", segundo as listas paulinas (1Cor 12, 28-29; Rm 12,7, Ef 4,11-16), como fundamento pneumatológico, e a dimensão 'profética' batismal como fundamento cristológico. A evangelização por meio do ensino da fé cristã em sua versão sistematizada – ensino teológico – está enraizada na condição batismal. Sua realização ministerial é uma deutero-expressão do múnus profético dado a todo cristão no batismo do qual ninguém pode se ausentar em vista de que a verdade chegue a toda pessoa e aos confins da terra (Mt 28,19-20).

---

[25] Idem, p. 942-943; 947.

[26] "O 'eu' aparece como um ponto móvel dentro do 'espaço' da alma. Onde quer que ele tome posição, ali se acende uma luz de consciência que ilumina em torno: tanto o interior da alma quanto o mundo exterior [...] apesar de sua mobilidade, o 'eu' está sempre ligado àquele ponto imóvel central da alma na qual ela se sente em sua própria casa." STEIN, Edith. "Ser finito y ser eterno – Ensayo de una ascensión al sentido del Ser", in Obras completas III – escritos filosóficos (etapa de pensamiento cristiano), Burgos; Madrid; Vitoria, 2007, p. 1135.

[27] Cf. SC 11

Nesse caso, o ministério do ensino teológico é uma continuação da ação de Cristo no caminho de Emaús: "e começando por Moisés e continuando por todos os profetas, explicou-lhes o que se referia a ele em toda a escritura" (Lc 24,27). A comunidade paulina logo no início do movimento cristão registrou a existência de um carisma relacionado com o ensino da fé e fomentou sua vivência ministerial na comunidade. Na primeira carta aos coríntios ele é chamado de 'mestres' (1Cor 12,28-29), mas já aos romanos aparece claramente a expressão "o ensinamento para ensinar" (Rm 12,7).

Esses fundamentos bíblicos mostram que o ministério do ensino teológico exercido pelos fiéis leigos não deve ser entendido como uma concessão, um benefício, um prêmio ou um indulto, mas uma expressão de sua identidade, ancorado na dimensão profética, vinculado ao mandato missionário, que é entendido por Paulo como condição discipular e ferramenta para o cumprimento da missão eclesial: "ai de mim se não anunciar o Evangelho" (1Cor 9,16). O ministério do ensino da fé é uma expressão da multiforme possibilidade de ferramentas para o anúncio e a evangelização presentes na vida laical, como reconhece, estimula e recorda o documento *Missão e ministérios dos cristãos leigos e leigas* ao elencar o ministério teológico e seu ensino dentro de uma ampla constelação de outros ministérios leigos.[28]

Os documentos conciliares *Apostolicam Actuositatem* e *Lumen Gentium* ao descreverem os campos de apostolado dos fiéis leigos[29] (comunidades, família, jovens, ambiente social, ordem nacional e internacional)[30] e as formas possíveis para se chegar a esse fim (individual e associativa),[31] não registram o ensino teológico como uma dimensão de seu apostolado, mas ao deixarem em aberto a possibilidade de que os fiéis leigos não sejam impedidos de exercerem um ministério suscitado pelo Espírito, fica claro

---

[28] Cf. CNBB, Doc. 62, n. 170.

[29] Cf. AA 6.

[30] Cf. AA 10-14.

[31] Cf. AA 15-22.

também que a missão do Magistério é discernir a presença ou não do carisma para fomentar o ministério pessoal:

> Da recepção destes carismas ainda que os mais simples, nasce para cada um dos fiéis o direito e o dever de, para bem dos homens e edificação da Igreja, os exercerem nesta e neste mundo, na liberdade do Espírito, "que sopra onde quer" (Jo 3,8), e simultaneamente em comunhão com os irmãos em Cristo, sobretudo com seus pastores, a quem pertence julgar a natureza genuína e do ordenado exercício dos mesmos, não certamente para extinguir o Espírito, mas para provar tudo e reter o que é bom (cf. 1Ts 5,12.19.21)[32]

Contudo, no documento conciliar *Gaudium et Spes* aparece uma referência mais clara sobre esse assunto: "É mesmo de desejar que muitos leigos adquiram uma conveniente formação nas disciplinas sagradas e que muitos deles se consagrem expressamente a cultivar e aprofundar esses estudos".[33]

Dessa forma, fica claro que o ensino teológico não é exclusivamente uma função dos fiéis ordenados nem uma derivação destes, mas sim um carisma próprio que conduz a um ministério singular do qual participam tanto os fiéis ordenados e os fiéis leigos, ancorado na missão comum de anunciar o Evangelho segundo a multiforme graça de Deus (1Pd 4,10).

Os documentos do Magistério expressam a urgente necessidade de criar espaços, possibilitar acesso a cursos e capacitação aos fiéis leigos nas diversas áreas do saber em vista da vivência e do exercício de sua vocação e missão. Em se tratando da dimensão teológica, as formações em suas múltiplas áreas de conhecimento (Liturgia, Catequética, Bíblia, Doutrina Social da Igreja,...) quer em nível das paróquias, em centros universitários ou em escolas de teologia parecem começar a se tornarem comum, como prevê o Direito Canônico ao afirmar que, para o desenvolvimento pleno de sua fé e de sua missão, os fiéis leigos têm direito a todo o conhecimento da Verdade

---

[32] AA 3.

[33] GS 62.

"adaptado à capacidade e a condição própria de cada um"[34] inclusive do "direito de adquirir aquele conhecimento mais completo nas ciências sagradas, ensinadas nas universidades e faculdades eclesiásticas ou nos institutos de ciências religiosas, aí frequentando aulas e obtendo graus acadêmicos".[35]

Em contrapartida, no que se refere à formação teológica, os fiéis leigos permanecem como receptores da reflexão teológica, porém despontam pouco como construtores de teologia. No documento *Apostolicam Actuositatem* nos artigos que tratam sobre a formação dos leigos em vista especificamente do apostolado do anúncio e da evangelização (Capítulo VI), os verbos em sua grande maioria aparecem na voz passiva e seus pedagogos – facilitadores – são sujeitos indeterminados (devem ser formados [...], devem aprender [...] devem dar [...], sejam instruídos [...][36])[37].

Percebe-se isso ao proceder como uma abordagem histórica dos últimos dois séculos (1800-1900) onde encontraremos poucos fiéis leigos dedicados à pesquisa e ao ensino teológico.[38] A situação começou a mudar depois do Concílio Ecumênico Vaticano II. Esse descompasso, suas causas e consequências, estudados pelas ciências históricas, sociológicas e pela crítica eclesial

---

[34] CIC 229 §1.

[35] CIC 229 §2.

[36] Cf. AA 31.

[37] O documento conciliar *Apostolicam Actuositatem* no artigo 30 recorda que os fundamentos para o apostolado devem ser dados nas esferas familiar, eclesial e educacional pelos pais, pelos catequistas, pelos educadores cristãos e pelos companheiros de apostolado. Porém, na formação específica para a evangelização e anúncio, não são citados seus agentes formadores e pode levar a sugerir, numa visão mais estrita, por causa da falta de clareza, serem apenas os ordenados. Esse artigo defende que os fiéis leigos são agentes formadores para o anúncio e evangelização e não somente seus receptores.

[38] É de justa memória recordar de Edith Stein (1891-1942). Durante um amplo período após sua conversão ao cristianismo (1922-1933), seguindo seu itinerário científico-filosófico, dedicou-se também a produção teológica utilizando recursos da fenomenologia enquanto trabalhava como professora no Liceu Santa Maria Madalena em Spira, Alemanha. Dentre as obras e conferências devem ser recordadas as seguintes: *Apontamentos sobre os Institutos monásticos na formação religiosa da juventude* (1929), *Conhecimento, verdade e ser* (1930-1931), *Liberdade e Graça* (1930), *Educação eucarística* (1930), *O Mistério do Natal* (1931), *Determinação vocacional da mulher* (1931), *Vocação do homem e da mulher segundo a natureza e a graça* (1931), *A mulher como membro do Corpo de Cristo* (1932), *A formação da pessoa humana* (1932-1933), *Antropologia Teológica* (1933). Seguirá a essas obras teológicas do período em que viveu como leiga um segundo compêndio do período em que foi religiosa carmelita (1933-1942) Cf. Fermin, Javier Sancho. *"Introducción General"*, in *Obras completas I – escritos autobiográficos y cartas*. Vitória; Madrid; Burgos, 2002, p. 69-96.

não fazem parte do objeto de estudo deste capítulo, de forma que podemos ocupar mais tempo em torno da certeza que o ensino teológico constitui uma dimensão operante do apostolado dos fiéis leigos, como prevê o Direito Canônico ao afirmar que aqueles que possuem "as disposições estabelecidas no tocante à idoneidade requerida, são hábeis para receber da legítima autoridade eclesiástica o mandato de ensinar as ciências sagradas".[39] O que o Direito reconhece e quer preservar é a realidade carismática presente no ensino da fé que pode ser semeado pelo Espírito em qualquer batizado.

A partir da abertura provocada pelos documentos conciliares, os documentos do Magistério que se seguiram passam a indicar o ministério do ensino teológico, gerado a partir de carisma específico do qual os fiéis leigos também participam, como um apostolado a serviço da evangelização e edificação da Igreja. Para ilustrar segue um breve recorte textual:

> Os fiéis leigos são formados pela Igreja e na Igreja, numa recíproca comunhão e colaboração de todos os seus membros: sacerdotes, religiosos e fiéis leigos [...] por sua vez, os próprios fiéis leigos podem e devem ajudar os sacerdotes e religiosos em seu caminho espiritual e pastoral.[40]
> Quanto aos teólogos, em razão de seu próprio carisma, cabe também a eles participar da edificação do Corpo de Cristo na unidade e na verdade, e sua contribuição, mais do que nunca, é necessária para uma evangelização em nível mundial que exige esforços do inteiro povo de Deus.[41]
> Reconhecendo a diversidade de dons e de funções que o espírito coloca a serviço da comunidade, particularmente o dom de ensinar, a Igreja concede sua estima àqueles que manifestam uma capacidade particular de contribuir para a construção do Corpo de Cristo pela competência que tem na interpretação da Escritura [...] Um motivo de satisfação é dado a nossa época pelo número crescente de mulheres exegetas que trazem mais de uma vez à interpretação da Escritura novas visões mais penetrantes e colocam em evidência aspectos que tinham caído no esquecimento.[42]

---

[39] CIC 229 §3.

[40] CL 61.

[41] CONGREGAÇÃO PARA A DOUTRINA DA FÉ. *Instrução sobre a vocação eclesial do teólogo*. São Paulo, 1990, p. 35.

[42] PONTIFÍCIA COMISSÃO BÍBLICA. *A interpretação da Bíblia na Igreja*. São Paulo, 1994, p. 123-124.

Constata-se com alegria que cresce na Igreja do Brasil o número de teólogos e teólogas leigos que assumem a missão da assessoria teológica junto às comunidades, da reflexão sistemática da fé e do ensino nas diversas escolas teológicas dos pais.[43]

Os leigos que forem capazes e que se formarem para isto podem dar sua colaboração na formação catequética, no ensino das ciências sagradas e atuar nos meios de comunicação social.[44]

## 4. Panorama do apostolado dos fiéis leigos no ensino teológico

O ministério do ensino teológico por parte dos fiéis leigos é um apostolado em exercício na maioria das comunidades paroquiais por meio de assessorias, palestras e formações como também nos cursos regulares de teologia mantidos por instituições de ensino. Isso significa que a inspiração conciliar fecundou a vida eclesial e despertou os fiéis leigos para a consciência de um novo carisma e a vivência de um novo ministério até então pouco exercido.

Para ilustrar essa afirmação segue um breve recorte da realidade de alguns cursos de teologia no Brasil. Na confecção dessa amostragem foram consultadas 33 instituições de ensino superior que possuem cursos de teologia autorizados ou reconhecidos pelo Ministério da Educação (MEC) espalhados em todas as regiões do país, porém apenas 11 instituições se manifestaram. A consulta verificou a presença dos fiéis leigos na docência de disciplinas especificamente teológicas nos cursos de teologia. Esse recorte não contempla a totalidade desse ministério – fica de fora um segundo compêndio de cursos de teologia não reconhecidos civilmente, onde muitos fiéis leigos exercem esse ministério –, mas ajuda a desenhar um novo cenário, um novo campo de apostolado dos fiéis leigos.[45]

---

[43] CNBB, Doc. 62, n. 170.

[44] CEC 906.

[45] A pesquisa foi realizada por meio de email encaminhado aos respectivos coordenadores de curso ou diretores. Os dados foram recolhidos no período de 2 a 24 de agosto de 2012 e as autorizações para publicação dessas informações encontram-se nos emails de resposta que estão em posse do autor do capítulo.

Ver tabela:

| Instituição | Total de professores | Fiéis leigos | | Fiéis ordenados |
|---|---|---|---|---|
| | | Mulher | Homem | |
| FAMIPAR<br>Faculdade Missioneira do Paraná – Cascavel / PR | 14 | 4 | 1 | 9 |
| FAPAS<br>Faculdade Palotina de Santa Maria – Santa Maria / RS | 14 | 1 | 1 | 12 |
| DEHONIANA<br>Faculdade Dehoniana – Taubaté-SP | 23 | 4 | 3 | 16 |
| PUC – SP<br>Pontifícia Universidade Católica de São Paulo – São Paulo-SP | 22 | 2 | 2 | 18 |
| FAJE<br>Faculdade Jesuíta – Belo Horizonte / MG | 27 | 2 | 3 | 22 |
| FACAPA<br>Faculdade Católica de Pouso Alegre – Pouso Alegre-MG | 14 | 1 | 1 | 12 |
| UNICAP<br>Universidade Católica de Pernambuco – Recife-PE | 13 | 2 | 6 | 5 |
| CATÓLICA DE SANTA CATARINA*<br>Centro Universitário – Católica de Santa Catarina – Joinville-SC | 9 | 2 | 2 | 5 |
| ESTEF<br>Escola Superior de Teologia e Espiritualidade Franciscana – Porto Alegre-RS | 21 | - | 5 | 16 |
| ISTA<br>Instituto Santo Tomás de Aquino – Belo Horizonte-MG | 25 | 7 | 6 | 12 |
| ITESP<br>Instituto São Paulo de Estudos Superiores – São Paulo / SP | 36 | 6 | 6 | 24 |

* Conforme informado pelo coordenador de curso no e-mail de resposta, o reduzido número de professores no curso deve-se ao fato de ele ter iniciado em janeiro de 2012.

Observação: Nessa amostragem os religiosos estão contemplados dentro da dimensão Fiéis leigos seguindo a nomenclatura presente no cânone 207 do Código de Direito Canônico. Os diáconos e os religiosos presbíteros estão registrados apenas na dimensão Fiéis ordenados.

Os dados acima demonstram que o ensino teológico é um apostolado permanente, vivo e operante por parte dos fiéis leigos. Aqui o significativo não são os valores numéricos, pois não se trata de uma profissão que possa ser regida pelos princípios de igualitarismo, mas sim de um carisma suscitado pelo Espírito na comunidade cristã em vista da missão comum da evangelização. Esse panorama reflete aquela certeza batismal de que toda a Igreja, em todos os seus membros, exerce uma função pedagógica de conduzir a humanidade a Cristo e apresentar ao mundo as riquezas da fé.[46]

## 5. Novos tempos e os desafios para o anúncio e a evangelização

Durante muito tempo, pouca clareza se teve sobre a existência e o exercício de um apostolado intelectual nas comunidades cristãs, apesar de que a Igreja sempre tenha desenvolvido a cultura e mantido um vasto número de universidades. Talvez seja esse um dos motivos pelos quais os fiéis leigos ignoraram a presença desse carisma do ensino teológico em suas vidas durante algum tempo. A percepção de que o estudo e o ensino da fé podem ser elementos de santificação sempre foi gradativo como demonstra Santa Edith Stein:

> [...] Que seja possível cultivar a ciência como culto divino é algo que tem se tornado cada vez mais claro depois de ter-me encontrado com Santo Tomás, e somente como consequência disso tenho me decidido a retomar outra vez seriamente o trabalho científico. Durante algum tempo anterior a minha conversão e

---
[46] Cf. CL 62

ainda depois, durante certo tempo, cheguei a pensar que viver uma vida religiosa significaria deixar de lado todo o terreno e viver tendo o pensamento único e exclusivamente nas coisas divinas. Porém, pouco a pouco, tenho compreendido que este mundo nos exige outra coisa, que está incluindo na vida mais contemplativa não o corte de relações com o mundo; creio, inclusive, que quanto mais profundamente alguém está inserido em Deus, tanto mais deve sair de si mesmo e adentrar ao mundo para comunicar-lhe a vida divina [...].[47]

Torna-se cada vez mais claro que o exercício do ministério do ensino teológico não é apenas um acessório no processo de anúncio e evangelização, mas um serviço peculiar e necessário em vista do diálogo com os homens e mulheres de boa vontade. Com certeza, muitos carismas ainda permanecem em silêncio em nossas comunidades sem ainda terem desabrochado como ministérios, pois aqueles que conhecemos não esvaziam a multiforme graça de Cristo: quem de nós pode prever a ação do Espírito ou conhecer a totalidade de seus carismas e ministérios?

A grande missão da Igreja no limiar desses novos tempos, para ser fiel ao espírito do Concílio Ecumênico Vaticano II, em vista de uma eficaz nova evangelização, é estimular que todos os cristãos, discípulos missionários, portadores dos múltiplos carismas e dos diversos ministérios, saiam do anonimato e sejam sal da terra e luz do mundo (Mt 5,13), contribuindo com Cristo para que Ele seja tudo em todos (1Cor 15,28). O ministério do ensino teológico quer exercido no interno ou no externo das comunidades, pelos fiéis leigos ou fiéis ordenados, é uma preciosa ferramenta no processo de ensinar o coração humano "que o essencial é invisível aos olhos".[48]

---

[47] STEIN, Edith. "Carta a Calista Kopf", in *Obras completas I* – escritos autobiográficos y cartas, Burgos; Madrid; Vitoria, 2002, p. 809.

[48] SAINT-EXUPÉRY, Antoine. *O pequeno príncipe.* Rio de Janeiro, 1980.

## Bibliografia

*BÍBLIA de Jerusalém*. Nova edição, revista. São Paulo: Paulinas, 1989.

BOROBIO, Dioniso (org.). *A celebração na Igreja – Liturgia e sacramentologia fundamental*. São Paulo: Loyola, 1990.

BRIGHENTI, Agenor. "Vaticano II – Medellín – intuições básicas e eixos fundamentais". In *Revista Eclesiástica Brasileira 69* (2009), Petrópolis, p. 5-26.

*Catecismo da Igreja Católica*. 11. ed. São Paulo: Loyola, 2001.

*Código de Direito Canônico*. 2. ed. São Paulo: Loyola, 2002.

CONFERÊNCIA NACIONAL DOS BISPOS DO BRASIL. *Missão e ministérios dos leigos e leigas cristãos*. São Paulo: Paulus, 1998. (Documentos de estudo da CNBB 77).

_____. *Missão e ministérios dos cristãos leigos e leigas*. São Paulo: Paulinas, 1999. (Documentos da CNBB 62).

CONCÍLIO ECUMÊNICO VATICANO II. "Constituição *Sacrosanctum Concilium* sobre a Sagrada Liturgia". In *Documentos do Concílio Ecumênico Vaticano II*, 3. ed. São Paulo: Paulus, 2004, p. 33-86.

_____. "Constituição Dogmática *Lumen Gentium* sobre a Igreja". In: *Documentos do Concílio Ecumênico Vaticano II*. 3. ed. São Paulo: Paulus, 2004, p. 101-197.

_____. "Constituição Pastoral *Gaudium et Spes* sobre a Igreja no mundo de hoje". In: *Documentos do Concílio Ecumênico Vaticano II*, 3. ed. São Paulo: Paulus, 2004, p. 539-661.

_____. "Decreto *Apostolicam Actuositatem* sobre o apostolado dos leigos". In: *Documentos do Concílio Ecumênico Vaticano II*. 3. ed. São Paulo: Paulus, 2004, p. 369-409.

CONGREGAÇÃO PARA A DOUTRINA DA FÉ. *Instrução sobre a vocação eclesial do teólogo*. São Paulo: Paulinas, 1990.

FERMIN, Javier Sancho (dir.). Introducción General. In: *Obras completas I – escritos autobiográficos y cartas*. Vitória; Madrid; Burgos: El Carmen; Editorial de Espiritualidad; Monte Carmelo, 2002, p. 41-145.

GERALDO, Márcia Teresinha César Mine. "O laicado no Documento de Aparecida". In: *TQ – Teologia em Questão* 16 (2209), p. 41-59.

JOÃO PAULO II. Exortação apostólica "Christifideles laici *do santo padre João Paulo II* sobre a vocação e missão dos leigos na Igreja e no mundo. 3. ed. São Paulo: Paulinas, 1989.

PONTIFÍCIA COMISSÃO BÍBLICA. Documento da Igreja: *A interpretação da Bíblia na Igreja*. São Paulo: Paulinas, 1994.

SAINT-EXUPÉRY, Antoine. *O pequeno príncipe*. 21. ed. Rio de Janeiro: Agir, 1980.

STEIN, Edith. *Obras completas I – escritos autobiográficos y cartas*. Vitória; Madrid; Burgos: El Carmen; Editorial de Espiritualidad; Monte Carmelo, 2002.

_____. *Obras completas II – escritos filosóficos (etapa fenomenológica)*. Vitória; Madrid; Burgos: El Carmen; Editorial de Espiritualidad; Monte Carmelo, 2005.

_____. *Obras completas III – escritos filosóficos (etapa de pensamiento cristiano)*. Vitória; Madrid; Burgos: El Carmen; Editorial de Espiritualidad; Monte Carmelo, 2007.

_____. *Obras completas IV – escritos antropológicos y pedagógicos*. Vitória; Madrid; Burgos: El Carmen; Editorial de Espiritualidad; Monte Carmelo, 2003.

# 21

# OS MEIOS DE COMUNICAÇÃO SOCIAL E A EVANGELIZAÇÃO

*Inter Mirifica*

**Tarcísio Justino Loro**
Doutor em Geografia Humana pela USP
Doutor em Teologia pela Pontifícia Faculdade de Teologia
Nossa Senhora da Assunção
Professor na Faculdade de Teologia Nossa Senhora da Assunção da PUC-SP
Presbítero da Arquidiocese de São Paulo

---

A comunicação é fenômeno humano, com conteúdos, vínculos e interações que marcam profundamente os sujeitos e as culturas. Deste quadro emergem os Meios de Comunicação Social, cada vez mais presentes na sociedade, sobretudo entre as novas gerações. A comunicação é chamada a servir à verdade e à promoção do bem comum, configurando para a Igreja um novo horizonte de missão.

A Igreja, convicta da missão que recebeu do mestre "Ide, pois e ensinai a todas as nações" (Mt 28,19), sente cada vez mais a responsabilidade de a todos evangelizar, isto é, anunciar Jesus cristo e sua mensagem a todos os povos. Nos dois últimos milênios, as cidades foram aparecendo em todos os lugares e os homens marcaram sua presença nos espaços mais distantes. Com isso, a vocação missionária da Igreja alargou-se. A comunicação dos conteúdos evangélicos precisou buscar novos canais de comunicação, não eram mais suficientes o púlpito, o templo ou o confessionário. A missão da Igreja foi requerendo cada vez mais outros canais ou outros meios capazes de levar às pessoas a Boa Nova para além do espaço paroquial. A Igreja, mesmo com sua presença marcante, em todos os continentes, ainda assim, necessita dos MCS para atingir as pessoas nos espaços sociais onde elas se encontram. Com o desenvolvimento progressivo dos canais de comunicação social, a realidade eclesial missionária ganhou novos destinatários, o que obrigou a Igreja a repensar sua missão evangelizadora. Evidentemente, este repensamento não se limita ao uso técnico dos meios de comunicação social, mas envolve o conhecimento da linguagem própria de cada meio, a postura e o preparo dos comunicadores, a seleção e combinação dos conteúdos a serem veiculados.

Essas preocupações, tão relevantes para os anos 60, tempos do acelerado despertar dos meios de comunicação social, encontram o acolhimento oficial da Igreja no Decreto *Inter Mirifica*. Segundo documento aprovado durante o

Concílio Vaticano II, portanto, é um dos primeiros textos conciliares, o que mostra, de certa forma, a intenção do Concílio de se comunicar com a humanidade; o último texto do Concílio "*Gaudium et Spes*" vai retornar ao ponto de partida, explicitando o desejo de toda a Igreja de dialogar com todos os homens. Por isso, podemos dizer que é mérito do Decreto *Inter Mirifica* apresentar a questão da comunicação a toda Igreja e convocá-la para uma reflexão responsável sobre os Meios de Comunicação Social, sem os quais a igreja não cumpre plenamente sua missão. Certamente, este "pequeno" decreto vai apontar como uma bússola a direção das principais preocupações de a Igreja conciliar, uma vez que esta deseja encontrar uma nova forma de encontrar os homens e falar com eles sobre Jesus Cristo e seu Reino. Aparece a forte consciência de que não basta estar no mundo, é necessário ir ao encontro dos "distantes", especialmente os que não vivem em comunhão em toda a Igreja. Este decreto, desta forma, oficializa novas perspectivas do "estar no mundo" que não pode dispensar as novas formas de comunicação.

## 1. Os MCS e a evangelização

Com o surgimento do Decreto *Inter Mirifica* a Igreja reconhece publicamente a importância dos meios de comunicação de massa, como instrumentos capazes de levar a Boa Nova a todos os lugares e admite seu valor no desenvolvimento de indivíduos e da sociedade. O *Inter Mirifica* tem um valor imenso por ser o primeiro documento pontifício a tratar da comunicação de massa. Os MCS e a evangelização estão profundamente interligados: de um lado, os instrumentos indispensáveis ao processo comunicativo, e de outro, o conteúdo evangelizador a ser veiculado.

O modelo a ser seguido em toda a trajetória da Igreja em relação à comunicação se encontra na Trindade. A Teologia da Comunicação reflete sobre esta questão, mostrando que a comunicação trinitária deve ser o modelo a ser alcançado pelos homens. As três Pessoas trinitárias se comunicam eternamente na reciprocidade do amor infinito e no respeito à diversidade nascida da identidade de cada Pessoa. Na economia da salvação contemplamos um Deus que anseia partilhar com a obra criada as riquezas de seu amor benevolente,

> A comunhão da Santíssima Trindade não é fechada sobre si mesma. Ela se abre para fora. Toda criação significa um desdobramento de vida e de comunhão das três divinas Pessoas, convidando todas as criaturas, especialmente as humanas, para também entrarem no jogo da comunhão entre si e com as divinas.[1]

Na vida da Trindade tudo é relação de amor, de gratuidade, de alteridade. Há uma relação de comunhão não somente como elemento fundante do encontro entre as pessoas divinas, mas como princípio vital.

> No princípio está não a solidão de Um, de um Ser eterno, sozinho e infinito. Mas, no principio, está a comunhão dos três Únicos. A Comunhão é a realidade mais profunda e fundadora que existe. É por causa da comunhão que existe o amor, a amizade, a benquerença e a doação entre as pessoas humanas e divinas.[2]

As Sagradas Escrituras, como também toda a criação revelam-nos um Deus comunicador. Ele não se restringe a sua comunicação da riqueza divina, mas extrapola o mundo íntimo da Trindade, para dialogar com os seres humanos, a fim de transmir-lhes amor e potencializá-los para o amor.

> O Deus da revelação judaico-cristã não é somente um Deus comunitário e comunicado para o interior de si mesmo. É um Deus "extrovertido", um Deus que sai de si mesmo e se projeta para além de si mesmo em gestos sucessivos de comunicação.[3]

---

[1] Boff, L. *A Santíssima Trindade é a melhor comunidade*. 4. ed. Petrópolis: Vozes, 1996, p. 20.

[2] Ibidem, p. 29.

[3] Diez, F. M. *Teologia da Comunicação*. São Paulo: Paulinas, 1997, p. 51.

Ao longo da história, Deus utilizou diversas formas de comunicação para dialogar com a humanidade. Dentre elas, destacamos a Palavra e os Sinais dos Tempos. Sem dúvida, Deus busca sempre se comunicar com seus filhos, deseja estabelecer com eles relações de amor em busca da justiça e da paz. A vocação à comunicação de todos os seres humanos está na raiz de sua criação, chamados a comunicar como Deus se comunica. Na trindade não há exclusão, mas perfeita intercomunhão de amor. Este deve ser o paradigma a nortear a comunicação entre as pessoas humanas. A comunicação amorosa da verdade na busca da verdadeira justiça e paz. É a partir deste principio que o homem recupera a originalidade da comunicação humana – "Façamos o homem a nossa imagem e semelhança" (Gn 1,26). O ser humano está destinado a imitar, ainda que de modo imperfeito, a Trindade. O paradigma da comunicação humana se encontra no interior da Trindade. Por isso, é com esta base teológica que o ser humano deve construir sua ação comunicadora. E é sobre esta mesma base que a Igreja deve orientar os Meios de Comunicação Social. Neste sentido, o Documento *Inter Mirifica* dá os primeiros passos para garantir a comunicação que busca os valores do Reino.

Outro elemento teológico de extrema importância para compreendermos a teologia da comunicação vamos encontrar na encarnação, que é o ápice da autocomunicação de Deus, pelo Espírito.

> A pedagogia divina da comunicação conhece seu ápice no mistério da encarnação. Deus não limitou sua comunicação à mediação da palavra ou da imagem. Ele a levou até o limite insuspeito da encarnação. Deus assumiu a condição humana, encarnou-se, para que um homem, Jesus de Nazaré, fosse pessoalmente a Palavra e a imagem do Deus invisível. Na encarnação, a Palavra e a imagem adquirem toda a sua função reveladora e comunicadora. A encarnação é o nível mais alto da comunicação entre Deus e o homem. Em Cristo, Deus dá-se a conhecer plenamente. Ele e a exegese de Deus. Já não é mais possível o acesso ao conhecimento e à comunicação com Deus, se não for através de Jesus, o Cristo.[4]

---

[4] Diez, F. M. Op. cit., p. 224.

## 21 – Os meios de comunicação social e a evangelização

Sem dúvida, a encarnação amplia e concretiza os canais de comunicação humana com Deus. O Verbo assume na encarnação os códigos humanos para que se torne possível o encontro com os seres humanos. Não apenas a língua se torna instrumento, mas também os gestos humanos, as atitudes de Jesus são conhecidas e interpretadas pelos homens de seu tempo, porque carregam a marca do comportamento quotidiano. Jesus fala, caminha, come, ora, abraça e se deixa abraçar. Todos estes canais são excelentes códigos por meio dos quais passa a mensagem do Senhor. De forma semelhante, os Meios de Comunicação são vistos pelo Concílio no Decreto *Inter Mirifica*. Este documento não repele este ou aquele meio, mas busca ver em todos potencialidades comunicativas, formas-meio de levar até às pessoas a Boa-Nova do Evangelho. O Decreto fala com certo entusiasmo de "engenho humano", como maravilhosas conquistas da técnica. A preocupação, portanto, do Concílio reside não no meio, mas no conteúdo a ser veiculado. Assim, podemos dizer que o paradigma da encarnação se repete na medida em que os meios são todos bons em si mesmos e que estes meios podem estar a serviço da transmissão da mensagem divina. Por outro lado, o papa Paulo VI ao enfatizar a importância dos meios de comunicação não anula a possibilidade do mau uso. Embora seja um bem em si mesmo, dissociado do valor moral, pode constituir-se uma ruína para a sociedade. Assim, insiste o documento que o homem deve usar retamente estes meios para conduzir todos os homens à salvação, para promover a dignidade humana. A formação da consciência, tanto dos comunicadores como dos receptores têm importância singular. A reta consciência sobre a informação, na obtenção e divulgação, integra a verdade e a justiça. Desta forma, tocamos a primazia da ordem moral sobre a arte ou outra forma de divulgação. Ao falar do mal moral, o documento vê a possibilidade, com o auxílio dos meios de comunicação social, de conhecer e descobrir melhor o ser humano e fazer com que se resplandeçam e se exaltem a verdade e o bem. A contraposição do mal e o bem pode criar também oportunos efeitos dramáticos. Todavia, para que não produzam maiores danos às pessoas, devem acomodar-se plenamente às leis morais. É de responsabilidade de todos a sábia escolha dos programas para evitar danos espirituais que acabam favorecendo o mau exemplo e dificulte a boa ação. A todos os jornalistas, atores e produtores convém não causar prejuízo ao bem comum. Cabem as autoridades civis a defesa e a tutela da verdade e da liberdade para os jovens. Os MCS devem servir ao apostolado, tarefa especialmente dedicada aos leigos. Enfim, o Concílio convida a todos os homens de boa vontade, especialmente aqueles que atuam nos MCS, a que se esforcem na utilização dos mesmos para propor cada vez mais uma sociedade mais justa e fraterna.

## 2. Uma nova consciência diante dos Meios de Comunicação Social

A comunicação é uma das mais importantes necessidades de todo ser humano. Por meio dela a humanidade pode construir a comunhão na diversidade das raças, línguas, culturas e credos, pois, entendemos que a comunicação é a vocação de todas as pessoas. O conhecimento de Jesus e de seu Reino pode gerar as condições para que a humanidade caminhe na construção desta legítima vocação. Os meios de Comunicação Social são facilitadores do conhecimento, incluindo o Evangelho, são meios disponíveis para marcar a presença da igreja-missionária em todos os ambientes sociais. Com a evolução e a criação de novas técnicas, a comunicação se tornou mais sofisticada, dando origem a nossas possibilidades comunicativas. Hoje, por exemplo, contamos com a *Internet*, espaço virtual que pode perfeitamente acolher uma mensagem bíblica. Apesar de a história da comunicação se confundir com a história humana, a comunicação de massa é um fenômeno recente. Muitos atribuem seu início a Guttenberg, quando da invenção de imprensa. Os livros produzidos em série a partir do século XV e os primeiros jornais no século XVII foram logo recebendo novos companheiros: o cinema, fim do século XIX, o rádio e depois a televisão no início do século XX. A Igreja, porém, acompanhava tais meios com desconfiança, assistindo ao emprego dos mesmos para fins pouco virtuosos.

O Decreto *Inter Mirífica*, depois de alertar para o uso dos meios de comunicação a favor dos desígnios de Deus, manifesta sua preocupação diante do mau uso destes meios:

> A Igreja, como mãe, sabe que esses meios, se usados corretamente, prestam um enorme serviço ao gênero humano, dão eminente contribuição para o lazer e o cultivo dos espíritos e ajudam a propagar e a tornar mais consistente o reino de Deus. Mas sabe também que esses mesmos meios podem ser usados contra os propósitos do Criador e contribuir para a degradação dos seres humanos.[5]

Diante dessa constatação, reivindica para si o dever de orientar seus fiéis, dizendo que "os pastores têm a incumbência de formar e orientar os féis no uso desses meios, em vista de seu próprio aperfeiçoamento e de toda a família humana".[6]

O papa e os padres conciliares, por meio desse Decreto, recomendam vivamente o uso desses meios, e o direito de possuí-los, afirmando: "A Igreja tem, pois, um direito radical de possuir e usar desses meios como úteis à educação cristã e ao seu trabalho em vista da salvação das almas".[7]

Sem dúvida, essas afirmações conciliares apontam para a nova consciência da Igreja diante dos Meios de Comunicação Social. Consciência esta que não dispensa a tarefa a ser levada com extrema seriedade a preparação dos comunicadores, leigos, religiosos e sacerdotes, o que inclui desenvolver a capacidade de transmitir, com clareza e objetividade, os ensinamentos de Cristo.

---

[5] IM 2.

[6] IM 3.

[7] IM 3.

A comunicação deve ser honesta e conveniente, respeitando escrupulosamente as leis morais, o legítimo direito e a dignidade das pessoas, tanto na investigação como na divulgação.[8]

O Decreto, a partir desses pressupostos, apresenta um programa ético para os comunicadores do mundo inteiro: direito à informação a respeito de tudo, observando as regras da honestidade, integridade, caridade e justiça em vista da dignidade de todas as pessoas. Nesta mesma direção, o texto orienta os comunicadores a tratarem com o devido respeito os assuntos religiosos.

Depois deste programa ético, o Decreto convoca com certa urgência a todos os filhos da Igreja a utilizarem os meios de comunicação para o apostolado. Os pastores devem ter a consciência de que sua missão profética, essencial ao pastoreio, encontra sua facilitação no uso dos *mass mídia*. Exorta o Concílio no sentido para que estes meios tenham todo o apoio da Igreja e seus fiéis, "promova-se, antes de tudo, a boa imprensa... admoestem-se os católicos da necessidade de ler e difundir a imprensa católica para formar cristãmente sua opinião e das pessoas com quem convivem".[9] Em relação aos filmes, fala o texto conciliar "a produção e a exibição de filmes pra divertimento honesto, proveito cultural e artístico, especialmente dos jovens, desejam favorecidas e promovidas, com efetiva ajuda de todos.[10] Da mesma forma, a Igreja pede o apoio de todos para "as boas transmissões radiofônicas e os bons programas de televisão, especialmente os que favoreçam a vida familiar".[11]

Enfim, podemos dizer que a nova consciência da Igreja acerca dos MCS foi manifestada pelo Decreto *Inter Mirifica*, mesmo que engatinhando na reflexão sobre a comunicação e evangelização, este decreto marca a introdução do tema comunicação de massa a serviço da evangelização,

---

[8] IM 5.
[9] IM 14.
[10] Idem, 14.
[11] Ibidem, 14.

nas preocupações de toda a Igreja. Importante recordar que até o Concílio vaticano II, os meios de comunicação eram vistos com sérias preocupações, especialmente no campo da ética cristã, agora passa a ter um tratamento menos crítico para uma posição mais utilitarista dos *mass mídia*.

A Igreja reunida em assembleia conciliar declara sua obrigação e seu direito de utilizar estes instrumentos de comunicação social na dinâmica da ação missionária. A nova consciência revelada pelo decreto aparece em dois eixos: de um lado a utilização dos meios pela Igreja em sua ação missionária, e de outro, a questão dos deveres da sociedade em "vigiar" a utilização dos mesmos para que transmitam apenas o bem. Enfim, o Concílio oficializa o interesse da Igreja em conhecer melhor a linguagem e as respectivas técnicas a fim de utilizar os meios com mais eficiência.

## 3. A utilização dos Meios de Comunicação: a formação dos agentes (emissores e receptores)

É a partir desta nova consciência que a Igreja "abençoa a utilização dos meios" e sente a necessidade de utilizá-los e expandi-los. Sem dúvida, perpassa todo o documento a preocupação com os autores e receptores. Estes, como alvo direto de todas as mensagens e informações veiculadas pelos meios, necessitam de orientação especial.

> O uso correto dos meios de Comunicação social à disposição dos receptores de diversas culturas e idades exige que estes sejam formados e treinados para tirar o devido proveito, especialmente, quando se trata de jovens.[12]

Nesse diapasão, os leigos são especialmente convocados pela Igreja para animar com espírito cristão os *mass mídia* a fim de que possam corresponder *às exigências da comunidade humana e aos objetivos cristãos.*

---

[12] IM 16.

Estas colocações mostram, claramente, que a Igreja tem uma forte preocupação moral na utilização dos meios de comunicação social. Reconhece que existe sempre o perigo eminente de se fazer destes instrumentos o espaço da deformação moral. A presença do dualismo, bem e mal, sempre se encontra na literatura eclesial. Não seria este documento diferente dos demais. Por outro lado, seria menos dramático olhar para o documento de forma mais positiva. A positividade aparece no próprio título do decreto, "dentre as maravilhas", que Deus permitiu que o engenho humano criasse, encontram-se os meios de comunicação social.

De fato, nesta expressão "dentre as maravilhas", encontramos o elemento indicativo de uma nova postura da igreja com relação aos Meios de Comunicação Social, o engenho humano alcançou conquistas maravilhosas no campo da técnica que revolucionou a maneira de ser e de pensar dos seres humanos. Não menos maravilha é o uso destes meios de comunicação, o que supõe não apenas a formação técnica, mas também teológica e pastoral. Os comunicadores devem ser competentes. Esta competência passa pelo ensino programado das escolas de comunicação dirigidas pela Igreja e pelos seminários de formação sacerdotal. Os sacerdotes como futuros comunicadores devem ter a oportunidade de conhecer a teoria da comunicação e todas as técnicas pertinentes a cada gênero de jornalismo. O decreto insiste na necessidade de preparar os leigos para o uso correto dos meios de comunicação, dizendo

> É preciso começar por preparar os leigos do ponto de vista doutrinário, moral e técnico, multiplicando escolas, institutos e faculdades de comunicação, em que jornalistas, autores, cineastas, radialistas, comunicadores de televisão e todo pessoal necessário recebam uma formação imbuída do espírito cristão, especialmente no que concerne à doutrina social da Igreja.[13]

Ao lado das preocupações com o conteúdo a ser veiculado, faz menção o documento a outro eixo de atenção e vigilância, debaixo da palavra "de-

---

[13] IM 15.

ver". Assim, o documento chama à responsabilidade receptores, pais e jovens, autores e autoridade civil. Todos, indistintamente, devem buscar o bom uso dos meios, o que significa formar a consciência para a pluralidade, opção pelo bem, diante do uso da liberdade humana e uma atitude de orientação e vigilância diante dos jovens. Por meio de uma frase um tanto "ingênua" para os dias de hoje, o documento fala que é dever dos pais "impedir que entrem no lar ou cheguem às mãos de seus filhos espetáculos e publicações prejudiciais à fé e aos bons costumes". Na mesma tônica, encontramos uma forte advertência aos poderes constituídos de serem sentinelas atentas na proteção à autêntica liberdade de informação, inclusive na promoção da religião, cultura e artes, como também proteger os legítimos direitos dos receptores.

Uma das mais fortes preocupações do texto conciliar em análise diz respeito à formação dos autores e receptores. A distância entre ambos é a mensagem veiculada pelos *mass mídia*. Mas, neste aspecto estão ambos comprometidos com a necessidade de "formação" especializada. O documento fala em "uso correto dos meios de comunicação social". Fica muito claro no texto que a improvisação não é o melhor caminho, mas que os sacerdotes, religiosos e leigos sejam preparados para exercer bem as funções específicas inerentes aos mesmos.

É a partir desta visão profética que a Igreja, nos mais diversos lugares do mundo, desempenhou seu papel de preparar agentes de pastoral para o desempenho missionário por meio das *mass mídia*. Esta preocupação conciliar se tornou uma grande motivação para que congregações religiosas e também dioceses se empenhassem na formação dos agentes por meio da fundação de escolas especializadas em comunicação. Com os impulsos vindos do texto conciliar em análise, muitas experiências se desenvolveram no seio da Igreja.

## 4. A criação do Dia anual para as comunicações

Esse dia, pede o documento, seja celebrado nas dioceses do mundo inteiro com o objetivo de ensinar aos fiéis seus deveres no que diz respeito aos meios de comunicação. Ainda hoje, é um marco importante na vida da Igreja uma vez que se tornou um momento de reflexão sobre a necessidade da comunicação no processo evangelizador. Neste dia, a Igreja tem a possibilidade de apresentar aos fiéis os frutos já colhidos pelas comunicações sociais sob sua orientação, de rezar pela causa e recolher fundos para as iniciativas da Igreja neste setor. Como também trabalhar a consciência de todos, de tal forma que os católicos sejam convidados a uma participação cada vez maior com o processo evangelizador. O Dia das Comunicações Sociais tornou-se um dia a mais de tomada de consciência sobre as responsabilidades de todos, diante de nossas fraquezas e esperanças sobre a utilização dos *mass mídia*.

## 5. Criação de estruturas em nível diocesano, nacional e mundial

Esta nova estrutura teve início no próprio Vaticano com a criação de um Secretariado Especializado para os assuntos da comunicação com a presença de especialistas, inclusive leigos, de diversos países. Logo após, apareceram os Secretariados nacionais como ponto de referência para todas as dioceses do país. O texto conciliar apresenta este secretariado com a "função de cuidar da formação da consciência dos fiéis que usam desses meios, orientar e proteger tudo que seja feito nesse setor pelos católicos".[14]

## Conclusão

O Decreto *Inter Mirifica* deve ser visto como o documento pontifício pioneiro sobre comunicação de massa. Ele consagra todos os meios como possibilidades de evangelização. Não prioriza este ou aquele, mas trata por outro lado com bastante seriedade a questão moral que deve estar na

---

[14] IM 21.

base de qualquer utilização. Neste sentido, o Decreto fala exaustivamente sobre a responsabilidade dos operadores dos meios de comunicação, sobre o necessário preparo técnico, mas, sobretudo teológico, pastoral, bíblico e moral. Desta forma, o documento centraliza sua orientação na mensagem a ser veiculada. Os aspectos técnicos também são importantes, devem estar a serviço da boa comunicação ou da transmissão do bem. Outro destaque que notamos no Decreto é sua preocupação com a organização da comunicação. A Igreja precisa estar atenta para as diversas instâncias eclesiais. A responsabilidade é de todos, do secretariado pontifício, dos secretriados nacionais, das dioceses, enfim de todos os que têm a missão de evangelizar. E, para melhor despertar esta responsabilidade, o decreto estabeleceu o dia mundial da comunicação social. Assim, toda a Igreja, em suas dioceses, deve refletir nesse dia sobre a importância dos meios de comunicação no processo evangelizador. A responsabilidade, de que trata o documento, não se restringe ao bom comunicar, mas convoca todos os fiéis a patrocinarem a dinâmica destes meios. Não basta um entusiasmo vazio, é necessário investir não penas na formação dos agentes de comunicação, mas na aquisição e manutenção dos próprios meios.

## Bibliografia

Boff, L. *A Santíssima Trindade é a melhor comunidade*. 4. ed. Petrópolis: Vozes, 1996.

Concílio Vaticano II. Decreto *Inter Mirifica*. In: Compêndio do Vaticano II. 21. ed. Petrópolis: Vozes, 1991, p. 565-578.

Diez, F. M. *Teologia da Comunicação*. São Paulo: Paulinas, 1997.

# 22

# A EDUCAÇÃO CRISTÃ: VALORES, SUJEITOS E CAMINHOS

*Gravissimum Educationis*

*João Carlos Almeida*
Doutor em Educação pela USP
Doutor em Teologia Espiritual pela Pontifícia Universidade Gregoriana – Roma
Professor na Faculdade Dehoniana
Presbítero da Congregação dos Padres do Sagrado Coração de Jesus (dehonianos)

O Concílio Vaticano II declarou, em 1965, que o apostolado educacional junto à juventude, por meio de escolas confessionais, permanece sendo de *gravíssima importância* e uma forma eficaz e atual de evangelizar. Não se trata apenas de uma *função subsidiária*, ou seja, fazer aquilo que o governo e a sociedade não conseguem realizar. Segundo o Concílio a ação da Igreja na educação e no ensino não é apenas um dever, mas um direito.

Ouvimos um debate entre dois representantes de uma congregação religiosa que manteve durante muitos anos escolas católicas, como expressão privilegiada de seu *carisma* na Igreja e na sociedade. Um deles questionava o fato de terem vendido estas obras. O outro justificava dizendo que, no passado, era preciso atuar no mundo educacional de modo *subsidiário* ao que o Estado deveria fazer e não fazia. Completava dizendo que hoje estaríamos vivendo uma situação diferente. O Estado estaria, finalmente, cumprindo seu papel na educação, por isso já não faria sentido manter colégios católicos.

Com o eco desse diálogo nos ouvidos procuramos reler breve e pontualmente alguns documentos da Igreja sobre educação a partir do Concílio Vaticano II. Utilizamos como referencial de análise a obra educacional do sacerdote e advogado Léon Dehon, que reivindicou na França do século XIX o direito da Igreja de atuar no mundo da educação. É bom lembrar que ele faz esta defesa no contexto da Terceira República, a partir de 1877. O resultado final de embates como este foi a expulsão de diversas congregações educacionais da França e confisco de seus colégios.

## 1. O gravíssimo direito cristão de educar

O Concílio Vaticano II declarou, em 1965, que o apostolado educacional junto à juventude, por meio de escolas confessionais, permanece sendo de *gravíssima importância* e uma forma eficaz e atual de evangelizar. Esta educação segundo o ideal cristão, conforme aparece literalmente expresso no proêmio da Declaração *Gravissium educationis*, deverá "cultivar simultaneamente a verdade e a caridade".[1] Estas são as duas categorias estruturantes da visão educacional e da experiência espiritual de educadores católicos como Léon Dehon. Verificamos que esta é também a orientação programática do recente pontificado de Bento XVI.[2] Sua primeira Encíclica, *Deus caritas est*,[3] indicou esta "via do amor" como o caminho a seguir para conduzir a humanidade para além do atual momento de crise e choque entre civilizações. Isto foi ainda mais explicitado em seu magistério social exposto sistematicamente na *Caritas in veritate*.[4]

Este princípio fundamental é explicitado - ainda no proêmio *Gravissimum educationis* - e depois desdobrado numa série de princípios educacionais derivados:

> Visto que a santa Mãe Igreja, para realizar o mandato recebido de seu fundador, de anunciar o mistério da salvação a todos os homens e de tudo restaurar em Cristo, deve cuidar de toda a vida do homem, mesmo da terrena enquanto está relacionada com a vocação celeste, *tem sua parte* no progresso e ampliação da educação.[5]

---

[1] GE, proêmio, in *EnchVat*, I, 453. A *Gravissimum Educationis* foi aprovada em 28 de outubro de 1965.

[2] No dia 20 de abril de 2005, em sua primeira mensagem, no final da concelebração eucarística com os Cardeais eleitores na Capela Sistina, Bento XVI afirmou de modo programático: "Podemos dizê-lo: os funerais de João Paulo II foram uma experiência verdadeiramente extraordinária na qual se sentiu de certa forma o poder de Deus que, através de sua Igreja, deseja formar, de todos os povos, uma grande família, mediante a força unificadora da *Verdade* e do *Amor* (cf. LG 1)". *AAS* 97 (2005) 694-695. "Id quidem dicere possumus: Ioannis Pauli Secundi funus experientia fuit revera unica ubi quodammodo potentiae Dei percepta est per ipsius Ecclesiam quae cunctos populos magnam familiam efficere vult, per coniungentem virtutem *Veritatis* atque *Amoris*". Grifo nosso. Interessante que após essa afirmação, o Papa cita como referência o proêmio da *Lumen Gentium*, em que o Concílio Vaticano II definiu a identidade da Igreja como "sacramento, ou sinal, e o instrumento da íntima união com Deus e da unidade de todo o gênero humano". LG 1, in *EnchVat*, I, 121. Segundo Bento XVI, a fonte desta "força unificadora" está em Cristo que revela a *Verdade* e o *Amor* de Deus.

[3] *AAS* 3 (2006) 217-252.

[4] *AAS* 8 (2009) 642-709.

[5] GE, proêmio, in *EnchVat*, I, 453. Grifo nosso.

## 2. Educar: uma antiga reivindicação cristã

A Educação Integral, como expressão da *caritas in veritate* é o mesmo conceito que encontramos de modo transversal ao longo de todos os escritos de apologia educacional cristã de Léon Dehon. Seu propósito era exatamente "educar para a vida terrena enquanto se relaciona com a vocação celeste". Fundamenta este pensamento na célebre convicção pedagógica de Platão: "Seria loucura, para uma criatura mortal, preocupar-se mais desta breve existência que da eternidade"[6].

Outro aspecto deste texto conciliar que verificamos já nos escritos dehonianos é a perspectiva de "tudo restaurar em Cristo". Este potencial reparador do conhecimento é uma das bases mais sólidas da orientação intelectual do apostolado de Léon Dehon. Ele acreditava que, por meio do estudo, da formação do clero, da divulgação das Doutrinas Pontifícias, seria possível realizar uma "obra de reparação" como era professado pela espiritualidade do Sagrado Coração de Jesus.

Há um terceiro elemento no proêmio da *Gravissimum educationis* que aparece de modo fundamental e estruturante na obra de Dehon: "cuidar de toda a vida do homem". Esta proposta de Educação Integral caracteriza o pensamento educacional cristão.

A partir desses princípios fundamentais a *Gravissimum educationis* aponta princípios derivados, porém igualmente fundamentais, que deveriam nortear a ação da Igreja Católica no campo da educação. O tom destes princípios é marcadamente jurídico, enquanto afirmam o direito inalienável de todos à educação. Porém, de igual modo, crianças e adolescentes têm o "sagrado direito" de serem educadas em valores morais "bem como a conhecer e a amar Deus mais perfeitamente".[7] Portanto, o direito à "educação religiosa" é um valor absoluto. Os cristãos, por sua vez, têm o

---

[6] Platão. "Diálogos Fédon", 68 e 107 D. Também em "As Leis", 788. Apud: *OSC* IV, 277. Dehon interpreta o pensamento de Platão como "precursor da revelação cristã". Wilmer, H., "Léon Dehon como educador", 69, nota 21.

[7] GE 1, in *EnchVat*, I, 455.

direito a uma educação cristã, para "se aproximarem do homem perfeito, da idade plena em Cristo".[8] A Igreja assume a responsabilidade da família e da sociedade civil nesta missão, por meio de escolas confessionais. São princípios do Magistério recente da Igreja que encontramos claramente enunciados no discurso programático de Léon Dehon, em 1877.

A Escola Católica é um direito da Igreja,[9] pois os pais têm o direito de escolher a escola para seus filhos.[10] A mesma defesa enérgica deste direito já era uma das tônicas do discurso de Dehon, diante da reforma do então ministro da instrução Jules Ferry.

Em relação às escolas não católicas, a *Gravissimum educacionis* lembra aos pais cristãos seu dever de educar os filhos na fé, porém louva as autoridades e sociedades civis que "tendo em conta o pluralismo da sociedade hodierna e atendendo à justa liberdade religiosa, ajudam as famílias para que a educação dos filhos possa ser dada em todas as escolas segundo princípios morais e religiosos das mesmas famílias".[11] Neste sentido há uma crítica discreta, mas clara, da Escola Neutra, ou escola sem Deus. Percebemos que, mesmo nos atuais documentos do Magistério, a eficácia da total laicidade do ensino é colocada em dúvida. Uma educação sem Deus jamais poderá ser uma Educação Integral. A perplexidade de Dehon diante da proposta educacional da Terceira República não está aprisionada no século XIX. Ainda hoje, a escola laica é um instrumento eficaz para construir uma sociedade sem Deus. Os frutos desta educação podem ser vistos em muitos países onde já se fala de "civilização pós-cristã".

---

[8] GE 2, in *EnchVat*, I, 457.

[9] GE 8, in *EnchVat*, I, 465-467. Neste sentido, a Declaração afirma que o poder público deve excluir o monopólio do ensino, pois isto iria "contra os direitos inatos da pessoa humana, contra o progresso e divulgação da própria cultura, contra o convívio pacífico dos cidadãos e contra o pluralismo que vigora em muitíssimas sociedades de hoje". GE 6, in *EnchVat*, I, 463.

[10] GE 6, in *EnchVat*, I, 463.

[11] GE 7, in *EnchVat*, I, 465.

## 3. Documentos pós-conciliares

Os princípios fundamentais, enunciados pelo Concílio, foram explicitados em uma série de documentos emanados pela Congregação para a Educação Católica. Um dos principais, em 1977, foi *A Escola Católica*, que procura indicar o que caracteriza a catolicidade de uma escola, mesmo em meio às diversas legislações e ao pluralismo do mundo moderno. Afirma-se novamente a missão evangelizadora e salvífica da Escola Católica. Ela é um meio para que a Igreja realize sua missão. "O projeto educativo da Escola Católica, que deve ter em conta os atuais condicionamentos culturais, define-se precisamente pela referência explícita ao Evangelho de Jesus Cristo, que deve radicar-se na consciência dos fiéis."[12]

O mesmo documento apresenta uma série de "objeções" à Escola Católica que coincidem com as "acusações" que estavam na base da apologia de Léon Dehon da educação segundo o ideal cristão. Isto pode ser verificado já na primeira objeção apontada pelo documento da Congregação para a Educação Católica:

> Convém ter presente, em primeiro lugar, que muitos, dentro e fora da Igreja, levados por um sentido de laicidade mal entendido, atacam a Escola Católica como instituição. Não admitem que a Igreja possa oferecer, além do testemunho individual de seus membros, o testemunho específico de instituições próprias, consagradas, por exemplo, à investigação da verdade ou a obras de caridade.[13]

Este foi, na verdade, o núcleo de todos os embates educacionais de Dehon. As outras objeções identificadas pelo documento atual são que a Igreja Católica procura "instrumentalizar" a escola para fins religiosos e confessionais; que a Escola Católica é uma "instituição anacrônica", pois

---

[12] *A Escola Católica* 9, in *EnchVat*, VI, 69.

[13] *A Escola Católica* 18, in *EnchVat*, VI, 73.

já não se justifica seu papel de suplência em relação ao Estado; que oferece educação apenas para as elites; que não sabe formar cristãos comprometidos no campo social e político. O documento defende a presença da Igreja no mundo da educação como aquela que é capaz de educar de modo verdadeiramente integral, promovendo a síntese entre fé e vida, entre fé e cultura, pois "é consciente de estar comprometida na promoção do homem integral, porque em Cristo, o Homem perfeito, todos os valores humanos encontram sua realização plena e, portanto, sua humanidade".[14] A semelhança deste texto com o discurso de Dehon, em 1877, é evidente, quando ele afirma que "o rumo da educação depende da ideia que exista sobre o homem perfeito. A imensa superioridade da educação cristã sobre as demais se deve ao fato de ela ter como seu objetivo e seu ideal a perfeição total e sobrenatural do homem nesta vida e na outra".[15]

O que está em jogo é a escola como um lugar onde é possível a experiência de Deus, para que a educação seja, de fato, integral. Esta síntese entre espiritualidade e educação é a reivindicação dehoniana que permanece mais atual. A revisão póstuma da pedagogia dehoniana feita por Delloue, em 1927, na celebração dos cinquenta anos do Colégio São João, identificou este núcleo fundante quando disse que havia um contraste entre os ideais do ensino oficial e da educação cristã. A primeira, negativa e materialista, "não considera mais do que a vida neste mundo que passa, esquecendo nosso destino eterno e os meios para chegar lá". A segunda tem como fundamento da educação "a ideia religiosa levada a todo o momento à prática".[16] Este segundo elemento apareceu recentemente, em 1988, no documento da Congregação para a Educação Católica: *Dimensão Religiosa na educação na escola católica*. Mostra-se a importância da dimensão religiosa da vida, principalmente na condição juvenil; a necessária dimensão religiosa do ambiente edu-

---

[14] *A Escola Católica* 35, in *EnchVat*, VI, 81-83.

[15] *OSC* IV, 276.

[16] A. DELLOUE. "Discours", p. 21.

cativo católico, que deve transparecer até mesmo nas instalações físicas; o significado da dimensão religiosa da vida e do trabalho escolar, principalmente o papel do ensino religioso; enfim, a dimensão religiosa do processo educativo, segundo o ideal cristão:

> Poder-se-ia descrever, portanto, o processo educativo cristão como um conjunto orgânico de fatores orientados a promover uma evolução gradual de todas as capacidades do aluno, de modo que possa alcançar uma educação integral no quadro da dimensão religiosa cristã, com o auxílio da graça. Não interessa o nome, mas a realidade do processo educativo: ele assegura o trabalho homogêneo dos educadores, evitando intervenções ocasionais, fragmentárias, não coordenadas, talvez acompanhadas de conflitos de opiniões entre os mesmos educadores, com grave dano para o desenvolvimento da personalidade dos alunos.[17]

O mesmo documento afirma que este "processo educativo" deve ser transformado nas Escolas Católicas em "Projeto Educativo". É o que Delloue descreveu na pedagogia de Dehon como "ideia religiosa levada a todo momento à prática". No caso, esta ideia religiosa não era uma vaga abstração, mas o Sagrado Coração de Jesus como ideal do "humano perfeito". Isto é dito explicitamente na abertura de seu livro sobre educação e enunciado definitivamente pela inclusão do sermão sobre o Coração de Jesus como capítulo final do mesmo livro. Dehon estava convencido que "educar um cristão significa formar um homem de coração".[18]

A Congregação para a Educação Católica lançou, em 1997, o documento: *A Escola Católica no limiar do Terceiro Milênio*. Identifica uma crise de valores que assume as formas de "subjetivismo difuso, relativismo moral e nihilismo"[19] e que exige corajosa renovação da Escola Católica. O documento relembra as características fundamentais da Escola Católica:

---

[17] *Dimensão Religiosa da Escola* 99, in *EnchVat*, XI, 305-306.

[18] OSC IV, 278.

[19] *A Escola Católica no limiar do Terceiro Milênio* 1, in *EnchVat*, XVI, 1570.

A escola católica como lugar de educação integral da pessoa humana através de um projeto educativo claro que tem seu fundamento em Cristo; sua identidade eclesial e cultural; sua missão de caridade educativa; seu serviço social; o estilo educativo que deve caracterizar sua comunidade educante.[20]

O mesmo documento critica a situação atual da escola que tende a redução à educação técnica e funcional, o que implica em uma fragmentação ainda maior do saber. Os valores são tratados de maneira genérica e "tendem a adormecer a escola em um presumível neutralismo, que enfraquece o potencial educativo e se reflete negativamente sobre a formação dos alunos".[21] A Escola Neutra é novamente questionada, pois procura responder ao "como" educar, mas não tem respostas mais profundas ao "por quê". As questões que motivavam os discursos de Dehon continuam na ordem do dia. "Na prática, a maior parte das vezes, à pretendida neutralidade escolar, corresponde a remoção da referência religiosa no campo da cultura e da educação."[22] No limiar do Terceiro Milênio a Igreja Católica continua afirmando que o Projeto Educativo cristão deve ser inspirado no Evangelho, pois "o mistério do homem só se esclarece no mistério do Verbo Encarnado".[23]

## Conclusão

Poderíamos citar ainda outros documentos posteriores da Congregação para a Educação Católica que indicam, por exemplo, o papel de leigos e religiosos na escola, porém, pelas indicações feitas, é possível

---

[20] *A Escola Católica no limiar do Terceiro Milênio* 4, in *EnchVat*, XVI, 1572. A primeira parte da afirmação é uma citação de: *A Escola Católica*, 34, in *EnchVat*, VI, 92.

[21] *A Escola Católica no limiar do Terceiro Milênio* 10, in *EnchVat*, XVI, 1576.

[22] *A Escola Católica no limiar do Terceiro Milênio* 10, in *EnchVat*, XVI, 1576. Dehon faz a mesma crítica em *OSC* IV, 273.

[23] GS 22, in *EnchVat*, I, 809.

perceber que o núcleo essencial do pensamento educacional de Dehon permanece expresso nas afirmações educacionais do Vaticano II e em seus desdobramentos. A Igreja Católica permanece reivindicando a dimensão transcendente como elemento essencial da Educação Integral. O projeto de uma educação completamente laicizada continua encontrando a resistência no seio da Igreja Católica. A reflexão atual é mais elaborada e leva em conta o pluralismo religioso e a liberdade religiosa. Porém, a Escola Neutra, ou Escola sem Deus, continua recebendo o olhar cético do Magistério.[24]

Neste sentido o diálogo dos religiosos que deixaram suas escolas, sob o argumento que isso é função do Estado, parece pouco lúcido e até mesmo ingênuo. A questão não é se manter escolas é um dever cristão, mas se é direito de uma família cristã escolher um espaço confessional para educar seus filhos. O mesmo direito poderia ser reivindicado por outras religiões.

No fundo o que está em jogo é a cidadania da fé. Se acreditamos que a salvação começa na história, então reivindicamos o direito de atuar na sociedade e não apenas em âmbitos estritamente religiosos. Prender o cristianismo na sacristia pode servir a certos interesses que gostariam de aprisionar uma voz profética distante da política e da sociedade neutralizando seu potencial libertador. Questionamos, portanto, esta ideia de que manter uma escola católica se justificaria apenas como missão subsidiária.

## Bibliografia

ALBERTINI, P. *La France du XIXème siècle*, 1815-1914. Hachette, Paris, 1995.

ARRIGHINI, A. "As dimensões 'sociais' e 'intelectuais' do apostolado de P. Dehon", in 34 (1977) 9-31. Edição portuguesa.

---
[24] *A Escola Católica* 20, in *EnchVat*, VI, 73.

AUMANN, J. *Teologia spirituale*. Edizioni Dehoniane, Roma, 1991.

BARTHÉLEMY-MADAULE, M. *Marc Sangnier 1873-1950*. Seuil, Paris, 1973.

BENTO XVI. Encíclica *Deus Caritas est*, 25 de dezembro de 2005, in *AAS* 3 (2006) 217-252.

CHANTIN, J-P. ed. *La Séparation de 1905; Les hommes et les lieux*. Paris: L'Atelier–Éditions Œvrières, 2005.

CHARLE, CH. *Histoire sociale de la France au XIXème siècle*. Paris, 1991.

CHATEAUBRIAND, R. *Génie du Christianisme*. Paris, 1802.

CHAUVIN, CH. *Lamennais, 1782-1854*. Paris: Desclée de Brouwer, 1999.

CHOLVY, G. – HILAIRE, Y.-M. *Histoire religieuse de la France contemporaine, 1880-1930*. Volume 2, Privat, Toulouse, 1985.

CONCÍLIO VATICANO II. *Gravissimum educationis*, Declaração sobre a educação cristã, in *EnchVat*, I, 451-475.

DANSETTE, A. *Histoire religieuse de la France contemporaine; L'Église catholique dans la mêlée politique et sociale*. Paris: Flammarion, 1965. Trad. Italiana: *Chiesa e società nella Francia contemporanea*. Firenze: Vallecchi, 1959.

DEHON, L. *Œuvres Sociales*. 6 volumes. Roma: Edizioni Dehoniane, 1978-1993. Aos cuidados do Centro Generale Studi SCJ.

DELLOUE, A. "Discours", in *L'Aigle de Saint-Jean* (dezembro 1927) 8-22.

DENIS, M. "Il progetto di P. Dehon", in *Studia Dehoniana* 4 (1973). Edição italiana.

DUCAMP, A. *Le Père Dehon et son œuvre*. Paris: Éditions Bias – Bruxelas: Éditions Verbeke-Loys, 1936.

FERRY ———. *Lettres de Jules Ferry 1846-1893*. Paris: Calmann-Lévy Éditeurs, 1914.

FERRY, J. *La lutte électorale en 1863*. Paris: E. Dentu Éditeur, 1863.

GENTILE, G. *Educazione e scuola laica*. 3. ed. revista. Firenze: Ed. Vallecchi, 1927.

GIRARDET, R. *Le nationalisme français; Antologie, 1871-1914*. Paris: Éditions du Seuil, 1983.

LALOUETTE, J. *La République anticléricale, XIXème-XXème siècles*. Paris: Ed. Seuil, 2002.

LECANUET, P. *La vie de L'Église sous Léon XIII*. Paris: Librairie Félix Alcan, 1930.

PACUCCI, M. *Dizionario dell'Educazione*. Bologna: EDB, 2005.

PLATÃO ———. "Fedon", publicação brasileira: *Coleção "Os Pensadores"*, volume III, tradução de J. P. Paleikat e J. C. Costa. São Paulo: Editora Abril, 1972.

PLATÃO. "As Leis". Disponível na tradução francesa de E. CHAMBRY: PLATON, *Œuvres complètes*, Tome septième, "Les Lois", Livres VII-XII, Paris: Garnier Frères, 1946.

RÉMOND, R. ed., *Emmanuel d'Alzon dans la société et l'Église du XIXème siècle*. Paris: Le centurion, 1982.

RIMAUD, J. "Éducation Chrétienne", in *Dictionnaire de Spiritualité*, Tome IV/a, Paris: Beauchesne, 1960, 305-319.

SACRA CONGREGATIO PRO INSTITUTIONE CATHOLICA. Carta *A Escola Católica*, 19 de março de 1977, in *EnchVat*, VI, 60-119.

TERTÜNTE, S. "León Dehon y la Democracia cristiana: un intento de renovación social en Francia a finales del siglo XIX", in *El Padre Dehon y la Doctrina Social de la Iglesia*. Madrid: Esic Editorial, 2006, 45-58.

WEILL, G. *Storia dell'idea laica in Francia nel secolo XIX*. Bari: Gios. Laterza & Figli, 1937.

WILMER, H. "León Dehon como educador; sobre el significado político de la enseñanza superior y las cuestiones de principio en la educación", in *Studia Dehoniana* 45 (2002) 58-82.

ZIND, P. *L'enseignement religieux dans l'instruction primaire publique en France de 1850 a 1873*. Lyon: Centre D'Histoire du Catholicisme, 1971.

# 23

# A LIBERDADE RELIGIOSA: UM DIREITO HUMANO

*Dignitatis Humanae*

*Edelcio Ottaviani*
Doutor em Filosofia pela Université Catholique de Louvain
Professor na Faculdade de Teologia Nossa Senhora da Assunção da PUC-SP
Presbítero da Arquidiocese de São Paulo

O Concílio assume a antropologia cristã de nascente bíblica e reafirma a dignidade da pessoa humana "imago Dei". Tal dignidade não é categoria abstrata, mas implica numa condição de vida coerente, que permita à pessoa humana sua afirmação como sujeito, ser racional e social, dotado de liberdade na dinâmica dos direitos e deveres. O tema se concentra especialmente na liberdade religiosa, incluindo tematizações modernas em ética e filosofia, numa janela aberta para o encontro com o humanismo integral.

Este capítulo não fará um comentário sobre os parágrafos da *Dignitates Humanae*. Ele se restringirá a ressaltar a importância deste documento como um pronunciamento aberto, corajoso e desafiador para a Igreja em seu convívio com o diferente. Seu valor se encontra na medida em que procura ressaltar as duas questões de fundo – *a questão da liberdade baseada no respeito à dignidade humana e a questão da verdade* – que polarizaram posições; provocaram uma elucidação das afirmações redacionais, ainda não oficiais, bem como dos arranjos realizados pela comissão mista, a fim de permitir um enunciado consensual. Ele lança mão dos registros realizados por Boaventura Kloppenburg, bem como dos comentários de Faustino Teixeira, à luz de Giuseppe Alberigo, para trazer à luz não somente o teor dos pronunciamentos dos padres conciliares, representantes das duas principais perspectivas ou posições, como também as implicações desse documento para a história efetiva (*Wirkliche Historie*) da Igreja Católica contemporânea. Apropria-se das reflexões de Jacques Taminiaux a respeito das do pensamento de Hannah Arendt em relação à preservação da liberdade de expressão e de ação no espaço público, como forma de salvaguardar o que é próprio do humano, ou seja, sua condição e dignidade no âmbito da práxis. Por fim, aponta para a *atitude* de Jesus como modo inspirador de um convívio profícuo entre as diferenças, enquanto caminho de vida e verdade, em pleno exercício da liberdade (cf. Jo 14,6-7; Gl 5,1).

## 1. Contextualização do documento nas seções conciliares

Em relação ao tema conciliar sobre a liberdade religiosa, poucos foram aqueles que o apresentaram como um tema relevante para ser discutido no Concílio. Ele foi inserido, primeiramente, num rol de oito propostas enviadas à Comissão Central que foram reunidas pela Comissão Preparatória num primeiro texto denominado *De Tolerantia*. Esse tema apareceu também em dois parágrafos do esquema preparatório à *Constituição dogmática sobre a Igreja* e versavam sobre a relação entre a Igreja e o Estado e a tolerância. Entrementes, o Secretariado para a União dos Cristãos havia preparado um esquema com o título *De libertate religiosa*, com 19 parágrafos repartidos por uma introdução e três capítulos. Porém, quando os padres conciliares começaram a discutir o texto da *Constituição sobre a Igreja*, o tema sobre a liberdade religiosa não mais apareceu no documento. Ele só voltou à baila por ocasião da apresentação do V capítulo do esquema sobre o *Ecumenismo*, na sessão de 19 de novembro de 1963.

Nesta sessão, D. Emílio De Smedt, bispo de Bruges, ao ler a Relação oficial do Secretariado para a União dos Cristãos, apresentou as razões que possibilitaram ao tema sobre a liberdade religiosa receber o *nihil obstat*[1] da Comissão Teológica do Concílio para ser discutido. Em razão de sua novidade e por se tratar de um tema difícil, jamais estudado num Concílio, passou a ser um dos textos mais esperados pela assembleia conciliar, segundo Boaventura Kloppenburg.[2] Ao lembrar a insistência de "numerosíssimos padres conciliares" em ver o "direito do homem à liberdade religiosa" ser exposto e proclamado claramente pelo Sagrado Concílio, D. De Smedt apresentou as quatro principais razões que dão ao tema um merecido destaque. Em primeiro lugar, a *razão de verdade*: "a Igreja deve ensinar e defender o direito à liberdade, porque se trata de uma verdade cuja guarda lhe

---

[1] Não existe impedimento.

[2] Cf. KLOPPENBURG, Boaventura. *Concílio Vaticano II*, v. IV, Terceira Sessão, p. 58 e v. III, Segunda Sessão, p. 315.

foi confiada por Cristo".³ Segundo, a *razão de defesa*: uma vez que a Igreja não pode permanecer no silêncio quando quase metade da humanidade é privada da liberdade religiosa pelo materialismo ateu de diversos gêneros. Terceiro, a *razão de convivência pacífica*, uma vez que, em todas as nações, pessoas que aderem a religiões diversas são chamadas a conviverem entre si e com aqueles que "carecem de religião". Neste sentido, a Igreja, à luz da verdade, deve indicar o caminho para este tipo de convivência. Finalmente, a *razão ecumênica*, pois "muitos não católicos nutrem aversão à Igreja ou pelo menos incriminam-na de certo maquiavelismo, porque lhes parece que exigimos o livre exercício da religião quando em determinada nação os católicos são em menor número, desprezando e negando esta mesma liberdade quando eles são numericamente superiores".⁴

Embora as razões elencadas por D. De Smedt fossem seguidas por um longo e fundamentado discurso, demonstrando a importância pastoral deste assunto e procurando, de antemão, dirimir as dúvidas sobre um tema tão delicado, não houve tempo hábil para que a questão fosse discutida naquela sessão. O otimismo do Cardeal Bea e de D. De Smedt em ver aprovado um texto sobre a liberdade religiosa, enquanto decreto pastoral sem pretensões dogmáticas, dirigido aos homens daquele tempo, mostrou-se exagerado.⁵ Uma nova reapresentação do tema foi deixada para a terceira sessão do Concílio.

A discussão sobre o assunto entrou novamente em pauta na Octogésima Sexta Congregação Geral, em 23 de setembro de 1964, e se estendeu até o dia 28 deste mesmo mês, por meio de um texto apresentado como apêndice ao *decreto sobre o Ecumenismo*, em forma de declaração tratando sobre "a liberdade religiosa ou direito da pessoa e das comunidades à liberdade em matéria religiosa". Nessa sessão, ao fazer a Relação Oficial, D. De Smedt assinala que "não é finalidade da Declaração tratar da relação do homem com

---

³ KLOPPENBURG, Boaventura. *Concílio Vaticano II*, v. III, Segunda Seção, p. 315.

⁴ Ibidem.

⁵ Cf. KLOPPENBURG, Boaventura (O.F.M). *Concílio Vaticano II*. V. IV, Terceira Sessão, p. 57.

Deus, nem da natureza da liberdade, mas da relação do homem para com os outros homens".[6] Mais adiante ele acrescenta que, embora a Declaração tenha uma índole pastoral, ela não se limitará "a indicar algumas normas práticas ou que revestirá uma forma puramente jurídica", razões pelas quais foi necessário também expor razões doutrinais.[7] Nessa sessão, intervieram 43 oradores e uma série de emendas foi apresentada, acarretando numa nova redação textual. Por causa da polêmica gerada em torno do assunto, a nova versão só conseguiu ser apresentada na quarta sessão do Concílio. Até o dia 17 de fevereiro de 1965, o Secretariado recebeu 218 intervenções escritas, 12 delas coletivas, ocasionando uma quarta redação. Apresentado à Comissão Teológica, o texto recebeu ainda 17 emendas. Em 11 de maio de 1965, a Comissão de Coordenação determinou que a nova redação fosse remetida aos padres conciliares. O texto foi impresso em duas colunas: "à esquerda o *textus emendatus* e à direita o *textus remendatus*".[8]

Ocorrida na quarta sessão conciliar, mais precisamente na centésima vigésima oitava sessão do Concílio, em 15 de setembro de 1965, a discussão sobre o novo texto foi precedida de uma Relação oficial, novamente pronunciada por D. De Smedt, que assinala a intenção única da Declaração: "o objeto e o fundamento do direito humano e civil para a liberdade religiosa tal como ela é atualmente exigida pela sociedade".[9] Ressalta, porém, as objeções que o tema da presente declaração tem recebido a respeito do direito, "que só pode basear-se na verdade e que o erro não tem direitos". "O que é muito certo!", diz ele. Porém, refere-se também ao fato de que, quando se fala do direito do homem à liberdade religiosa, sustenta que esse direito "efetivamente se baseia sobre uma importantíssima *verdade objetiva*: a dignidade da pessoa humana".[10]

---

[6] Cf. Ibidem, p. 58.

[7] Ibidem, p. 59.

[8] KLOPPENBURG, Boaventura. *Concílio Vaticano II*, v. V, Quarta Sessão, p. 13.

[9] Ibidem.

[10] Ibidem, p. 14.

Mais demorado que no ano anterior, o debate da quarta sessão conciliar sobre a liberdade religiosa se estendeu até o dia 22 de setembro e foi pautado por 64 intervenções, das quais "32 (a metade) a favor, 14 claramente contra e 18 com fortes restrições ou indefiníveis".[11] Kloppenburg ressalta que entre os pronunciamentos a favor estavam 21 cardeais, dentre os quais o Cardeal Rossi, da cidade de São Paulo, e bispos representantes de várias nações que viviam numa liberdade religiosa ou em uma liberdade religiosa duramente conquistada ou de nações que a perderam (por trás da cortina de ferro). Entre os cardeais que se posicionaram contra o documento, estavam Ruffini, Siri, Arriba y Castro, Ottaviani e outros. Resumidamente, Kloppenburg afirma o seguinte: "os que vivem num Estado confessional católico (como a Espanha), ou recebem favores do Estado (como a Itália) ou ainda sonham com a "cristandade" (alguns da Cúria Romana e de outras nações, inclusive uns poucos do Brasil) eram contra".[12]

Destarte, embora o esquema tivesse suscitado de um grupo significativo de padres conciliares uma crítica concernente até a estrutura do esquema, o Secretariado para a União dos Cristãos conseguiu, não sem o apoio do papa, uma votação preliminar referendando o texto discutido como base para a declaração definitiva. De 2222 votantes; 1997 deram seu *placet* e 224 *non placet*, aparecendo apenas 1 voto nulo. Passando por um aperfeiçoamento, a nova versão foi discutida de 26 a 29 de outubro, sendo objeto de 11 votações. Introduzidas as emendas propostas, o esquema foi votado em seu conjunto em 19 de novembro. De 2216 votantes, 1954 deram seu *placet*, 249 *non placet* e 13 padres conciliares deram votos *nulos*. Por insistência de Paulo VI, que queria o maior número de votos favoráveis aos documentos, o texto passou por um novo aprimoramento. A esta versão, de 2386 votantes, 2308 deram seu *placet*, 70 *non placet* e 8 *anularam* seu voto. No dia 7 de dezembro de 1965, durante a nona sessão pública, Paulo VI promulgou solenemente o documento.

---

[11] Ibidem, p. 15.

[12] Ibidem.

Segundo Faustino Teixeira, na trilha de Giuseppe Alberigo, a declaração *Dignitatis Humanae* contribuiu de forma decisiva para a mudança de atitude dos católicos com respeito às outras tradições religiosas.[13] Trata-se de um dos documentos conciliares mais significativos e de importância decisiva para a história da humanidade e que permitiu "a revisão decisiva de uma perniciosa teoria dos direitos exclusivos da verdade que serviu para justificar séculos de intolerância".[14] Com esta declaração, O Concílio procurou superar a visão tradicional do magistério eclesiástico que, até Leão XIII, havia condenado as liberdades modernas.

Porém, a abordagem do tema *sobre a liberdade religiosa*, por parte do Secretariado para a União dos Cristãos, sofreu grande pressão da corrente de pensamento mais tradicional. Como pudemos perceber, *Dignitatis Humanae* foi um dos documentos mais discutidos e revisados do Concílio, passando por seis redações até sua promulgação em dezembro de 1965. O debate em torno dessa questão ressaltou os contrastes doutrinais entre duas correntes fundamentais: a liderada pelos bispos americanos, favoráveis à liberdade religiosa, e a liderada pelos bispos espanhóis e uma parte dos bispos italianos, temerosos de que a atenuação das diferenças entre o cristianismo e as outras religiões, e os alertas contra o proselitismo, causassem repercussões negativas e nefastas para o impulso missionário.[15]

A tensão entre essas duas correntes marcou a redação do documento até seu momento derradeiro. Faustino Teixeira aponta para o fato da inserção no início da declaração de uma passagem que equilibra a afirmação da liberdade religiosa com a doutrina tradicional católica. Depois da afirmação de que "a única verdadeira religião se encontra na igreja católica

---

[13] Cf. ALBERIGO, G. (org.) *Storia del Concílio Vaticano II*. Bologna/Peeters, il Mulino, 2001, v. 5, p. 459 apud TEIXEIRA, Faustino. "O Concílio Vaticano II e o diálogo iter-religioso". In: LOPES GONÇALVES, Paulo Sérgio. BOMBONATTO, Vera Ivanise (Orgs.). *Concílio Vaticano II: análises e prospectivas*, p. 283.

[14] GEFFRÉ, C. Le dialogue des religions: défi pour um monde divise. In: *Le Supplément* 156 (1986), p. 114-115 apud Ibidem.

[15] Cf. OTTAVIANI, Cardeal Alfredo. Discurso 98. In: KLOPPENBURG, Boaventura. *Concílio Vaticano II*, v. IV, Terceira sessão, p. 62.

e apostólica, à qual o Senhor Jesus confiou a tarefa de difundi-la a todos os homens", foi acrescentado uma glosa dizendo que a liberdade religiosa "em nada afeta a doutrina católica tradicional acerca do dever moral que os homens e as sociedades têm para com a verdadeira religião e a única de Cristo" (*DH* § 1). Além deste acréscimo, ele ressalta a substituição do termo *vias (caminhos)* pelo termo *viam (caminho)*: "Deus tornou conhecido ao gênero humano **o caminho** pelo qual, servindo-o, os homens se possam salvar e alcançar a felicidade em Cristo" (*DH* § 1).

Este contraste entre proposições referentes a um único parágrafo deu-se em razão do compromisso estabelecido entre perspectivas teológicas distintas. Nesta Declaração, como em outros textos do Concílio, "há casos de acréscimo de passagens ou parágrafos que tencionam com a linha geral do documento, bem como acréscimos de advérbios, preposições, adjetivos e substantivos que pontualmente reduzem o alcance das afirmações positivas".[16] Segundo Faustino Teixeira, este fato foi ocasionado pela vontade do Sumo Pontífice em ver aprovado um documento com o maior número de votos consensuais, comprometendo, às vezes, a coerência entre as proposições: "sua intenção era alcançar sempre que possível a unanimidade das votações, ainda que à custa de redução da clareza ou coerência dos textos aprovados".[17]

## 2. As duas grandes perspectivas a respeito da liberdade religiosa e suas implicações para um efetivo *aggiornamento* da Igreja

A discussão do texto sobre a *liberdade religiosa* evidenciou ao menos a presença de duas perspectivas, senão opostas, ao menos contrastantes.

A primeira perspectiva, de cunho mais tradicional, estava alinhada aos discursos magisteriais desde a época de Gregório XVI, marcada pela polê-

---

[16] TEIXEIRA, Faustino. O Concílio Vaticano II e o diálogo iter-religioso. In: LOPES GONÇALVES, Paulo Sérgio. BOMBONATTO, Vera Ivanise (Orgs). *Concílio Vaticano II*: análises e prospectivas, p. 278.

[17] Ibidem.

mica contra o *indiferentismo religioso*, a *liberdade de consciência* e a *liberdade de imprensa*, presente na encíclica *Mirari vos* (1832), e que perdurou até Pio IX, com a promulgação da encíclica *Quanta Cura*, com seu rol de 80 proposições modernas declaradas inaceitáveis, denominado *Syllabus* (1864). Gregório XVI, em *Mirari vos* e por meio de um discurso dramático, conclama os prelados e os fiéis a *recorrerem às armas espirituais* para combater o que ele denomina de o "poder das trevas" (§ 5) e "a mais perversa conspiração dos ímpios" (§ 1), a intentar contra a nau do Senhor, e propõe-se a apresentar uma série de conselhos "que podem ser sumamente salutares à grei cristã" (§ 3).[18]

Em relação às ameaças sofridas pela Igreja, Gregório XVI ressalta:

> A santidade das coisas sacras é desprezada, e a augusta majestade do culto divino, que possui grande força e influxo sobre o coração humano, indignamente é rejeitada contaminada e tornada objeto de escárnio por homens tratantes. [...] Combate-se a divina autoridade da Igreja e, pisando seus direitos, se quer sujeitá-los a razões terrenas e com grande justiça se tenta torná-la odiosa aos povos, enquanto fica reduzida a ignominioso cativeiro. Viola-se a obediência devida aos bispos, conculcando-lhes os direitos. [...] Corrompido o espírito dos jovens alunos pelos ensinamentos viciados e pelos maus exemplos dos mestres, espalhou-se o desgaste da religião e os costumes perverteram-se. [...] A nós cabe guiar as ovelhas somente àquelas pastagens que sejam saudáveis a elas e imunes de qualquer tipo de nocividade.[19]

Em segundo lugar, o papa reforça o primado de Pedro, recordando aos bispos que "o juízo acerca da santa doutrina a ser ensinada aos povos, assim como o governo e o poder de jurisdição da Igreja, pertence ao romano pontífice" (§ 8). Rememorando o que disse o Concílio de Florença, ressalta a "obrigação de cada bispo manter-se fidelissimamente ligado à cátedra de Pedro, guardar santa e escrupulosamente o depósito da fé e apascentar o rebanho de Deus que lhe é confiado" (§ 8).

---

[18] Cf. GREGÓRIO XVI. *Mirari vos* n. 1. In: *Documentos de Gregório XVI e de Pio XI* (1831-1878), p. 26-27. Nesta encíclica encontra-se, como pano de fundo, os embates com as ideias liberais de Lamennais no jornal *L'Avenir* por ele fundado (cf. Ibidem, nota 1).

[19] Ibidem, n. 5 e n. 6, p. 27-29.

Em relação ao *indiferentismo,* alerta para a "perversa opinião" de que "em qualquer tipo de profissão de fé se pode conseguir a eterna salvação da alma, desde que os costumes se conformem à norma do reto e do honesto. [...] Temam aqueles que sonham que, velejando sob a bandeira de qualquer religião, se possa igualmente alcançar o porto da eterna felicidade. [...] Sem dúvida sofrerão eternamente se não tiverem a fé católica, e não a conservarem íntegra e inviolada" (§ 13). Desta 'contaminadíssima fonte do indiferentismo', proclama o Sumo Pontífice, verte a errônea e absurda sentença sobre a *liberdade de consciência*. Ao relembrar Santo Agostinho, no *comentário aos* salmos, contra os donatistas, ele sustenta: "Mas, qual morte pior para a alma pode haver do que a liberdade do erro!" (§ 14).

Por fim, alerta ele, é preciso se precaver contra a "nunca por demais execrada liberdade de imprensa, ao divulgar escritos de qualquer gênero" (§ 15). Neste tópico, o papa desfecha seu embate contra a *extravagância de doutrinas e portentosa monstruosidade de erros*. Alude àqueles que, com descaramento e insultante pretensão, afirmam "que essa inundação de erros é mais abundantemente compensada por alguma obra, que em meio a tanta tempestade de maldade atua para defender a religião e a verdade" (§ 15). Por fim, para ratificar sua opinião, alude aos ditos de Clemente XIII que, em sua encíclica sobre a proscrição dos livros nocivos colocados no *Index,* afirmou: "nunca se retirará a matéria dos erros até que os impuros elementos da maldade não desapareçam nas chamas" (§ 16).

Embora matizando os termos utilizados por Gregório XVI, a minoria no Concílio, aversa à liberdade religiosa, repetia à saciedade o mesmo argumento de Gregório XVI, tantas vezes repetidos na terceira sessão do Concílio:

> Só à verdadeira religião compete o direito à liberdade religiosa (Ruffini, Ottaviani e outros); que o esquema reivindica uma liberdade ilimitada e indiscriminada para todas as religiões, mesmo para as que impugnam a ordem moral (Siri, que, evidentemente não tinha nem sequer lido o texto que fala várias vezes dos limites da liberdade); que só a Igreja tem o dever e o direito de pregar o Evangelho e que, por isso, o proselitismo dos católicos é lícito e deve ser impedido mesmo pelo poder civil (Arriba y Castro, que ainda pro-

pôs que toda a questão fosse resolvida pelas respectivas conferências episcopais); que a verdade e a norma moral objetiva têm maior direito que a norma da consciência (Morcillo) [...]; que o texto coloca no mesmo plano a verdade e o erro; a consciência errônea e a consciência reta (Ottaviani)".[20]

Os fundamentos da segunda perspectiva se encontram resumidos nas Relações Oficiais proferidas por D. De Smedt, tanto na III quanto na quarta sessão conciliares. Por ora, limitar-nos-emos aos elementos fundamentais. Em primeiro lugar, que a liberdade é tida como um bem que deve ser amado por todos e como parte do bem comum. É preciso ressaltar que o ser humano tem o direito de ser ver rodeado por uma zona de liberdade, e nele situa-se, num posto supremo, o exercício da religião.[21] Em segundo lugar, como síntese dos debates conciliares apresentada por Boaventura Kloppenburg,[22] foram ressaltados os seguintes aspectos: a) era mais do que necessária uma declaração explícita, clara e integral sobre a questão; b) tem como base a doutrina sobre a dignidade da pessoa humana; c) oferece normas justas e eficazes sobre a cooperação entre católicos e acatólicos e sobre as relações entre Igreja e Estado; d) representa uma grande conquista pastoral; e) oferece uma contribuição notável à causa da manutenção da paz e do melhoramento das relações entre a Igreja e as outras religiões; f) é uma necessidade urgente para a unificação pacífica do mundo pluralista de hoje e condição para uma ação ecumênica eficaz e missionária da Igreja (Cardeal Cardijn).[23] Por fim, há de trazer à luz o comovente depoimento do Cardeal Beran, da Checoslováquia, registrado na íntegra por Kloppenburg:

> Na minha pátria a Igreja Católica parece estar hoje expiando dolorosamente os erros e pecados cometidos no passado contra a liberdade de consciência e

---

[20] Cf. KLOPPENBURG, Boaventura. Concílio Vaticano II. V. V, Quarta Sessão, p. 17-18.

[21] Cf. DE SMEDT, E. Relação Oficial. In: Ibidem, p. 13-14.

[22] Ibidem, p. 16 e ss.

[23] Cf. Ibidem, p. 16.

em seu nome, como o foram a morte do sacerdote Johannes Hus, queimado vivo no século XV, e a obrigação que se impôs no século XVII a uma grande parte do povo da Boêmia de se converter ao Catolicismo em virtude do princípio 'cuius regio eius religio'. Com estes atos o braço secular, querendo servir ou pretendendo servir à Igreja Católica, causou realmente no coração daquele povo uma ferida profunda. Este trauma constituiu um grande obstáculo para o progresso da vida espiritual e ofereceu, como oferece ainda hoje, aos inimigos da Igreja, motivos para atacá-la.[24]

Fundamental para resgatar a autoridade profética não legal, mas legítima da Igreja, o tema da liberdade religiosa se tornou uma peça fundamental em seu diálogo com o pensamento contemporâneo, contribuindo para o *aggiornamento* desejado por João XXIII. É o que constata Faustino Teixeira, ao tratar do tema da *liberdade religiosa* em diversos documentos conciliares. Sua análise contribui também para apontar a influência marcante do pensamento de Yves Congar e Henri de Lubac, em sintonia com a *teologia do acabamento*, particularmente na *Constituição dogmática Lumen Gentium*. Segundo esta teologia, não se pode falar que nelas não haja 'sementes de salvação'. Embora não sejam vistas pelos cristãos como a expressão plena da dimensão salvífica de Deus, operada por Jesus Cristo, existem denominações religiosas que constituem uma verdadeira "preparação evangélica" ao conhecimento expresso de Deus: "[a Igreja] consegue que tudo o que há de bom no coração e na mente dos homens, ou nos ritos e nas culturas próprias de cada povo, não só pereça, mas se purifique, se eleve e aperfeiçoe, para a glória Deus" (LG §17). A mesma ótica é apresentada em alguns parágrafos no decreto *Ad Gentes,* sobre a atividade missionária da Igreja, em que a Igreja reconhece as 'sementes ocultas do verbo' e as inúmeras riquezas prodigalizadas aos povos pelo Deus munificente (AG § 11). Este mesmo documento admite a presença de "verdade" e "graça" nas religiões, talvez por influxo das ideias de Karl Rahner expressas num

---

[24] BERAN apud Ibidem, p. 16.

artigo de 1961, ainda que reforce a ideia de que todo erro deva ser "sanado, elevado e consumado" pela atividade missionária, que "tende para a atividade escatológica" (cf. AG § 9).

Neste sentido, subjaz na tensão existente entre essas duas correntes teológicas a defesa de dois princípios fundamentais tão caros à mensagem evangélica e à história do Cristianismo: *a busca pela verdade* e o *exercício da liberdade*: "Se permanecerdes na minha palavra, sereis verdadeiramente meus discípulos e, conhecereis a verdade, e a verdade vos libertará" (Jo 8,31-32). Para uma melhor elucidação das implicações presentes em uma ou outra perspectiva: a que defende *a priori* a busca e a defesa da verdade – como base ao exercício da liberdade – e a que defende o *fatum* da liberdade religiosa – ainda que implique certa *errância* – como forma de garantir a veracidade do discurso evangélico e isentando-o da hipocrisia, lançaremos mão da reflexão filosófica operada por três filósofos contemporâneos preocupados com a relação verdade/liberdade no campo prático (ou pastoral, em linguagem teológica), a saber: Heidegger, Hannah Arendt e Michel Foucault.

### 3. A práxis evangélica de respeito à dignidade humana como forma de superar o impasse estabelecido entre essas duas correntes, à luz do pensamento de Hannah Arendt.

Há mais de um século, e mais fortemente nas últimas quatro décadas, já não se concebe mais a enunciação da verdade como um simples problema de linguagem, de construção de juízos adequados à realidade (*adaequatio intellectus et rei*). Desde a crítica nietzschiana da história, os meios intelectuais se mostraram desconfiados em relação a uma visão supra-histórica que apaga as práticas que acompanharam a construção das verdades;[25] afinal, como nos faz ver a análise filosófico-histórica de Nietzsche, as verdades nasceram num solo nem sempre tão nobre. Foucault procurou demonstrá-lo nas pesquisas que desenvolveu sobre o poder disciplinar e no material que colheu, juntamente com Arlette Farge, nos arquivos da Bastilha, as chamadas *"lettres de cachet"*.[26]

Portanto, hoje, a questão do acesso à verdade não pode passar indiferente à abordagem genealógica da construção de um determinado *regime de verdade*. Destarte, não se concebe mais um saber desinteressado, apartado do exercício do poder, tal como vemos no *O Político* de Platão. As análises de Foucault nos levam a perceber que o saber é utilizado pelo poder e este, por sua vez, presta auxílio também ao saber. A análise genealógica torna visível a forma como esses elementos aparecem imbricados num determinado momento histórico e as razões por que nem sempre eles aparecem quando alguém ouve determinado discurso sendo anunciado como verdade. Enfim, à luz de Foucault, poderíamos dizer que não é possível responder às questões de nosso tempo sem a coragem de fazer uso de nosso próprio pensamento, de darmos voz a nossas mais inquietantes questões que ainda calam no fundo de nosso peito. A voz de Kant continua a ressoar em nossos ouvidos enquanto acontecimento que transcende o tempo e o espaço. *"Sapere aude"*, diz ele, tenham a coragem de se servirem de seu próprio entendimento e saírem de sua menoridade! Caso particular é o do teólogo (clérigo), convocado a fazer

---

[25] "Coincidirão as designações e as coisas? Será a língua a adequada expressão de todas as realidades? Só mediante o processo de esquecimento pode o homem alguma vez chegar a presumir que possui uma verdade no grau que acabamos de assinalar" (NIETZSCHE, Friedrich. *Verdade e Mentira num sentido extramoral*, p. 218).

[26] Numa pesquisa exaustiva realizada nos *Archives de la Bastille*, depositados na *Bibliothèque de l'Arsenal*, Foucault deparou-se com um conjunto de cartas que eram enviadas ao inspetor de polícia e se tornaram parte de um dispositivo de construção de verdades sobre o outro, capaz de colocar qualquer um na prisão, dependendo da influência ou da posição do delator, como também de liberá-lo da prisão, em razão de sua ligação com o poder absoluto do soberano que, com seu carimbo (*cachet*), tinha o poder de mandar prender alguém, libertar o prisioneiro ou mantê-lo na prisão (cf. FARGE, Arlette. *Les désordres de famille: les lettres de cachet*. Paris: Gallimard, 1982). A respeito dessas cartas, Foucault escreve: "Quanto mais o relato saía do comum, mais ele tinha a força para fascinar e persuadir. Nesse jogo do "fabuloso imaginário", a indiferença para com o verdadeiro e o falso era, portanto, fundamental" (FOUCAULT, Michel. A vida dos homens infames. In: *Ditos e Escritos IV, estratégia-poder-saber*, p. 220. Grifo meu).

uso pleno da liberdade e conclamado a participar ao público todos os seus pensamentos, cuidadosamente examinados e bem-intencionados, sobre o que de 'errôneo há num determinado símbolo religioso, bem como as propostas para uma melhor regulamentação das matérias que respeitam a religião e à Igreja'.[27]

Neste sentido, talvez seja oportuno, como finalização à reflexão proposta por este capítulo, recorrer às ideias de Hannah Arendt sobre a defesa do espaço público no campo prático ou da práxis e sua relação com a salvaguarda *da condição humana*, garantida pelo exercício da liberdade. Para tanto, valemo-nos do estudo de Jacques Taminiaux, eminente professor do Instituto Superior de Filosofia da universidade católica de Louvain, Bélgica. O percurso, na verdade, entrecruza uma reflexão que perpassa o embate entre quatro autores, agrupados em dois grupos: Platão e Heidegger / Aristóteles e Hannah Arendt. Minha esperança é que as questões aqui apresentadas possam auxiliar num melhor aproveitamento das implicações teológicas, sociais e política presentes na Declaração *Dignitates Hamanae* e sua relação com a história da salvação.

### 3.1. Heidegger et Hannah Arendt *e a salvaguarda da condição humana no mundo da práxis*

Em sua obra *La Fille de Thrace et le penseur professionnel*, Jacques Taminiaux chama nossa atenção sobre o episódio lembrado por Platão ao longo do diálogo entre Sócrates e Teodoro, no Teeteto (174 a). Uma jovem camponesa da Trácia morre de rir ao ver Tales cair num poço enquanto observava o movimento dos corpos celestes. Esse episódio será relembrado por Heidegger, que a exemplo de Platão acrescentará: "Qualquer um que consagra sua vida à filosofia é objeto de gozação". Nesse sentido, Heidegger tomará o partido de Platão e se mostrará ele

---

[27] Cf. Kant. *Resposta à pergunta: "O que é o iluminismo?"*, p. 4.

também próximo do pensador que *ávido em conhecer as coisas do céu* acabou *perdendo o que se encontrava embaixo de seus pés* .[28]

Assumindo os riscos do pensamento profissional, Heidegger dará, ao longo de sua *Ontologia Fundamental*, uma preeminência à *teoria* em relação à *práxis*, em sua tentativa de conhecer o ser do ente, ainda que correndo o risco de se distanciar das coisas da terra a exemplo do filósofo matemático. Arendt, mais próxima da interpretação aristotélica, tomará partido da camponesa da Trácia e procurará restituir à práxis seu valor original, quer dizer, a ação *desvelando* o ser do ente, ainda que assumindo sua fragilidade, quer dizer, que aquilo que foi pensado como verdade não possa alcançar sua plena realização.

Segundo Hannah Arendt, Platão tomou consciência da distinção grega entre homem teórico (*bios theorétikos*) e homem político (*bios politikos*), aquele que age para o bem da *polis* (*eupraxia*), logo após o processo de Sócrates. O discípulo que tinha aprendido de seu mestre a arte da maiêutica, valorizando, através do diálogo, a força ou a fraqueza dos argumentos em discussão, e consequentemente sua veracidade, ficou desesperado diante da incapacidade do filósofo em *persuadir* os juízes de sua inocência. Esta constatação levou Platão a duvidar da eficácia de alguns princípios de seu mestre que tinha capitulado em sua tentativa de persuadir seus amigos quanto às razões políticas, impulsionando-o a aceitar sua condenação. É o que leva Platão, segundo Heidegger, a denunciar no *Sofista* o caráter nocivo da *doxa* (opinião), ligada à primeira impressão, levando o ser humano a agir fora da verdade.

Aristóteles, por outro lado, segundo Hannah Arendt, se esforçará por mostrar, na *Ética a Nicômaco*, o valor metafísico do *bios politikos* que, apesar da submissão à *doxa*, está mais próximo do desvelamento do ser, tão próprio da convivência da polis, espaço absoluto da práxis. Conforme ao pensamento de Aristóteles, somente agindo e falando

---

[28] Cf. TAMINIAUX, Jacques. *La fille de Thrace et le penseur professionnel* – Arendt et Heidegger, p. 11.

no seio do domínio público (*Ágora*) que o homem realmente aparece, desvela-se, torna-se o que ele *é*, demonstrando o caráter *verídico* de suas afirmações.

Um e outro ponto de vista, longe de significar uma simples tomada de posição em favor de Aristóteles ou de Platão, revelam, na verdade, visões diferentes do mundo. Segundo Taminiaux, Heidegger, em sua análise da estrutura do *dasein humano* (*ser-aí*) à luz da *Ética à Nicômaco*, cujo conteúdo estuda as diferentes formas de *ser-na-verdade*, sublinhará a reflexão aristotélica que confere o estatuto mais alto à existência filosófica. Hannah Arendt, por sua vez, sublinhará nessa mesma obra o cuidado aristotélico em distinguir a *práxis* da *teoria* sem submeter a primeira à segunda. Os dois olham para o mesmo fenômeno, mas com perspectivas diferentes, tal como Aristóteles olhava para a pedra oscilante como um objeto que era impedido de seguir seu movimento para baixo, devido ao barbante que a prendia ao alto, e Galileu, que viu nessa pedra oscilante o movimento pendular. Embora fosse olhado como um mesmo objeto, o mundo que se apresentava para eles era diferente.[29]

Segundo Heidegger, o homem teórico é o único cuja existência é marcada pela autenticidade (*eudaimonia – Eigentlichkeit*), porque, à diferença do homem *político*, ele não é absorvido pelas preocupações do mundo quotidiano. Longe de se deixar absorver pelos acontecimentos do mundo, o homem teórico, cuidadoso do mundo mais do que preocupado por ele, quer, através da contemplação, desvelar seu segredo. É assim que, à luz de Aristóteles, Heidegger descreve dois níveis de comportamento: um, deliberativo e ativo, outro, contemplativo e teórico.[30]

O primeiro nível revela dois tipos de atividade: de fabricação (*poiésis*) e a atividade do agir (*práxis*), duas maneiras de *ser-na-verdade*, com a diferença de que a *práxis* é superior à *poiésis*. E o segundo marcado pela contemplação. Vejamos a razão desta diferenciação. Conforme Aristó-

---

[29] Cf. KUHN, Thomas. *A Estrutura das Revoluções Científicas*, p. 161 ss.

[30] Cf. TAMINIAUX, Jacques. *La fille de Thrace et le penseur professionnel* – Arendt et Heidegger, p. 16.

teles, a *poiésis* revela um comportamento de fabricação ou de produção caracterizado pelo *saber-fazer* (*technê*). Nesta atividade, o princípio de produção, o *eidos* (a ideia), reside no agente produtor. É nele, e não no produto, que se encontra o tipo ou o modelo da obra ou do produto. Por outro lado, o *telos* (alvo e fim) se encontra no produto e não no produtor. Logo que o produto atinge sua realização plena (*energeia* ou *entelecheia*), ele se torna independente do produtor e se submete a uma diversidade de fins que transcendem a finalidade à qual a destinava seu autor. É por causa deste desequilíbrio existente entre *arché* et *telos* que Aristóteles classifica a *poiésis* num nível inferior em relação à *práxis*.

Se a *poiésis* pressupõe um par (*a technê*), a *práxis* possui um também: é a *phronésis* (sabedoria/prudência). Esta é o "modo de *ser-na-verdade* ajustado à ação".[31] Contrário ao par *téchné-poiésis*, *phronésis-práxis* não apresenta a defasagem entre o produtor e seu produto. No homem ativo, o *bios pratikos*, o fim de sua ação (*phronésis*) não cai sobre alguma coisa fora dele, antes, é seu ser mesmo a razão de seu agir. Nele, o princípio (*arché*) e a finalidade (*telos*) coincidem. Bem agir (*eupraxia*) para o bem da polis, é para Aristóteles o fim ao qual tende o *bios praktikos* ou *politikos*.

É aqui que, segundo Taminiaux, começa a apropriação heideggeriana da análise ontológica aristotélica. Heidegger "canaliza o que em Aristóteles é de ordem ética e ligado à pluralidade dos negócios humanos para um jogo estritamente ontológico".[32] Esta preocupação do homem com seu próprio agir (*phronésis*), mostra, segundo Heidegger, a via que leva ao *cuidado do Ser* (vida autêntica – *eudaimonia*). Este olhar voltado ao seu *Dasein* devolve ao homem a possibilidade de adquirir a "contemplação autêntica do ser", caracterizada pela contemplação visando conquistar o desvelamento do ser (*sophia*). Segundo Heidegger, a razão que levou Aristóteles a ver no *bios theorétikos* "a mais alta significação da existência humana" se relaciona à questão do Ser e do Tempo:

---

[31] Ibidem, p. 17.

[32] Ibidem, p. 18.

> O Ser, porque, para os Gregos, o *Dasein* não é o ente em mais alto grau sobre a terra, e que o ser do *Dasein* lhes aparece ontologicamente deficiente. O Tempo, porque, para os Gregos, o ente em mais alto nível é aquele que é desde sempre e para sempre, ao passo que o *Dasein* humano é mortal. Consequentemente, os Gregos creem que o *Dasein* humano atinge sua mais alta possibilidade de *ser-na-verdade* se orientando não sobre o próprio *Dasein*, mas "ficando o mais tempo possível na pura consideração ou na pura presença do que é perpétuo". A *sophia* é a contemplação pura pela qual o filósofo grego, que vive a vida teorética (*bios théorétikos*), se imortaliza ele próprio ou atinge a *eudaimonia*, palavra que Heidegger traduz sem hesitação por *Eigentlichkeit*, autenticidade.[33]

Esta constatação leva Heidegger a se aproximar de novo de Platão. Como nós vimos, este, após o processo de Sócrates, ficou marcado pela *fragilidade* da persuasão que havia se mostrado frágil e submissa à determinação injusta dos juízes em nome da *polis*. Para ele, era necessário encontrar uma via mais segura levando ao exercício do Bem e mais protegida contra os assaltos da retórica submetida ao mundo das aparências e da opinião (*doxa*).

Segundo Platão, existem duas formas de vida, a ativa e a vida contemplativa. Mais do que opostas, estas duas maneiras de viver são complementares, ainda que a primeira seja inferior à segunda. Conforme o fundador da Academia, todo homem que se consagra à vida contemplativa, disposto a procurar o Bem supremo, tem necessidade de ser abastecido regularmente de certo número de bens (comida e bebidas), assim como de uma habitação e de alguns utensílios. Isto supõe, é certo, sua produção e sua manutenção. Por outro lado, o *bios teorétikos*, aquele que procura a verdade das coisas por detrás das aparências e cuja sabedoria está mais apta a governar ou a aconselhar os governantes da cidade, não pode ter sua atenção desviada do "mundo das ideias" e deve, consequentemente, estar livre das preocupações quotidianas. É

---

[33] Ibidem, p. 19.

assim que a vida ativa, cuja "dignidade específica se esgota na ajuda que ela oferece aos fins contemplativos"[34], aparece na *República* como um "meio" ao serviço da contemplação.

Desviando seu olhar da atividade do cidadão, o que segundo Hannah Arendt marcava a excelência da polis, Platão classifica a *práxis* num nível inferior à *poiésis* pelo fato de que a atividade do artesão está mais próxima do mundo da contemplação, pois "ele toma *a priori* um modelo, um arquétipo, uma ideia, e seu olhar se atém a ele durante todo o processo de manipulação e acabamento do produto"[35]; ao passo que, a *práxis*, é passível ou não de se realizar plenamente segundo o modelo pensado (*eidos*).

Tomemos agora a interpretação *desconstrutiva* de Hannah Arendt. Nós sabemos que suas preocupações filosóficas estavam centradas particularmente sobre os fenômenos que decorrem da vida política. Segundo Jacques Taminiaux, sua filosofia é marcada por uma série de acontecimentos tocando sua vida: a ascensão do nazismo, o fim da segunda guerra mundial e a condenação dos chefes nazistas; seu exílio, primeiramente na França e depois nos Estados Unidos, devido à perseguição nazista dos judeus; seu debate intelectual com Heidegger, sobretudo após sua adesão ao *Nazionalsozialistischpartei*. Estes acontecimentos levaram-na a desenvolver uma análise profunda do pensador profissional (filósofo) em sua relação com o poder e a vida política. Toda a sua crítica de Heidegger e sua interpretação da práxis a partir da *Ética a Nicômaco* visa restabelecer seu valor no seio da sociedade humana, sem submetê-la ao despotismo teórico.

Arendt analisa a condição humana na sociedade contemporânea, cuja memória, jogando com a desconstrução do pensamento, é um instrumento metodológico constante. Por meio do processo *desconstrutivo*, Arendt visava diferenciar *o* que o pensador profissional tende a amalgamar numa única ótica, apresentando-o destacado do mundo das aparências.

---

[34] Ibidem, p. 39.

[35] Ibidem.

No que se refere à atividade de pensar, o desmantelamento operado por Arendt consiste em situar o pensamento em relação ao mundo comum no qual os seres humanos interagem, tomam as iniciativas de sua própria vontade e exprimem seus julgamentos especiais, seus julgamentos sobre os acontecimentos particulares. Com efeito, os argumentos especiais que ela denomina de *metaphysical fallacies* consistem todos segundo esse ponto de vista a esconder o fato que o pensador pertence ao mundo comum das aparências, e mesmo a esconder o fato de que o afastamento necessário à atividade de pensar não pode cortar este elo de ligação com as aparências apesar de sua intenção. O argumento decisivo de Hannah Arendt, na *vida do Espírito*, é de que vale mais afrontar o fato desta ligação, bem como a tensão que ela implica (entre afastamento e pertença [ao mundo]), do que encobri-lo. Tal é a raiz de sua desconstrução das especificidades metafísicas.[36]

Em *Human Condition*, ela demonstra também como Heidegger se apropria de algumas análises filosóficas de Aristóteles para fundar sua *Ontologia Fundamental*, escolhendo os textos onde o filósofo grego apresenta a teoria como a forma mais elevada da *práxis*, negligenciando os textos onde Aristóteles chama nossa atenção sobre o perigo de submeter o campo todo inteiro da práxis ao *bios teorétikos*.[37] Arendt, ao analisar a concepção aristotélica da práxis na *Ética a Nicômaco*, diferencia-se radicalmente de Heidegger na medida em que ela sublinha a excelência da *práxis* política no coração da polis grega, como a possibilidade a mais elevada de *ser* e salvaguarda da *condição humana*.

Segundo ela, é através da ação da (*práxis*) e da palavra (*lexis*) que o indivíduo foge à condição efêmera dos entes, submissos ao eterno retorno da natureza (*zoé*), e se afirma como a vida *de alguém*, marcada por acontecimentos particulares que podem ser contados:

> É desta vida, *bios* e não *zoé*, que Aristóteles dizia que "ela é de alguma forma uma espécie de *práxis*" (*Político, 1254- 1257*). Porque a manifes-

---

[36] Ibidem, p. 36

[37] Ibidem, p. 65.

tação do que é alguém supõe a pluralidade, a palavra lhe é indispensável. Ao mesmo tempo que plural, a ação é intrinsecamente interlocutora. É por causa disso que Aristóteles associava estreitamente *práxis* e *lexis*. Pela *práxis*, cada um atualiza numa sequência aberta de iniciativas o fato que, de nascimento, ele é um começo. Pela *lexis*, ele declara que ele é a outros, que o interpelam.[38]

Começo de alguém, o nascimento mergulha o indivíduo num emaranhado de relações humanas marcado pela pluralidade de indivíduos, diferentes e semelhantes ao mesmo tempo.[39] Mas, é através da ação e da palavra que o homem é inserido efetivamente no mundo e aparece a outros indivíduos eles mesmos não menos aparentes. Ele é introduzido como que por um segundo nascimento no qual ele confirma e assume o fato bruto de sua aparição física e original.[40] Esta malha de relações, em razão dos novos nascimentos, introduzindo nos negócios humanos novos efeitos, é continuamente renovada. Esta renovação, na qual cada um que age é ao mesmo tempo um paciente e um agente, descarta toda previsibilidade da ação e determina assim o caráter intrinsecamente *ambíguo* e *frágil* da práxis:

> Intrinsecamente pessoal, o *bios* de alguém lhe é, pois, ao mesmo tempo manifesto e escondido. Titular de sua história, ele não saberia fazê-la como quem fabrica um produto acabado senão pela negação de toda pluralidade e toda interlocução. Todos esses traços – imprevisibilidade, irreversibilidade, ambiguidade, ilimitado – distinguindo-se claramente dos traços da *poiésis*, denotam a fragilidade essencial com a qual os gregos caracterizavam os negócios (affaires) humanos. O remédio pré-metafísico que eles encon-

---

[38] Ibidem, p. 45.

[39] Segundo Hannah Arendt, "Si les hommes n'était pas égaux, ils ne pourraient se comprendre les uns les autres, ni comprendre ceux qui les ont précédés ni préparer l'avenir et prévoir les besoins de ceux qui viendront après eux. Si les hommes n'étaient pas distincts, chaque être humain se distinguant de tout autre être présent, passé ou futur, ils n'auraient besoin ni de parole ni de l'action pour se faire comprendre. Il suffirait de signes et de bruits pour communiquer des désirs et des besoins immédiats et identiques" (ARENDT, Hannah. *La Condition de l'homme moderne*. Traduit de l'anglais par Georges Fradier, p. 231-232).

[40] Ibidem, p. 233.

traram para esta fragilidade foi a invenção da polis, concebida como o espaço estável para a partilha e a memória pública dos atos e das palavras. A vida política, dito de outra forma – sob a forma especificamente grega da isonomia – foi instituída em relação a um horizonte comum e que faz aparecer, no seio do qual o ser junto da *práxis e da lexis* podia ser salvaguardado e favorecido, no seio do qual o ser-junto podia ser um lugar do *sentido* além das *necessidades* vitais e além das *utilidades*.[41]

Diferentemente da *poiésis*, cujo artesão possui a priori o modelo do produto a fabricar, o sentido atribuído pela práxis aos fenômenos só é determinado no contexto e movimento mesmo da ação. Segundo Arendt, se o *sentido* fosse dado anteriormente e de maneira unificada, ele seria uma ameaça para a pluralidade renovada e para a incessante partilha de vozes inerentes à comunidade isonômica.

Assumir a fragilidade da práxis como condição a salvar a forma de agir mais *própria* ao ser humano, eis o que diferencia Arendt de Platão e de Heidegger. É a práxis que torna possível o aparecer do ser, enquanto que ele aparece através dos atos e das palavras e a partir do momento em que ele atribui um sentido aos fenômenos. O ser do homem faz aparecer o ser do mundo seguindo as determinações racionais da comunidade humana.

No entanto, esta concepção positiva em favor da práxis não é comum a todos os filósofos. Preocupados por causa da irreversibilidade das más ações, estes têm sempre a tendência a determinar uma linha de conduta clara preservando o homem do erro. Segundo Arendt, esta preocupação coloca-os, portanto, a concentrar, seja na pessoa, seja no Estado, e porque não dizer na instituição hierárquica da Igreja, a determinação do que deve ser realizado pelo conjunto da comunidade. Ainda que esta solução pareça ser mais "racional" segundo os critérios de previsibilidade e eficácia, ela afasta o homem do domínio do ser (práxis) e o espaço no domínio da poiésis, tomando-o assim por um *objeto*.

---

[41] TAMINIAUX, Jacques. *La fille de Thrace et le penseur professionnel*, p. 45-46.

Segundo Hannah, Arendt, somente Jesus de Nazaré com seu ensinamento do perdão que o mundo das coisas humanas pode ver uma solução legítima para a irreversibilidade da práxis.[42] Para a filósofa judia, contrariamente à vingança, que é a reação natural à transgressão e por isso está "longe de colocar fim às consequências da primeira falta", o perdão "é a única reação que não se limita a reagir mais que age de maneira nova e inesperada, não condicionada pelo ato que a provocou e que consequentemente libera ao mesmo tempo das consequências do ato aquele que perdoa e aquele que é perdoado".[43] Potente em sua capacidade de gerar uma situação nova e recomeço, o perdão é um fenômeno intrinsecamente ligado ao amor. É o que disse Jesus em relação à pecadora: "seus pecados, seus numerosos pecados, lhe foram perdoados porque mostrou muito amor" (Lc 7,47). Mas, o amor permanece estranho ao mundo da pluralidade, quer dizer, nosso mundo, pois, "ele destrói o *entre-deux* que nos aproxima e que nos separa do outro".[44]

É por causa da indissolubilidade do amor que o perdão, aos olhos dos modernos, se mostrara pouco realista como solução à irreversibilidade da práxis. Em seu lugar, o Iluminismo sublinhou a capacidade de prometer, virtude que não estava somente presente nos meios religiosos (judeu-cristão), mas também nos meios profanos, pois "a variedade das teorias de contratos desde os Romanos atestam que o poder de prometer permaneceu de séculos em séculos no centro do pensamento político".[45]

Fugindo do absolutismo, o Iluminismo encontrou a resposta ao problema na tradição antiga, baseando-se sobre a promessa mútua, quer dizer, o *contrato*. Basta ver a importância das alianças no Antigo Testa-

---

[42] ARENDT, Hannah. *La Condition de l'homme moderne*, p. 304.

[43] Ibidem, p. 307.

[44] Ibidem, p. 308.

[45] Ibidem, p. 310.

mento e nos acordos jurídicos dos Romanos: *pacta sunt servanda*.[46] É através do contrato que o indivíduo, almejando os benefícios sociais, aliena sua vontade pessoal e promete agir segundo as normas visando estabelecer o bem da comunidade inteira.

Ainda que o princípio contratual seja positivo e responda à necessidade de um interesse comunitário, visando preservar os indivíduos das más ações de outros indivíduos, através de sanções; ele não está preparado à emergência de novos fenômenos sociais. Para Hannah Arendt, a tendência à imobilidade é a grande fraqueza do contrato, pois ele acentua o cumprimento das normas mais do que o debate. Com efeito, para que ele seja sempre legítimo, o contrato dever ser constantemente revisto e avaliado, a fim de permanecer aberto ao dinamismo e à transformação da sociedade. Ainda que uma contínua revisão contratual seja dificilmente realizável, ela não deveria ser relegada ao segundo plano.

Em outros termos, mesmo o Estado democrático se baseando no contrato social, pode terminar por exercer uma função autoritária se ele força os cidadãos a executar uma série de ordens e de normas, propondo-lhes instâncias onde se pode trocar ideias dizendo respeito à vida em sociedade e um espaço para que as novas vozes e opiniões sobre o pacto sejam escutadas. A tendência a apagar o debate em função da eficácia e objetividade é uma tentação que mesmo os signatários do contrato não estão sempre aptos ou prontos a evitar.

No entanto, somente a pluralidade, determinada pela palavra e pela ação do outro, que torna possível a promessa e o perdão, solução para a irreversibilidade da práxis, uma vez que ninguém pode se perdoar a si mesmo e ninguém se sente ligado a uma promessa que ele fez somente a si. O princípio que anima estas duas faculdades é, por exemplo, "diametralmente diferente das normas 'morais' inerentes à noção platônica de governo".[47] Para Platão, o exercício do governo repousa

---

[46] Cf. Ibidem, p. 311.

[47] ARENDT, Hannah. *La Condition de l'homme moderne*, p. 303.

sobre o princípio de relação que eu estabeleço comigo mesmo, numa boa ordem restabelecida entre as faculdades individuais do espírito, da alma e do corpo. O governo não é mais do que a imagem aumentada do homem platônico, no qual, o pensamento, mais próximo do mundo das ideias, deve dominar sobre os membros do corpo. A Cidade de Platão, remédio à fragilidade da práxis, se define como o atelier de um artesão. Ela tem um caráter monádico, cuja realização corresponde a um modelo preconcebido a exemplo da *poiésis*. O remédio age sobre os seres humanos a exemplo do artesão que age sobre a matéria bruta, ao passo que o remédio proposto por Arendt à fragilidade da práxis, quer dizer, a promessa e o perdão, garante a excelência da condição humana na relação do indivíduo com o outro:

> Contra a irreversibilidade e a imprevisibilidade do processo desencadeado pela ação o remédio não vem de uma outra faculdade eventualmente superior, é uma das virtualidades da ação mesma. A redenção possível da situação de irreversibilidade – na qual não se pode desfazer o que se fez, quando não se sabia ou não se podia saber o que se fazia – é a faculdade de perdoar. Contra a irreversibilidade, contra a caótica incerteza do futuro o remédio se encontra na faculdade de fazer e de manter as promessas. Estas duas faculdades vão de par: a do perdão serve para suprimir os atos do passado, cujas "faltas" são suspensas como a espada de Demócles sobre cada nova geração; a outra, que consiste em se ligar pelas promessas, serve a dispor, nesse oceano de incerteza que por definição é o futuro, pequenas ilhas de segurança sem as quais nenhuma continuidade, sem mesmo falar de duração, não seria possível nas relações dos homens entre eles.[48]

Assim, para Arendt, se não se trata de cumprir cegamente ações ditadas por instâncias superiores, não se trata também de agir segundo o ritmo móvel das opiniões. A *eupraxia* pede também o refletir sobre a ação. É o *thaumazein*: o espanto diante das coisas, o distanciamento necessário a uma melhor apreensão e conhecimento dos fenômenos. É

---
[48] Ibidem, p. 302.

através do *thaumazein* que Aristóteles se aproxima de Platão e introduz certa superioridade do "contemplar"(*theoria*) sobre o agir prático (*epistéme praktikê*).[49] Segundo Arendt, o grande problema que toca os filósofos (Aristóteles também não escapou) é que eles encontram profundas afinidades entre a contemplação (*theoria*) e a fabricação (*poiésis*), acreditando "que elas não se opõem sem equívoco como a contemplação e ação".[50] Procurando clarear a origem desta predileção pela contemplação ao detrimento da ação na tradição filosófica, Arendt chama nossa atenção sobre a experiência do *thaumazein* em Sócrates e sobre a interpretação posterior que lhe deu Platão.

"Começo de toda filosofia", o *thaumazein* se caracteriza pelo pensamento fechado em seu recolhimento absoluto, traduzido pela perfeita imobilidade da vista do pensador. Contrário a Platão, cuja contemplação correspondia mais às experiências do artesão vendo diante de seu olhar interior a forma do modelo segundo o qual ele fabricará o objeto, emaravilhamento mudo ao qual Sócrates convidava seus discípulos a passar ao meio do mundo, estando momentaneamente afastado dele.

Para Arendt, a contemplação que gozava Sócrates é uma ordem completamente diferente daquela de Platão. Para Sócrates, o *thaumazein* é a realização paradoxal de pertença e de distanciamento do mundo. Nele, Arendt vê o contrário de pensador profissional com tendência a se afastar do mundo real ou a ditar regras ao conjunto da sociedade. Unificando duas paixões contraditórias, pensamento e ação, Sócrates reclama somente o direito de refletir as opiniões dos outros convidando-os a fazer o mesmo. Sem pretender aconselhar as pessoas do poder ou de governar os homens, ele lhes ensinava, através de sua forma de agir, a não se submeter à dominação.[51]

---

[49] Cf. Ibidem, 376.

[50] Ibidem, p. 377.

[51] TAMINIAUX, Jacques. *La fille de Thrace et le penseur professionnel* – Arendt et Heidegger, p. 172-173.

Segundo Arendt, nós poderíamos dizer que a pertença ao mundo e o distanciamento do mundo é a tensão à qual são chamados todos os que querem alcançar o cume da condição humana. Se Arendt opõe o pensamento à ação, é para que não haja nenhum risco de submeter a práxis à contemplação. Para ela, estas duas dimensões não podem estar separadas e devem permanecer no mesmo nível, sem que se estabeleça entre elas uma hierarquia:

> It is human to act and to want to act; it is human to think and to want to think. Wherever you don't have them combined, though they are in a sense opposite, in the living man, you have either thoughtless action or impotent thought. It is always life that offers the solutions.[52]

## Conclusão

Nosso intuito em trazer a reflexão de Hannah Arendt, por meio de Jacques Taminaux, nesta reflexão sobre a Declaração Dignitatis Humanae, foi elucidar as implicações das duas perspectivas presentes. Uma quer nos libertar do erro, a outra deseja salvaguardar a *dignidade da condição humana*. A primeira tem como bandeira um princípio tão caro a Jesus e ligado à pessoa de Jesus, em consonância com toda a tradição vetero e neotestamentárias que afirma ser Deus a fonte de toda verdade, conhecimento e sabedoria. A segunda, ao aproximar-se do mundo dos homens e sem descurar de sua preocupação com a verdade, assume o risco da errância como forma de garantir a salvaguarda da dignidade humana. Afinal, como vimos com Hannah Arendt, é no campo da práxis, tão própria ao convívio social, que são afirmadas tanto a igualdade,

---

[52] "É humano agir e querer agir; é humano pensar e querer pensar. Lá onde estas duas coisas não podem ser combinadas, ainda que em certo sentido elas sejam opostas, no homem vivente, encontramos ou bem uma ação irrefletida ou bem um pensamento impotente. É sempre a vida que oferece as soluções" (ARENDT, Hannah. Philosophy and Politics: what is political philosophy. In: *Arendt's papers*, BOX 44. The Library of Congress. Washington D. C.).

quanto as diferenças entre os seres humanos. A obstinação por preservar os povos do erro, a história nos mostra, levou a bandeira da apreensão exclusiva da verdade aos assaltos dos totalitarismos e a tratar homens e mulheres como objetos, solapando sua real dignidade marcada pelo exercício da liberdade. Assumir o risco da práxis e, consequentemente, a possibilidade da errância, é lutar pela preservação do espaço público onde efetivamente aparece a verdade de cada um. [53]

Neste sentido, vale a pena trazer à luz o pronunciamento de D. John Joseph Wright, bispo de Pittsburg, nos EUA, por ocasião da octogésima nona Congregação Geral:

> É conveniente proclamar solenemente o direito de todos os homens à liberdade religiosa, para que eles possam reconhecer e adorar livremente o Criador, com todo o respeito por aqueles que erram. O bem comum não é um compromisso forçado, como nos estados totalitários. Segundo o Apóstolo São Paulo, tem o homem o destino de ser buscador de Deus. Neste pensamento de Apóstolo está incluída também a necessidade da liberdade religiosa. A conformidade com a lei divina é necessária para o bem comum, mas para a promoção de um autêntico bem comum tal conformidade deve ser uma virtude de pessoas que pensam e querem, portanto de pessoas livres. [...] Havemos de rezar e trabalhar para que desapareça o erro, mas respeitaremos os direitos dos que erram. Nem se trata de situação do passado, mas do presente. Somos os primeiros que desfrutamos de uma liberdade religiosa comprada com o sangue dos mártires. Seremos por isso mesmo pregoeiros da liberdade religiosa. Não venceremos o erro pela força, mas pela luz de Cristo e do Evangelho.

Como dissemos na introdução, nossa opção em refletir sobre o conteúdo da *Dignitatis Humanae* não foi comentar parágrafo por parágrafo, mas trazer o pano de fundo que suscitou a emergência deste documento tão importante para o respeito à liberdade entre os povos, como afirmou Giuseppe Alberigo. Certo, o discurso e a linguagem para

---

[53] KLOPPENBURG, Boaventura. *Concílio Vaticano II*. V. IV, Terceira Sessão, p. 75.

difundir o teor deste documento precisam ser aprimorados, para que não cause confusão dos católicos em sua adesão à pessoa de Jesus, anunciada pela tradição apostólica romana. Porém, a necessidade urgente de um enunciado claro pode levar também a afirmações inconsequentes; afinal, como disse D. DE Smedt por ocasião da primeira aula Conciliar, ao tratar do Documento sobre a fonte da Revelação numa perspectiva ecumênica, "com este método da 'verdade clara' não se obteve *progresso algum* no caminho da reconciliação. Pelo contrário, em ambas as partes cresceram preconceitos, as suspeitas, as querelas e as discussões polemizantes. No decorrer das últimas décadas, todavia, se adotou novo método [do diálogo ecumênico]. [...] Em que consiste ele? Caracteriza-se pela qualidade de não se preocupar apenas com a verdade, mas também com a *maneira pela qual* se expõe a verdade, para que possa ser compreendida pelos outros".[54]

Na verdade, a melhor forma de apresentar a verdade se inpira na *atitude* de Jesus. Diante do Jovem rico que buscava a perfeição e que afirmava ter cumprido todos os ditames da lei referentes ao próximo, mas não foi capaz de se despojar de todos os seus bens para o seguimento de Jesus, este não o condenou, mas o amou; lamentou apenas que não estivesse pronto para o exercício da liberdade evangélica (cf. Mc 10,21). É por isso que, para toda reflexão teológica, é tão importante voltar-se para o modo de ser de Jesus. Nele, por Ele e com Ele, o teólogo cristão vê a possibilidade da convergência dos discursos (teológicos, magisteriais e pastorais) se transmutar em práticas que fazem irromper um modo mais potente de ser, que eleve o mais simples dos homens à percepção e à sensação do sublime, sem apagar ou desconsiderar as diferenças e as particularidades históricas. Afinal, a todas essas questões, os estudiosos e exegetas notam uma resposta prática da parte de Jesus aos impasses colocados pela relação entre subjetivação,

---

[54] KLOPPENBURG, Boaventura. *Concílio Vaticano II*. V. II. Primeira Sessão (Set-Dez, 1962), p. 179 ss.

cultura e normatividade da lei. É o que disse Nietzsche no *Anticristo*, ao afirmar que Jesus não tinha propriamente uma teoria, mas uma *práxis*.[55]

Como nos faz notar José Antonio Pagola, Jesus reverte os valores da lei, por exemplo, por meio de uma relação singular, sem preconceitos, com as mulheres[56], consciente de que não podia suprimir o caráter opressivamente patriarcal da sociedade em que estava inserido. O que ele faz é introduzir bases novas para a sociedade de Israel por meio de uma *atitude*.[57] O que Jesus introduz no mundo e, neste sentido seria atemporal, é o respeito da dignidade humana no homem e igualmente na mulher. Neste sentido, ao teólogo que assume o papel de *genealogista*, interessa o momento em que se dão as rupturas, a emergência da novidade e as forças e tensões que subjazem nos episódios e na práxis de Jesus. Mais do que o interesse pela leitura linear para provar sua origem divina e seu poder sobre os povos (o que foi importante para os primeiros anos do Cristianismo), nossa época está mais interessada na novidade das *atitudes* daqueles que moldam suas vidas segundo o *reinado de Deus* testemunhado por Jesus; afinal, as palavras podem alimentar nossa sede de curiosidade, mas são as *atitudes* que verdadeiramente transformam o modo como queremos ou pretendemos viver.[58]

---

[55] Ao falar sobre a *Boa Nova de Jesus*, Nietzsche escreve: *"A consequência de um tal estado se projeta numa nova prática (práxis), a prática propriamente evangélica. Não é uma 'crença' que distingue o cristão: o cristão 'age', ele se distingue por uma outra maneira de agir"* (NIETZSCHE, Friedrich. *L'Antéchrist*, § 33, p. 193).

56 Cf. PAGOLA, José Antonio. Jesus amigo das mulheres. In: *Jesus, aproximação histórica*, p. 276.

57 "Sem dúvida as mulheres veem em Jesus uma atitude diferente. Nunca ouvem de seus lábios expressões depreciativas, tão frequentes mais tarde nos rabinos. Nunca ouvem dele nenhuma exortação a viver submissas a seus esposos nem ao sistema patriarcal. Não há em Jesus animosidade nem precaução alguma diante delas. Somente respeito, compaixão e uma simpatia desconhecida. O mais surpreendente talvez seja ver de que maneira tão simples e natural ele vai definindo, a partir de sua experiência de Deus, o significado da mulher, derrubando os estereótipos vigentes naquela sociedade" (Ibidem, p. 262).

58 Para uma melhor compreensão da práxis de Jesus à luz do *Anticristo de Nietzsche*, reportar-se a meu artigo: OTTAVIANI, Edelcio. Práxis de Jesus e práxis da Libertação à luz do Anticristo de Nietzsche. *Revista de Filosofia-Aurora*. PUCPR, v. 19 n. 24 jan./jun. 2007.

## Bibliografia

ARENDT, Hannah. *La Condition de l'homme moderne*. Traduit de l'anglais par Georges Fradier. Paris: Calmann –Lévy, 1983.

FOUCAULT, Michel. A vida dos homens infames. In: *Ditos e Escritos IV, estratégia-poder-saber*. 2. ed. Tradução Vera Lúcia Avellar Ribeiro. Rio de Janeiro: Nova Fronteira, 2006.

GREGÓRIO XVI. *Mirari vos*. In: *Documentos De Gregório XVI e de Pio IX (1831 -1878)*. São Paulo: Paulus, 1999, p. 25-42.

KANT, Immanuel. *Resposta à pergunta: "O que é Iluminismo?"*. Tradução de André Mourão. Disponível em: <http://www.lusosofia.net/textos/kant_o_iluminismo_1784.pdf>. Acesso em: 10 de abril de 2011.

KLOPPENBURG, Boaventura. *Concílio Vaticano II*. V. II. Primeira Sessão. Petrópolis: Vozes, 1963.

_____. *Concílio Vaticano II*. V. III. Segunda Sessão. Petrópolis: Vozes, 1964.

_____. *Concílio Vaticano II*. V. IV. Terceira Sessão. Petrópolis: Vozes, 1965.

_____. *Concílio Vaticano II*. V. V. Quarta Sessão. Petrópolis: Vozes, 1966.

KUHN, Thomas. *A Estrutura das Revoluções Científicas*. 8. ed. Tradução de beatriz Vianna Boeira e Nelson Boeira. São Paulo: Perspectiva, 2003.

NIETZSCHE, Friedrich. *Acerca da verdade e da mentira num sentido extra moral*. Tradução de Helga Hoock Quadrado. Introdução Geral de Antonio Marques. Lisboa: Relógio d'Água, 1997. (Obras Escolhidas).

PAGOLA, José Antonio. *Jesus, uma aproximação histórica*. Tradução de Gentil Avelino Titton. Petrópolis: Vozes, 2010.

TAMINIAUX, Jacques. *La fille de Thrace et le penseur professionnel* – Arendt et Heidegger. Paris: Payot, 1992.

TEIXEIRA, Faustino. O Concílio Vaticano II e o diálogo inter-religioso. In: LOPES GONÇALVES, Paulo Sérgio. BOMBONATTO, Vera Ivanise (Orgs). *Concílio Vaticano II*: análises e prospectivas, p. 273-291.

# 24

# AS RELIGIÕES E A SALVAÇÃO EM CRISTO

*Nostra Aetate*

***Marcial Maçaneiro***
Doutor em Teologia pela Pontifícia Universidade Gregoriana – Roma
Professor na Faculdade de Teologia Nossa Senhora
da Assunção da PUC-SP e na Faculdade Dehoniana
Presbítero da Congregação dos Padres do Sagrado Coração de Jesus (dehonianos)

Em todo povo e cultura, as religiões aparecem como resposta humana aos lampejos da Verdade colhidos na revelação cósmica, no discernimento do bem e na aplicação do arbítrio às virtudes. Neste sentido, o Concílio reconhece na busca religiosa da humanidade a presença de "sementes do Verbo" e elementos de "verdade e santidade", à luz do Evangelho. As religiões participam daquele "diálogo salvífico" aberto pelo Criador a todos os povos, cuja palavra definitiva é o próprio Cristo, Verbo de Deus. Desta apreciação emergem o discernimento sobre o lugar das religiões no plano da salvação e as disposições teológicas para o diálogo inter-religioso.

A declaração *Nostra aetate* (NA) teve "uma pré-história agitada",[1] desde seu primeiro esboço *Decretum de Judaeis et non-Christianis* (Decreto sobre os judeus e os não cristãos, 1964). Naqueles anos ainda ecoavam os horrores do nazismo e das grandes guerras, e muitos esperavam que a Igreja se pronunciasse a respeito da corrida armamentista, do racismo e do antissemitismo. Como se nota, o contexto era particularmente complexo: de um lado, o desencanto com a própria humanidade, a paz frágil, o existencialismo ateu e o antissemitismo em voga; de outro, o movimento sionista, as reivindicações árabe-palestinas, o cenário multirreligioso dos continentes missionados. Ao Concílio não era fácil pronunciar-se, ainda mais com a "sombra" da violência antijudaica em países cristãos.[2]

Apesar do desafio, a proposta amadureceu de 1964 a 1965: o Concílio deveria declarar-se a respeito das religiões, sem perder de vista a questão específica do judaísmo. Afinal, o tema das religiões tinha implicações não só antropológicas, morais e políticas, mas *teológicas*. E isto, em articulação coerente com o que vinha dito nos outros documentos conciliares, especialmente *Lumen gentium*, *Ad gentes* e *Gaudium et*

---

[1] Neudecker, R. "La Iglesia católica y el pueblo judío". In: Latourelle, R. *Vaticano II – balance y perspectivas*, Salamanca: Sígueme, 1989, p. 988.

[2] Sobre o complexo contexto judaico e a elaboração deste documento, cf. Hussar, B. "Genesi storica della Dichiarazione conciliare Nostra Aetate". In: *La dichiarazione su "Le relazione della Chiesa con le religioni non cristiane"*, Torino: Elle Di Ci, 1967, p. 11-46.

*spes*. Esta articulação (sobretudo em seu viés soteriológico) possibilitou abordagens mais recentes, como lemos em *Redemptoris missio*, *Diálogo e anúncio* e mesmo *Dominus Iesus*.

Para a redação final de *Nostra aetate*, o Concílio optou por uma Declaração sintética, mas de importância capital. Pois nela se oficializava a atitude da Igreja perante as religiões não-cristãs: reconhecimento de seus valores essenciais; admissão da obra universal da graça; possibilidade de diálogo e da colaboração conjunta; discernimento do lugar das religiões no único desígnio divino da salvação. O texto definitivo foi promulgado por Paulo VI no dia 28 de outubro de 1965, com um corpo contínuo de cinco parágrafos – o mais sucinto documento do Vaticano II. Não se trata ainda de um programa de ação, mas declara as *intenções* e as *coordenadas* para uma aproximação da Igreja às religiões não cristãs, em vista do diálogo e da mútua colaboração (cf. n. 1 e 5). Mais dialógico do que polêmico, o texto "considera sobretudo o que é comum aos homens e os move a viver juntos seu destino" (n. 1).

Ao longo da reflexão, emergem pontos teologicamente relevantes, especialmente quando *Nostra aetate* apresenta certos valores das religiões, apreciados como elementos de santidade e verdade. Como este documento é breve e todo ele dedicado às religiões não cristãs, nós o comentaremos inteiramente, retendo os pontos mais relevantes para a questão da salvação universal em Cristo e o papel da Igreja nesse cenário (cf. perspectivas, à conclusão do ensaio).

## 1. Todos os povos se incluem num único plano de salvação

O preâmbulo da Declaração expressa a intenção prioritária que anima a Igreja: considerar "mais atentamente qual deve ser sua atitude (*habitudine*) para com as religiões não cristãs" (n. 1). Em coerência com os objetivos do Concílio, a relação da Igreja com as religiões é um elemento necessário para o adequado *aggiornamento* eclesial. Repensar sua autoconsciência e ampliar as relações com os povos e culturas, pede à Igreja um exame atento, não só das religiões em si, mas de sua "atitude" perante as mesmas. Atitude que se traduzirá, consequentemente, em uma visão discernida do lugar das religiões no plano de Deus e em novas agendas de encontro e diálogo. O texto prossegue:

> Em seu dever de promover a caridade entre os homens, (a Igreja) considera aqui sobretudo o que é comum aos homens e os move a viver juntos seu destino. Todos os povos, com efeito, constituem uma só comunidade. Têm uma origem comum, uma vez que Deus fez todo o gênero humano habitar a face da terra. Têm igualmente um único fim comum: Deus, cuja Providência, testemunhos de bondade e planos de salvação abarcam a todos, até que os eleitos se reúnam na Cidade Santa, que será iluminada pelo esplendor de Deus e em cuja luz caminharão os povos (n. 1).

Observe-se que texto usa a expressão *consilia salutis* (no plural). Embora algumas edições brasileiras traduzam erroneamente como "planos de salvação", a Declaração não diz que existam diferentes planos salvíficos. Ao contrário: a expressão *consilia salutis* significa "conselhos de salvação", no sentido de meios ou disposições que Deus oferece universalmente à humanidade, já que seu *designium salutis* é um só para os povos de qualquer credo. Os *consilia salutis* expressam a graça multiforme de Deus, que promove dentro e fora da Igreja a salvação consumada em Jesus Cristo.[3] Neste único plano de salvação, estendido a todos os povos, inscrevem-se as religiões. Nelas, o ser humano busca respostas a suas questões definitivas:

> Por meio de religiões diversas procuram os homens uma resposta aos profundos enigmas para a condição humana, que tanto ontem como hoje afligem intimamente os espíritos dos homens (idem).

---

[3] Veja a versão oficial italiana que traduz *consilia salutis* na forma singular de "disegno di salvezza". Cf. "Testo latino e traduzione italiana", in *La dichiarazione su "Le relazione della Chiesa con le religione non cristiane"*, op. cit., p. 49.

Estas perguntas se referem à natureza humana, ao sentido último da vida, ao enigma da dor e da morte; ao desejo de felicidade e ao juízo eterno e, finalmente, ao "inefável mistério que envolve nossa existência, donde nos originamos e para o qual caminhamos" (n. 1, final). Portanto, Deus inclui as religiões em seus *consilia salutis* – suas disposições salvíficas universais e multiformes. Mediante sua graça, Deus dispõe providencialmente das religiões – em graus diversos – em auxílio à busca humana da Verdade e do Bem (em consonância com *Ad Gentes* 11). É sob a graça, silenciosa e eficaz, que as religiões favorecem "uma resposta aos profundos enigmas para a condição humana" e traçam itinerários na direção do Absoluto: abrem vias de transcendência para seus adeptos, promovem o bem e contribuem para o conhecimento do Divino (como é dito pouco adiante).

## 2. Elementos de verdade e santidade

No n. 2, *Nostra aetate* diz que "a Igreja Católica nada rejeita do que há de verdadeiro e santo nestas religiões" – exatamente na linha daquela atitude de discernimento e apreço enunciada na *Lumen gentium* 16. Sem fixar-se no erro ou equívoco das religiões em face da doutrina cristã, o Concílio aprecia de bom grado tudo o que elas contêm de "verdadeiro e santo". De acordo com os próprios adjetivos, estes conteúdos participam da verdade e da santidade *de Deus*: não significam um resultado autônomo das próprias religiões, mas indicam o quanto a graça pode operar no ser humano "imago Dei" além do cristianismo. Por isso, o que há de "verdadeiro e santo" é digno de acolhida por parte da Igreja. Daí a importância do discernimento teológico e moral nas agendas de diálogo inter-religioso: a Igreja considera "com singular atenção" o "modo de viver e agir" e os "preceitos e doutrinas" das religiões.

Poderíamos agora nos perguntar: *a que elementos* a Declaração se refere, quanto ao "modo de viver" e "doutrinas" dos não cristãos? Com efeito, *Nostra aetate* enumera alguns elementos ao expor os traços essenciais de cada religião.

Este é o tema dos n. 2, 3 e 4, que abordam as religiões numa sequência semelhante à *Lumen gentium* 16. Esses parágrafos tratam do dado religioso em geral; depois falam de religiões específicas, como o Hinduísmo, o Budismo e as Religiões Autóctones, ditas tradicionais (n. 2). Depois tratam do Islamismo e do Judaísmo (n. 3 e 4). Os traços referentes a cada religião formam uma lista de elementos, apreciados positivamente como passos na direção do Absoluto e da Verdade.

### 3. Do "senso religioso" às religiões

Uma primeira palavra se refere ao *sensus religiosus* da humanidade: o *sentido religioso* presente nos sujeitos e culturas. Toda pessoa humana pode abrir-se ao Infinito, à Verdade, ao Mistério, pois a Igreja crê que tal característica de espírito é constitutiva da humanidade em geral, criada "capax Dei" –, afinal, todos os seres humanos, de qualquer credo, compartilham sua condição de "imago Dei".[4] Assim, se constata que os sujeitos religiosos podem interpretar e reter, da Revelação cósmica, uma "percepção" do mistério divino que envolve toda a existência:

> Desde a Antiguidade até à época atual, encontra-se entre os diversos povos certa percepção daquela força misteriosa que preside o desenrolar das coisas e acontecimentos da vida humana, chegando mesmo às vezes ao conhecimento duma Suprema Divindade ou até do Pai. Esta noção e conhecimento penetram-lhes a vida dum profundo sentido religioso (n. 2).

---

[4] Cf. *Lumen Gentium* 22 e a tematização esclarecedora da Comissão Teológica Internacional, *Teologia da Redenção* n. 17-25.

Olhando atentamente, vemos neste trecho aspectos do fenômeno antropológico da religião: a percepção do mistério; este mistério como força que preside a existência; o conhecimento da divindade, mais ainda o conhecimento de Deus como Pai; o profundo senso religioso. O sujeito que aí se move, subjacente a esta experiência do sagrado, é seguramente o *homo religiosus*, como vem caracterizado na fenomenologia religiosa.[5]

Historicamente, as religiões se enraízam em culturas situadas. Em tais culturas, elas acolhem as grandes questões humanas, elaboram suas percepções e aprimoram a linguagem: "As religiões, no entanto, com o desenvolvimento da cultura à qual estão ligadas, fazem o possível por responder às mesmas questões por meio de conceitos mais sutis e linguagem mais acurada" (idem).

Desta evolução emergem expressões elaboradas da religião, com um "modo de viver e de agir" formalizado, ao lado de "preceitos e doutrinas" definidos. Ou seja: aparecem as religiões fenomenicamente complexas, com suas dimensões espiritual, ética e doutrinal. Daí as formas organizadas de conduta, culto, espiritualidade e dogmas.

## 4. Apreciação e valores

Nesta altura do n. 2, *Nostra aetate* passa a considerar as religiões distintamente. A atenção recai sobre as grandes tradições vigentes: Hinduísmo, Budismo, Religiões Autóctones, Islamismo e Judaísmo. Apesar do esquema redacional, os parágrafos 2-4 não pretendem oferecer nenhuma tipologia científica ou fenomenológica. A Declaração limita-se a considerar organizadamente os valores próprios de cada religião.

---

[5] Cf. Ries, J. *I cristiani e le religioni*, Brescia: Queriniana, 1987, p. 479.

## a) Hinduísmo

> Assim, no Hinduísmo os homens perscrutam o mistério divino, explicando-o por uma inesgotável abundância de mitos e sutis tentativas filosóficas, e procuram a libertação das angústias de nossa condição humana, quer através de modalidades de vida ascética, quer pela meditação aprofundada, quer ainda mediante o refúgio em Deus com amor e confiança.

A princípio, o texto focaliza a busca humana da verdade e suas consequentes expressões: concepções religiosas, mitos e filosofias. A finalidade desta busca é alcançar a libertação. A frase seguinte resume as "três vias" do Hinduísmo: a *via ascética* do Yoga (modalidades de vida ascética); a *via meditativa* da Jnãna (meditação aprofundada), peculiar ao hinduísmo brahmânico ou védico clássico; e a *via devocional* Bhakti (refúgio em Deus com amor e confiança), forma mais corrente e popular.[6]

O *Yoga* busca a autorrealização da pessoa, unindo corpo e mente numa ascese constante. Prescreve exercícios regrados, sem questionar-se explicitamente sobre Deus. A *Jnãna* privilegia a meditação, aliada a ritos minuciosos prescritos nos Vedas. A divindade é o Brahman universal: está em todo o cosmos como força absoluta, porém na forma de uma inteligência sem ego, una e impessoal. A *Bhakti*, por sua vez, diferencia-se das vias anteriores. Acredita que a divindade absoluta possui uma face pessoal e amorosa: Krishna, revelado no *Bhagavad-Gita* como próximo e misericordioso. O fiel pode recorrer a Krishna, estabelecendo uma relação de amor e serviço devocional: amizade, confiança, dedicação. Esta relação seria mais perfeita que a pura ascese, a meditação intelectual ou os ritos védicos. Todas as vias, porém, se propõem o mesmo fim: superação do mal e redenção total do ser (*moksha*).[7]

---

[6] Para aprofundar informações sobre as três vias hindus, cf. LICHTENBERG, J. P. *L'Église et les religions non-chrétiennes*, Paris: Salvator, 1967, p. 51-56. PAPALI, C. "Le diverse religioni non cristiane". In: *La Dichiarazione su "Le relazione della Chiesa con le religioni non cristiane"*, op. cit., p. 101-128.

[7] Na verdade, estas três vias se desdobram em outras escolas. O documento, contudo, prefere acenar brevemente a estas três formas básicas. Como todas elas buscam a *moksha* – libertação final e eterna dos fiéis – são suficientes para uma visão geral. Sobre as três vias enquanto expressão sintética do hinduísmo, cf. ACHARUPARAMBIL, D. "L'Induismo". In: *La Mistica*, vol. II. Roma: Città Nuova, 1984, p. 528-568.

b) Budismo

> No Budismo, que se manifesta em várias modalidades, reconhece-se a radical insuficiência deste mundo mutável e se ensina o caminho pelo qual os homens de espírito dedicado e resoluto possam atingir a suprema iluminação, seja conseguindo um estado de perfeita libertação, seja pelos próprios esforços, ou apoiados em ajuda superior.

A "radical insuficiência deste mundo" refere-se ao ensinamento budista sobre a fugacidade do tempo, o sofrimento, o engano das paixões e a vacuidade da existência, que só se desfaz quando o homem atinge o *nirvana*: extinção dos desejos, sentimento oceânico de paz e aguda percepção do Todo. Experiência aparentemente negativa, o *nirvana* é um estado de consciência altamente absorta na meditação, ciente da provisoriedade do mundo, mergulhada na totalidade cósmica, destituída de qualquer apego, egoísmo ou paixão. Este estágio é chamado "suprema iluminação" (*bodhi*). Requer da pessoa um "espírito dedicado e resoluto" (a disciplina búdica).

Em seguida a Declaração alude rapidamente a três vertentes da religião budista: "... atingir a suprema iluminação, seja conseguindo um estado de perfeita libertação" (Budismo Mahayana); "seja pelos próprios esforços" (Budismo Hinayana); "ou apoiados em ajuda superior" (Budismo Vajrayana ou Tântrico). Estas formas básicas de budismo são simbolizadas como Três Veículos que conduzem o fiel rumo ao *nirvana*. Basta traduzir o termo original: o Grande Veículo (*maha-yana*), aberto a todos; o Pequeno Veículo (*hina-yana*), restrito a monges ascetas, e o Veículo do Diamante (*vajra-yana*), de caráter mágico-ritual (*tantra*).[8]

A primeira forma citada – Mahayana – é como um "grande veículo" capaz de conduzir qualquer pessoa à iluminação: não só os eruditos e ascetas rigorosos, mas também as pessoas simples, leigas, que aderem com vontade firme ao caminho de Buda. O Hinayana, de seu lado, é

---

[8] Cf. LICHTENBERG, J. P. Op. cit., p. 56-59.

mais restrito: compara-se a um "pequeno veículo" acessível somente aos que seguem a vida monástica, ou seja, os monges budistas, dedicados ao estudo e à ascese pessoal. Segundo a doutrina hinayana, a condição de monge está prevista no ciclo de reencarnações como o estágio mais perfeito neste mundo: um dia, todo fiel nascerá preparado, tornando-se monge. Só então alcançará o nirvana, mediante o estudo e a disciplina ascética. Finalmente, o Budismo Tântrico: chamado "veículo brilhante", assimila doutrinas budistas e ritos mágicos oriundos do antigo Hinduísmo (os *tantras*). Buda é divinizado e adorado na versão cósmica de Buda-Grande-Sol (*Buda Vairocana*). As práticas mágicas são transmitidas em ritos de iniciação e visam a libertação para seus adeptos.[9]

Além de remeter aos Três Veículos, o texto fala "em várias modalidades" de Budismo, num aceno a outras escolas, como o Zen, o Tendai e o Jodô, entre outras, não tematizadas explicitamente.[10]

c) Religiões tradicionais

A Declaração, agora, fala das "demais religiões", compreendendo as religiões autóctones, também chamadas tradicionais:

> Assim também as demais religiões que se encontram por todo o mundo esforçam-se de diversos modos por irem ao encontro da inquietação do espírito humano, propondo caminhos, isto é, doutrinas e regras de vida, como também ritos sagrados.

Seria de fato pretensioso expor organizadamente os cultos denominados étnicos ou autóctones. Vale, porém, a referência, onde podemos incluir as religiões tradicionais africanas, asiáticas e ameríndias. O texto não faz nenhuma classificação destas tradições nativas, mas permite que elas sejam legitimamente incluídas na Teologia das Religiões. Interessa,

---

[9] Cf. LÓPEZ-GAY, J. "Il Budismo", in *La Mística*, vol. II, op. cit., p. 569-586.

[10] Para uma apresentação didática da doutrina budista e suas variantes, cf. SHIRIEDA, G. "Il Buddismo". In: *La Dichiarazione su "Le relazione...*, op. cit., p. 129-152.

portanto, reter o que *Nostra aetate* diz sobre elas em geral: respondem às inquietações do espírito humano; propõem doutrinas e modelos éticos; contêm ritos sagrados. Cada um destes pontos fica à disposição para pesquisa e reflexão, no campo fenomenológico e teológico, e se incluem no que se disse sobre as religiões em outros textos conciliares.

### 5. Lampejos da Verdade

Na sequência, a Declaração faz uma importante observação, ao fechar o parágrafo sobre as religiões orientais e demais cultos autóctones:

> Se bem que em muitos pontos estejam em desacordo com os que ela (a Igreja Católica) tem e anuncia, não raro, contudo, refletem lampejos daquela Verdade que ilumina a todos os homens.

O texto escreve "Verdade" com maiúscula, no genitivo *Veritatis*. Indica, assim, a Verdade divina, revelada. Tudo o que há de verdadeiro e santo nestas religiões – o que a Igreja aceita sem rejeitar – é "um raio" da divina verdade. Não procede de outra fonte, senão do próprio "Pai das Luzes", pela comunicação universal de seu Verbo (cf. Tg 1,16-17).[11] O texto inspira-se evidentemente no Prólogo de S. João: "O Verbo era a luz verdadeira que ilumina todo homem" (Jo 1,9). Deste modo, a expressão "lampejos da Verdade" se aproxima do motivo teológico das *semina Verbi* (sementes do Verbo) proposto pela teologia patrística.

No enfoque utilizado também reaparece a perspectiva da *praeparatio evangélica*:[12] as religiões como "preparação" ou "pedagogia" para a revelação evangélica. Há sementes do Verbo habitando o *humus* religioso da humanidade – do qual as religiões são a manifestação histórica.

---

[11] Cf. LICHTENBERG, P. *L'Église et les religions non-chrétiennes*, p. 63.

[12] Cf. Ibidem.

Ali contidas, estas sementes recebem "raios da Verdade", como acontece com as sementes iluminadas pelo sol, tendo em vista frutos de salvação. As religiões possuem a Verdade em lampejos: quanto mais elas se aproximam do Cristo-Verbo, luz do mundo, mais explícita se torna a Verdade que refletem. Cabe à Igreja favorecer esse desabrochar das *semina Verbi* (sementes do Verbo) mediante "diálogo e anúncio" focados em Cristo,[13] em quem o ser humano encontra "a plenitude de vida religiosa e no qual Deus tudo reconciliou a Si".

Desta "sincera atenção" às religiões nascem algumas diretivas práticas: estabelecimento do diálogo inter-religioso; a colaboração mútua; o testemunho efetivo de vida; o desenvolvimento de todos "os bens morais e espirituais, como também dos valores socioculturais" próprios dos não cristãos (n. 2, no final).

## 6. Sobre o Islamismo e o Judaísmo

a) Islamismo

O Islamismo é citado no parágrafo seguinte, n. 3. Também aqui *Nostra aetate* apresenta mais dados que *Lumen gentium* 16. Vejamos o texto, gradativamente:

> Quanto aos muçulmanos, a Igreja igualmente os vê com carinho, porque adoram a um único Deus, vivo e subsistente, misericordioso e onipotente, Criador do céu e da terra, que falou aos homens (n. 3).

Logo de início, o parágrafo nomeia a Deus com títulos apreciados pelos muçulmanos. Estes nomes (ou atributos divinos) formam parte dos *noventa e nove nomes de Deus*, segundo o Alcorão.[14] A eles se acres-

---

[13] Diálogo e anúncio são elementos constitutivos da missão, como adverte o documento *Diálogo e anúncio* n. 2.
[14] Cf. EL HAYEK, S. *Alcorão Sagrado*. São Paulo: Marsam, 1994, p. 202.

centa "que falou aos homens". Esta fórmula tem uma dupla referência. Primeiro, ao caráter de "revelação" (*wahy*) que a tradição islâmica se atribui; em segundo lugar, ao Deus Único dos muçulmanos, reconhecido como Aquele mesmo que "falou outrora aos Pais pelos profetas, e agora, nestes dias que são os últimos, falou-nos por meio do Filho" (Hb 1,1-2).[15] De modo semelhante, o Alcorão cita os patriarcas e profetas, inclusive João Batista, Maria e Jesus, como ouvintes e testemunhas da revelação: "Cremos em Deus, no que nos foi revelado, no que foi revelado a Abraão, a Ismael, a Isaac, a Jacó e às tribos, e no que, de seu Senhor, foi concedido a Moisés, a Jesus e aos profetas" (Surata 3,84).[16]

Em seguida o texto invoca o exemplo de Abraão, a veneração pelo Cristo e Maria, a fé no Juízo e na ressurreição:

> A seus ocultos decretos esforçam-se [os muçulmanos] por se submeter de toda a alma, como a Deus se submeteu Abraão, a quem a crença muçulmana se refere com agrado. Não reconhecem Jesus como Deus; veneram-n'O, no entanto, como profeta. Honram Maria, Sua mãe virginal, e até a invocam às vezes com devoção. Aguardam, além disso, o dia do juízo, quando Deus há de retribuir a todos os homens ressuscitados.

O texto é conciso quanto à visão islâmica de Jesus "profeta", mas não Deus. Também exclui qualquer alusão a Muhammad, último dos profetas para o Islam. Em vez de prolongar-se em considerações detalhadas, evita uma abordagem polêmica e opta em citar pontos doutrinais de aproximação: Abraão, protótipo do crente submisso e fiel (*muslim*, em árabe); veneração de Jesus como profeta; honra e invocação de Maria Virgem; concepções escatológicas comuns, como a ressurreição e retribuição dos justos. Em consequência desta fé, os muçulmanos "valorizam a vida moral e honram a Deus, sobretudo pela oração, esmolas e jejum" (n. 3, adiante).

---

[15] Cf. ANAWATI, G. "La religione musulmana", in *La Dichiarazione...*, op. cit., p. 187.

[16] EL HAYEK, S. *Alcorão Sagrado*, op. cit., p. 67.

## 24 – As religiões e a salvação em Cristo

O documento mostra uma abertura enorme ao se referir aos muçulmanos "com carinho" e ao declarar – pela primeira vez em Concílio[17] – o desejo de diálogo e de paz, depois de tantas controvérsias e conflitos históricos:

> Embora no decorrer dos séculos tenham surgido não poucas dissensões e inimizades entre Cristãos e Muçulmanos, o Sacrossanto Concílio exorta a todos a que, esquecidos dos acontecimentos passados, sinceramente ponham em prática a mútua compreensão. Em benefício de todos os homens e em ação conjunta, defendam e ampliem a justiça social, os valores morais, bem como a paz e a liberdade.

Percebemos que *Nostra aetate* não tematiza explicitamente a questão da salvação dos muçulmanos. A considera incluída, obviamente, no reconhecimento positivo do "que há de verdadeiro e santo" nesta religião, supondo a abertura das consciências à graça e o hábito das virtudes. Neste sentido o documento oferece elementos soteriológicos, ao descrever a atitude crente dos muçulmanos: confiança em Deus Misericordioso (*Rahman wa'Rahim*); valores éticos e vida moral; obediência à vontade divina (*al-Islam*); a filiação no monoteísmo abraâmico; zelo espiritual manifesto na oração, esmola e jejum; fé no Juízo e na ressurreição final. Estes são elementos de santidade e verdade, explicitados e manifestos pelo documento, com alicerces até bíblicos.

Como observamos, *Nostra aetate* não detalha as diferentes expressões de Islamismo (sunita, xiita, wahabita, salafita) nem se atém na interessante via mística muçulmana (sufita). Contudo, as disposições de diálogo e construção mútua da paz fizeram história, consolidando o diálogo islamo-cristão nos últimos cinquenta anos – mais que nunca um sinal efetivo de reconciliação, que nos ajuda a distinguir o *Islam religioso* (com seus valores originários e liderança autorizada) e o *Estado islâmico* (com seu nacionalismo e sua gestão de poder).

---

[17] Cf. ANAWATI, G.: "La religione musulmana", in op. cit., p. 177.

b) Judaísmo

Na sequência, o n. 4 encerra a consideração das religiões, tratando do Judaísmo. Notamos que – do parágrafo 2 ao 4 – há um movimento de crescente aproximação ao cristianismo: desde o *sensus religiosus* da humanidade, passando por religiões orientais e tradicionais, até os crentes de vertente abraâmica, entre os quais os judeus ocupam o primeiro lugar. Os israelitas possuem um estatuto teológico peculiar aos olhos da Igreja: sua eleição por parte de Deus os introduz plenamente no plano da salvação e os vincula ao mistério da Igreja:

> Pois a Igreja de Cristo reconhece que os primórdios da fé e de sua eleição já se encontram nos Patriarcas, em Moisés e nos Profetas, segundo o mistério salvífico de Deus. Confessa que todos os fiéis cristãos, filhos de Abraão pela fé, estavam incluídos no chamamento do mesmo Patriarca e que a salvação da Igreja estava misteriosamente prefigurada no êxodo do povo eleito da terra da escravidão (n. 4).

Os vínculos entre Israel e a Igreja não são apenas históricos, mas teológicos e místicos.[18] Ambos pertencem ao mesmo plano de salvação, estando misteriosamente relacionados – como antigo e novo povo de Deus – na mesma eleição e movimento redentor da humanidade. Daí a ligação estabelecida entre o "êxodo do povo eleito" e a "salvação", ou seja, entre a primitiva páscoa e a definitiva Páscoa, em Cristo. É na experiência salvífica de Israel que se enraíza, num mesmo desígnio, a mencionada "salvação da Igreja". Esta herança comum faz dos "fiéis cristãos, filhos de Abraão pela fé".

> Por isso, não pode a Igreja esquecer que por meio daquele povo, com o qual em sua indizível misericórdia Deus se dignou estabelecer a Antiga Aliança, ela recebeu a Revelação do Antigo Testamento e se alimenta pela raiz de boa oliveira, na qual como ramos de zambujeiro foram enxertados

---

[18] Segundo a expressiva opinião de Lichtenberg, J. P. Op. cit., p. 75.

os Povos. Pois crê a Igreja que Cristo, nossa Paz, mediante a cruz, reconciliou os Judeus e os Povos e a ambos unificou em Si mesmo (idem).

A primeira Aliança estava destinada à salvação, não só de Israel, mas das nações em geral (cf. Gn 12,3; Gl 3,7). Salvação consumada em Cristo, que reconciliou hebreus e gentios numa nova humanidade por sua encarnação e oblação pascal (cf. 1Cor 5,16-17; Gl 5,6; Ef 2,11-13). Em virtude desta redenção universal, Cristo estabeleceu no mundo o definitivo *shalom* e enxertou – pela Igreja – os ramos da gentilidade na cepa da antiga oliveira. Portanto, Israel e a Igreja estão unidos numa mesma história salvífica, sustentando-se na seiva comum da Revelação e da Aliança. Constituem concretamente duas respostas à manifestação de Cristo, mas não dois desígnios, "pois os dons e o chamamento de Deus são irrevogáveis" (Rm 11,29).

O texto prossegue na linha de Rm 9-11: recorda as graças de Deus a Israel (a adoção de filhos, a glória, a aliança, a Lei, o culto e as promessas); e a origem judaica de Cristo – nascido de Maria – dos apóstolos e dos primeiros discípulos. Por decreto divino, os israelitas são amados por Deus, chamados à salvação plena que abraça todas as nações. Assim, unida aos profetas e como o apóstolo Paulo, "a Igreja espera por aquele dia, só de Deus conhecido, em que todos os povos a uma só voz aclamarão o Senhor e 'se submeterão num mesmo espírito' (Sf 3,9)" (ainda n. 4).

Além dos aspectos teológicos, o reconhecimento conciliar deste "patrimônio espiritual comum aos Cristãos e Judeus" se desdobra em indicações práticas: que se efetuem estudos bíblicos-teológicos e contatos de diálogo, para um maior apreço e conhecimento mútuo. De forma claríssima, a Igreja revoga a acusação de "deicídio",[19] impingida coletivamente sobre os judeus:

---

[19] Sobre a acusação de deicídio, suas bases, releitura e revogação, veja o estudo detalhado de Hussar, B. "La religione giudaica", in La Dichiarazione..., op. cit., p. 225-261.

> Se bem que os principais dos Judeus, com seus seguidores, insistiram na morte de Cristo, aquilo contudo que se perpetrou em sua Paixão não pode indistintamente ser imputado a todos os Judeus que então viviam, nem aos de hoje.

Assim o Concílio augura oficialmente o fim do preconceito antijudaico, que fazia dos hebreus um povo amaldiçoado e culpado coletivamente pela morte de Jesus, como se isso constasse nas próprias Escrituras! A Igreja é contundente na condenação da violência antissemita, não por conveniência política, "mas impelida pelo santo amor evangélico" (n. 4). Tanto a catequese quanto a pregação da Palavra deverão reverter tais erros, mostrando a relação da Igreja com Israel segundo "a verdade evangélica" e o "espírito de Cristo" (idem). Aliás, é desta diretriz que nascerão, pouco depois, dois importantes documentos da Santa Sé sobre nossas relações com o judaísmo: *Notas para a correta apresentação dos judeus e do judaísmo na pregação e na catequese da Igreja Católica* (1985); *O povo judeu e suas Escrituras na Bíblia Cristã* (2002).

O parágrafo sobre o Judaísmo se conclui em tom solene, reiterando a redenção universal de Cristo, sinal do amor de Deus por toda a humanidade:

> De resto, a Igreja sempre teve e tem por bem ensinar que Cristo, por causa dos pecados de todos os homens, sofreu voluntariamente e por imenso amor se sujeitou à morte, para que todos conseguissem a salvação. Cabe pois à Igreja pregadora, anunciar a cruz de Cristo como sinal do amor universal de Deus e fonte de toda a graça.

## 7. Considerações e perspectivas

### 7.1. *Importância e alcance da Declaração*

A declaração *Nostra aetate* tem um valor capital: apesar da brevidade, é a primeira vez que um Concílio se ocupa das religiões nestes termos de aproximação, atenção sincera e apreço (n. 1). Além de acenar para a função antropológica das religiões (n. 1-2), o documento cita valores essenciais das grandes tradições vivas.

O texto poderia ser mais extenso, se considerasse o Xintoísmo, o Confucionismo e as formas específicas de religião indígena e africana. Também não entra em detalhes quanto às vivências místicas que ocorrem nestas religiões; não cita seus mitos ou a crença na reencarnação; nem fala sobre o significado salvífico das experiências de "libertação" (*moksha*) ou "suprema iluminação" (*nirvana*) buscadas pelo Hinduísmo e pelo Budismo (cf. n. 2).

Em perspectiva cristã, notamos a parca pneumatologia – muito mais crescente nos anos posteriores ao Concílio, em diálogo sistemático com a cristologia e a soteriologia. Neste sentido, *Nostra aetate* deve ser lida à luz de *Lumen gentium* 16 e *Gaudium et spes* 22 que – ao falar da cristificação da humanidade pelo mistério pascal – diz:

> Isto não vale apenas para os cristãos, mas também para todas as pessoas de boa vontade, em cujos corações a graça opera de modo invisível. De fato, tendo Cristo morrido por todos e sendo uma só a vocação última da humanidade – ou seja, participar da vida divina – devemos admitir que o Espírito Santo oferece a todos os homens a possibilidade de se associarem, de modo conhecido por Deus, a este mistério pascal (GS 22).

A modesta elaboração teológica de *Nostra aetate*, porém, não cancela sua importância. Afinal esta Declaração afirma a atitude de apreço e discernimento da Igreja em face das religiões; abre caminhos de proximidade e colaboração inter-religiosa; incentiva a reflexão posterior da teologia e do próprio magistério; conclama os evangelizadores ao diálogo inter-religioso; favorece o discernimento do valor salvífico das religiões – inseridas *sub gratia* no único plano de salvação em Cristo.

### 7.2. Olhar cristão sobre as religiões

Da abordagem do documento colhemos vários elementos positivos, presentes nas religiões: a percepção da Divindade; a função antropológica de acolhida do mistério e resposta aos enigmas humanos; o sentimento de sacralidade que as religiões cultivam; o conhecimento do Criador enquanto divino e até mesmo pai; o empenho ascético e espiritual; o abandono confiante à providência divina; a percepção da provisoriedade do mundo; a busca da libertação final; a fé numa vida eterna (cf. n. 2). Tudo o que se manifesta como verdadeiro e santo nestas religiões é considerado com atenção pela Igreja, sejam *valores éticos* (modos de agir e viver...) sejam *valores doutrinais* (... preceitos e doutrinas: n. 2).

### 7.3. Do "diálogo salvífico" ao diálogo inter-religioso

*Nostra aetate* insiste no diálogo e na mútua colaboração para se superar conflitos históricos e promover a paz e a justiça entre todos (n. 2 e 5). Não só por motivos humanitários ou éticos, mas por compreender que a Revelação mesma de Deus – e sua plena consumação salvífica no Filho Jesus – constituem um *salutis colloquium* (diálogo de salvação). Deus mesmo abriu para com a humanidade este diálogo, do qual Jesus é a Palavra definitiva. Esta abordagem nasce da cristologia do Verbo e foi expressamente proposta por Paulo VI durante o Concílio, na encíclica *Ecclesiam suam* (1964). É como o pano de fundo que ajudou a estruturar *Nostra aetate*, bem como *Lumen gentium* e *Gaudium et spes*. Neste sentido, o diálogo inter-religioso lançado pela Declaração tem como raiz teológica o diálogo salvífico aberto pela Trindade ao longo da história. Com tal base bíblica e soteriológica, *Nostra aetate* insere de uma vez por todas o diálogo inter-religioso no horizonte da evangelização. Desde então, toda agenda planejada de evangelização tende a integrar o diálogo inter-religioso, solicitando a adequada formação de agentes.

### 7.4. Diálogo e anúncio, constitutivos da missão

Como nos documentos anteriores, a Declaração professa a *centralidade de Cristo* para a salvação: de um lado o texto reconhece os valores humanos e espirituais das religiões; de outro, professa a Jesus "caminho, verdade e vida (Jo 14,6), no qual todos os homens possam encontrar a plenitude da busca religiosa e no qual Deus tudo reconciliou a Si" (n. 2). O anúncio do Salvador deve ser conjugado com aquele empenho de diálogo e respeito mútuo entre os crentes (n. 2-4), na linha do que hoje diz o magistério:

> O diálogo interreligioso e o anúncio, embora não no mesmo nível, são *autênticos elementos da missão evangelizadora da Igreja*. São legítimos e necessários. Estão intimamente ligados, mas não são intercambiáveis: o verdadeiro diálogo interreligioso supõe, da parte cristã, o desejo de fazer conhecer melhor, reconhecer e amar a Jesus Cristo; e o anúncio de Jesus Cristo deve fazer-se no espírito evangélico do diálogo. As duas atividades permanecem distintas; mas, como a experiência o demonstra, a mesma Igreja Local e a mesma pessoa podem estar diversamente empenhadas em ambas (DA 77).

### 7.5. Soteriologia cristocêntrica e inclusiva

Todos, enfim, participam de um único plano de salvação, consumado em Cristo. Sua cruz é "sinal do amor universal de Deus e fonte de toda graça" (n. 4). A *atitude de apreço* pelas religiões e a *unidade da história salvífica* são duas grandes luzes do documento. As religiões são reconhecidas como recursos providenciais do amor de Deus (n. 1), possuidoras de "lampejos daquela Verdade que ilumina a todos os homens" (n. 2) e inseridas num único plano de salvação (n. 4).

Desde os enunciados do Novo Testamento – passando pela patrística, também *Nostra aetate* e *Dominus Iesus* – a teologia católica assume a postura *cristocêntrica inclusiva*: professamos a Cristo como único e universal redentor, a cuja salvação todos têm acesso por graça, na e além da

Igreja visível – pois há um só plano salvífico para toda a humanidade: "Deus quer que todos os homens sejam salvos e cheguem ao conhecimento da verdade. Pois há um só Deus e um só mediador entre Deus e os homens – um homem, Jesus Ccristo, que se ofertou em resgate por todos" (1Tm 2,4; também Jo 1,16; At 10,28.34-35; At 17,24-27). Ficam sob crítica duas posições extremas: o *eclesiocentrismo*, que reduz a ação da graça ao espaço da Igreja visível e, portanto, nega a autonomia salvífica da própria Trindade; e o *relativismo* que menospreza a centralidade de Cristo em função de um diálogo facilitado, dissociando Cristo e o Verbo ou preterindo a novidade cristã a ponto de equiparar todos os credos indistintamente.

As religiões são apreciadas como *marcos constitutivos* da única história de salvação: nelas se ouve a voz de Deus e se progride na busca da verdade, firmando nos corações a retidão de vida e a prática de autênticos valores espirituais e humanos, por cuja vivência e sob ação do Paráclito, os não cristãos se associam ao mistério redentor de Cristo. O magistério católico inclui adequadamente as religiões do plano salvífico: nem as menospreza, nem diz que tudo nelas tem igual valor salvífico. O que lemos nos documentos é uma apreciação que insere as religiões no projeto salvador de Deus e as avalia teologicamente a partir das afirmações centrais da fé apostólica, sem prejuízo para a cristologia nem para eclesiologia.[20]

### 7.6. *Discernimento do "valor salvífico" das religiões*

Segundo o magistério, as religiões não possuem *autonomia* salvífica, mas podem ter *valor* salvífico.[21] Como lemos na declaração *Dominus Iesus*, através dos elementos de verdade e santidade otimizados pela graça e correspondidos pelos sujeitos, as religiões não cristãs servem como "mediação participada" da salvação que tem em Cristo o "único mediador". Ou seja: ainda que nas religiões nem tudo seja igualmente salutar,

---

[20] Cf. *Dominus Iesus* n. 22.

[21] CTI, *O Cristianismo e as Religiões* n. 81-87.

na medida em que seus valores positivos dão acesso à graça, elas se fazem "mediação participada" da "única mediação de Cristo".[22] Logo, as religiões não salvam autonomamente e nem tudo nelas é igualmente salutar; mas constituem uma "mediação participada" à medida que possibilitam a seus adeptos o acesso à "única mediação de Cristo".[23]

### 7.7. A sacramentalidade da Igreja, Corpo de Cristo

A Igreja está inteiramente significada no desígnio de Deus como sinal operante de seu amor universal. Ela não fecha em si as possibilidades de redenção, mas as *administra* a todos os povos, sendo "para todo o gênero humano germe firmíssimo de esperança, unidade e salvação" (LG 9). Somente Cristo é o "autor da salvação" (LG 9); "a Igreja foi querida por Deus e instituída por Cristo para ser na plenitude dos tempos sinal e instrumento do plano divino da salvação, cujo centro é o mistério de Cristo" (DA 33). Trata-se, portanto, de uma eclesiologia em chave *cristocêntrica*: a sacramentalidade salvífica da Igreja deriva do mistério pascal do Cristo "luz das gentes" (LG 1).[24]

De fato, na Igreja "o Reino de Deus está misteriosamente presente" (DA 35). Contudo, a manifestação do Reino na visibilidade eclesial não ocorre de modo exclusivo nem excludente. A Igreja congrega o "novo povo de Deus" (LG 9), ao qual tendem todos os seres humanos, e é convidada a reconhecer a realidade deste Reino também fora de seus confins – "por exemplo nos corações dos seguidores de outras tradições religiosas, na medida em que vivem valores evangélicos e permanecem abertos à ação do Espírito" (DA 35). Assim, a Igreja se compreende à luz do Reino de Deus destinado a todas as nações, do qual é "serva" (cf. idem).

---

[22] *Dominus Iesus* n. 14.

[23] Ibidem.

[24] De fato, a Igreja não é autora da salvação, nem comunica a graça por si mesma, mas apenas enquanto sacramento de Cristo no mundo: "É Cristo quem, precisamente, alimenta seu Corpo, que é a Igreja e, assim, atrai a comunidade de fiéis para a obra de realizar a redenção. Seria um erro sobrecarregar a Igreja com uma autonomia que ela não poderia suportar sozinha" (CTI, *Teologia da Redenção* – Parte IV, n. 6).

É com esta perspectiva *cristocêntrica* e *inclusiva* que os documentos falam da necessidade da Igreja para a salvação, e nunca de modo eclesiocentrado. A *Lumen gentium* caracteriza a Igreja-sacramento de salvação como "realidade complexa", ao mesmo tempo instituição e mistério, corpo visível e corpo místico, visível e invisível (LG 8). Seu mistério se prolonga além de suas expressões formais, segundo a extensão invisível e multiforme da graça. Ou seja: os caminhos da graça delineiam o Corpo Místico de Cristo além dos ritos, da organização pastoral e da pregação explícita da Palavra. Enquanto mistério-sacramento que presentifica Cristo Redentor aos homens, a Igreja é concebida por Deus desde a criação, prefigurada na história de Israel e de certo modo presente lá onde a graça opera, mesmo além de suas expressões visíveis ou institucionais. A verdadeira história da Igreja não se reduz a seu percurso cronológico, mas engloba toda a história da salvação, em cujas etapas podemos ver as fases constitutivas da Igreja de Cristo (cf. LG 2-5).

### 7.8. Correta compreensão do axioma "Extra ecclesiam nulla salus"

Deste modo, a necessidade da Igreja para a salvação deve ser considerada em dois níveis. O nível do mistério, cujas dimensões são pensadas *secundum gratia*; e o nível de sua institucional visibilidade, da qual participam os que aderem a Cristo explicitamente na comunidade eclesial, como batizados.

Considerando estes dois níveis devidamente, admite-se uma verdadeira "ordenação" ou "tender" dos não cristãos à Igreja: interpelados pela consciência à prática da justiça, respondendo aos elementos de santificação presentes em suas tradições e associados ao mistério pascal de Jesus por ação do Espírito, os não cristãos inserem-se misteriosamente na comunidade dos salvos, mesmo sem conhecerem tematicamente o Evangelho (cf. LG 8, GS 22, DI 21-22). Eles são "chamados a pertencer ao novo povo de Deus" (LG 13). Isso lhes ocorre porque Cristo os abraça em sua universal redenção:

Os membros das outras tradições religiosas são ordenados ou orientados (*ordinantur*) para a Igreja, enquanto ela é o sacramento em que o Reino de Deus está misteriosamente presente, pois, na medida em que eles respondem à chamada de Deus, sentida em sua consciência, são salvos em Jesus Cristo e, por conseguinte, já compartilham, de qualquer modo, da realidade significada pelo Reino (DA 35).

Ao que a Comissão Teológica Internacional acrescenta:

Quando os não cristãos, justificados mediante a graça de Deus, são associados ao mistério pascal de Jesus Cristo, são também associados ao mistério de seu Corpo, que é a Igreja. O mistério da Igreja em Cristo é uma realidade dinâmica no Espírito Santo: ainda que falte a esta união espiritual a expressão visível da pertença à Igreja, os não cristãos justificados estão incluídos na Igreja "corpo místico de Cristo" e "comunidade espiritual" (LG 8) [...]. Por isso, pode-se falar não só em geral de um *tender* dos não cristãos justificados à Igreja, mas também de uma *vinculação* deles com o mistério de Cristo e de seu corpo, a Igreja.[25]

É neste nível do *mistério da graça* que a Igreja se mostra presente em todo o curso da salvação, já que a ela se associam *todos* os justificados – sejam não cristãos que desconhecem a Cristo, mas praticam valores evangélicos; sejam outros que, por causa de suas convicções profundas e exercendo liberdade de consciência, não ingressam na Igreja mesmo conhecendo-a, continuando fiéis a suas tradições religiosas (cf. DA 29). Os documentos desqualificam qualquer interpretação exclusivista e unilateral, quanto aos não cristãos, do princípio *extra ecclesiam nulla salus* – o que seria uma negação da eficácia universal da redenção e da autonomia salvífica da Trindade.[26]

Outro nível, nitidamente diverso, é o da incorporação plena à Igreja – no caso dos fiéis batizados católicos que "aceitam a totalidade da

---

[25] CTI, *O cristianismo e as religiões*, n. 72-73.

[26] Idem, n. 62.

organização da Igreja e todos os meios de salvação nela instituídos" (LG 14). Para estes a pertença eclesial se faz necessária à salvação em sentido expresso, enquanto reconhecem moral e conscientemente *na Igreja* a verdade de Deus e a ela aderem, dispondo-se livre e moralmente à obediência da fé.[27]

**Bibliografia**

COMISSÃO TEOLÓGICA INTERNACIONAL. *O cristianismo e as religiões*. São Paulo: Loyola, 1997.
_____. *Teologia da Redenção*. São Paulo: Loyola, 1997.
CONCÍLIO VATICANO II. *Compêndio do Vaticano II*. 18. ed. Petrópolis: Vozes 1986.
EL HAYEK, S. *Alcorão Sagrado*. São Paulo: Marsam, 1994.
LATOURELLE, R. *Vaticano II: balance y perspectivas*. Salamanca: Sígueme, 1989.
LICHTENBERG, J. P. *L'Église et les religions non-chrétiennes*. Paris: Salvator, 1967.
PAULO VI. *Ecclesiam Suam*. 3. ed. São Paulo: Paulinas, 1965.
PONTIFÍCIO CONSELHO PARA O DIÁLOGO INTER-RELIGIOSO – CONGREGAÇÃO PARA A EVANGELIZAÇÃO DOS POVOS: *Documento Diálogo e anúncio*. SEDOC 24(1991). Petrópolis: Vozes, p. 258-288.
RIES, J. *I cristiani e le religioni*. Brescia: Queriniana, 1987.
Vv.Aa. *La dichiarazione su "Le relazioni della Chiesa con le religione non cristiane"*. Torino: Elle Di Ci, 1967.
_____. *La Mistica*. Vol I-II. Roma: Città Nuova, 1984.
_____. *Le relations de l'Église avec les religions non-chrétiennes*. Paris: Cerf, 1966.

---

[27] Cf. LG 14, AG 7 e *Dominus Iesus* 20, parágrafo 2º.

# 25
# PÚLPITOS PRÉ E PÓS-CONCILIARES

*Um testemunho*

*José Fernandes de Oliveira*
Bacharel em Teologia pela Catholica Universitas Americae
Washington – 1967
Especialização em Pastoral da Juventude e Teologia Comparada
Presbítero da Congregação dos Padres do Sagrado Coração de Jesus
(dehonianos)

Conhecido popularmente como Pe. Zezinho, scj, o autor deste testemunho é um dos nomes mais conhecidos da comunicação católica no Brasil. Sacerdote Dehoniano, formou-se em Teologia em 1967 nos Estados Unidos, ou seja, seu tempo de estudos coincidiu com o período do Vaticano II. Foi um dos pioneiros na aplicação do Concílio à Pastoral da Juventude. Escritor, compositor e conferencista, foi professor de Comunicação por trinta anos na hoje Faculdade Dehoniana.

Sou José Fernandes de Oliveira, religioso dehoniano e sacerdote do Sagrado Coração de Jesus. Muitos me conhecem como Padre Zezinho, scj. Prego, componho, leciono, atuo em rádio e televisão, escrevo artigos e livros e viajo para conferências e shows. Chamam-me para falar em congressos de família, catequeses, pastoral da comunicação e outros encontros de Igreja, onde minhas atividades e experiências de pregador podem ser úteis. Viajei por inúmeros países a serviço da fé e tive mais oportunidades do que milhares de outros pregadores a quem não foi dado ver o que a Igreja me mostrou. Tenho, pois, um dever para com os mais novos que em pouco enfrentarão plateias amigas ou hostis à Igreja.

Tenho 71 anos e vivi o pré e o pós-Concílio. Faço parte da geração de pregadores da fé católica que sonharam ser sacerdotes num tipo de igreja e acordaram em outro. Adolescente ainda, fui para o seminário em 1954, pensando em liderar o povo, subir as escadas do púlpito e, de lá de cima, pregar verdades católicas, celebrar a missa em latim e de costas para a assembleia, como quem conduz a prece, sair pelas ruas vestido de batina esvoaçante... Atenderia os pobres e os doentes como fazia o Padre Teodoro Becker, scj, reitor do seminário onde eu "ajudava" na missa. Eram coisas de adolescente que sonha ser alguém no mundo e na Igreja.

Mas, em 1966, um ano após o magno evento chamado Concílio Vaticano II, ordenado sacerdote, lá estava eu sem batina, primeiro de clergyman, depois de gravata e, finalmente, de manga curta e safari branco ou cinza, com uma cruz ao peito. Celebrava em português e já não "dizia": "presidia" à missa, voltado para o povo porque o altar fora invertido. E tinha uma dezena de documentos em mãos para explicar ao povo em que aspectos e o porquê de nossas mudanças.

Havia novas coisas a serem ditas, novas expressões, novas palavras, novos conceitos, novos personagens, novas pastorais, novos enfoques, novas atitudes e mais espaço para ampliar a teologia. Se eu escrevesse um livro para falar de tudo o que vi mudar, chegaria a mais de 500 páginas. Só a explicação dos novos termos e das novas pastorais exigiria centenas delas.

Foram tempos desafiadores para quem entrou na Igreja com uma cabeça e um foco e teve de mudar cabeça e foco. No transplante muitas árvores perdem o viço! Não foram poucos os católicos que tomaram a bifurcação errada. Ou radicalizaram mudando mais do que sua igreja, ou radicalizaram não mudando o mínimo necessário. Para os que pensam que foi tudo um momento de bifurcação ou de mudança de trilhos e de bitola permitam-me lembrar que, para quem aceitou mudar, foi transição arriscada e perigosa. O trem católico poderia descarrilar. Na verdade eram muitos trens e muitas locomotivas e vagões. Não foram poucos os que saíram dos trilhos. Não se muda impunemente. E não tem sido diferente hoje com os novos movimentos e as novas comunidades.

Podemos sonhar com uma igreja empertigada e dona da História e da verdade, ou com uma Igreja "Mater et Magistra", mãe e mestra. Lembro-me ainda dos primeiros pronunciamentos de João XXIII e Paulo VI nas primeiras sessões. Seria travessia esperançosa, mas não seria fácil. Os papas foram os primeiros a dizê-lo, embora se mostrassem convictos de que Deus nos conduziria ao futuro sem graves rupturas. Ainda me soam aos ouvidos as primeiras conferências que ouvi nos Estados Unidos, onde estudava. Eram alvissareiras, um tanto quanto viscerais, típicas de gente que tinha pressa. Não faltaram as dos conservadores e ultraconservadores que viam tudo como desvio. Éramos jovens e desde cedo pudemos escolher. Os artigos e livros pululavam. Também os novos enfoques de teologia, e eclesiologia. Era novidade por onde se olhasse e a cada página folheada.

\*\*\*

## 25 – Púlpitos pré e pós-conciliares

O Concílio terminou em l965, fui ordenado em 1966. Voltei ao Brasil e ficou claro para mim que a Igreja que mudava lidava com forças antagônicas dentro e fora dela. Para mim nunca foi oba-oba. Paguei o preço desde os primeiros sermões. Ouvia de tudo. Como nos primeiros séculos do cristianismo, a coisa se politizara. Eu não era visto como suficientemente de esquerda, nem de direita nem de centro. O patrulhamento era agressivo. Eu era o padrezinho diminuto até no nome, metido a cantor, superficial e popularesco que pretendia mudar a Igreja para pior. Ganhei dois violentos artigos no "O Estado de São Paulo", um, de Lenildo Tabosa Pessoa, no qual fui chamado de vaca sagrada. Outro católico conservador escreveu que eu ensacara meu violãozinho e entrara em crise de fé. Fiquei menos ingênuo a respeito de comunicação e mídia. Aprendi desde cedo que quem não tem estômago para críticas e calúnias não deve subir ao púlpito! Jornalista que era, o caluniador nem se deu ao trabalho de saber que eu tinha sido operado por causa de um grave acidente e que por sete meses precisei de intensos cuidados médicos para voltar a viajar e reassumir a vida missionária entre os jovens.

Naqueles dias quem ousasse propor mudanças era agredido e quem não mudasse radicalmente também era. O púlpito virou corredor polonês. Apanhava-se da direita poderosa e da esquerda operosa. Uns achavam que o outro ia devagar demais, outros que ia depressa. Eu que acabara de estudar História da Igreja via os debates estilo Clemente e Valentino, Atanásio e Ário, Cirilo e Nestório, e mais tarde, Mister Eckhart e Richard Rolle, ou Bernardo Claraval e Pedro Abelardo. Estava em livros eruditos, artigos populares, radicalismos de esquerda e de direita e de centro, porque havia também um centro radical.

***

Nos primeiros anos por aqui, Brasil, o púlpito foi para a esquerda política, depois deu uma guinada para a direita e para a neutralidade; no começo venceu a pregação do sociopolítico. Trinta anos depois a pregação do social perdeu para a pregação do espiritual. Os cantos que, por quase três décadas lembravam a cruz e a dor do irmão, cederam a cantos de louvor ao Senhor da Glória que deve ser exaltado e que só ele é digno de todo louvor. Nos shows, agora, de cada vinte canções, dezenove celebravam o louvor e a glória. As liturgias que, segundo descreve Karen Amstrong em "Uma História de Deus", no começo do cristianismo eram festivas e altamente emotivas, voltaram a estes eflúvios por influência do pentecostalismo que voltou forte e envolvente. A mídia católica aos poucos cedeu à liderança do acento de Pentecostes, que para alguns é visto como "cultura de Pentecostes". A palavra libertação, até então característica da teologia do político foi amenizada. Já não tinha contornos políticos e, sim, de ascese com missas de cura e libertação.

*\*\*\**

Eu vira o período JAC, JEC, JIC, JOC, JUC de antes do Vaticano II e, depois as pastorais sociais, as incursões na política acentuadamente de esquerda, as ruas e passeatas, fábricas e universidades, campos e militâncias do pós Vaticano II e, aos poucos, vi também a reação dos moderados e conservadores. Via-os, visitava suas dioceses e conversava com os pró e os contra a Teologia da Libertação. Para ser honesto nunca me vi conservador, mas nunca tive a ousadia de me proclamar libertador. Fiz o jogo mais arriscado: quis ser aproximador. Escutava dos especialistas que era ou é impossível conciliar as duas teologias ou pastorais. Talvez não tivesse e ainda não tenha esta capacidade de entender as duas místicas. Mas tenho o desejo de saber o que leva os pregadores radicalmente para um lado ou para o outro. O que faz um Tertuliano, um Orígenes, um Montano, um Mani, um Atanásio ou um Dióscoro? Que injunções psicológicas jogam quem teve acesso aos mesmos livros e documentos para lados opostos?

*\*\*\**

Não havia como não tomar partido e posição. Eram tantas as hipóteses que não tomar posição era tomar posição. Como nos primeiros anos do cristianismo o outro era pintado como menos cristão ou bandido da fé. Havia debates ou insinuações radicais bem ao estilo de Alexandria e Antioquia ou Constantinopla em luta por um lugar no centro do império. Era a era do "é por aqui que se vai"... Interessava-me ler e ouvir os dois lados. A quem um dia me chamou de pregador em cima do muro respondi que era a posição que demandava maior equilíbrio. A quem me rotulou como quadro, respondi que era o que tinha a razia perfeita. A quem me chamou de modernizante, mas não transformador respondi que o transformador não acende nada sem alguma chave modernizante. A quem me classificou como compositor-não-litúrgico lembrei que canção sacra e litúrgica eu conhecia, mas que não aceitava rótulos, a menos que chamassem Chico Buarque de autor não clássico e Chopin de compositor não sambista. Rotular é um jeito de negar ao colega o direito de evangelizar de maneira abrangente. Naqueles dias como hoje há uma enorme tendência de sectarizar e compartimentar a catequese. Há os de cá e os de lá!

\*\*\*

Mas como as abóboras se ajustam ao andar da carroça e como raízes e solidez exigem tempo e doutrinas, vejo ajustes no horizonte. O Vaticano II que, a meu ver foi amordaçado em alguns púlpitos ou esquecido por conta de novidades mais provocadoras, volta a ser lembrado ainda que timidamente. A imensa maioria dos adultos e jovens de agora não leu aqueles documentos e os trata como se fossem textos históricos que perderam atualidade. Raramente se vê um pregador a citar aqueles documentos e os que, na América Latina e no Brasil, surgiram por conta deles.

A meu ver perdeu-se a reverência e, com ela as referências, ou vice-versa. Éramos pré-conciliares, tornamo-nos pós-conciliares, mas receio ter de afirmar – assumindo a polêmica que meu dito possa suscitar – que na maioria dos púlpitos o Vaticano II não entra. Nem ele, nem Medellín, nem Puebla, nem Santo Domingo, nem Aparecida.

Como naqueles dias, gravo o que vejo e ouço, por conta das aulas e encontros que sou chamado a dar sobre *Prática e Crítica de Comunicação nas Igrejas,* e não percebo as luzes do Vaticano II em muitas cátedras. É como se não tivesse existido. Seminários administram alguns cursos. Mal sabem os pregadores jovens, os ministros e ministras da eucaristia, os cantores e bandas com guitarra e bateria, as meninas perto do altar, os leitores, os diáconos leigos, os movimentos que hoje agitam a cena nos templos e nos estádios, que não estariam lá sem o Vaticano II. Mal sabem os candidatos a vereador com o apoio da comunidade, os fundadores de comunidades de vida, os que hoje pregam seminários de vida no Espírito Santo, os que falam de curas e libertações que, se não são cerceados no nascedouro, é porque houve um Concílio Vaticano II e uma eclesiologia mais aberta.

Abro volumes de História do Cristianismo escrita por irmãos de outras igrejas e percebo que, para eles, também o Vaticano II foi um marco histórico. Sem o Vaticano II seria impensável um texto como "Evangelical and Catholics Together" de 1994; dezoito importantes teólogos protestantes e quinze famosos teólogos católicos, a buscar juntos formulações teológicas que nos aproximem ainda que com diferenças. Vejo que se estuda a Bíblia junto. Os biblistas e teólogos se ouvem sem aqueles debates ferinos do passado. Um Karl Rahner católico é respeitado entre os evangélicos e um Karl Barth evangélico é lido com respeito pelos católicos. Com eles, dezenas de pensadores das mais diversas igrejas. Teólogos católicos de profundos estudos lecionam em universidades evangélicas e teólogos evangélicos de notório conhecimentos lecionam em universidades católicas.

Os "contra" dirão que é por isto que perdemos. Os "pró" dirão que a História ainda não acabou e que o diálogo talvez seja a única chance de as igrejas que se propuseram salvar o mundo se salvem também elas.

***

Como no após 1848 os laicistas e ateus declarados chegaram aos governos europeus com a força da mídia e da política da época, e as igrejas cristãs perderam espaço, hoje um gigantesco divórcio entre a vida e a fé ameaça outra vez as igrejas. Urgentes como se tornou o mundo elas correm para a mídia e investem pesado na conquista de ouvintes e novos fiéis. Pregadores que trocam a doutrina pelo entusiasmo tiram os fiéis uns dos outros e os colocam sob seus púlpitos e microfones, nem sempre percebem que sem o diálogo primeiro de Fé & Fé e o outro de Igreja & Mundo o trem da fé poderá descarrilar tão depressa como acelerou.

\*\*\*

Sou dos que aos setenta anos leem autores que se debruçam sobre o sociológico e o psicológico da fé. Percebo o gigantesco esforço do Papa, de nossos bispos e dos estudiosos da vida e da fé preocupados em achar não a linguagem que encha templos, mas a que forme pessoas profundas e coerentes. Já sabemos como encher templos e estádios. O difícil é enraizar conceitos novos e levar a estes fiéis e a seus netos e bisnetos as riquezas daquele magno encontro que por um tempo sacudiu a Igreja Católica.

Num enorme volume sobre o cristianismo vejo às paginas 382-383 dois sorridentes líderes de Igrejas, o papa católico e o patriarca ortodoxo de mãos dadas e erguidas a saudar os fiéis. Vejo a Igreja aproximar e governos ateus e ser respeitada por eles; relembro a morte de João Paulo II e o séquito de governos e igrejas a lhe prestar a últimas reverências porque ele se aproximou; vejo judeus e muçulmanos aceitarem encontros com os católicos; percebo novos entusiasmos e também novas decepções e novos questionamentos, mas algo me diz que valeu a pena ficar e ver tudo isso.

\*\*\*

Respeito quem perdeu a fé na Igreja ou no ministério e, hoje, segue suas convicções, porque também isso o Vaticano II me ensinou em pelo menos três de seus documentos.

A meu modo, por onde passo tento despertar curiosidade sobre o que entre l962 e l965 disseram aqueles cerca de 2.500 bispos e seus assessores, convocados por João XXIII, um papa quase octogenário, que já no nome apagava e confrontava o de outro João XXIII. O ancião eleito decidiu que poderia contribuir para mudar a história de sua Igreja. Alguns nunca o perdoaram por isso. Seu sucessor, Paulo VI levou as reflexões a bom termo. Dali por diante, sacerdote ou leigo que estuda sua fé só não entende se não quiser. O leque se abriu, as colunatas do Vaticano se abriram ainda mais e pode-se entrar e sair da Basílica de São Pedro sem grandes medos; mas quem o fizer assuma as consequências de seu ir e vir! Se ficar, aceite os novos ângulos e as novas atitudes de sua Igreja!

Depois do Vaticano II não há lugar para projetos pessoais. Quem neles insistir corre o risco de perder o trem da História. Se acha que estamos perdendo, espere um pouco! Temos vinte séculos de perdas e ganhos. Quem puder releia os discursos de abertura proferidos por João XXIII e Paulo VI. É aquilo e muito mais do que aquilo. Somos a Igreja da Palavra partilhada e do Pão repartido. Temos uma santa ousadia que poucas igrejas têm. Começa com a coragem de começar nossas liturgias admitindo que somos pecadores e outra vez repetir antes da comunhão que precisam da piedade do céu. É a santa culpa de católico que muita gente aparentemente resolvida ridiculariza, mas sem a qual ninguém é justo e ninguém chega. Aviões cujos computadores não corrigem até os mais leves desvios acabam fora de rota. Somos e seremos uma Igreja penitente e cheia de mea-culpa, mas também uma igreja que crê no sacramento do perdão. Para nós a culpa nunca vem sem a perspectiva do perdão. Por isso, mesmo que tenha demorado, em vários documentos já pedimos e pediremos perdão a judeus, evangélicos ou irmãos a quem magoamos no passado. Uma igreja que não pede perdão ainda não entendeu nem de Cristologia nem de Eclesiologia.

***

A proposta do 21º Concílio Ecumênico dos católicos não foi tanto a de clamar por milagres para nosso tempo. Foi mais: foi e segue sendo a de sermos um dos milagres de nosso tempo! Olhem para os santos e mártires de agora e para os nossos mais recentes anjos de bondade que a Igreja viu nestes últimos 50 anos. Viveram a mística da *Gaudium et Spes*, da *Populorum Progressio* e da *Solicitudo Rei Socialis*. É verdade que a alteridade católica não começou no Vaticano II, mas também é verdade que sem ele as vozes do mundo teriam silenciado de vez a da Igreja. Para mim o Vaticano II emitiu dois gritos: *Procedamus!* (Prossigamos) e *Non licet!* (Isto não aceitaremos!)

HODIE AFFULGET SPES,
CRAS FORTASSE RES!

HOJE BRILHA A ESPERANÇA,
AMANHÃ CERTAMENTE A REALIDADE!

Papa Paulo VI<br>29.9.1963